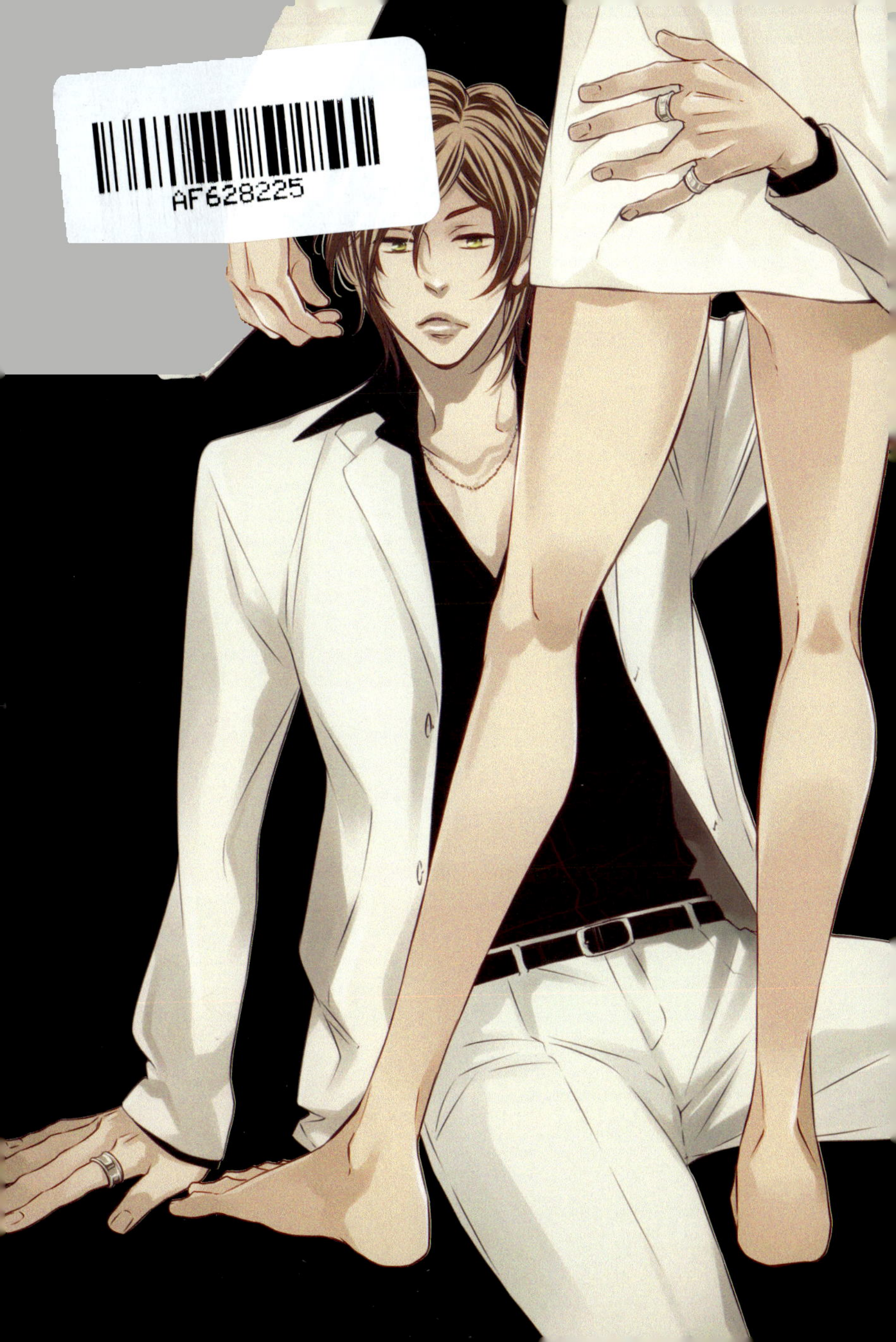

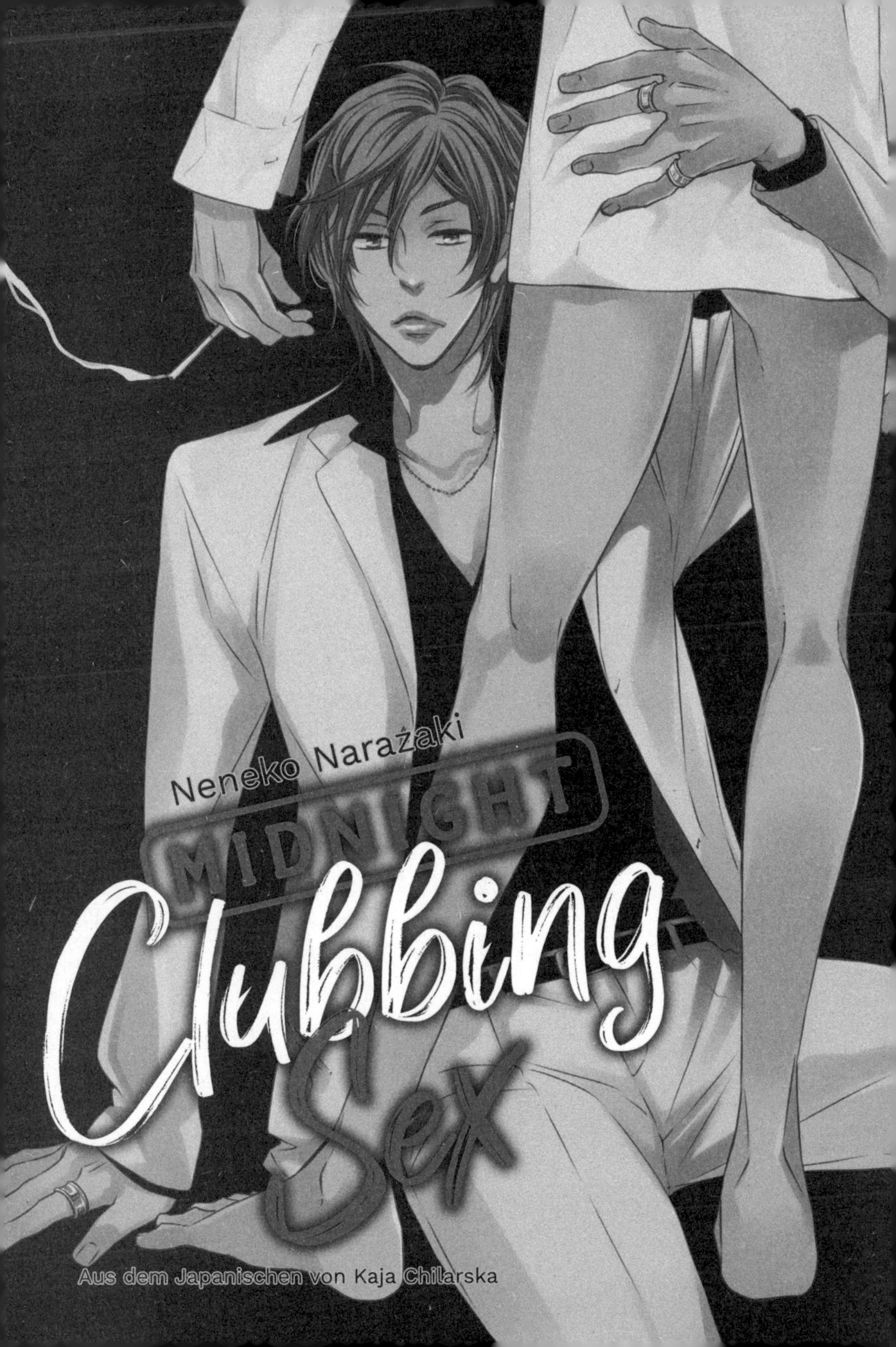
Neneko Narazaki
MIDNIGHT
Clubbing
Sex
Aus dem Japanischen von Kaja Chilarska

MIDNIGHT Clubbing Sex

Inhalt

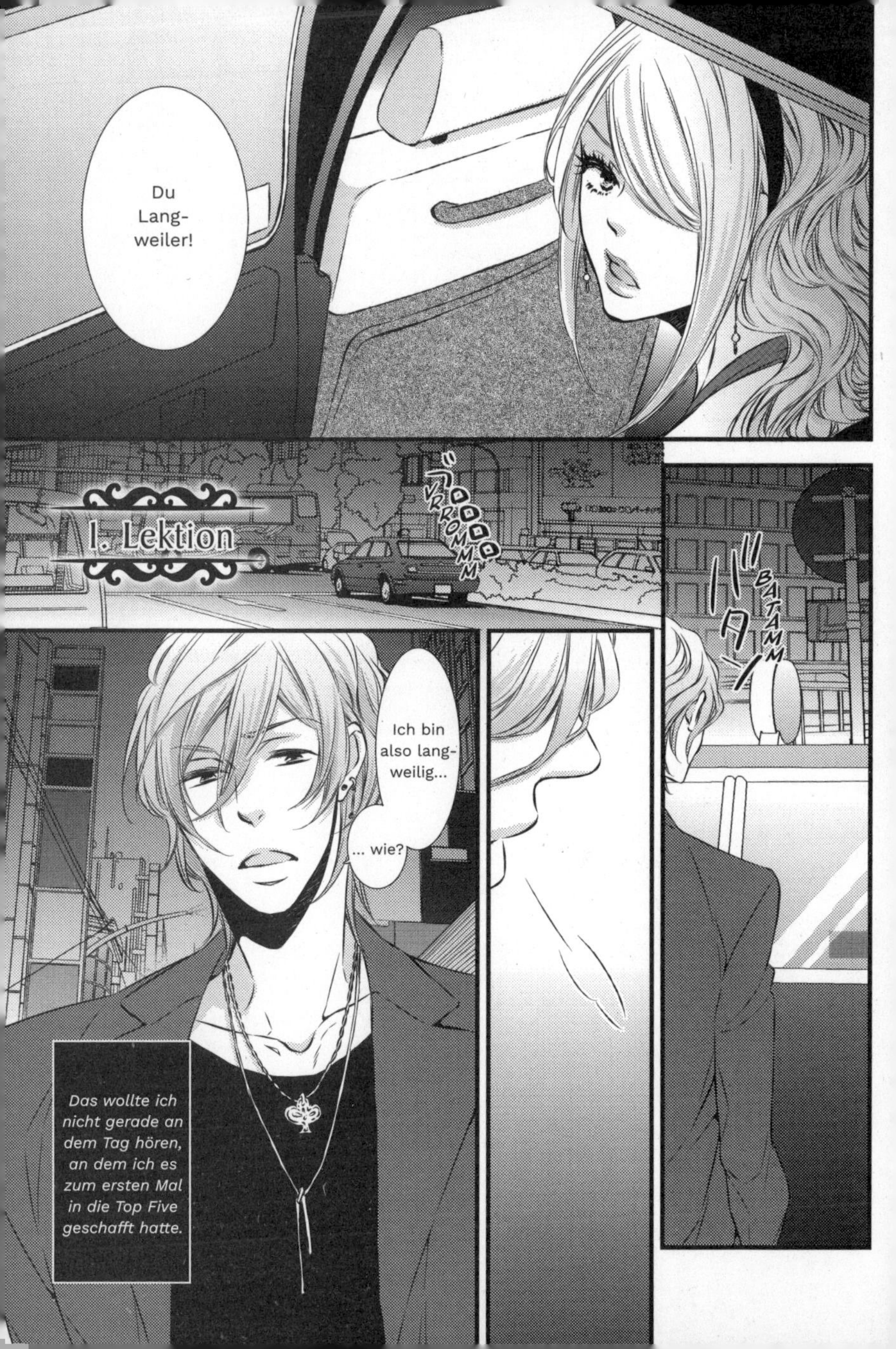

Du Lang-weiler!
VRROMMM
1. Lektion
BATAMM
Ich bin also lang-weilig...
... wie?
Das wollte ich nicht gerade an dem Tag hören, an dem ich es zum ersten Mal in die Top Five geschafft hatte.

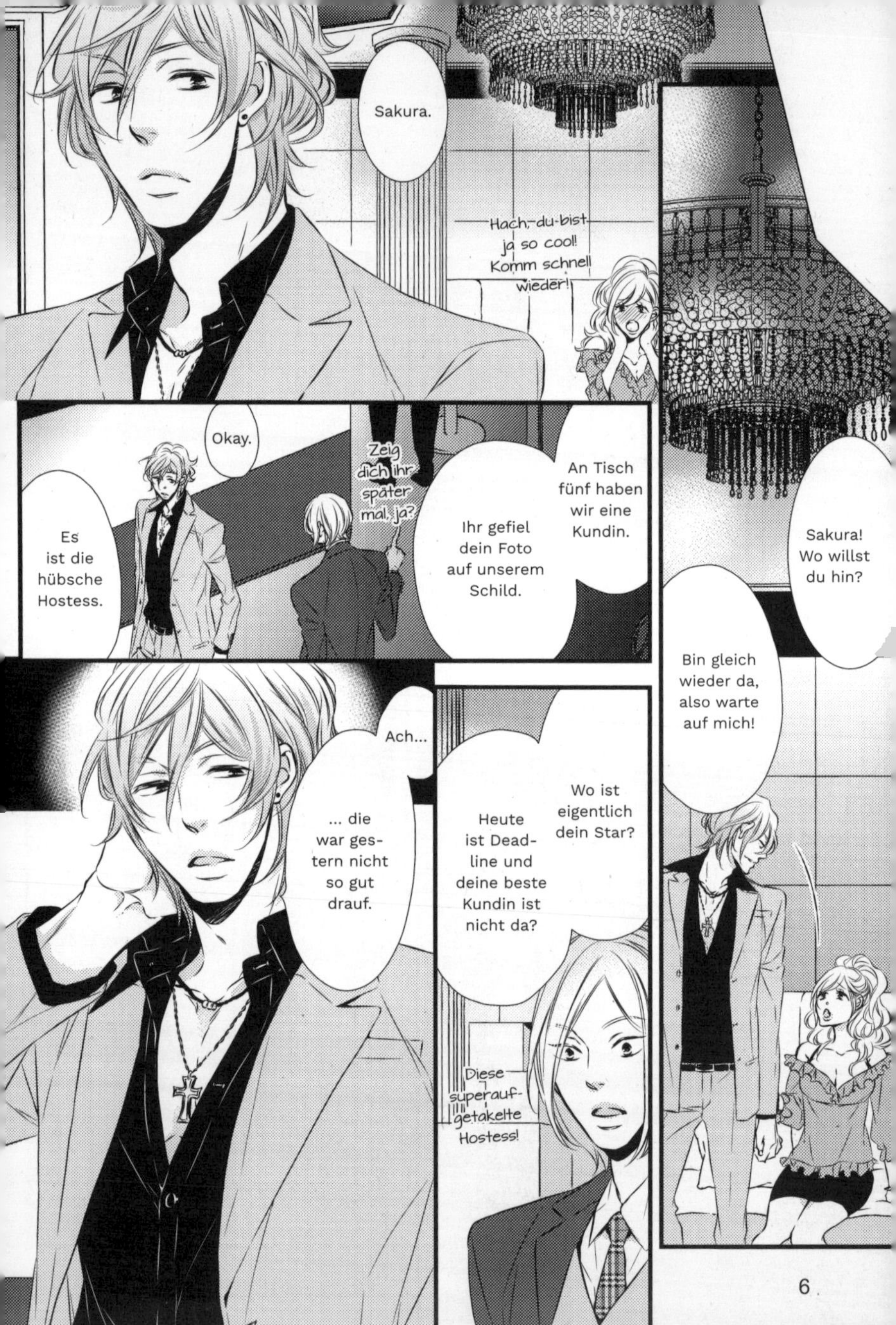

Sakura! Wo willst du hin?
Bin gleich wieder da, also warte auf mich!
Hach, du bist ja so cool! Komm schnell wieder!
Sakura.
An Tisch fünf haben wir eine Kundin.
Ihr gefiel dein Foto auf unserem Schild.
Zeig dich ihr später mal, ja?
Okay.
Es ist die hübsche Hostess.
Wo ist eigentlich dein Star?
Heute ist Deadline und deine beste Kundin ist nicht da?
Diese superaufgetakelte Hostess!
Ach...
... die war gestern nicht so gut drauf.

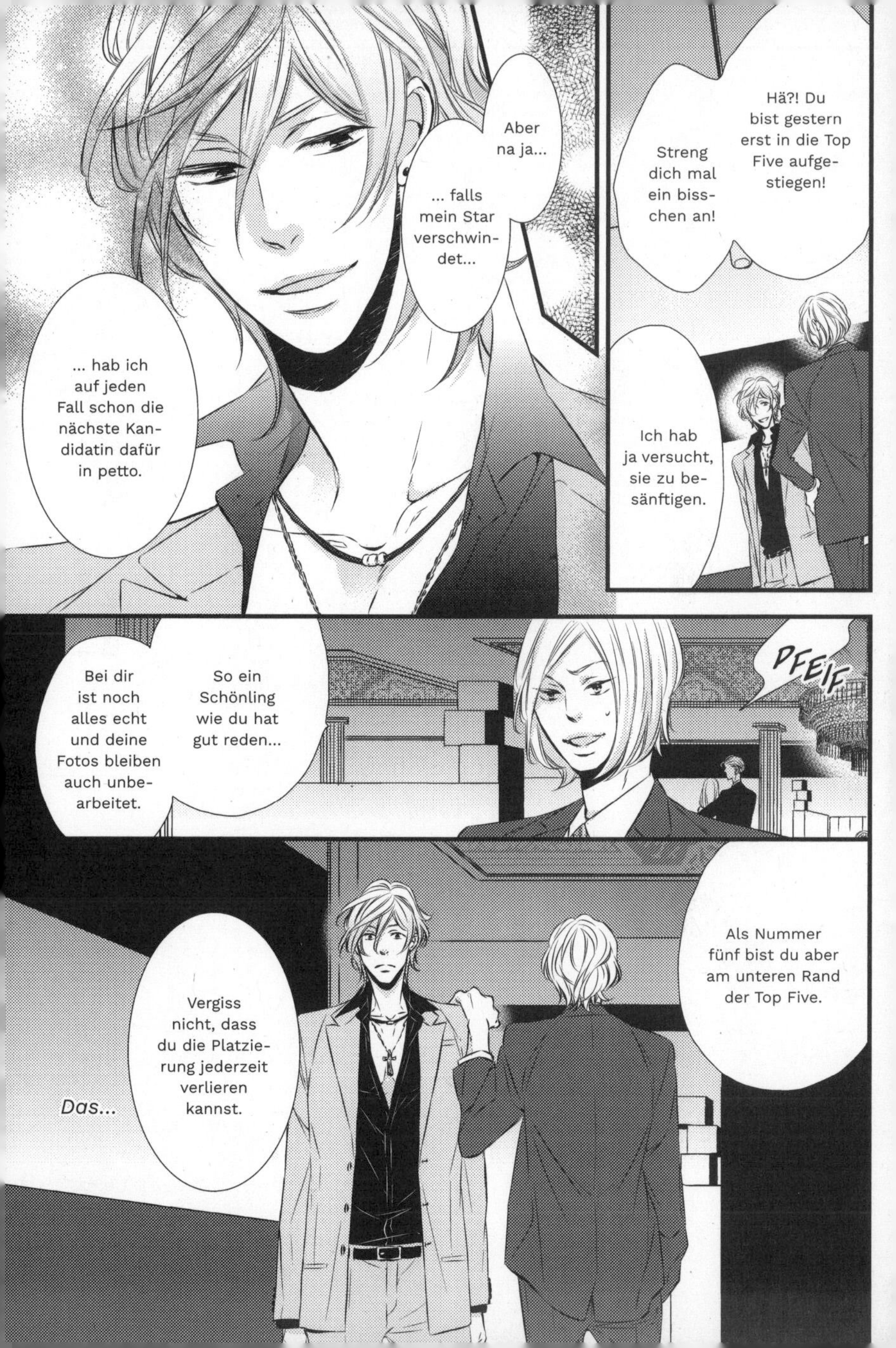

Hä?! Du bist gestern erst in die Top Five aufgestiegen!
Streng dich mal ein bisschen an!
Ich hab ja versucht, sie zu besänftigen.
Aber na ja...
... falls mein Star verschwindet...
... hab ich auf jeden Fall schon die nächste Kandidatin dafür in petto.
PFEIF
So ein Schönling wie du hat gut reden...
Bei dir ist noch alles echt und deine Fotos bleiben auch unbearbeitet.
Als Nummer fünf bist du aber am unteren Rand der Top Five.
Vergiss nicht, dass du die Platzierung jederzeit verlieren kannst.
Das...

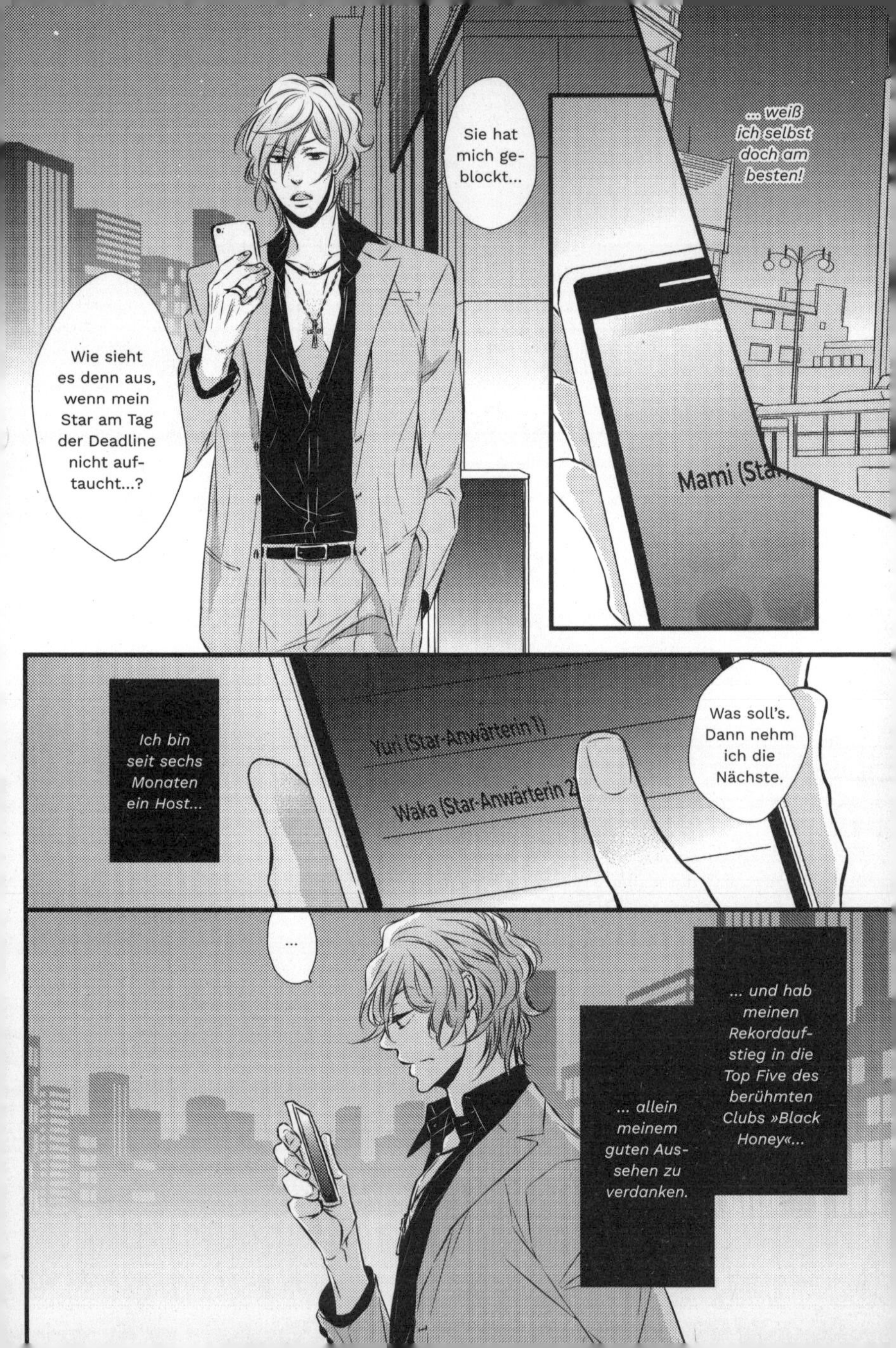
Sie hat mich geblockt...
Wie sieht es denn aus, wenn mein Star am Tag der Deadline nicht auftaucht...?
... weiß ich selbst doch am besten!
Mami (Sta
Ich bin seit sechs Monaten ein Host...
Yuri (Star-Anwärterin 1)
Waka (Star-Anwärterin 2
Was soll's. Dann nehm ich die Nächste.
...
... und hab meinen Rekordaufstieg in die Top Five des berühmten Clubs »Black Honey«...
... allein meinem guten Aussehen zu verdanken.

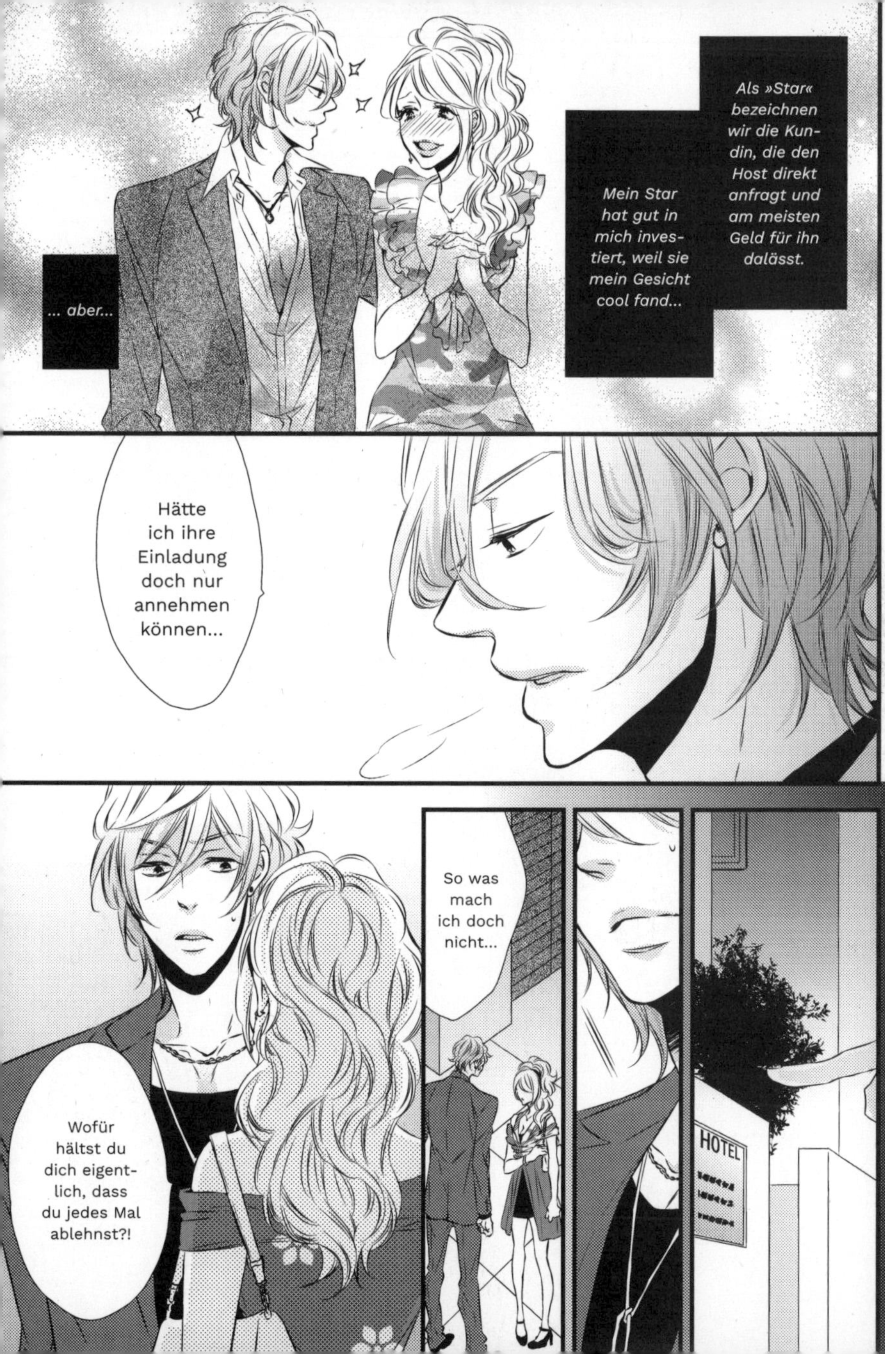
Als »Star« bezeichnen wir die Kundin, die den Host direkt anfragt und am meisten Geld für ihn dalässt.
Mein Star hat gut in mich investiert, weil sie mein Gesicht cool fand...
... aber...
Hätte ich ihre Einladung doch nur annehmen können...
HOTEL
So was mach ich doch nicht...
Wofür hältst du dich eigentlich, dass du jedes Mal ablehnst?!

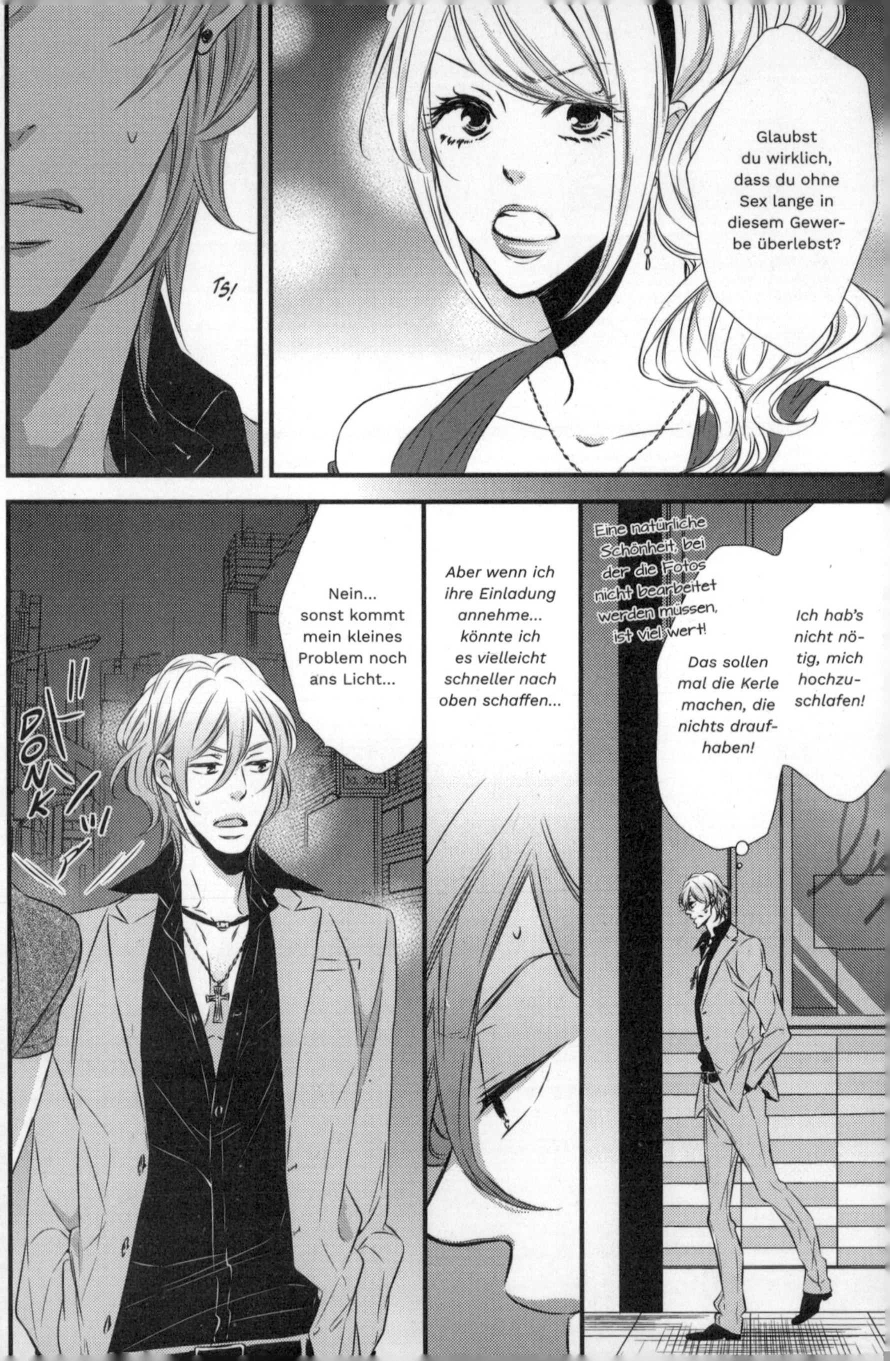

Glaubst du wirklich, dass du ohne Sex lange in diesem Gewerbe überlebst?
TS!
Ich hab's nicht nötig, mich hochzuschlafen!
Das sollen mal die Kerle machen, die nichts draufhaben!
Eine natürliche Schönheit, bei der die Fotos nicht bearbeitet werden müssen, ist viel wert!
Aber wenn ich ihre Einladung annehme... könnte ich es vielleicht schneller nach oben schaffen...
Nein... sonst kommt mein kleines Problem noch ans Licht...
DONK

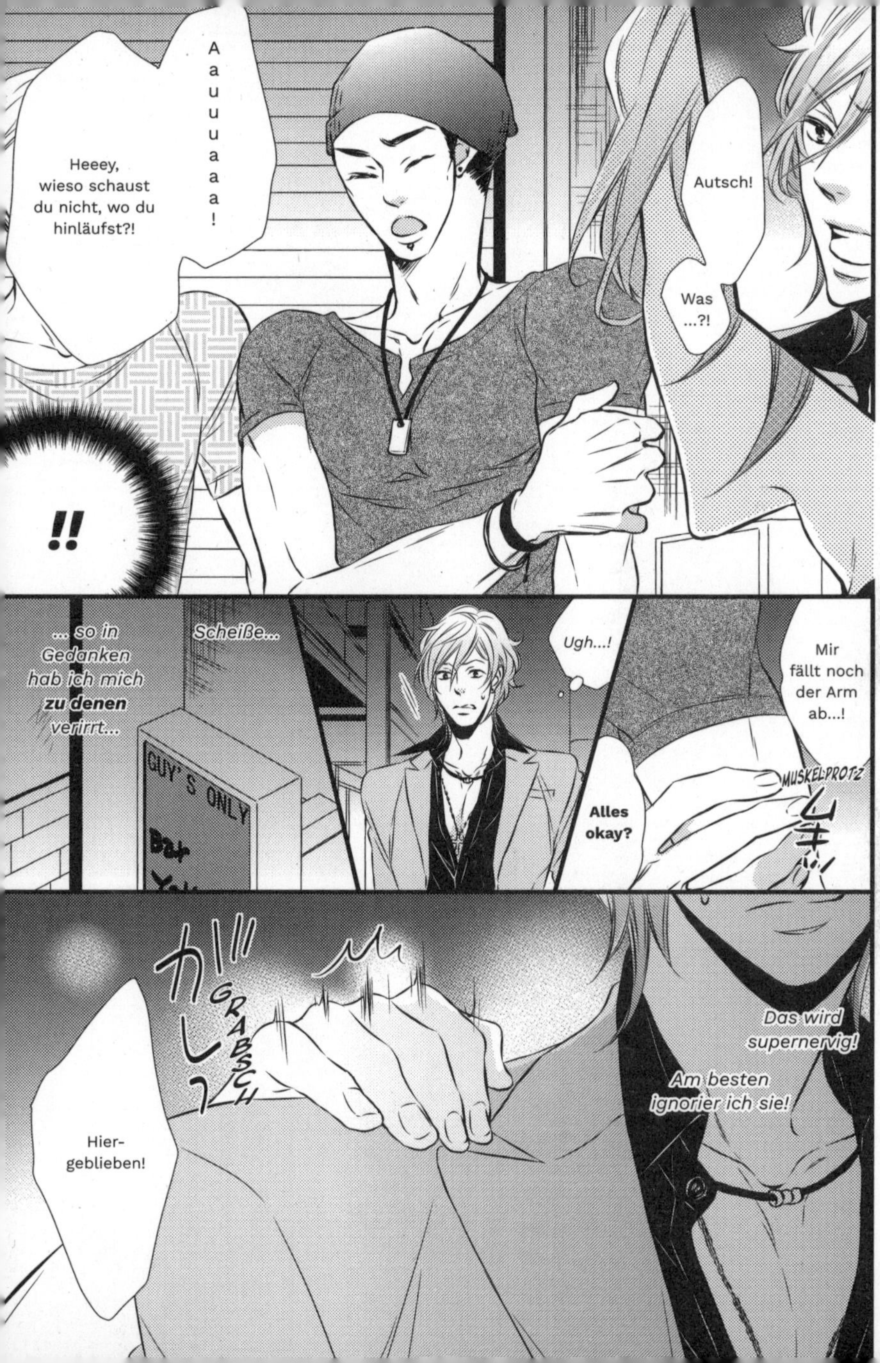
Autsch!
Was ...?!
Aauuuaaaa!
Heeey, wieso schaust du nicht, wo du hinläufst?!
!!
Mir fällt noch der Arm ab...!
MUSKELPROTZ
Alles okay?
Ugh...!
Scheiße...
... so in Gedanken hab ich mich zu denen verirrt...
GUY'S ONLY
Das wird supernervig!
Am besten ignorier ich sie!
GRABSCH
Hier-geblieben!

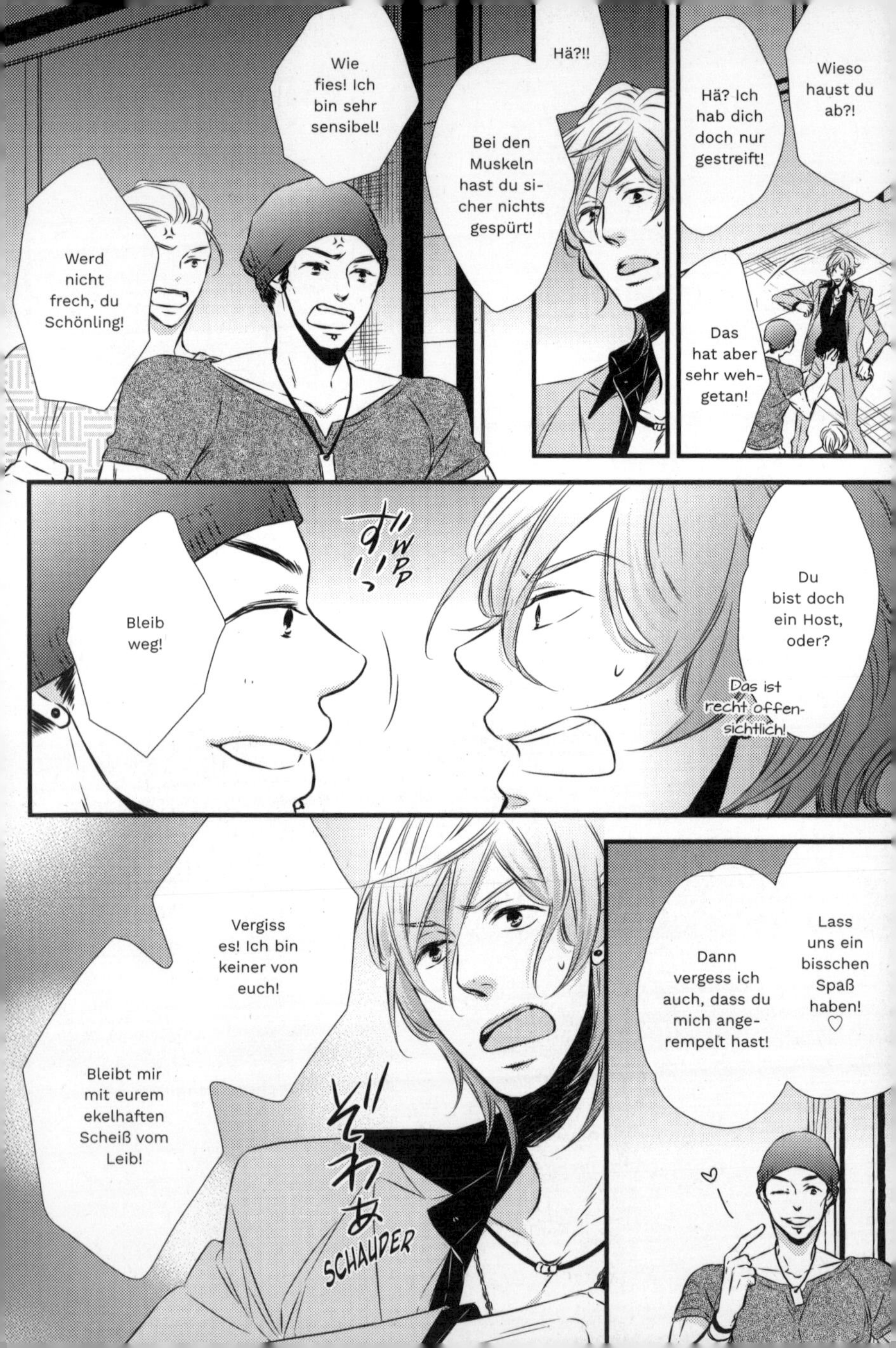
Wieso haust du ab?!
Hä? Ich hab dich doch nur gestreift!
Das hat aber sehr weh-getan!
Hä?!!
Bei den Muskeln hast du si-cher nichts gespürt!
Wie fies! Ich bin sehr sensibel!
Werd nicht frech, du Schönling!
Du bist doch ein Host, oder?
Das ist recht offen-sichtlich!
すいっ
WUPP
Bleib weg!
Lass uns ein bisschen Spaß haben! ♡
Dann vergess ich auch, dass du mich ange-rempelt hast!
Vergiss es! Ich bin keiner von euch!
Bleibt mir mit eurem ekelhaften Scheiß vom Leib!
ぞわあ
SCHAUDER

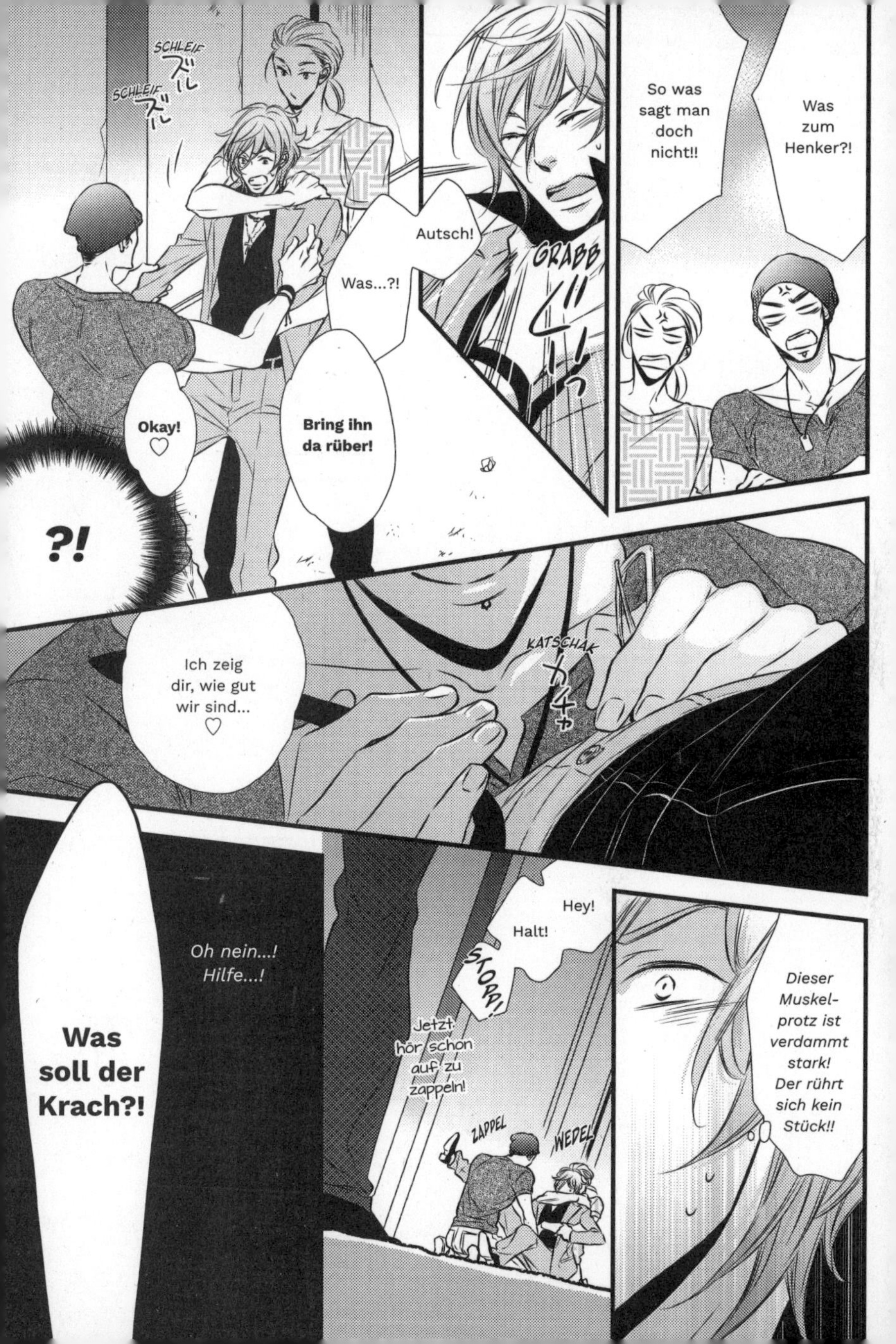
Was zum Henker?!
So was sagt man doch nicht!!
GRABB
Autsch!
Was...?!
SCHLEIF
SCHLEIF
Bring ihn da rüber!
Okay! ♡
?!
KATSCHAK
Ich zeig dir, wie gut wir sind... ♡
Dieser Muskelprotz ist verdammt stark! Der rührt sich kein Stück!!
Hey!
Halt!
SKORR!
Jetzt hör schon auf zu zappeln!
ZAPPEL
WEDEL
Oh nein...! Hilfe...!
Was soll der Krach?!

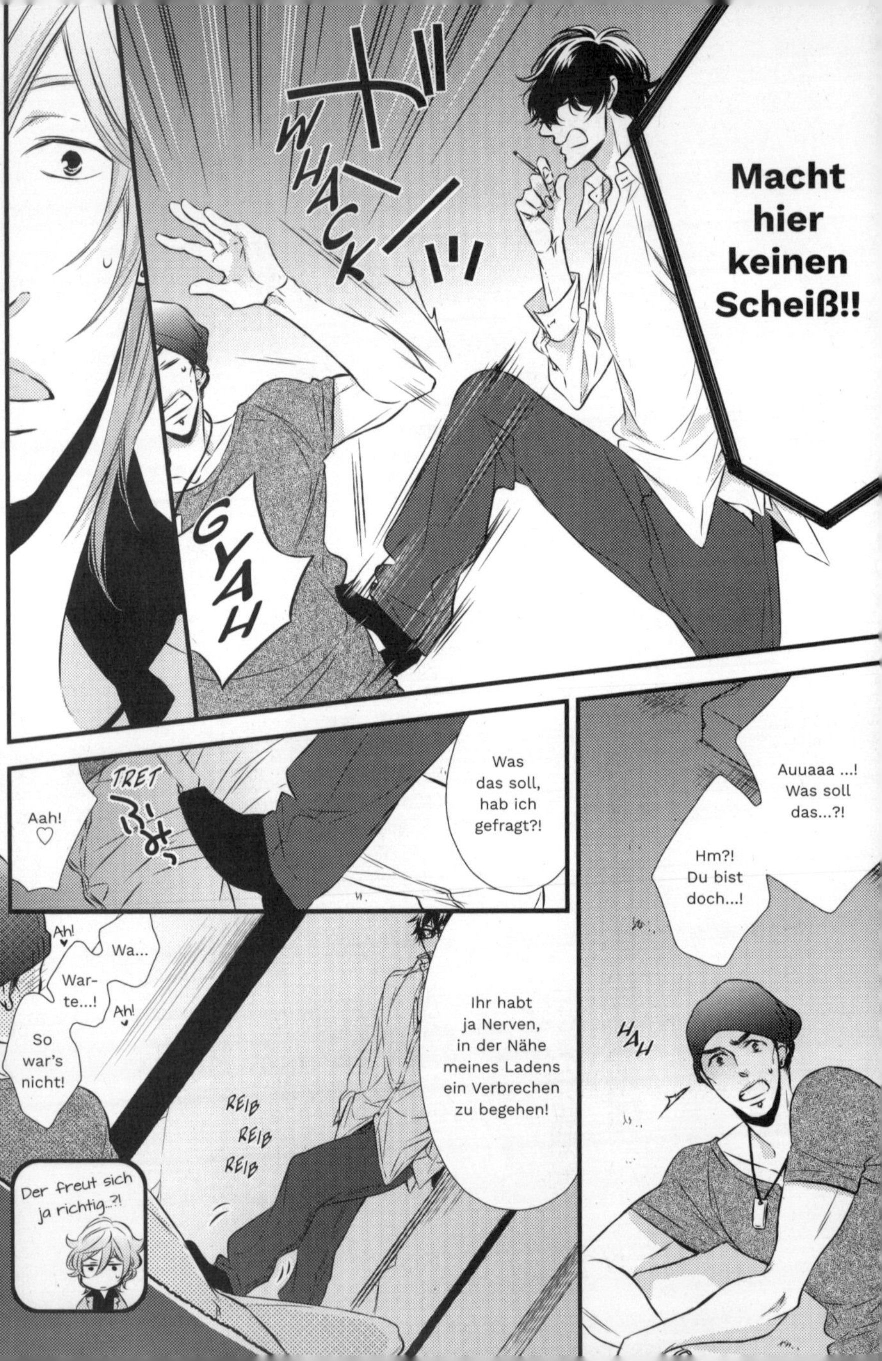
Macht hier keinen Scheiß!!
WHACK
GYAH
Auuaaa ...! Was soll das...?!
Hm?! Du bist doch...!
HAH
Was das soll, hab ich gefragt?!
TRET
Aah! ♡
Ihr habt ja Nerven, in der Nähe meines Ladens ein Verbrechen zu begehen!
REIB REIB REIB
Ah! ♥
Wa...
War-te...!
Ah! ♥
So war's nicht!
Der freut sich ja richtig..?!

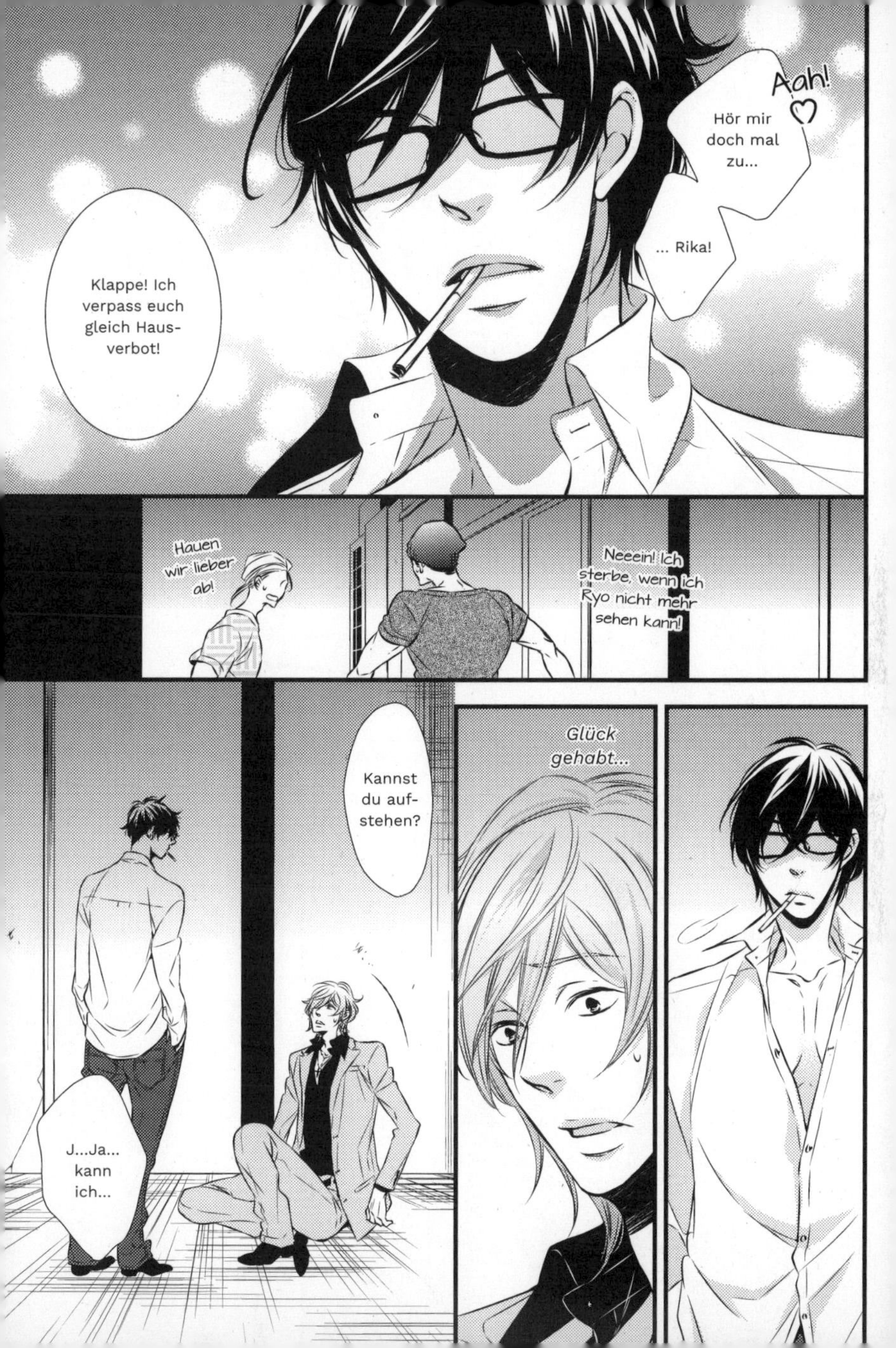
Aah! ♡
Hör mir doch mal zu...
... Rika!
Klappe! Ich verpass euch gleich Haus-verbot!
Neeein! Ich sterbe, wenn ich Ryo nicht mehr sehen kann!
Hauen wir lieber ab!
Glück gehabt...
Kannst du auf-stehen?
J...Ja... kann ich...

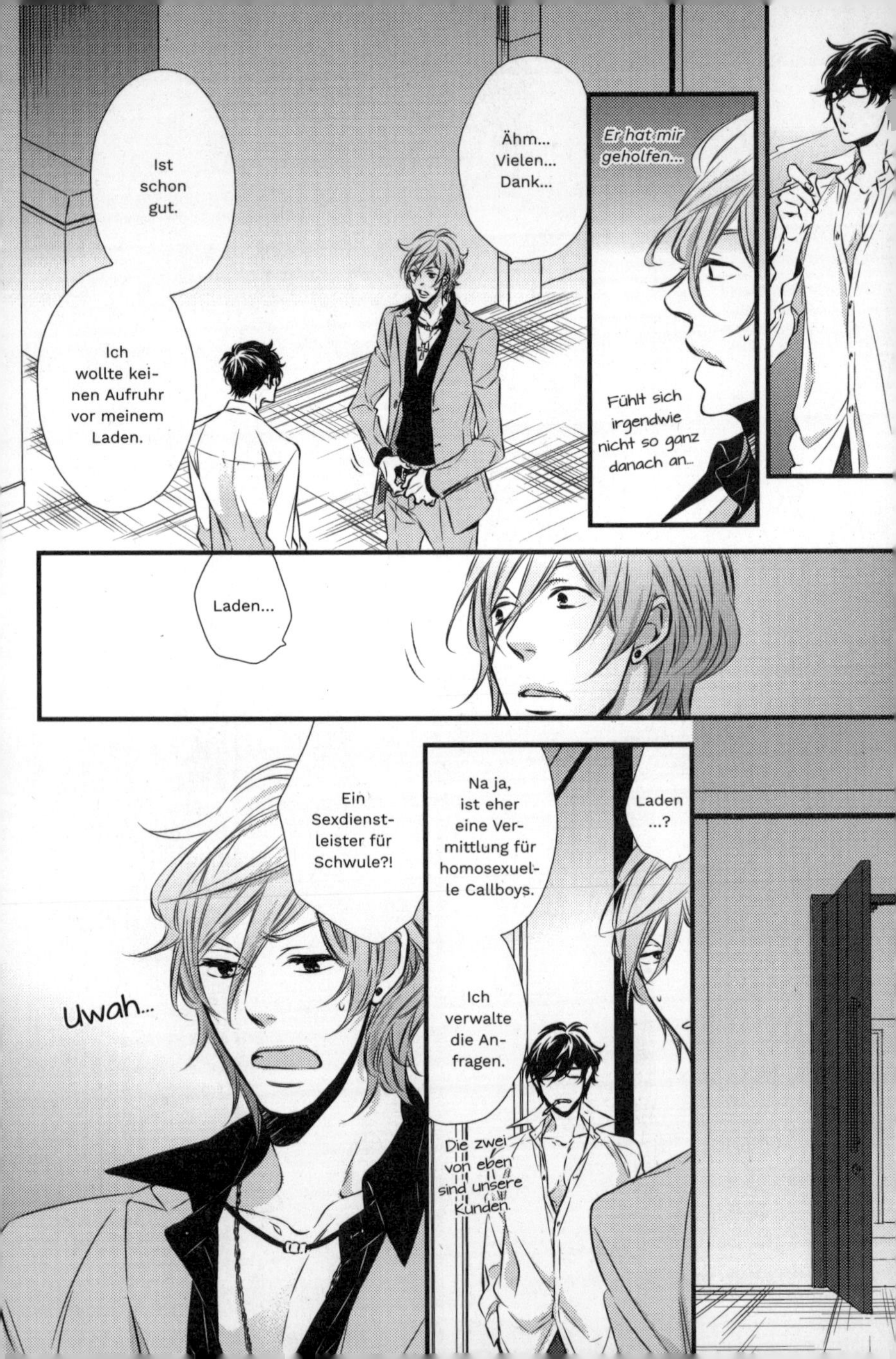
Er hat mir geholfen...
Fühlt sich irgendwie nicht so ganz danach an...
Ähm... Vielen... Dank...
Ist schon gut.
Ich wollte keinen Aufruhr vor meinem Laden.
Laden...
Laden ...?
Na ja, ist eher eine Vermittlung für homosexuelle Callboys.
Ich verwalte die Anfragen.
Die zwei von eben sind unsere Kunden.
Ein Sexdienstleister für Schwule?!
Uwah...

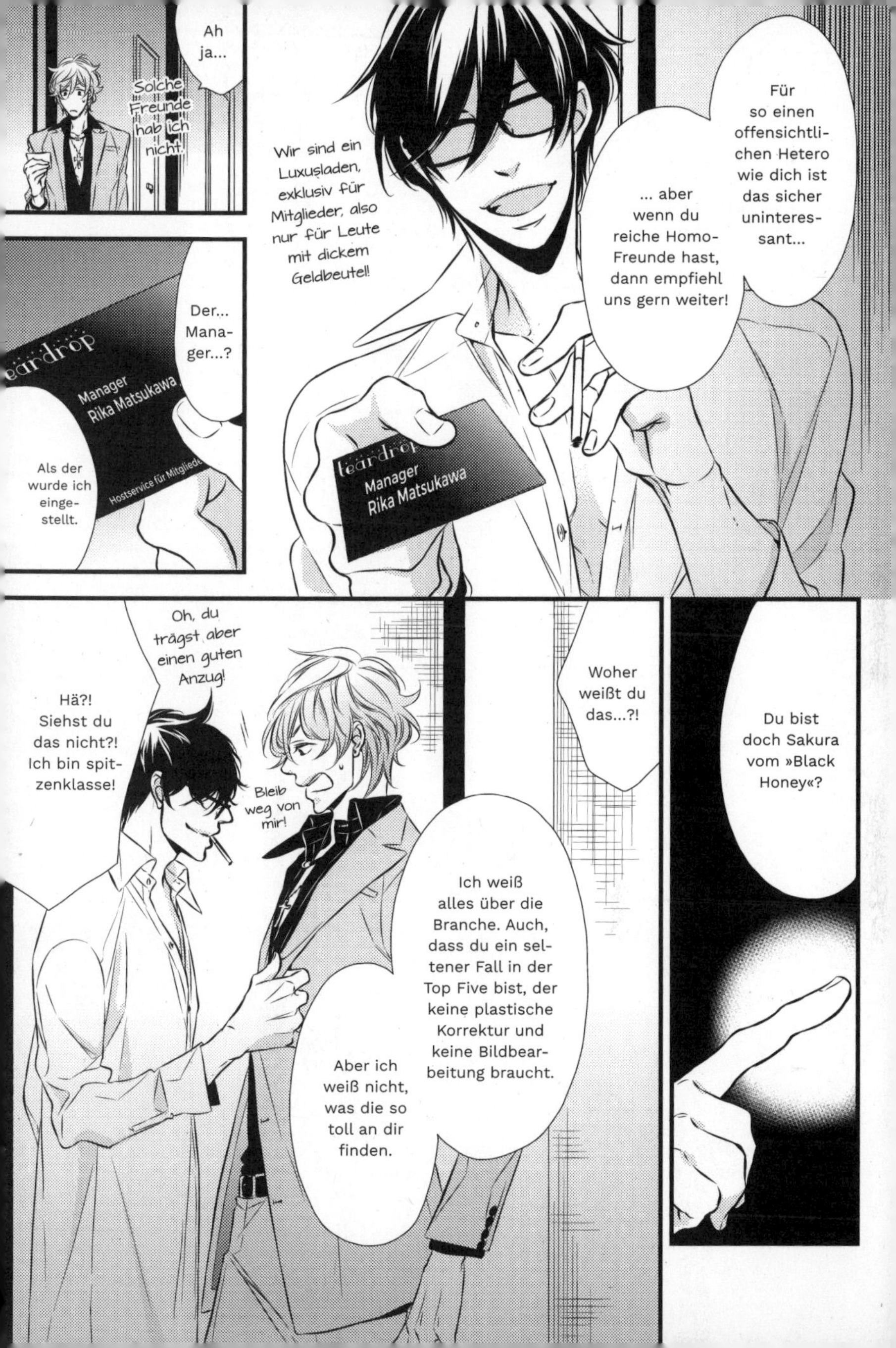
Für so einen offensichtlichen Hetero wie dich ist das sicher uninteressant...
... aber wenn du reiche Homo-Freunde hast, dann empfiehl uns gern weiter!
Wir sind ein Luxusladen, exklusiv für Mitglieder, also nur für Leute mit dickem Geldbeutel!
teardrop Manager Rika Matsukawa
Ah ja...
Solche Freunde hab ich nicht.
Der... Manager...?
teardrop Manager Rika Matsukawa
Als der wurde ich eingestellt.
Du bist doch Sakura vom »Black Honey«?
Woher weißt du das...?!
Ich weiß alles über die Branche. Auch, dass du ein seltener Fall in der Top Five bist, der keine plastische Korrektur und keine Bildbearbeitung braucht.
Aber ich weiß nicht, was die so toll an dir finden.
Oh, du trägst aber einen guten Anzug!
Bleib weg von mir!
Hä?! Siehst du das nicht?! Ich bin spitzenklasse!

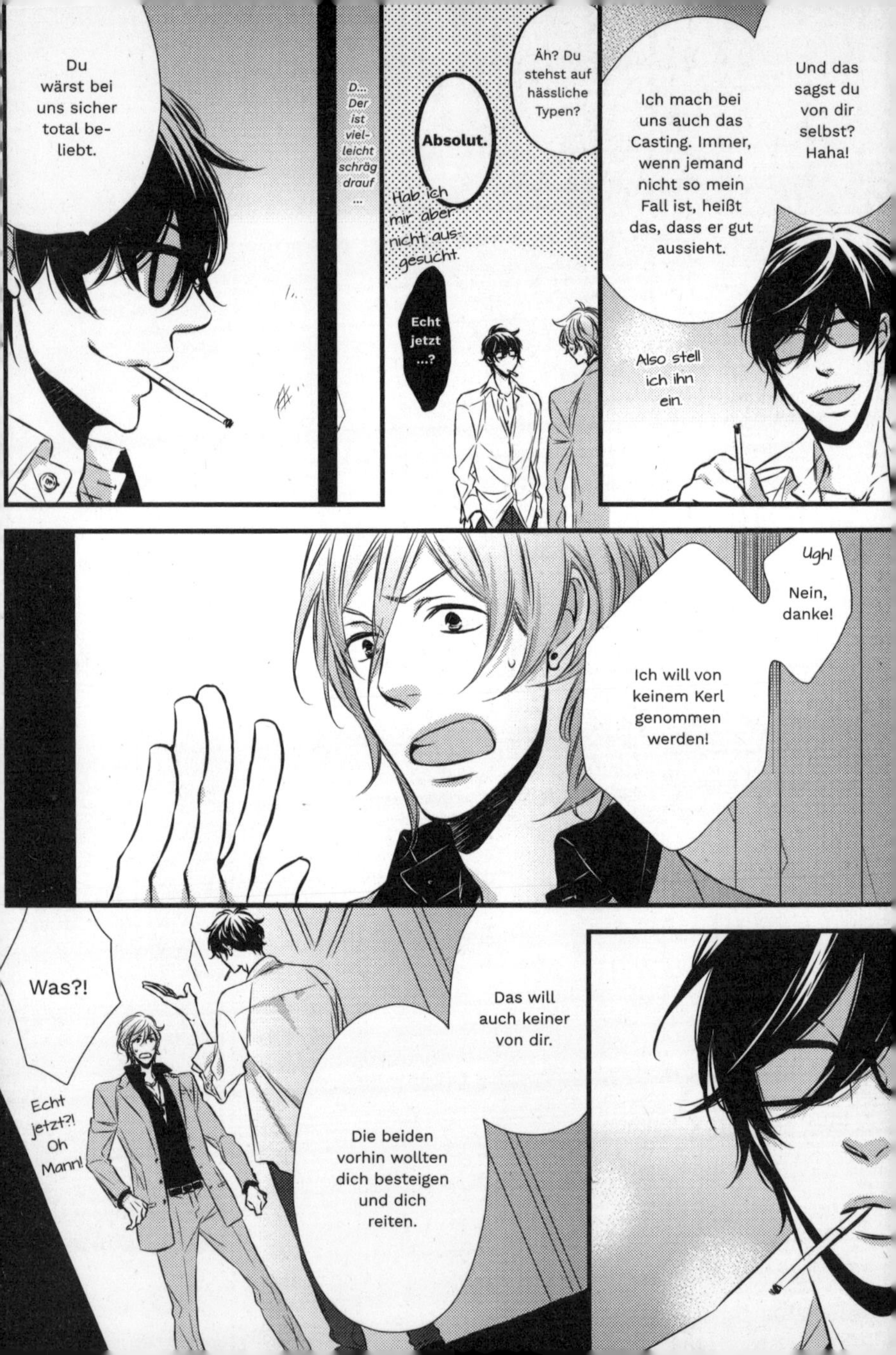
Und das sagst du von dir selbst? Haha!
Ich mach bei uns auch das Casting. Immer, wenn jemand nicht so mein Fall ist, heißt das, dass er gut aussieht.
Also stell ich ihn ein.
Äh? Du stehst auf hässliche Typen?
Absolut.
Hab ich mir aber nicht ausgesucht.
Echt jetzt ...?
D... Der ist vielleicht schräg drauf ...
Du wärst bei uns sicher total beliebt.
Ugh!
Nein, danke!
Ich will von keinem Kerl genommen werden!
Das will auch keiner von dir.
Die beiden vorhin wollten dich besteigen und dich reiten.
Was?!
Echt jetzt?! Oh Mann!

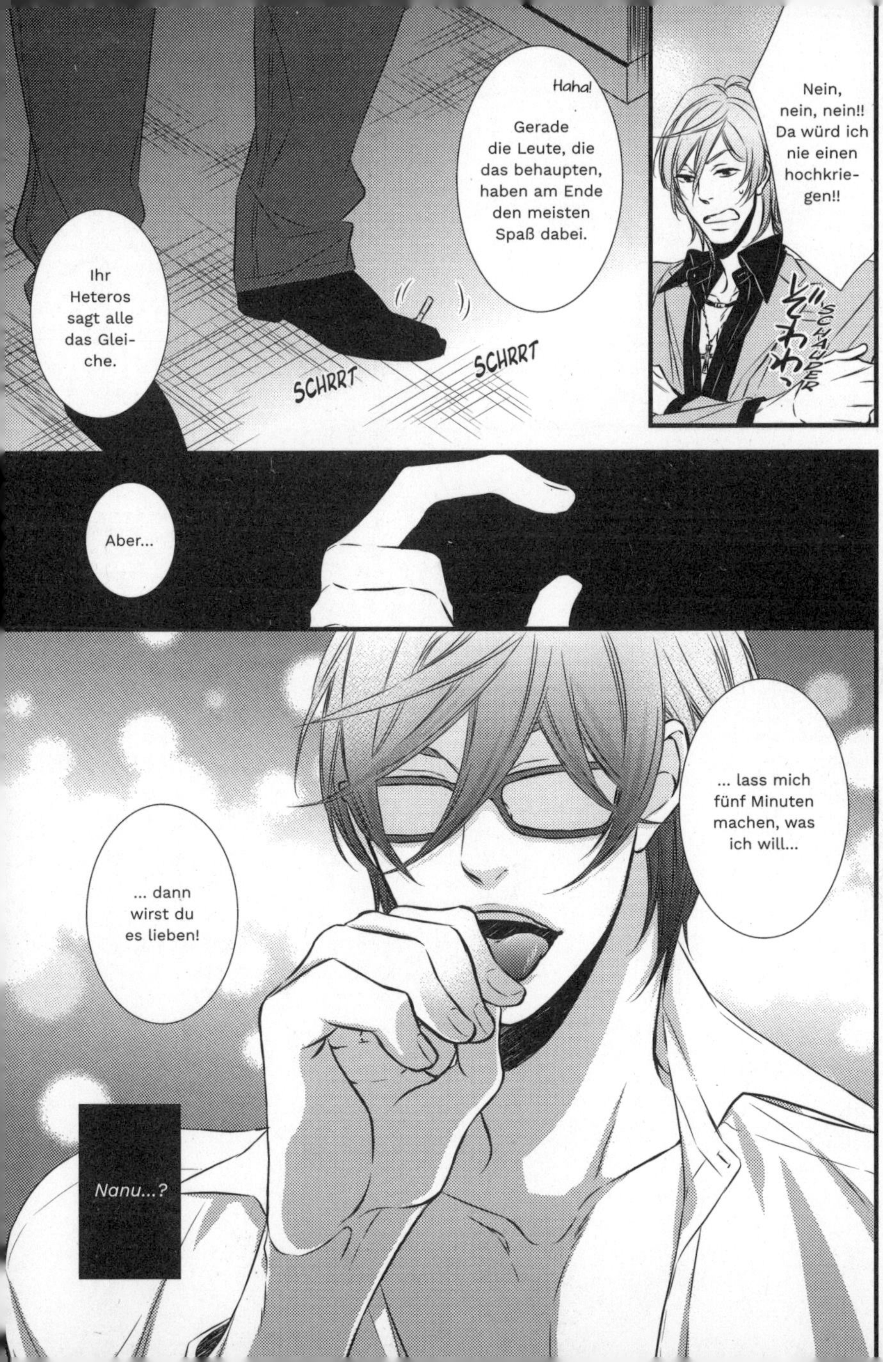
Nein, nein, nein!! Da würd ich nie einen hochkriegen!!
SCHAUDER
Haha!
Gerade die Leute, die das behaupten, haben am Ende den meisten Spaß dabei.
SCHRRT
SCHRRT
Ihr Heteros sagt alle das Gleiche.
Aber...
... lass mich fünf Minuten machen, was ich will...
... dann wirst du es lieben!
Nanu...?

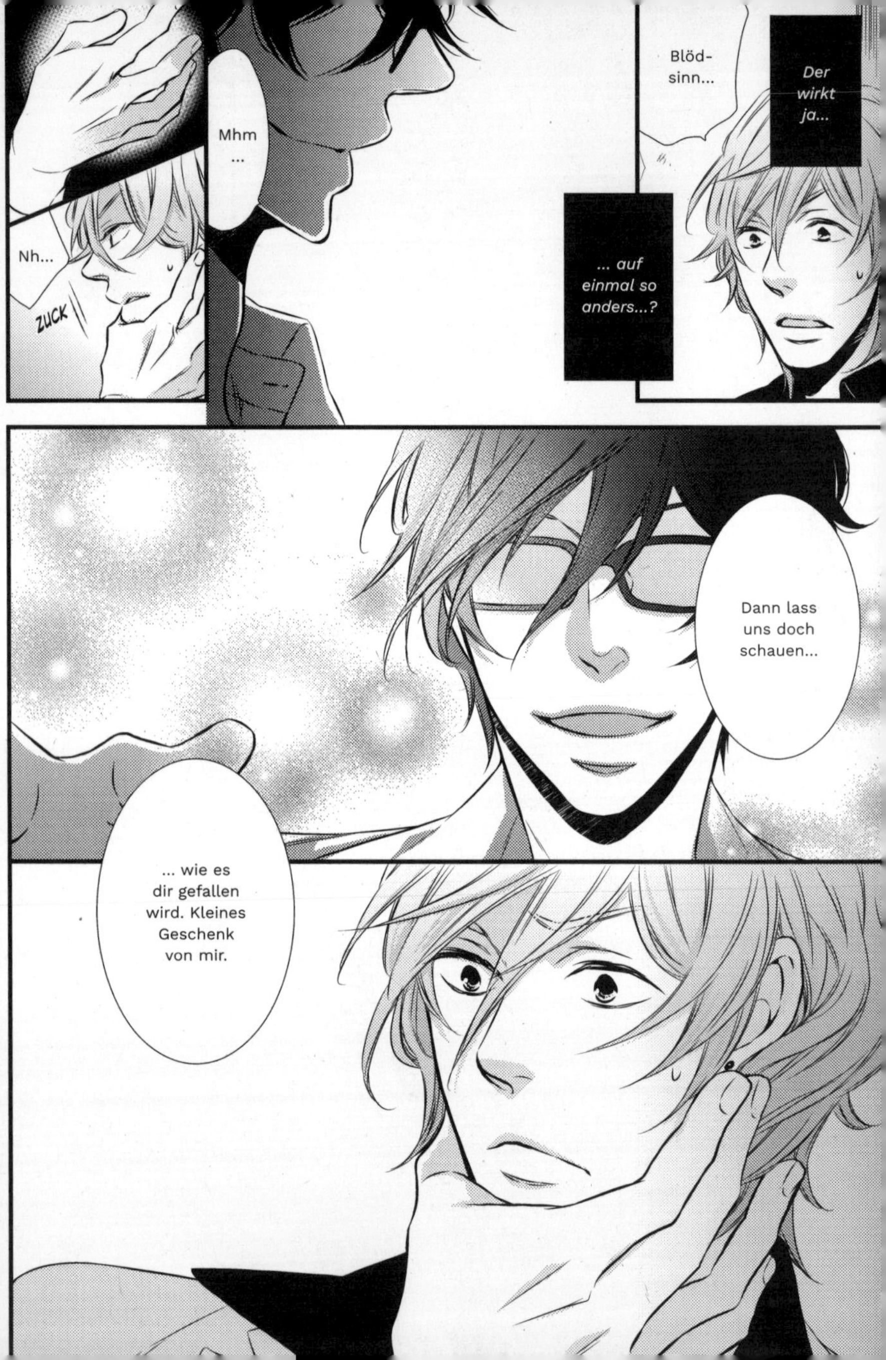
Der wirkt ja...
Blöd-sinn...
... auf einmal so anders...?
Mhm ...
Nh...
ZUCK
Dann lass uns doch schauen...
... wie es dir gefallen wird. Kleines Geschenk von mir.

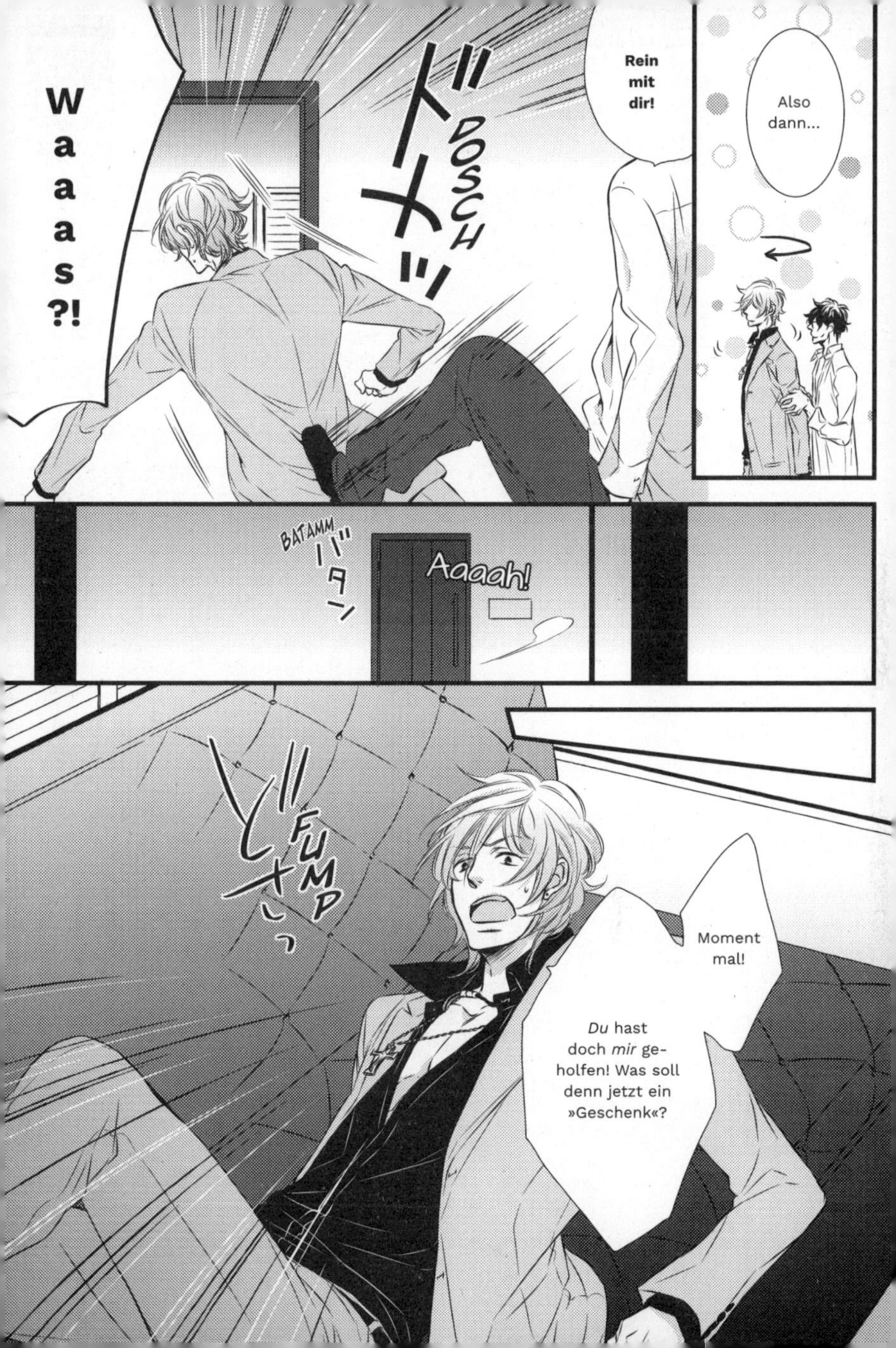
Also dann...
Rein mit dir!
DOSCH
Waaas?!
BATAMM
バタン
Aaaah!
FUMP
Moment mal!
Du hast doch *mir* geholfen! Was soll denn jetzt ein »Geschenk«?

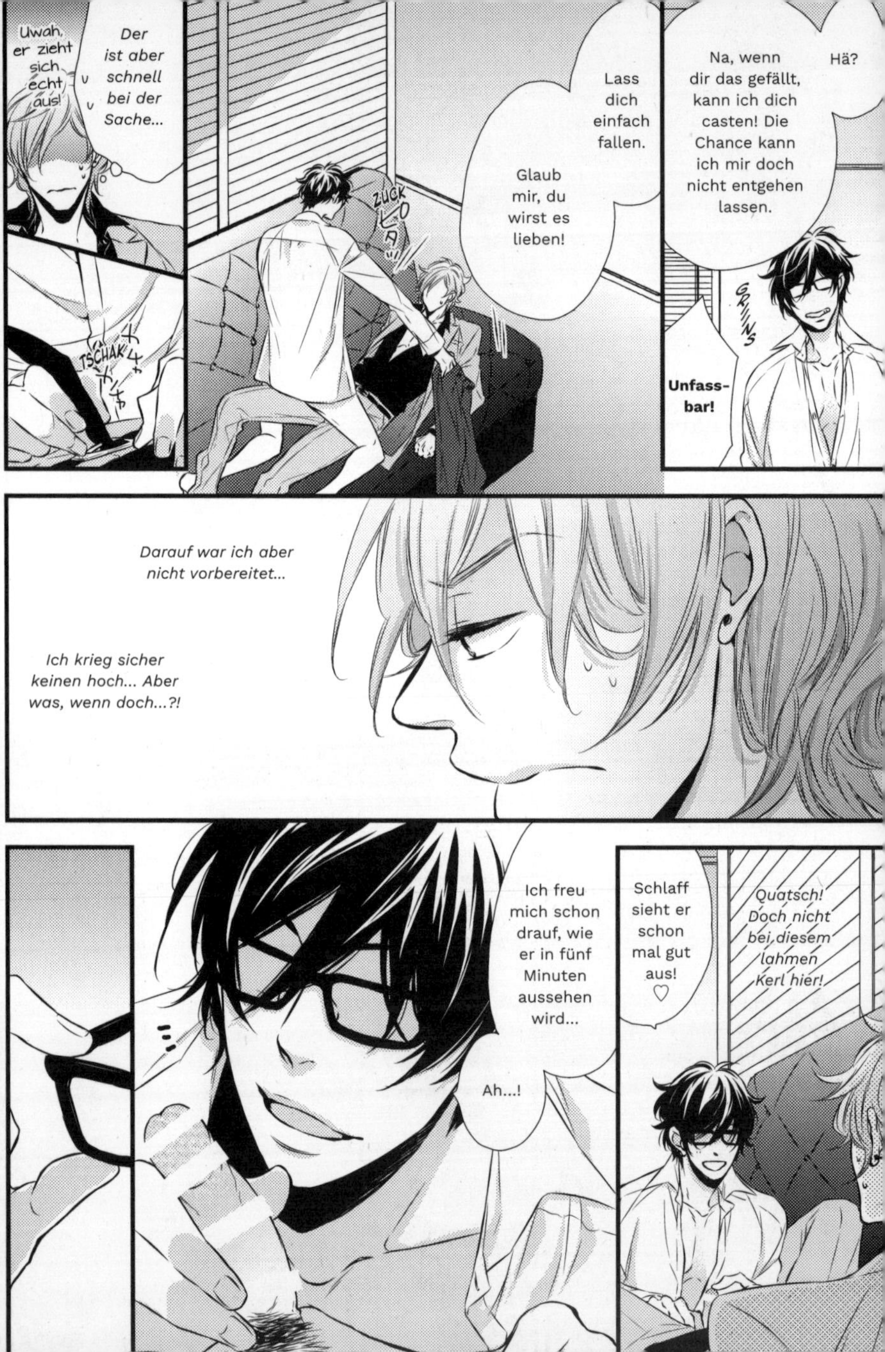
Hä?
Na, wenn dir das gefällt, kann ich dich casten! Die Chance kann ich mir doch nicht entgehen lassen.
GRINS
Unfassbar!
Lass dich einfach fallen.
Glaub mir, du wirst es lieben!
ZUCK
Der ist aber schnell bei der Sache...
Uwah, er zieht sich echt aus!
TSCHAK
Darauf war ich aber nicht vorbereitet...
Ich krieg sicher keinen hoch... Aber was, wenn doch...?!
Quatsch! Doch nicht bei diesem lahmen Kerl hier!
Schlaff sieht er schon mal gut aus! ♡
Ich freu mich schon drauf, wie er in fünf Minuten aussehen wird...
Ah...!

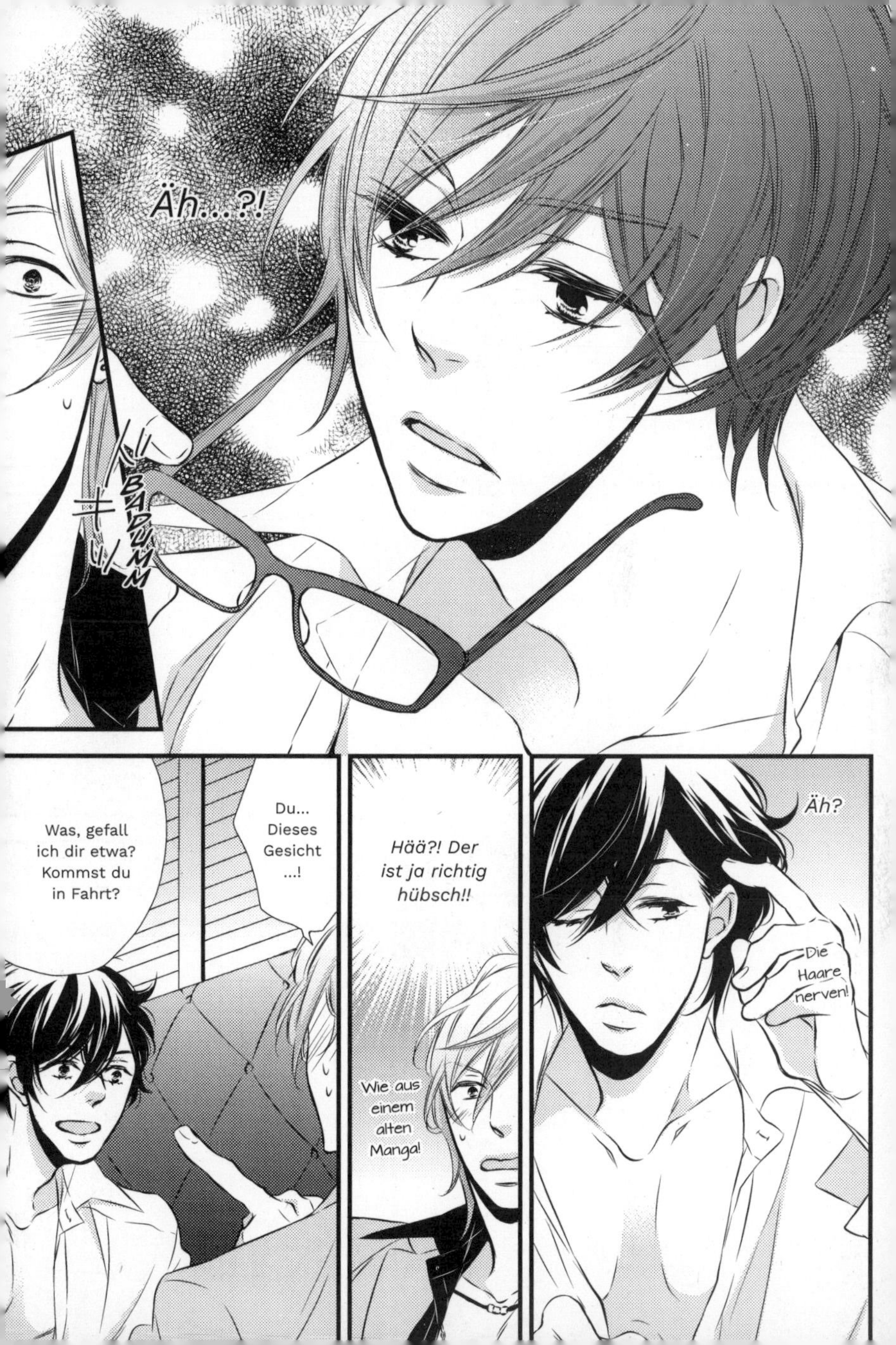
Äh...?!
BADUMM
Äh?
Die Haare nerven!
Hää?! Der ist ja richtig hübsch!!
Wie aus einem alten Manga!
Du... Dieses Gesicht ...!
Was, gefall ich dir etwa? Kommst du in Fahrt?

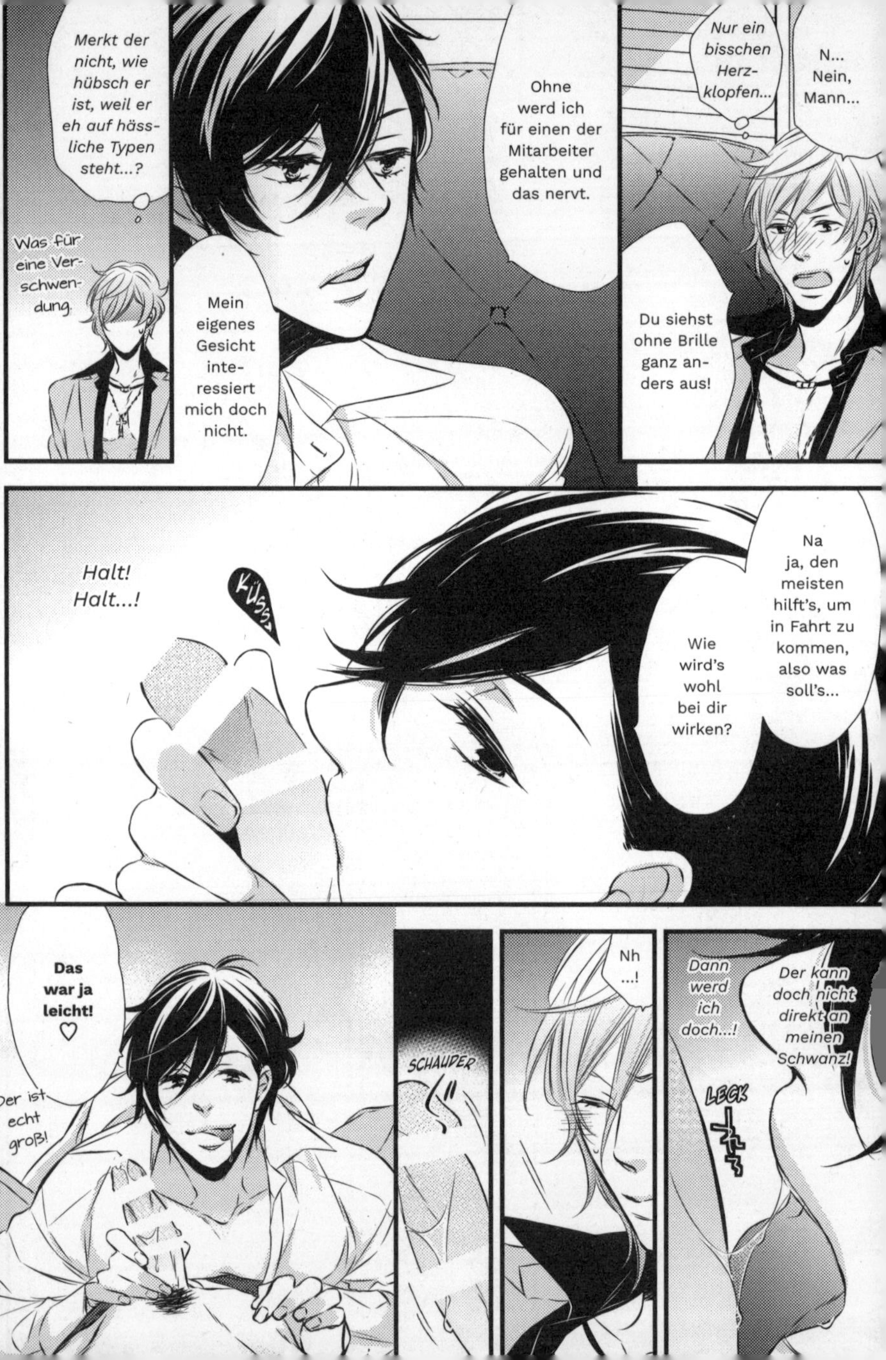
N... Nein, Mann...
Nur ein bisschen Herzklopfen...
Du siehst ohne Brille ganz anders aus!
Ohne werd ich für einen der Mitarbeiter gehalten und das nervt.
Mein eigenes Gesicht interessiert mich doch nicht.
Merkt der nicht, wie hübsch er ist, weil er eh auf hässliche Typen steht...?
Was für eine Verschwendung.
Na ja, den meisten hilft's, um in Fahrt zu kommen, also was soll's...
Wie wird's wohl bei dir wirken?
KÜSS
Halt! Halt...!
Der kann doch nicht direkt an meinen Schwanz!
LECK
Dann werd ich doch...!
Nh ...!
SCHAUDER
Das war ja leicht! ♡
Der ist echt groß!

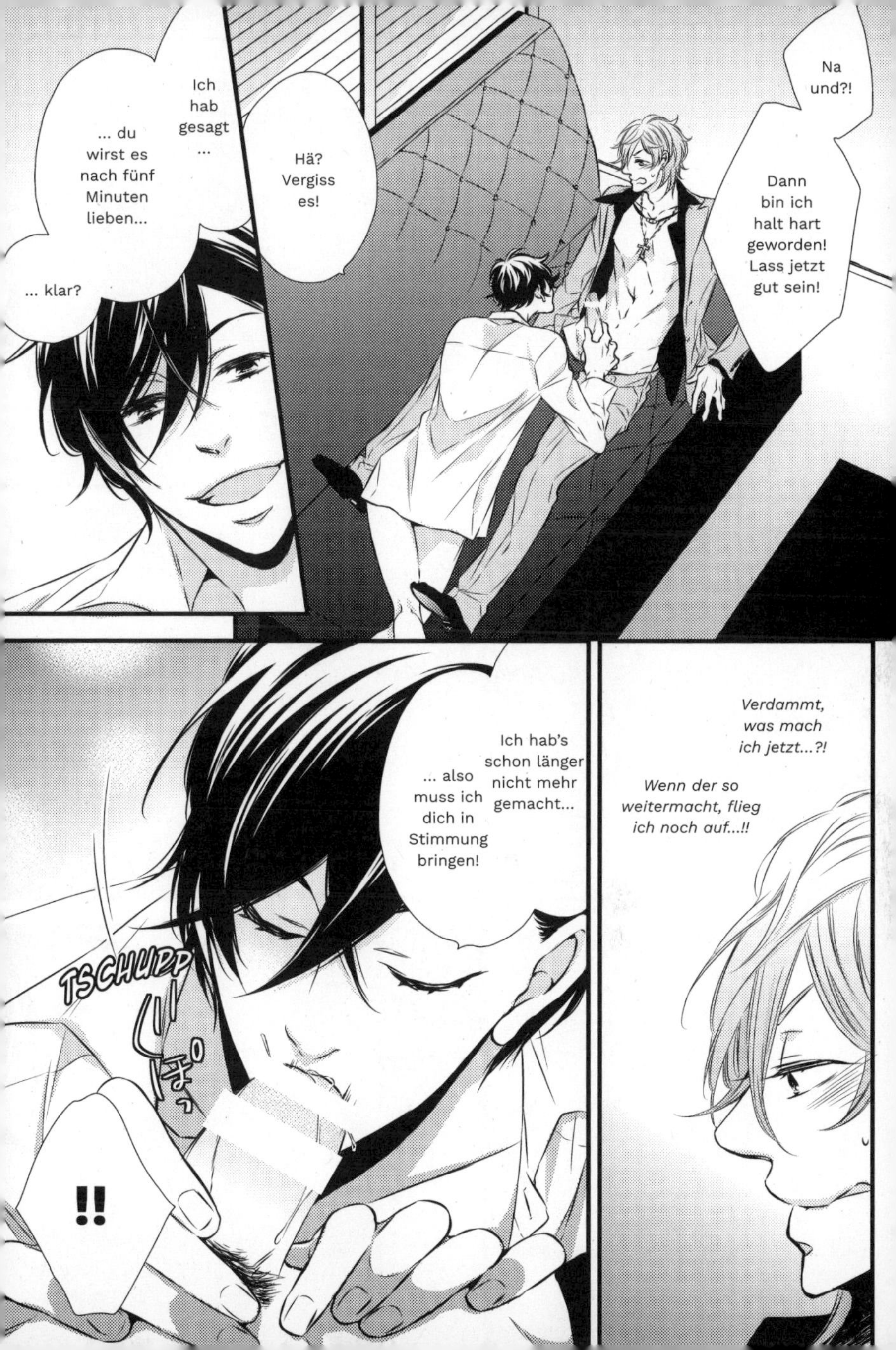

Na und?!
Dann bin ich halt hart geworden! Lass jetzt gut sein!
Hä? Vergiss es!
Ich hab gesagt ...
... du wirst es nach fünf Minuten lieben...
... klar?
Verdammt, was mach ich jetzt...?!
Wenn der so weitermacht, flieg ich noch auf...!!
Ich hab's schon länger nicht mehr gemacht...
... also muss ich dich in Stimmung bringen!
TSCHUPP
!!

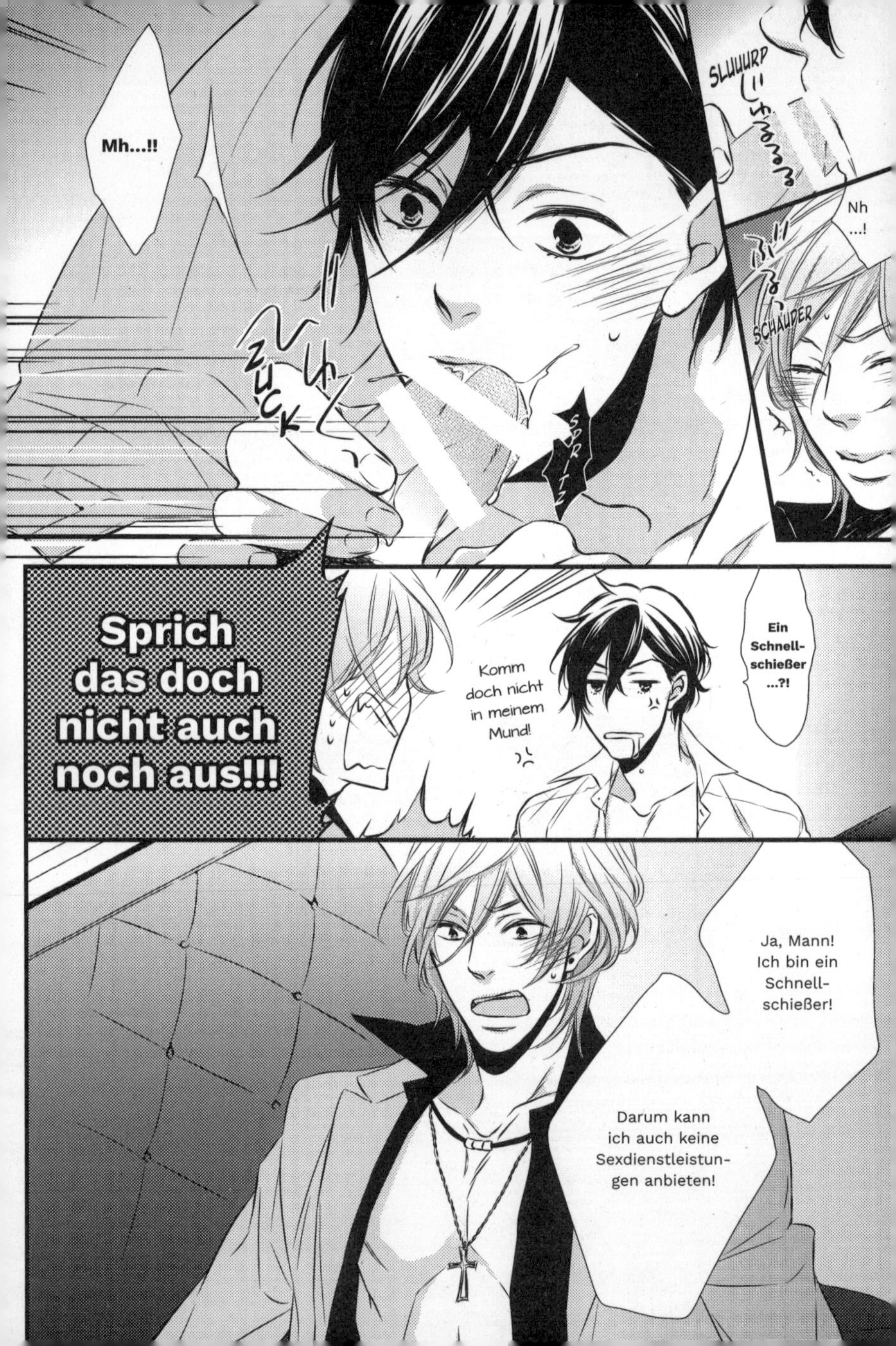
SLUUURP
Nh ...!
SCHAUDER
Mh...!!
ZUCK
SPRITZ
Ein Schnell-schießer ...?!
Komm doch nicht in meinem Mund!
Sprich das doch nicht auch noch aus!!!
Ja, Mann! Ich bin ein Schnell-schießer!
Darum kann ich auch keine Sexdienstleistun-gen anbieten!

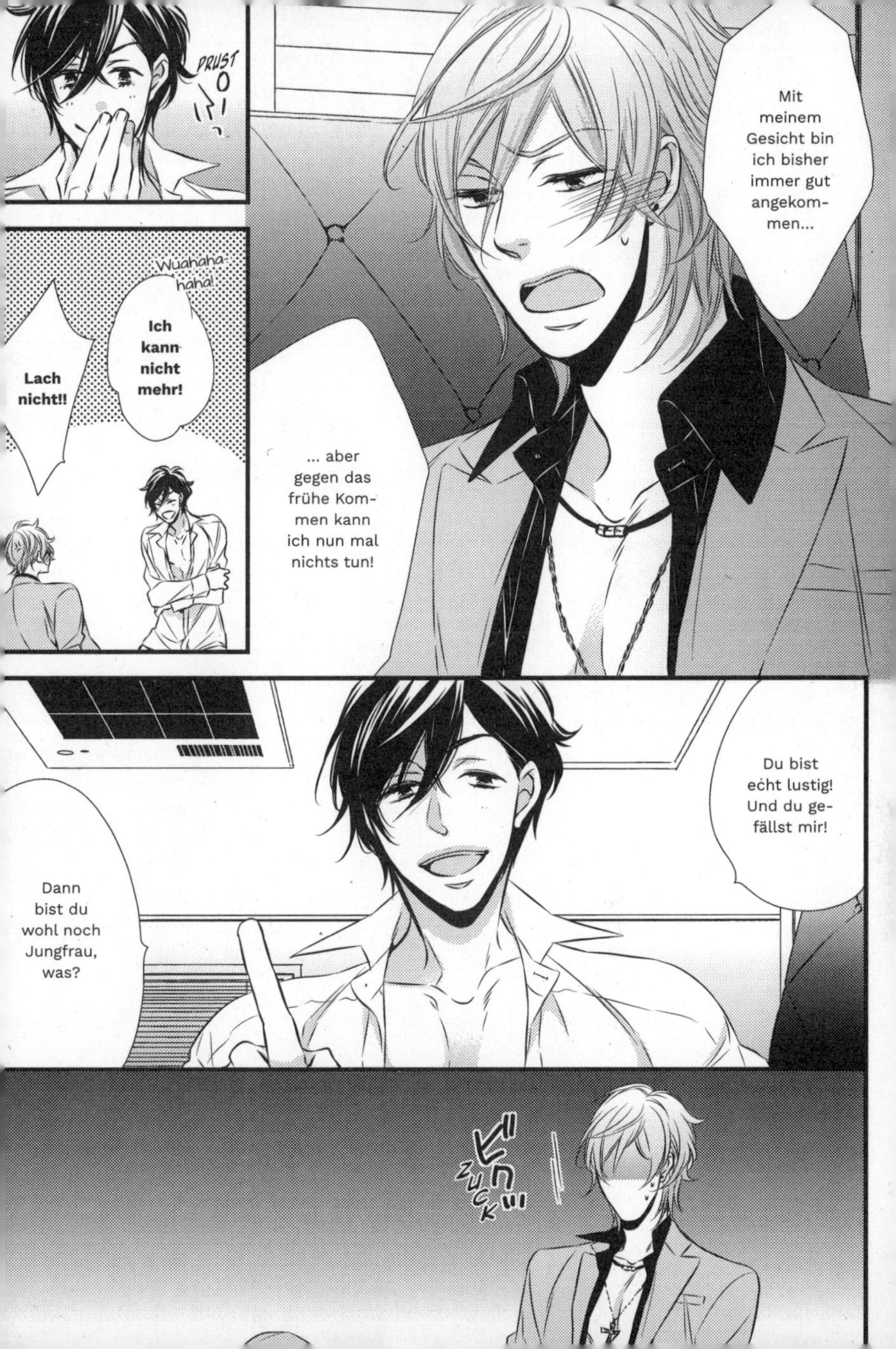
Mit meinem Gesicht bin ich bisher immer gut angekommen...
... aber gegen das frühe Kommen kann ich nun mal nichts tun!
PRUST
Wuahahahaha!
Ich kann nicht mehr!
Lach nicht!!
Du bist echt lustig! Und du gefällst mir!
Dann bist du wohl noch Jungfrau, was?
ZUCK

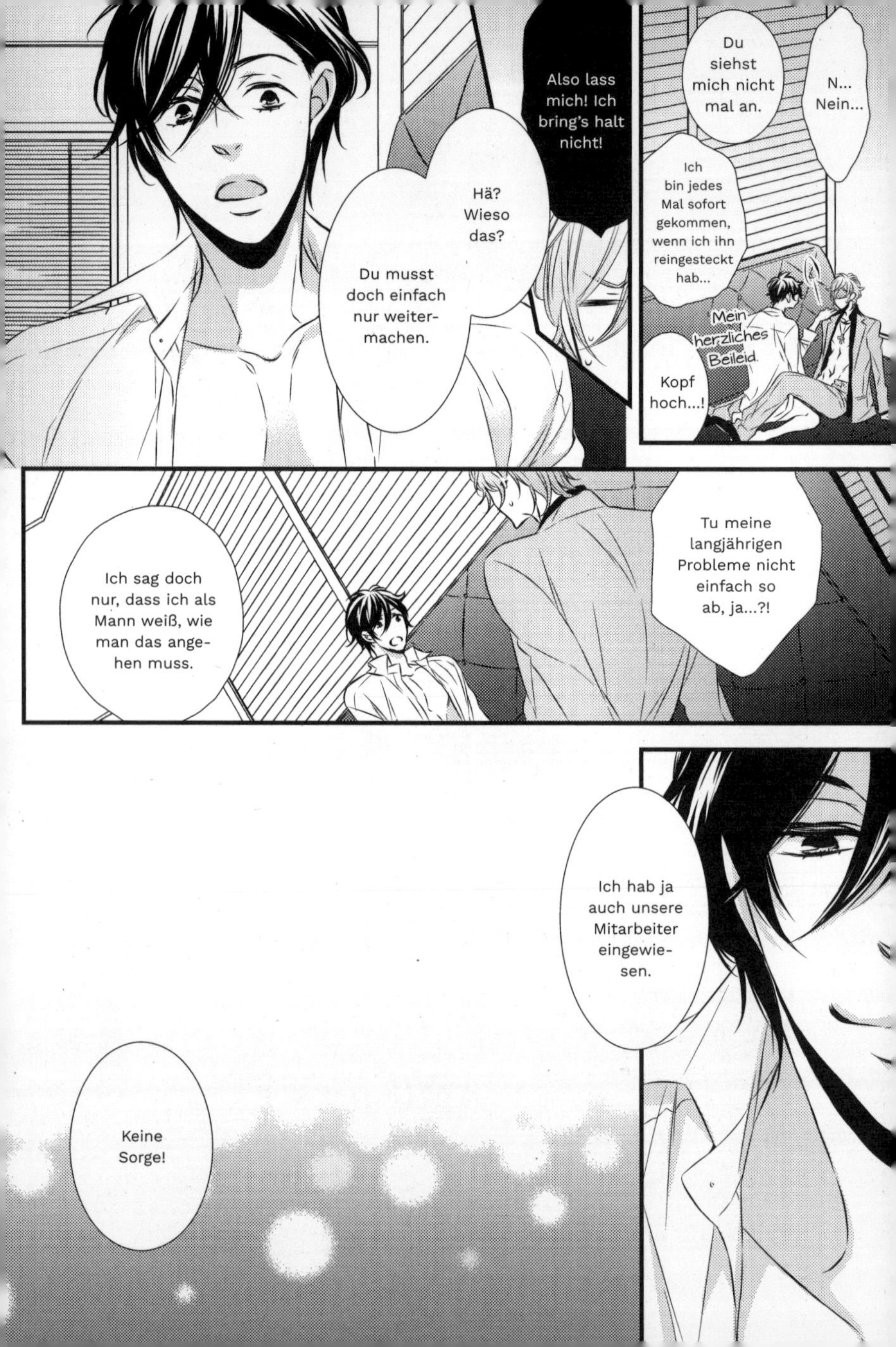
N... Nein...
Du siehst mich nicht mal an.
Ich bin jedes Mal sofort gekommen, wenn ich ihn reingesteckt hab...
Mein herzliches Beileid.
Kopf hoch...!
Also lass mich! Ich bring's halt nicht!
Hä? Wieso das?
Du musst doch einfach nur weitermachen.
Tu meine langjährigen Probleme nicht einfach so ab, ja...?!
Ich sag doch nur, dass ich als Mann weiß, wie man das angehen muss.
Ich hab ja auch unsere Mitarbeiter eingewiesen.
Keine Sorge!

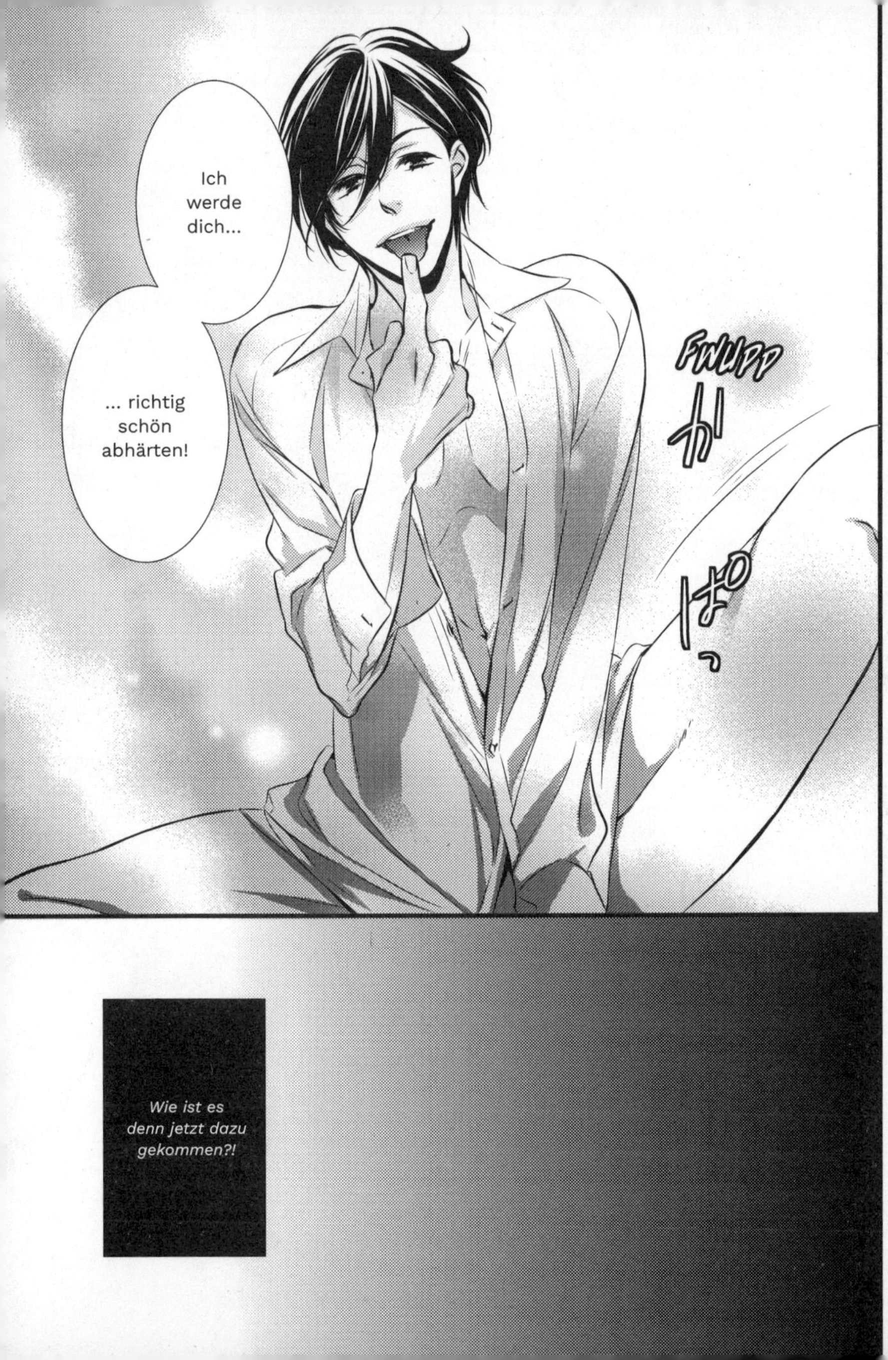
Ich werde dich...
... richtig schön abhärten!
FWUPP
がばっ
Wie ist es denn jetzt dazu gekommen?!

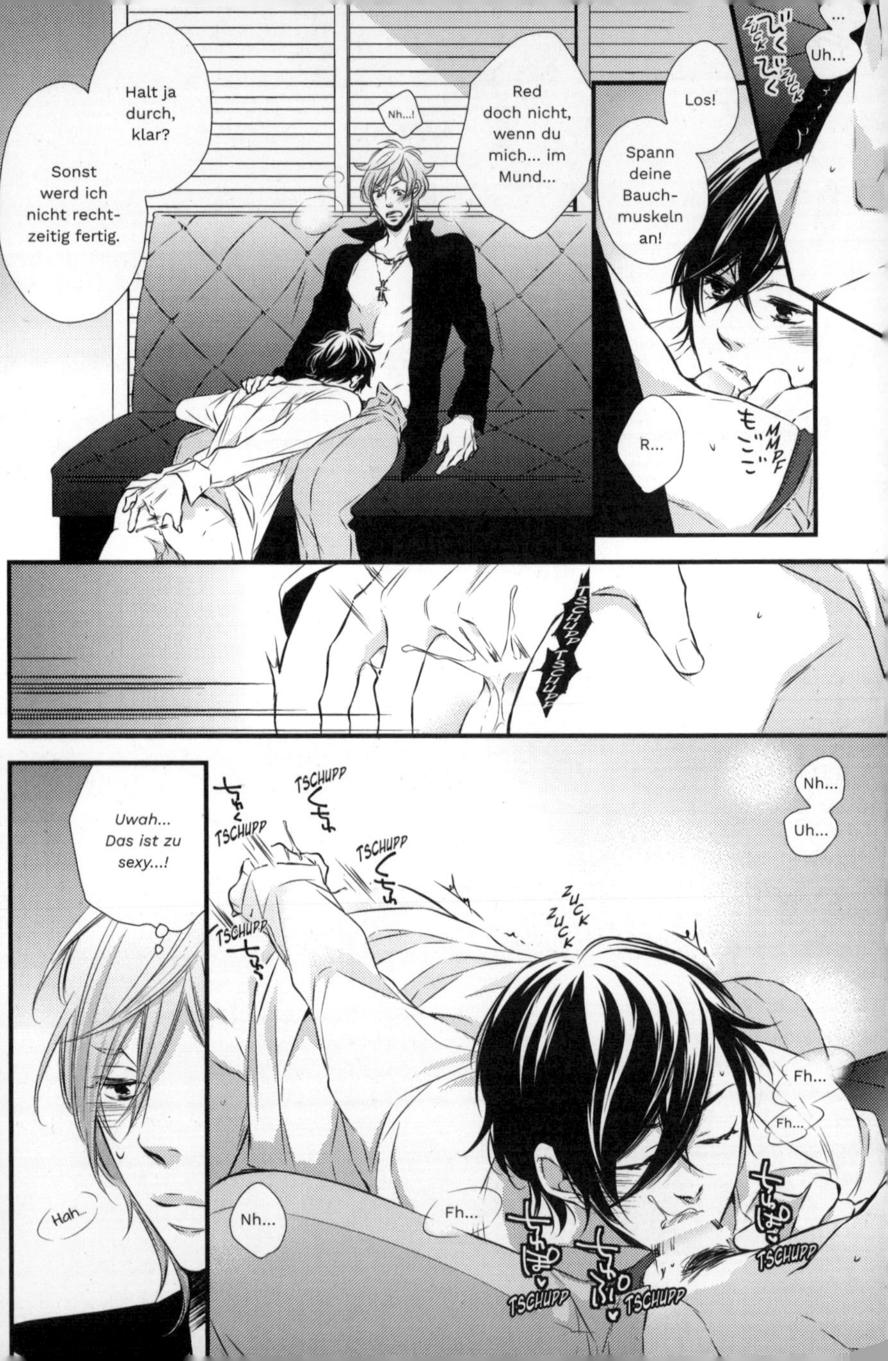
...
Uh...
ZUCK ZUCK
Los!
Spann deine Bauchmuskeln an!
MMPF
R...
Red doch nicht, wenn du mich... im Mund...
Nh...!
Halt ja durch, klar?
Sonst werd ich nicht recht-zeitig fertig.
TSCHUPP TSCHUPP TSCHUPP
Nh...
Uh...
ZUCK ZUCK
TSCHUPP
TSCHUPP
TSCHUPP
TSCHUPP
Uwah... Das ist zu sexy...!
Fh...
Fh...
TSCHUPP
Fh...
Nh...
TSCHUPP
TSCHUPP
Hah..

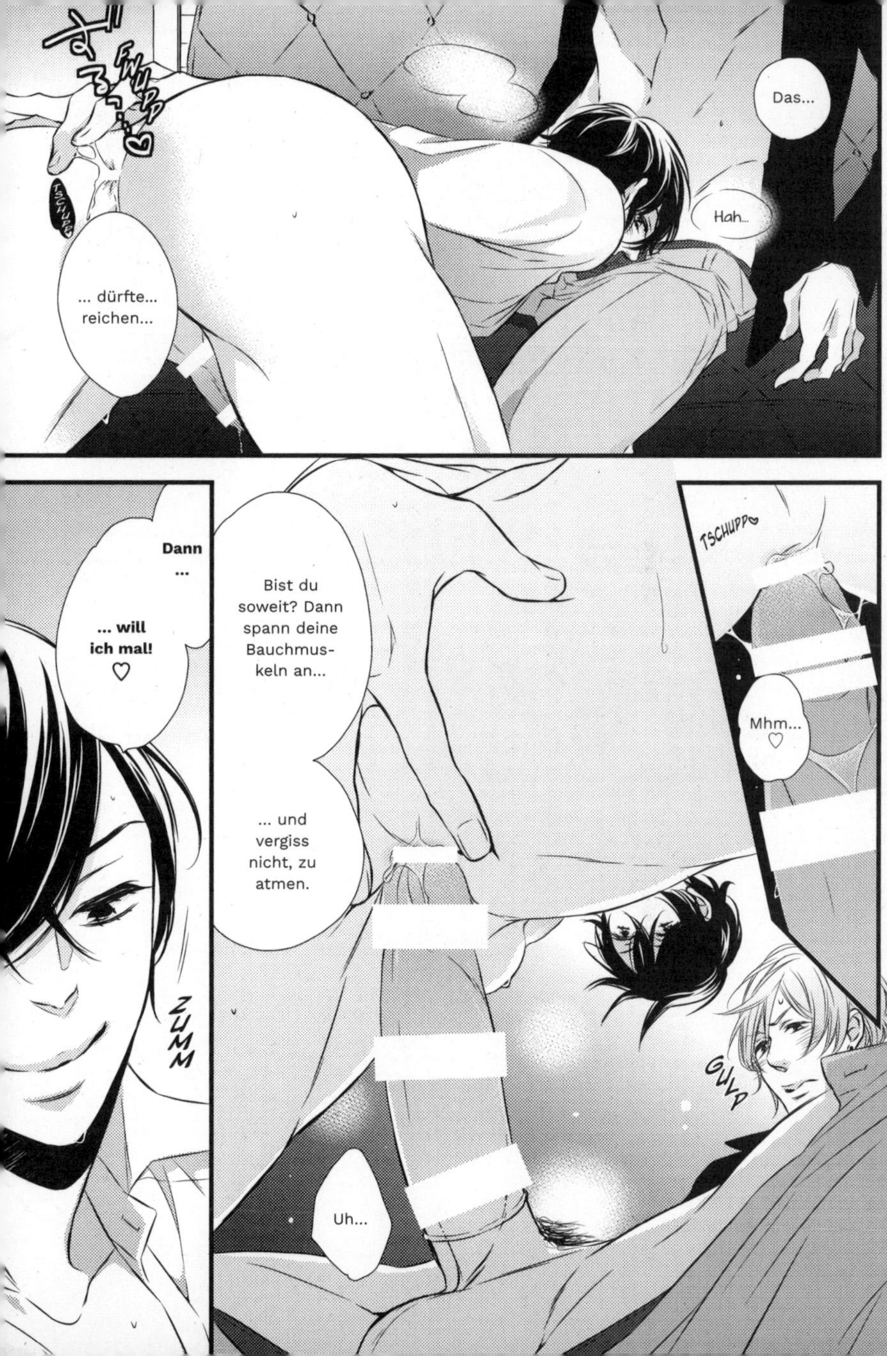
Das...
Hah...
FWUPP
TSCHUPP
... dürfte... reichen...
TSCHUPP
Mhm... ♡
GULP
Bist du soweit? Dann spann deine Bauchmuskeln an...
... und vergiss nicht, zu atmen.
Uh...
Dann ...
... will ich mal! ♡
ZUMM

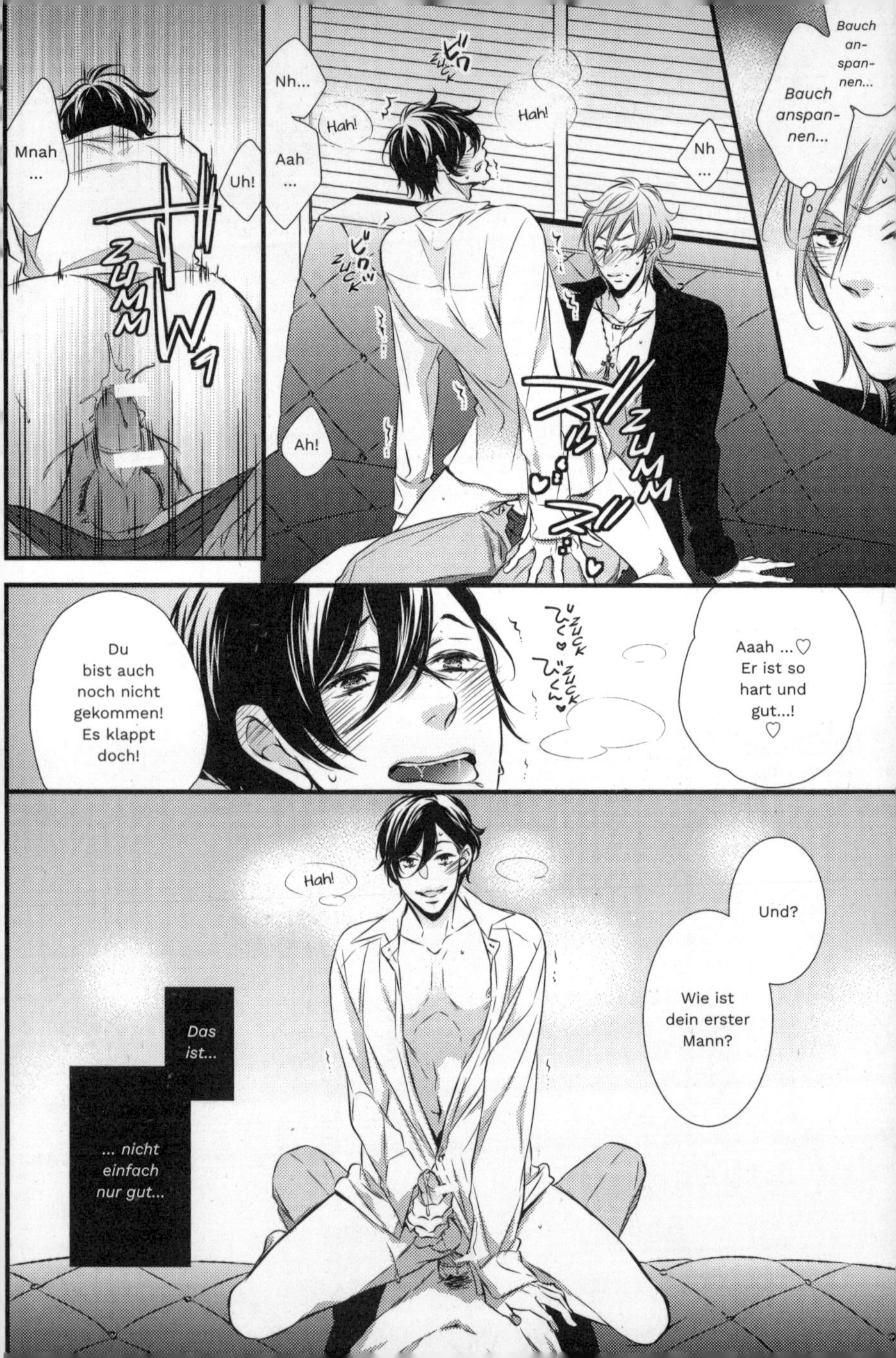
Bauch anspannen...
Bauch anspannen...
Nh ...
Hah!
Hah!
Nh...
Aah ...
ZUCK
ZUCK
Ah!
ZUMM
Uh!
Mnah ...
ZUMM
Aaah ...♡ Er ist so hart und gut...! ♡
ZUCK
ZUCK
Du bist auch noch nicht gekommen! Es klappt doch!
Und?
Wie ist dein erster Mann?
Hah!
Das ist...
... nicht einfach nur gut...

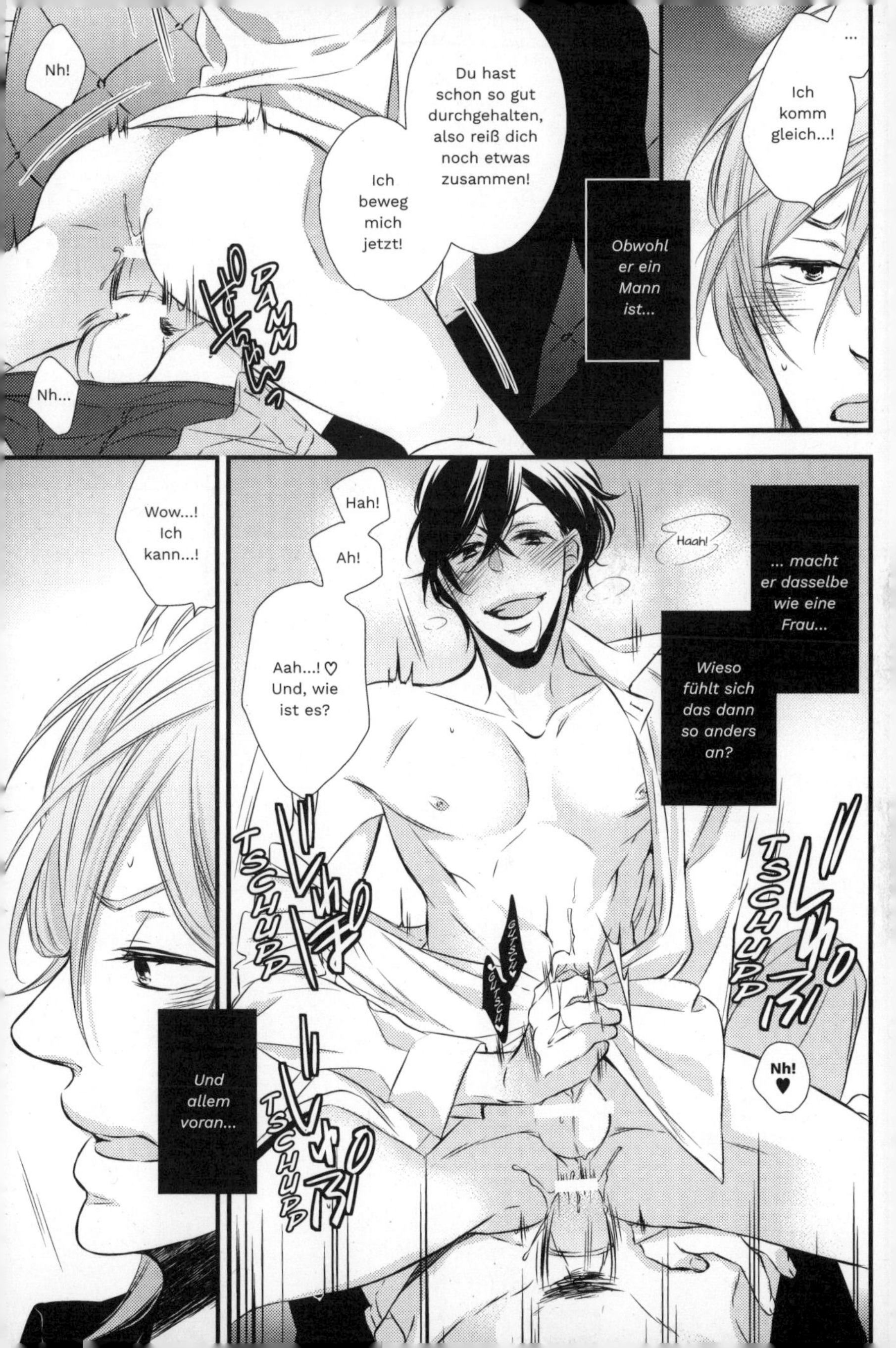
...
Ich komm gleich...!
Obwohl er ein Mann ist...
Du hast schon so gut durchgehalten, also reiß dich noch etwas zusammen!
Ich beweg mich jetzt!
Nh!
PAMM
Nh...
... macht er dasselbe wie eine Frau...
Wieso fühlt sich das dann so anders an?
Haah!
Hah!
Ah!
Aah...! ♡ Und, wie ist es?
TSCHUPP
GUTSCH GUTSCH
TSCHUPP
Nh! ♥
TSCHUPP
Wow...! Ich kann...!
Und allem voran...

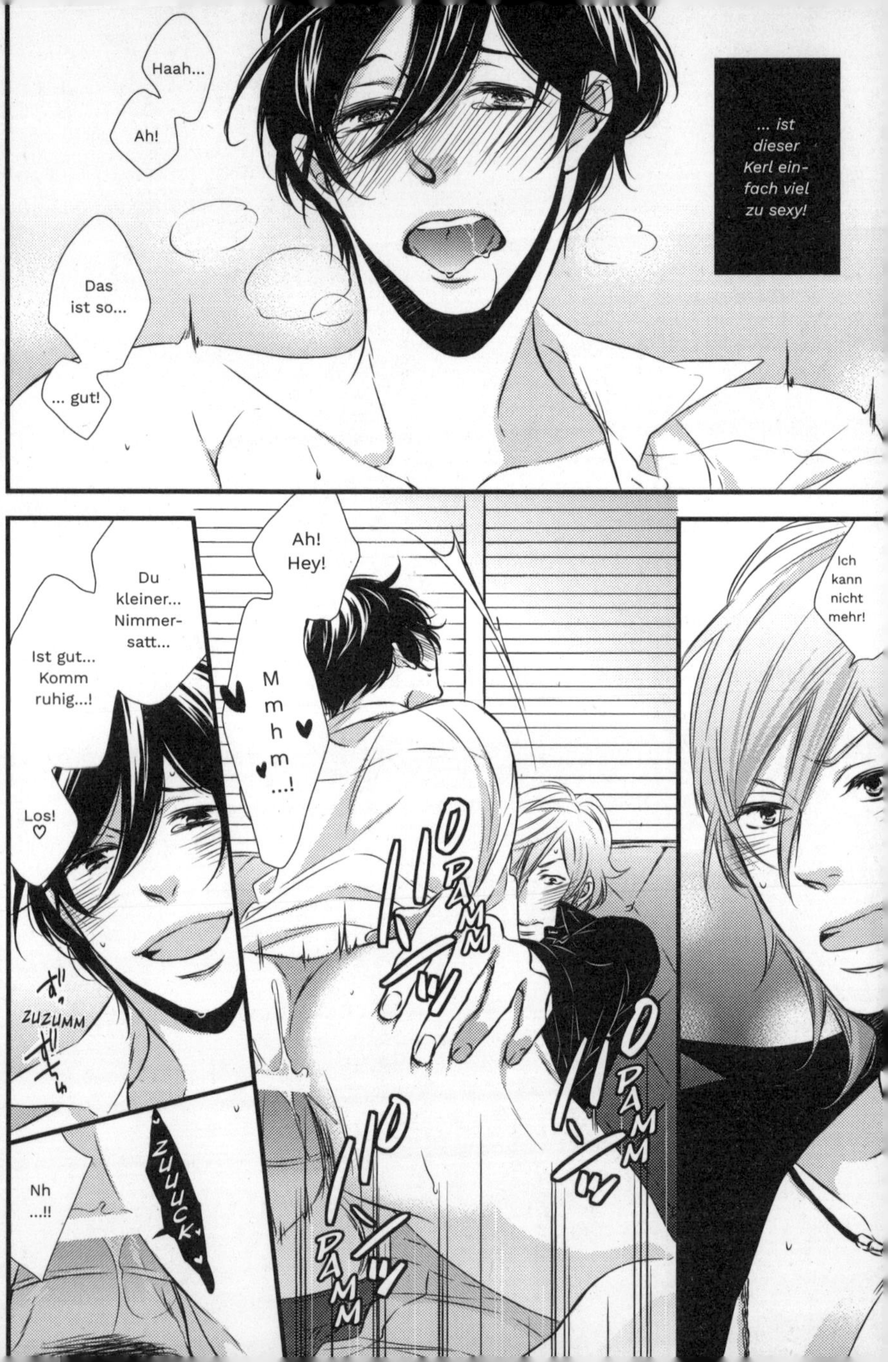
... ist dieser Kerl einfach viel zu sexy!
Haah...
Ah!
Das ist so...
... gut!
Ich kann nicht mehr!
Ah! Hey!
Mmhm...!
PAMM
PAMM
PAMM
Du kleiner... Nimmersatt...
Ist gut... Komm ruhig...!
Los! ♡
ZUZUMM
ZUUUCK
Nh ...!!

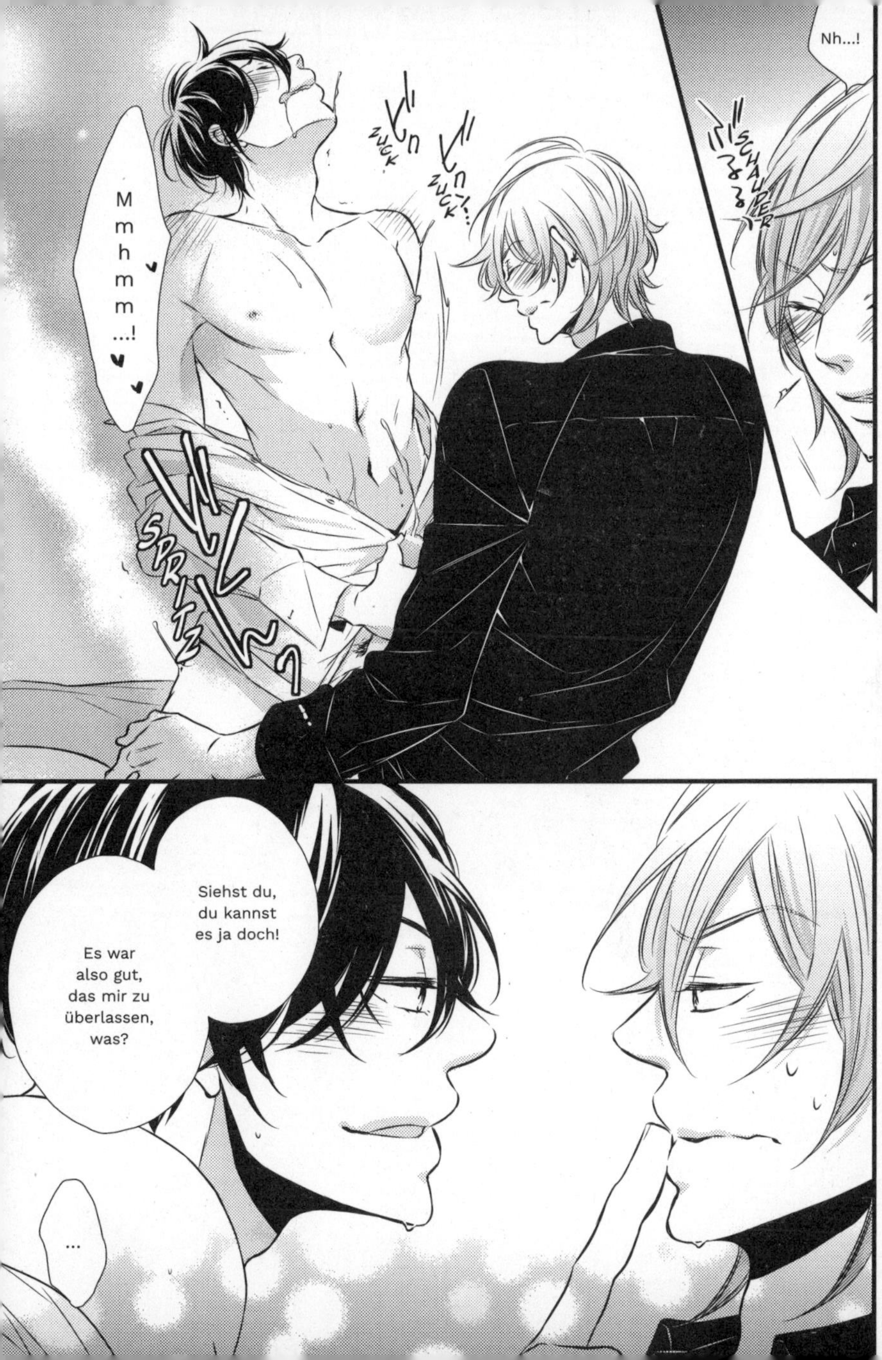

Nh...!
SCHAUDER
ZUCK
ZUCK...
Mmhmm...!
SPRITZ
Siehst du, du kannst es ja doch!
Es war also gut, das mir zu überlassen, was?
...

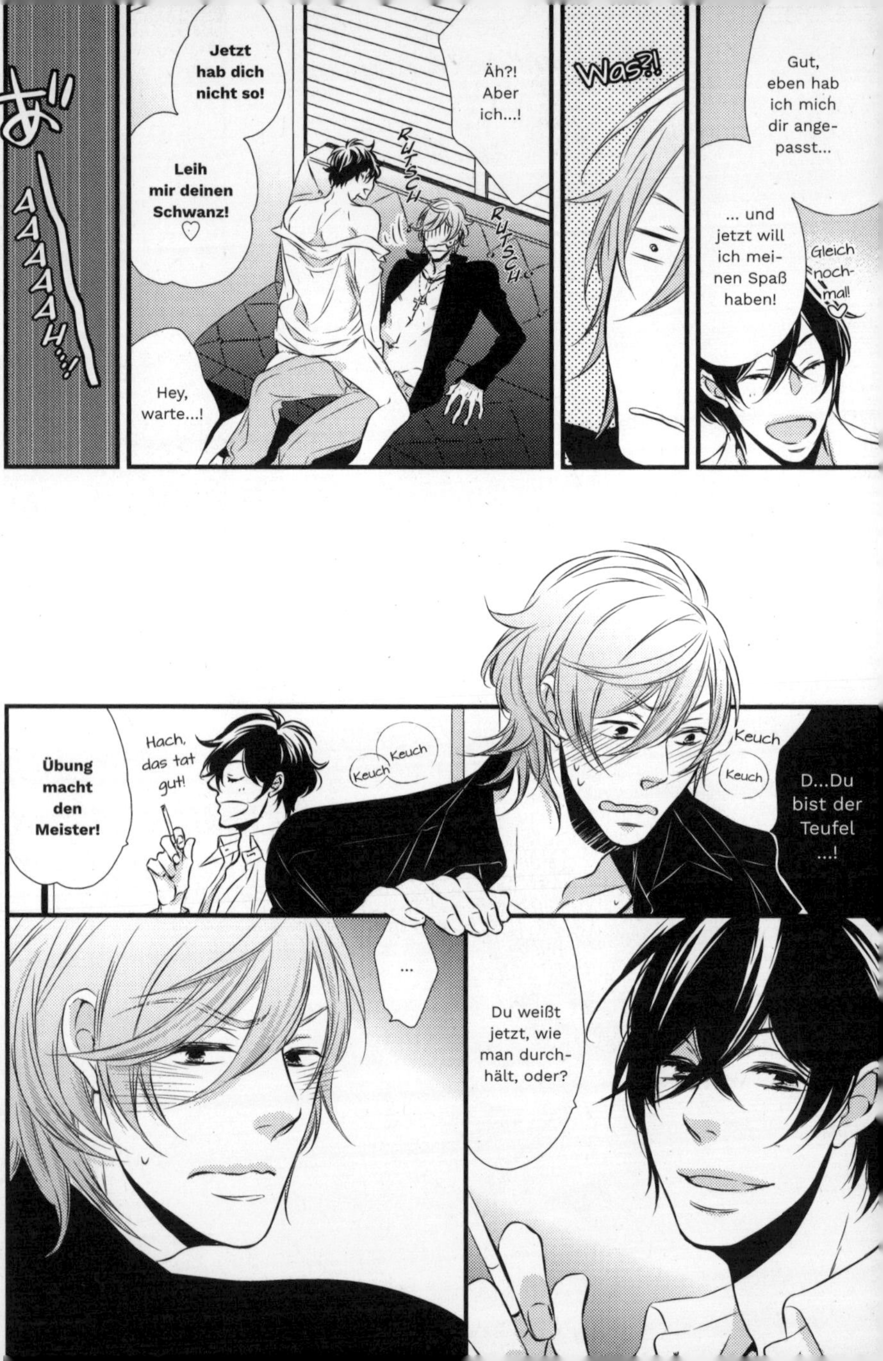
Gut, eben hab ich mich dir angepasst...
... und jetzt will ich meinen Spaß haben!
Gleich nochmal! ♡
Was?!
Äh?! Aber ich...!
Jetzt hab dich nicht so!
RUTSCH
RUTSCH
Leih mir deinen Schwanz! ♡
Hey, warte...!
あ゛
AAAAAH...!
D...Du bist der Teufel ...!
Keuch
Keuch
Keuch
Keuch
Hach, das tat gut!
Übung macht den Meister!
Du weißt jetzt, wie man durchhält, oder?
...

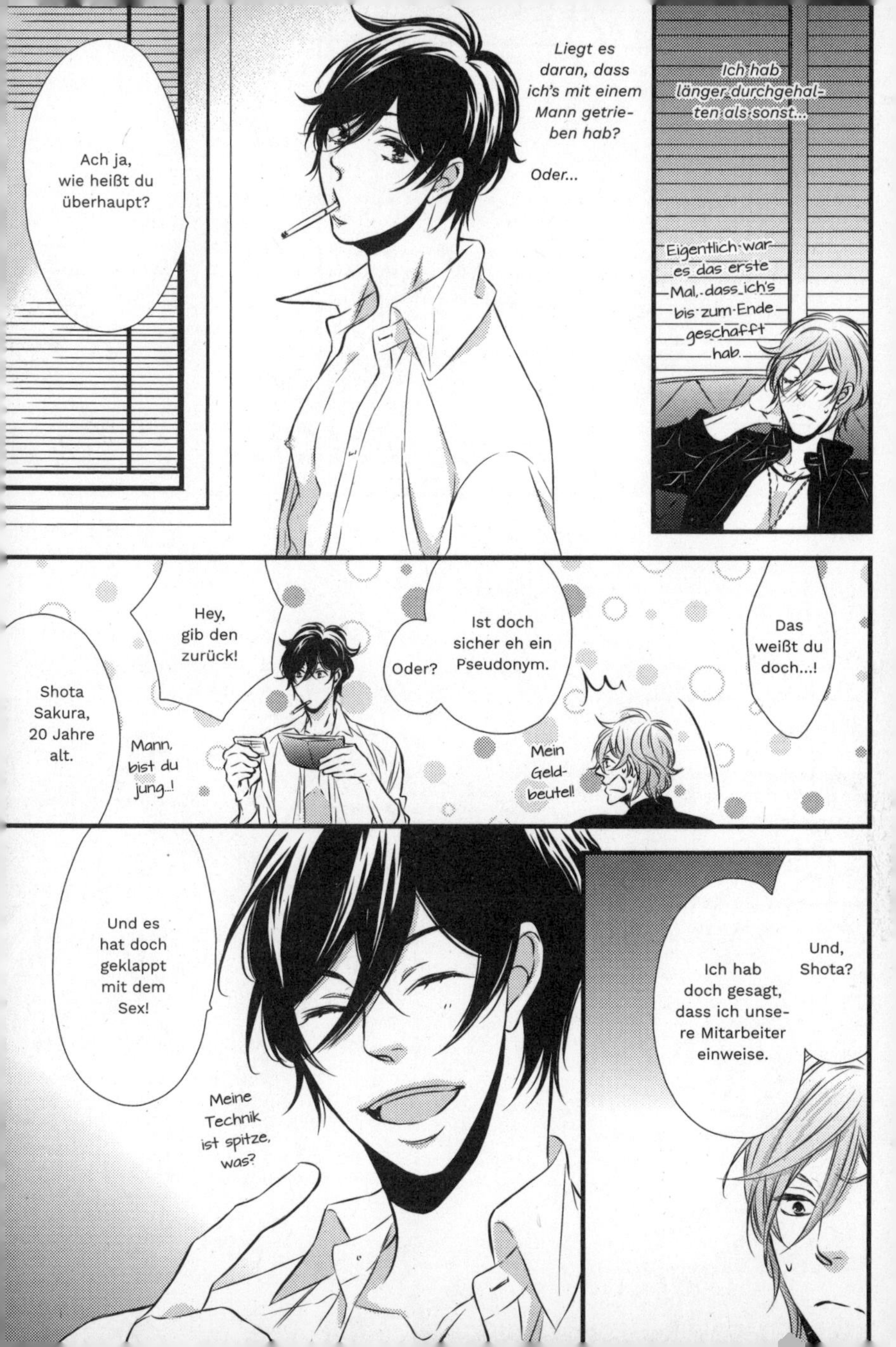
Ich hab länger durchgehalten als sonst...
Eigentlich war es das erste Mal, dass ich's bis zum Ende geschafft hab.
Liegt es daran, dass ich's mit einem Mann getrieben hab?
Oder...
Ach ja, wie heißt du überhaupt?
Das weißt du doch...!
Mein Geldbeutel!
Ist doch sicher eh ein Pseudonym.
Oder?
Hey, gib den zurück!
Shota Sakura, 20 Jahre alt.
Mann, bist du jung...!
Und, Shota?
Ich hab doch gesagt, dass ich unsere Mitarbeiter einweise.
Und es hat doch geklappt mit dem Sex!
Meine Technik ist spitze, was?

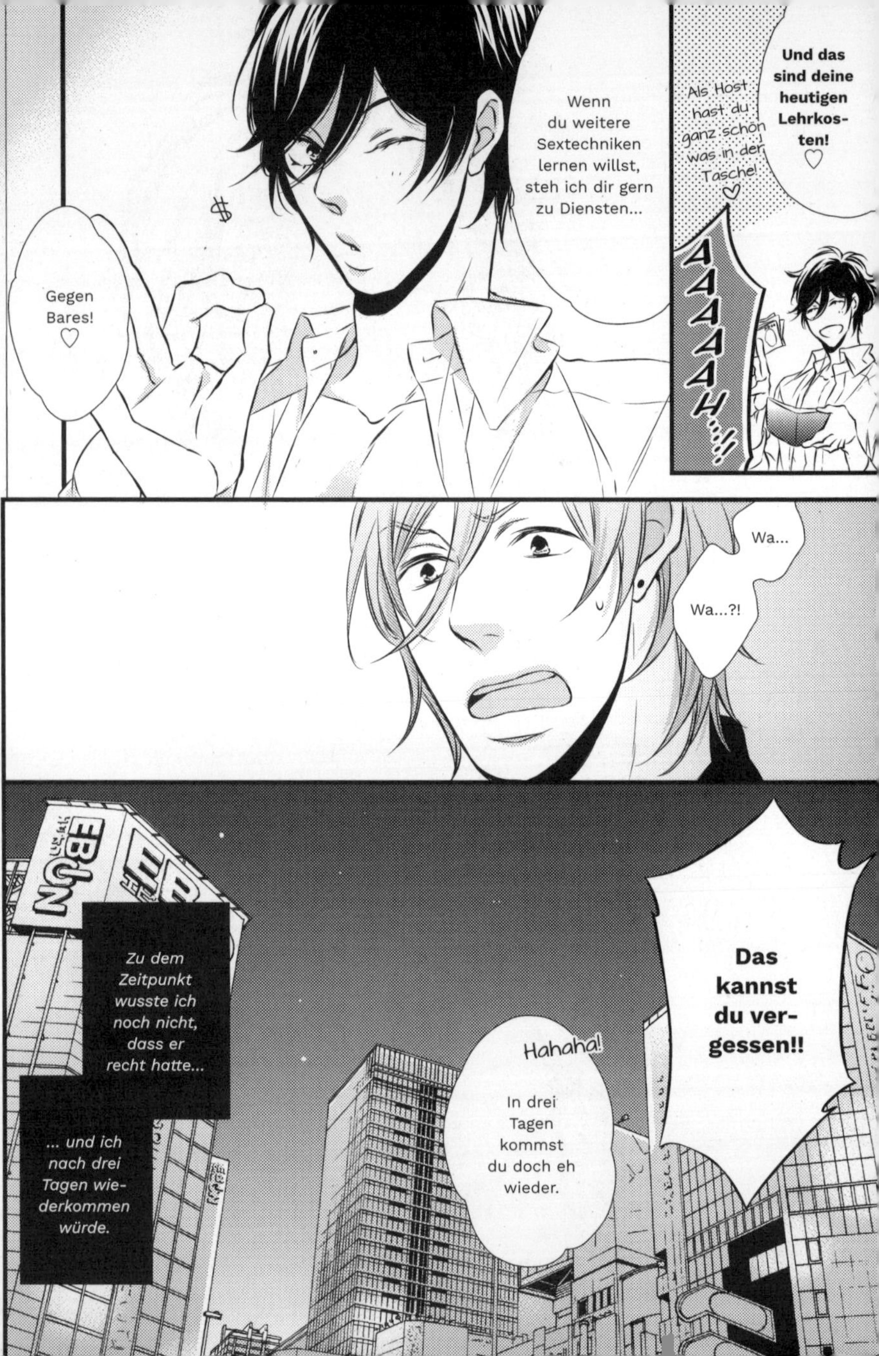

Wenn du weitere Sextechniken lernen willst, steh ich dir gern zu Diensten...
Gegen Bares! ♡
Und das sind deine heutigen Lehrkosten! ♡
Als Host hast du ganz schön was in der Tasche! ♡
AAAAAH...!!
Wa...
Wa...?!
Das kannst du vergessen!!
Hahaha!
In drei Tagen kommst du doch eh wieder.
Zu dem Zeitpunkt wusste ich noch nicht, dass er recht hatte...
... und ich nach drei Tagen wiederkommen würde.

2. Lektion

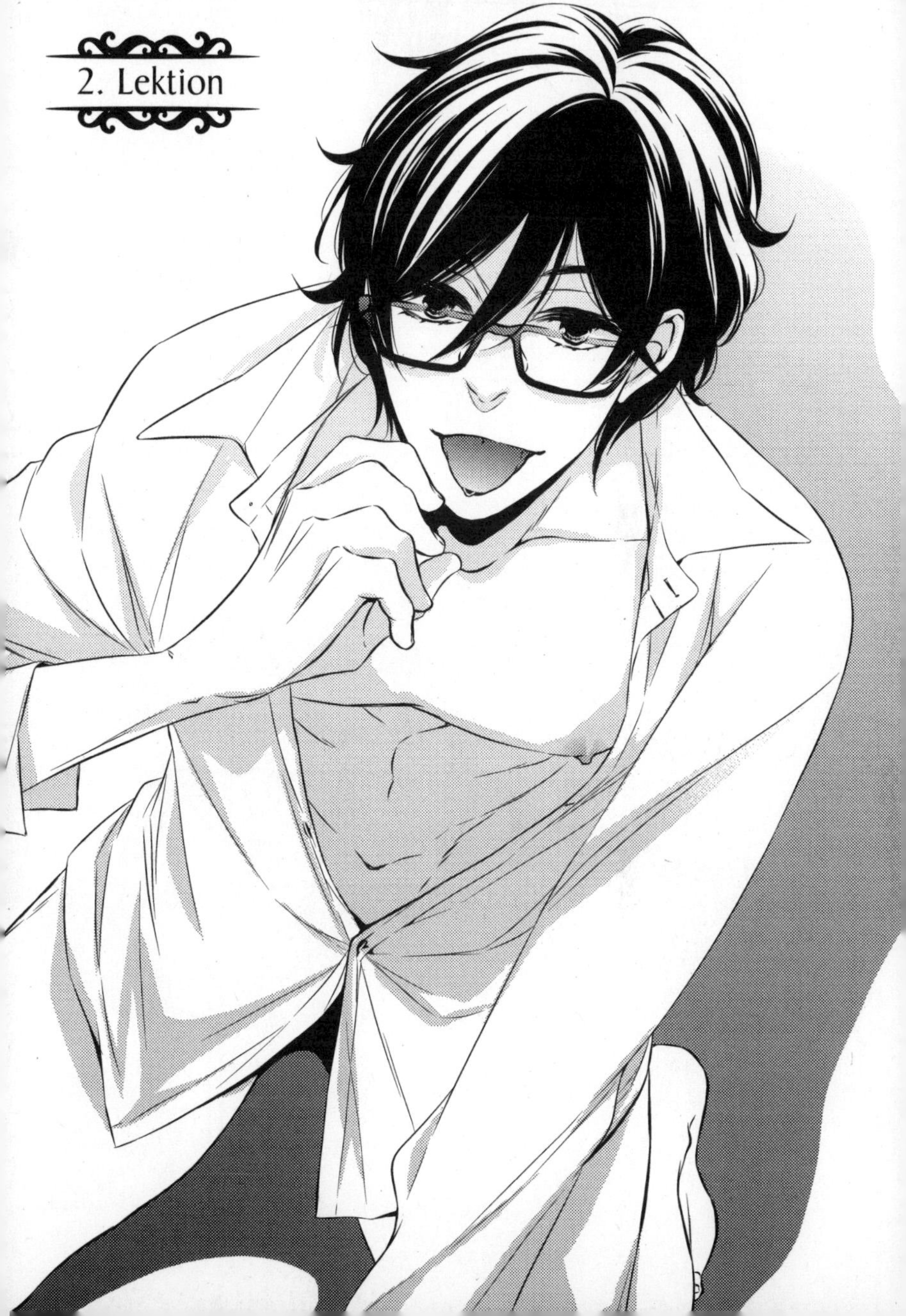

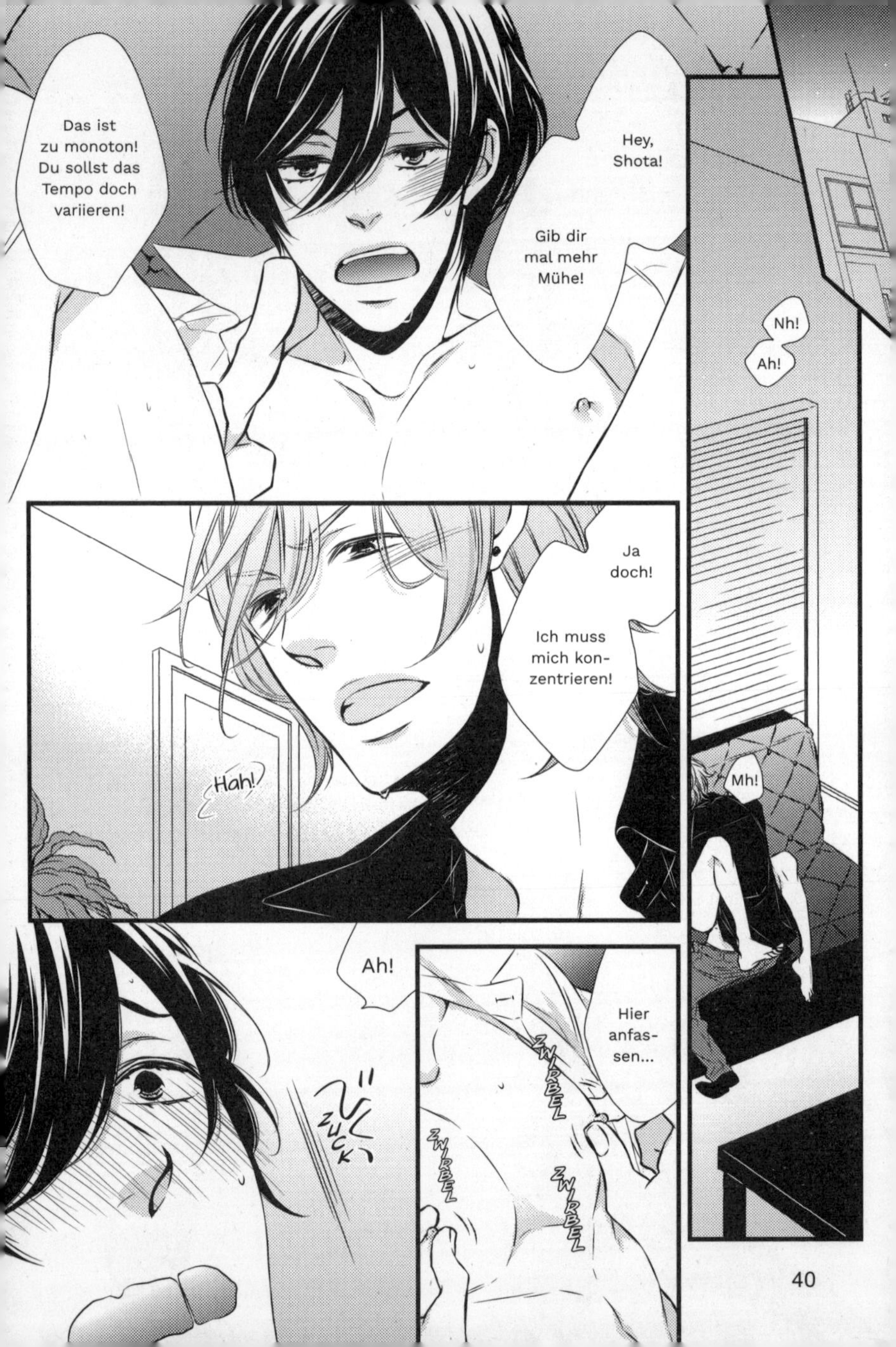
Nh!
Ah!
Hey, Shota!
Gib dir mal mehr Mühe!
Das ist zu monoton! Du sollst das Tempo doch variieren!
Mh!
Ja doch!
Ich muss mich kon-zentrieren!
Hah!
Hier anfas-sen...
ZWIRBEL
ZWIRBEL
ZWIRBEL
Ah!
ZUCK

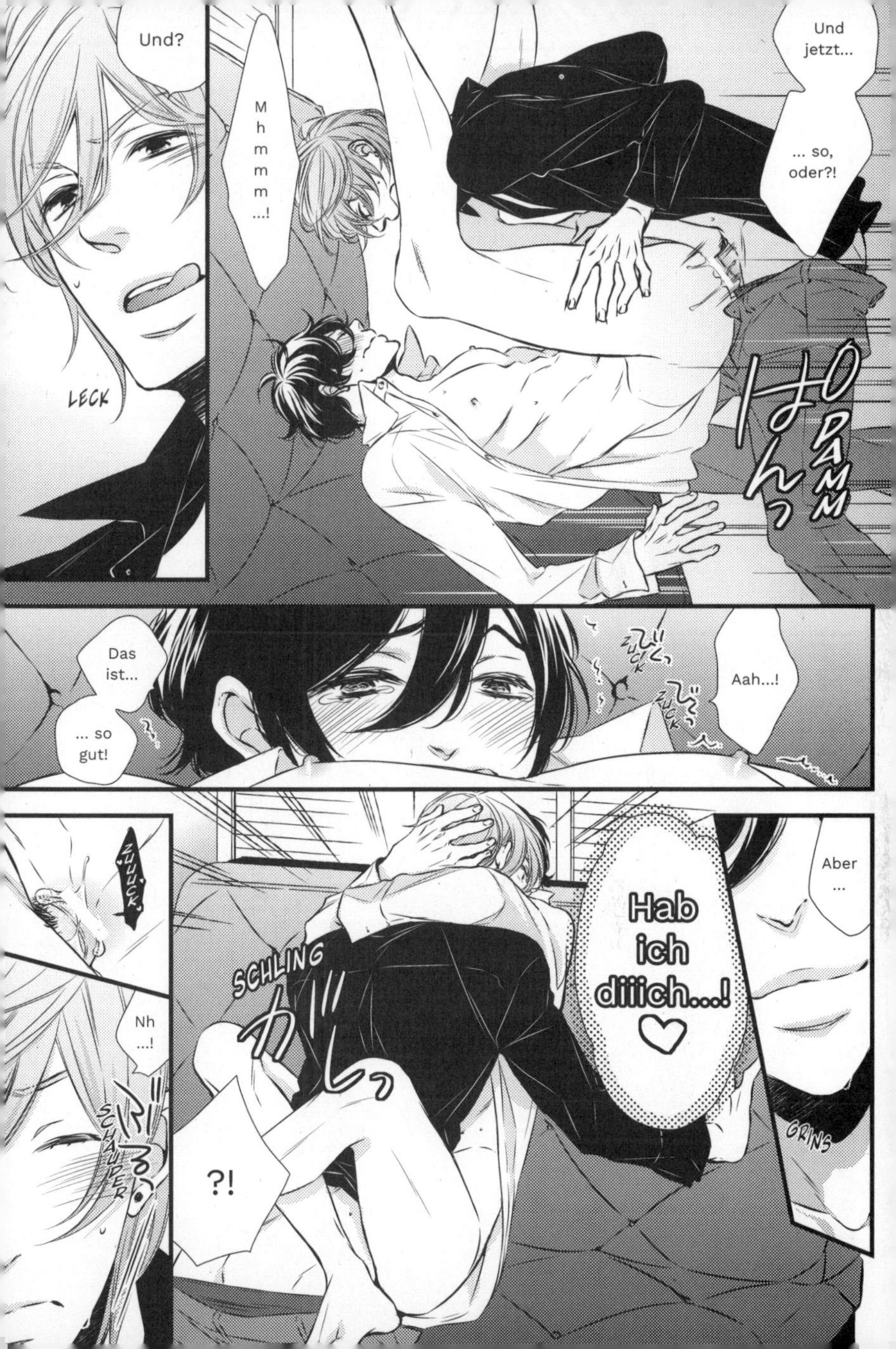
Und jetzt...
... so, oder?!
DAMM
Mhmmm...!
Und?
LECK
Aah...!
ZUCK
ZUCK
Das ist...
... so gut!
Aber ...
Hab ich diiich...! ♥
GRINS
SCHLING
?!
ZUUUCK
Nh ...!
SCHAUDER

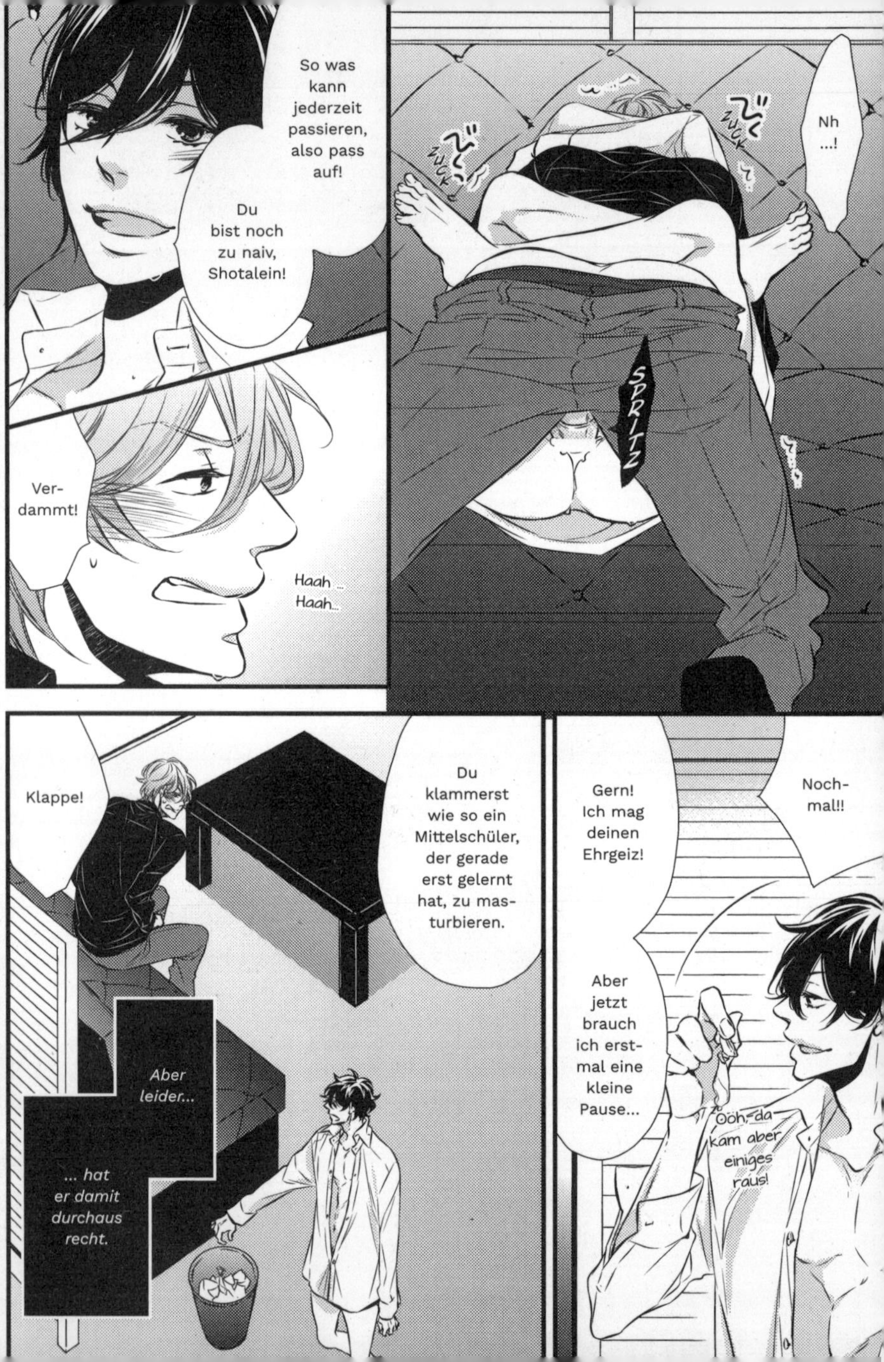
Nh ...!
zuck
zuck
SPRITZ
So was kann jederzeit passieren, also pass auf!
Du bist noch zu naiv, Shotalein!
Ver-dammt!
Haah ... Haah...
Noch-mal!!
Gern! Ich mag deinen Ehrgeiz!
Aber jetzt brauch ich erst-mal eine kleine Pause...
Ooh, da kam aber einiges raus!
Du klammerst wie so ein Mittelschüler, der gerade erst gelernt hat, zu mas-turbieren.
Klappe!
Aber leider...
... hat er damit durchaus recht.

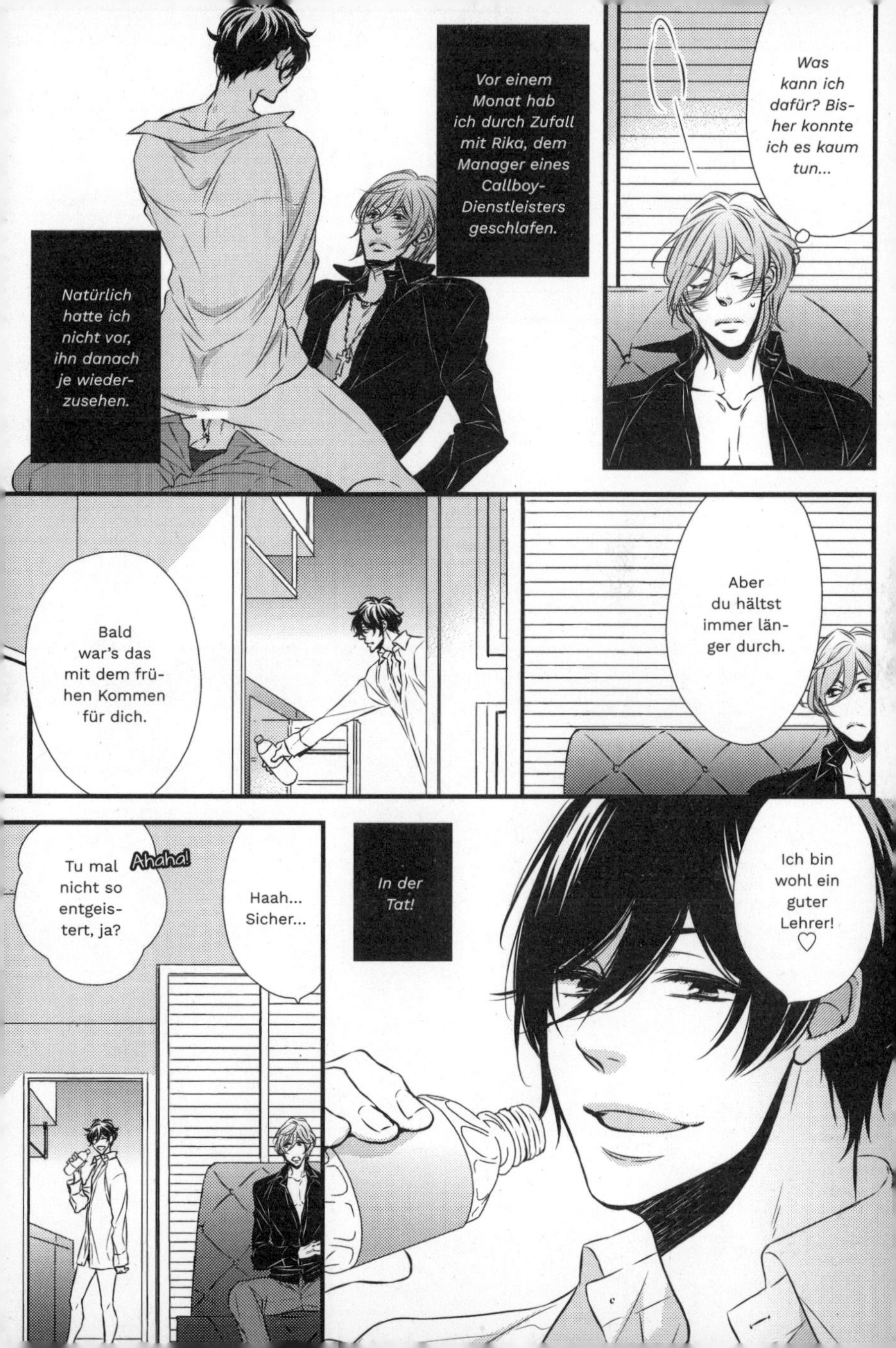

Was kann ich dafür? Bisher konnte ich es kaum tun...
Vor einem Monat hab ich durch Zufall mit Rika, dem Manager eines Callboy-Dienstleisters geschlafen.
Natürlich hatte ich nicht vor, ihn danach je wiederzusehen.
Aber du hältst immer länger durch.
Bald war's das mit dem frühen Kommen für dich.
Ich bin wohl ein guter Lehrer! ♡
In der Tat!
Haah... Sicher...
Tu mal nicht so entgeistert, ja?
Ahaha!

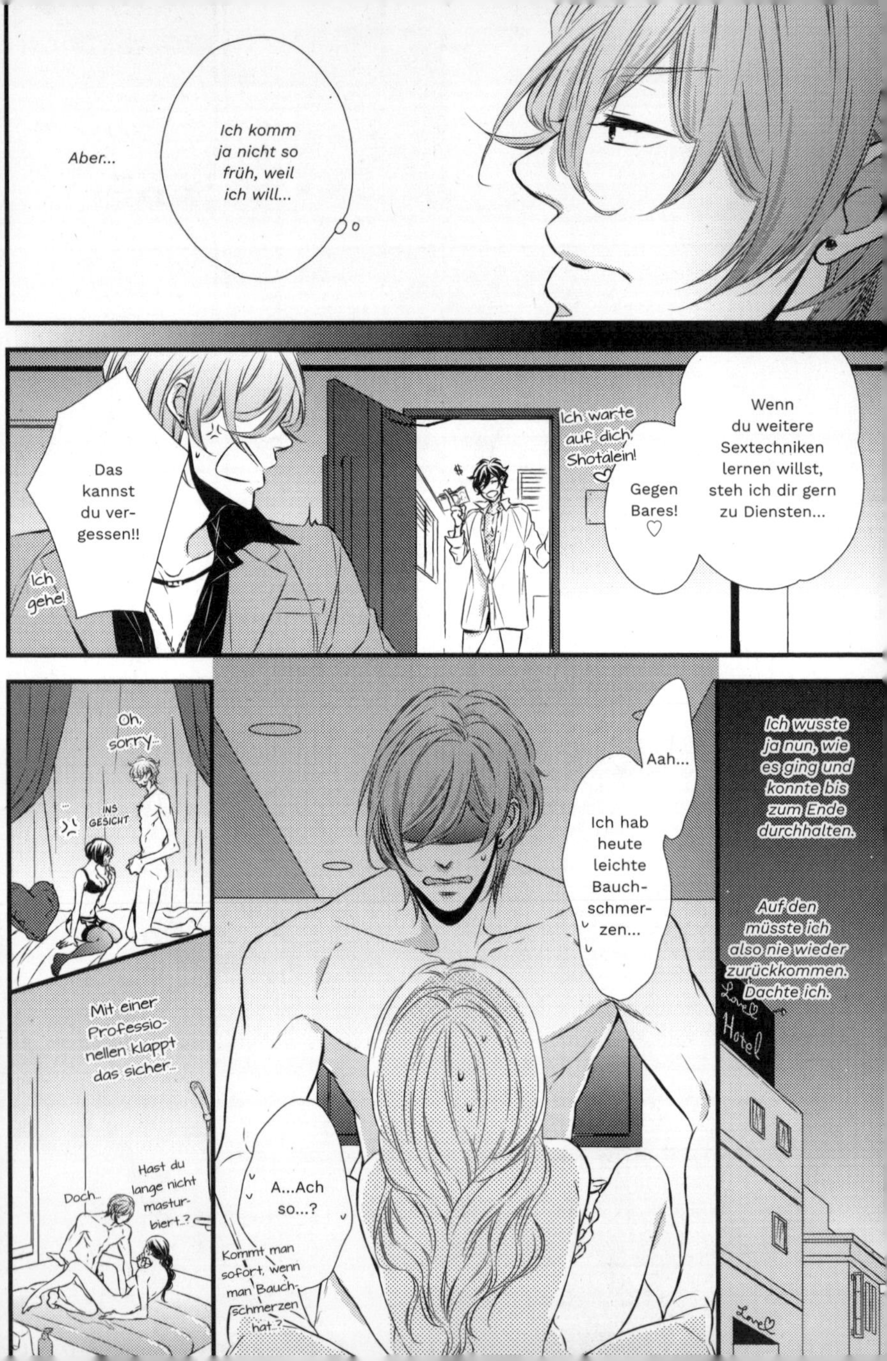
Ich komm ja nicht so früh, weil ich will...
Aber...
Wenn du weitere Sextechniken lernen willst, steh ich dir gern zu Diensten...
Gegen Bares! ♡
Ich warte auf dich, Shotalein! ♡
Das kannst du vergessen!!
Ich gehe!
Ich wusste ja nun, wie es ging und konnte bis zum Ende durchhalten.
Auf den müsste ich also nie wieder zurückkommen. Dachte ich.
Love Hotel
Aah...
Ich hab heute leichte Bauchschmerzen...
A...Ach so...?
Kommt man sofort, wenn man Bauchschmerzen hat...?
Oh, sorry...
INS GESICHT
...
Mit einer Professionellen klappt das sicher...
Hast du lange nicht masturbiert...?
Doch...
Love

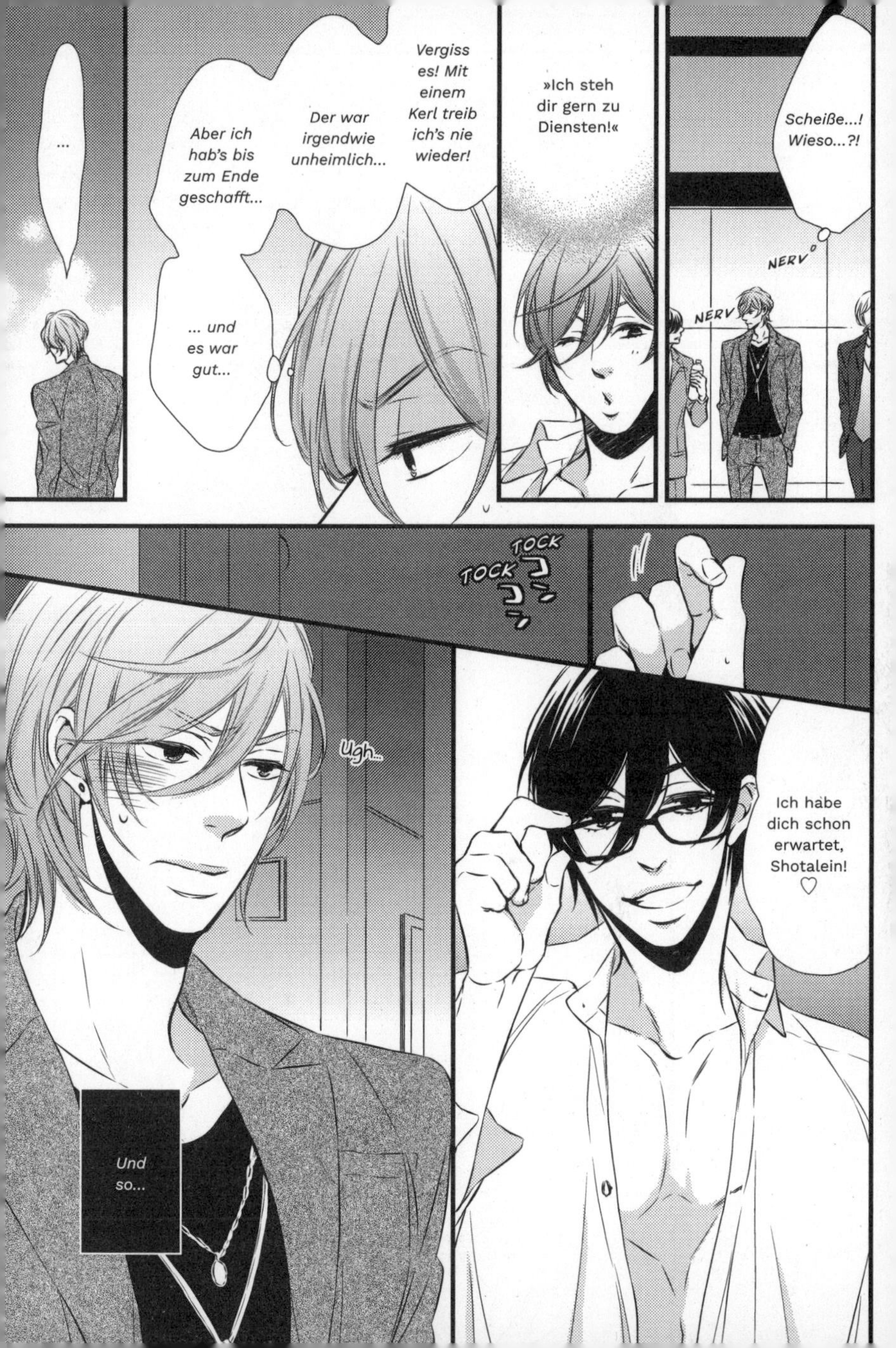

Scheiße...! Wieso...?!
NERV
NERV
»Ich steh dir gern zu Diensten!«
Vergiss es! Mit einem Kerl treib ich's nie wieder!
Der war irgendwie unheimlich...
Aber ich hab's bis zum Ende geschafft...
... und es war gut...
...
TOCK
TOCK
Ich habe dich schon erwartet, Shotalein! ♡
Ugh...
Und so...

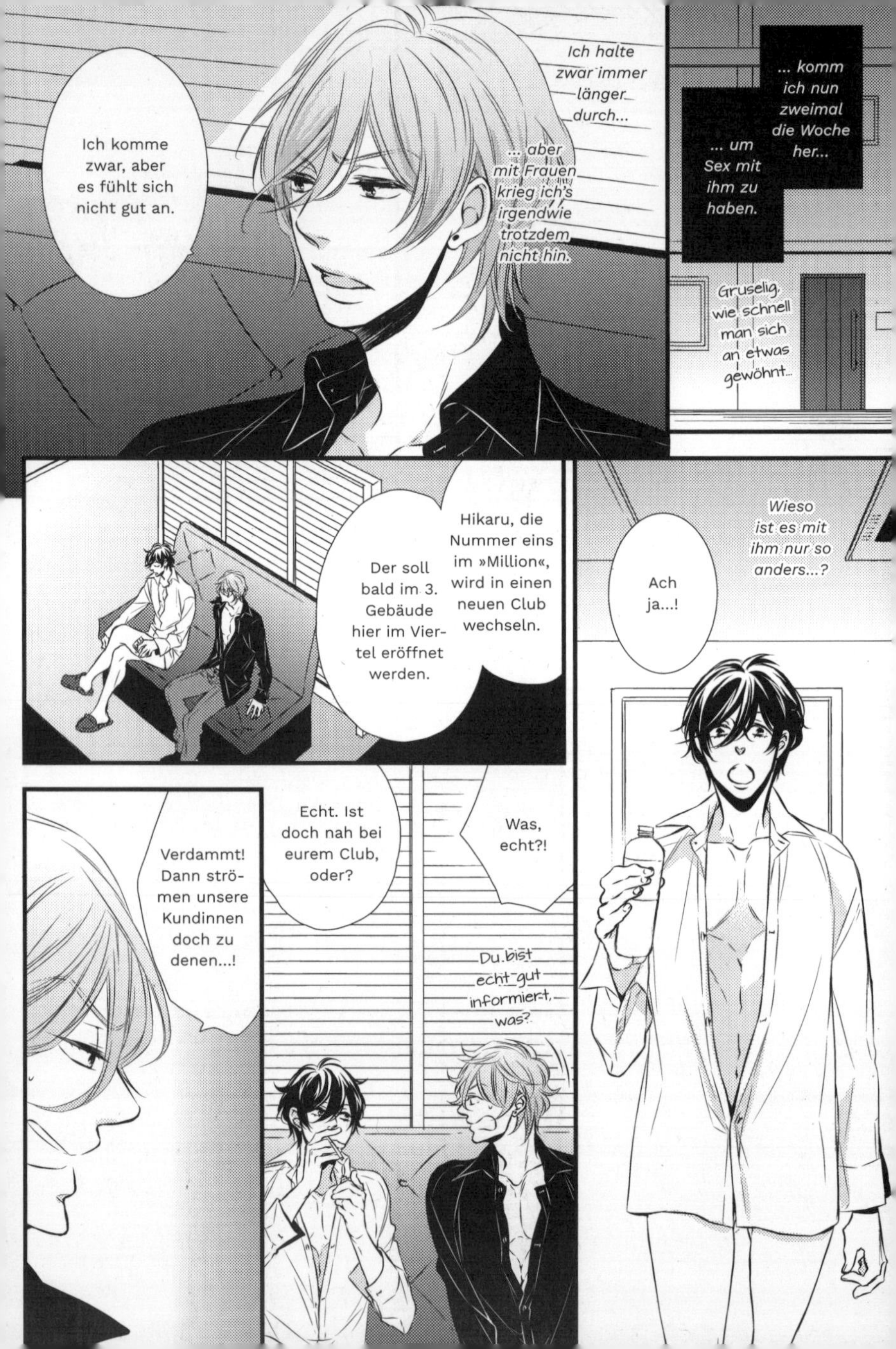
... komm ich nun zweimal die Woche her...
... um Sex mit ihm zu haben.
Gruselig, wie schnell man sich an etwas gewöhnt...
Ich halte zwar immer länger durch...
... aber mit Frauen krieg ich's irgendwie trotzdem nicht hin.
Ich komme zwar, aber es fühlt sich nicht gut an.
Wieso ist es mit ihm nur so anders...?
Ach ja...!
Hikaru, die Nummer eins im »Million«, wird in einen neuen Club wechseln.
Der soll bald im 3. Gebäude hier im Viertel eröffnet werden.
Was, echt?!
Echt. Ist doch nah bei eurem Club, oder?
Du bist echt gut informiert, was?
Verdammt! Dann strömen unsere Kundinnen doch zu denen...!

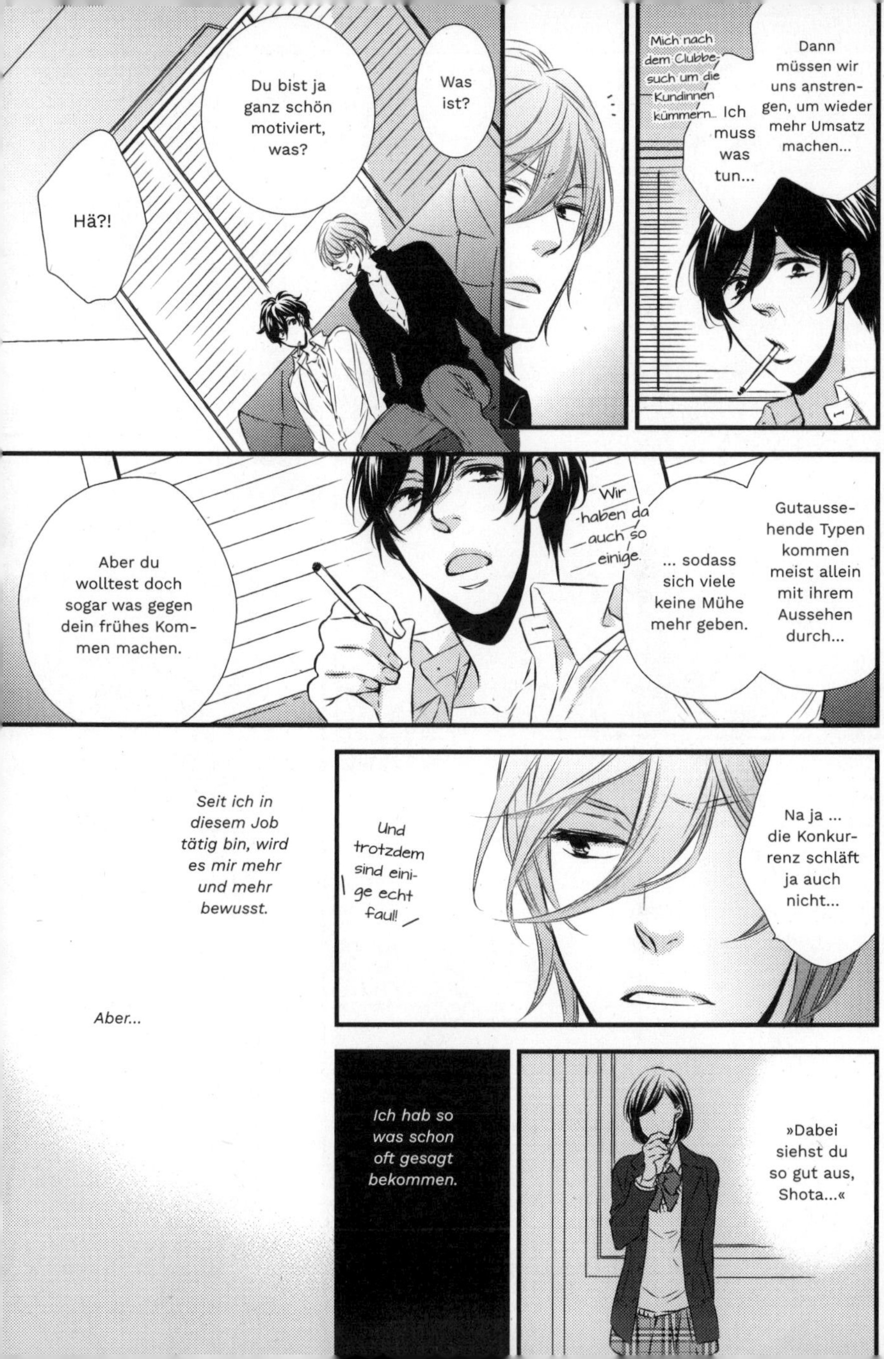
Dann müssen wir uns anstrengen, um wieder mehr Umsatz machen...
Mich nach dem Clubbesuch um die Kundinnen kümmern...
Ich muss was tun...
...
Was ist?
Du bist ja ganz schön motiviert, was?
Hä?!
Gutaussehende Typen kommen meist allein mit ihrem Aussehen durch...
... sodass sich viele keine Mühe mehr geben.
Wir haben da auch so einige.
Aber du wolltest doch sogar was gegen dein frühes Kommen machen.
Na ja ... die Konkurrenz schläft ja auch nicht...
Und trotzdem sind einige echt faul!
Seit ich in diesem Job tätig bin, wird es mir mehr und mehr bewusst.
Aber...
»Dabei siehst du so gut aus, Shota...«
Ich hab so was schon oft gesagt bekommen.

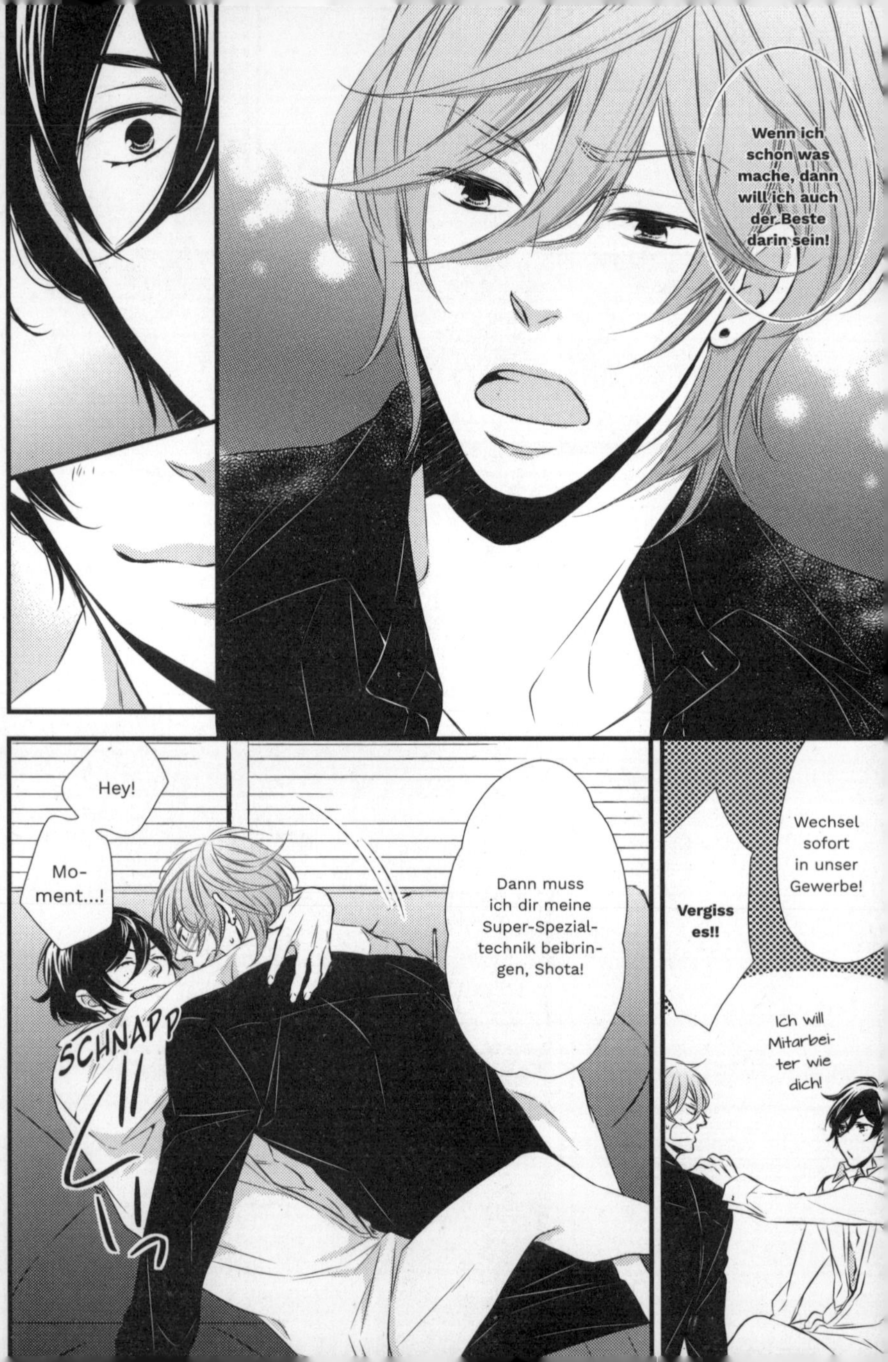
Wenn ich schon was mache, dann will ich auch der Beste darin sein!
Wechsel sofort in unser Gewerbe!
Vergiss es!!
Ich will Mitarbeiter wie dich!
Dann muss ich dir meine Super-Spezialtechnik beibringen, Shota!
Hey!
Moment...!
SCHNAPP

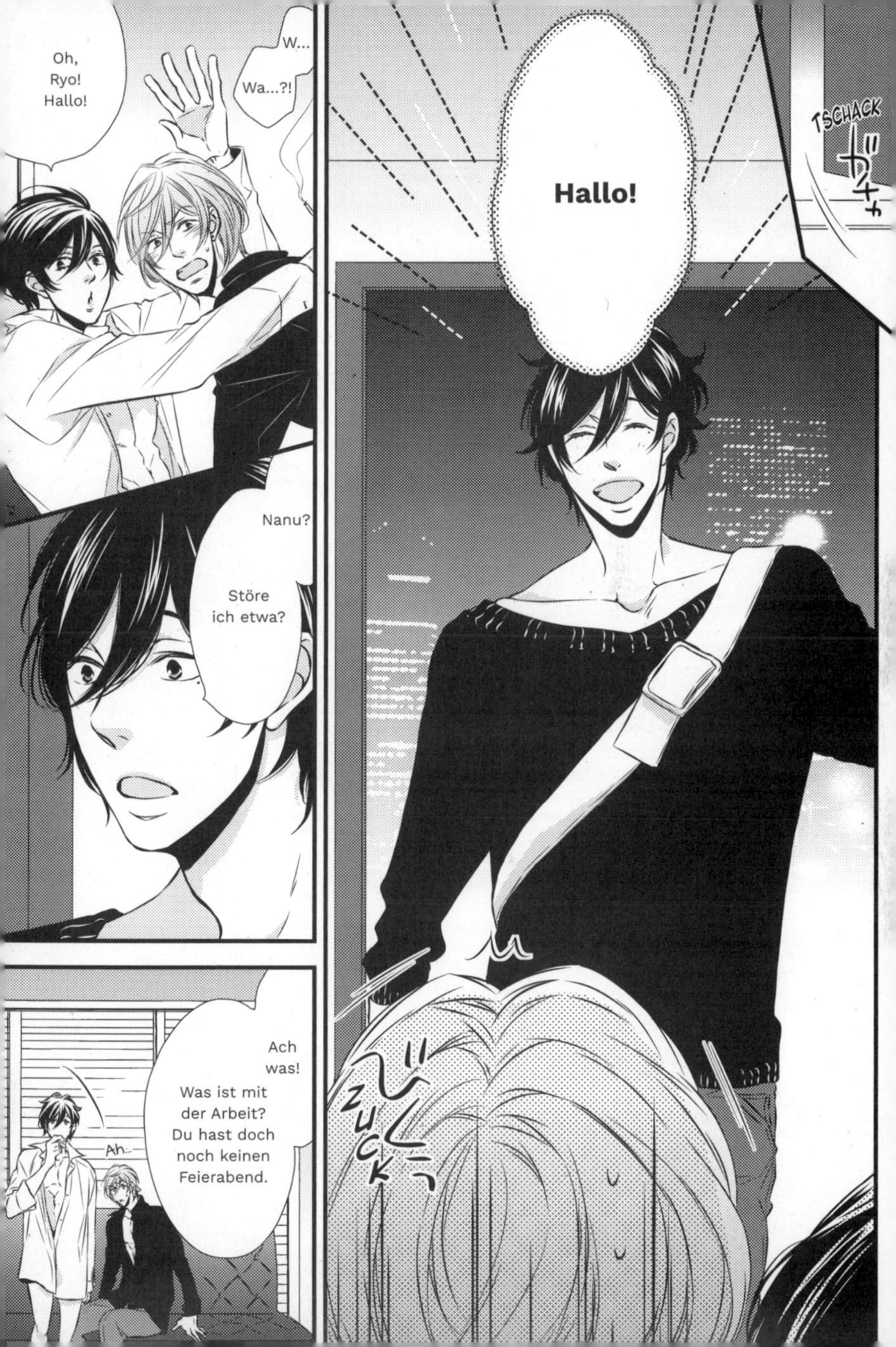
TSCHACK
Hallo!
ZUCK
W...
Wa...?!
Oh,
Ryo!
Hallo!
Nanu?
Störe
ich etwa?
Ach
was!
Was ist mit
der Arbeit?
Du hast doch
noch keinen
Feierabend.
Ah...

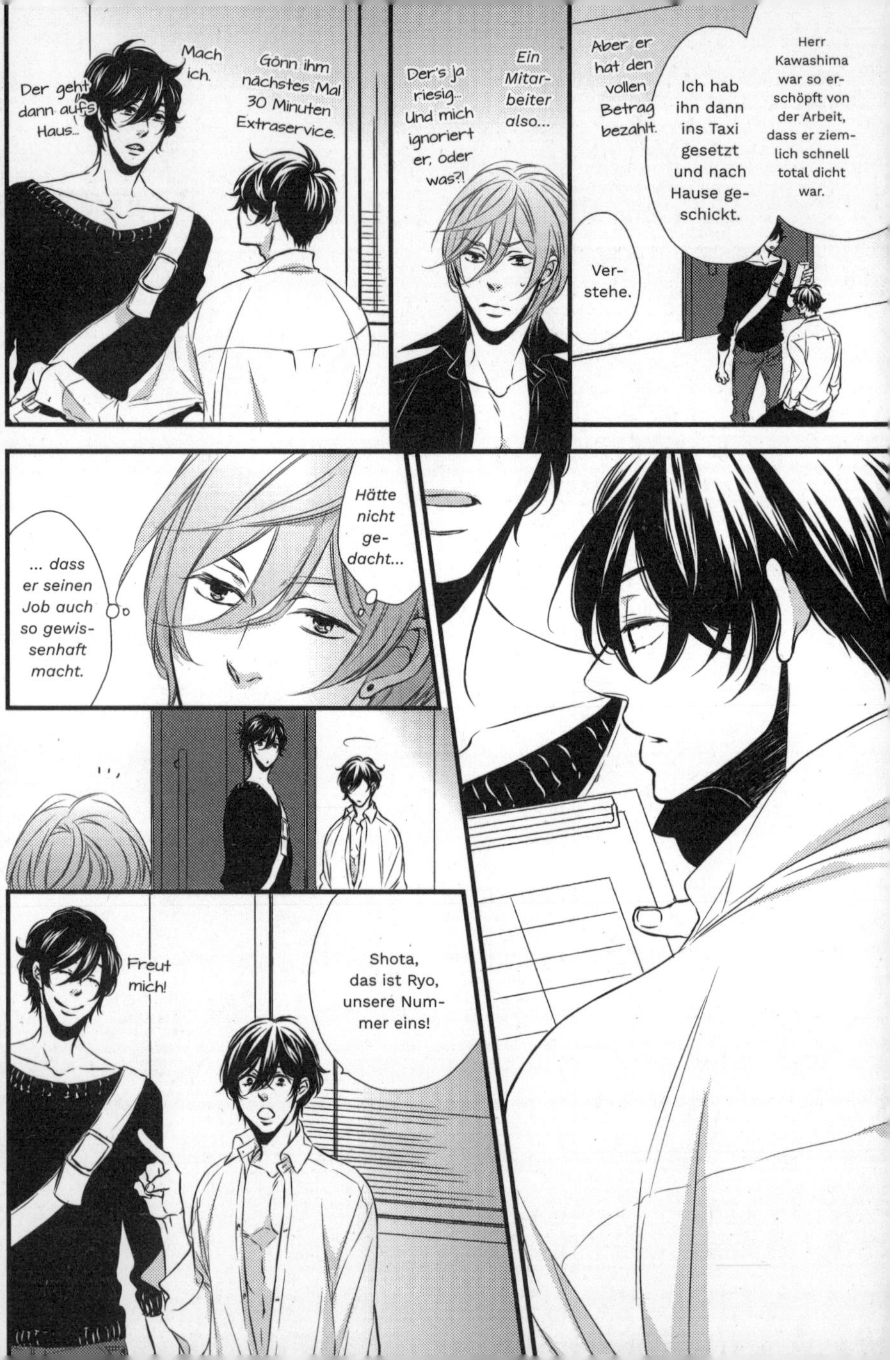
Herr Kawashima war so erschöpft von der Arbeit, dass er ziemlich schnell total dicht war.
Ich hab ihn dann ins Taxi gesetzt und nach Hause geschickt.
Aber er hat den vollen Betrag bezahlt.
Verstehe.
Ein Mitarbeiter also...
Der's ja riesig... Und mich ignoriert er, oder was?!
Gönn ihm nächstes Mal 30 Minuten Extraservice.
Mach ich.
Der geht dann aufs Haus...
Hätte nicht gedacht...
... dass er seinen Job auch so gewissenhaft macht.
Shota, das ist Ryo, unsere Nummer eins!
Freut mich!

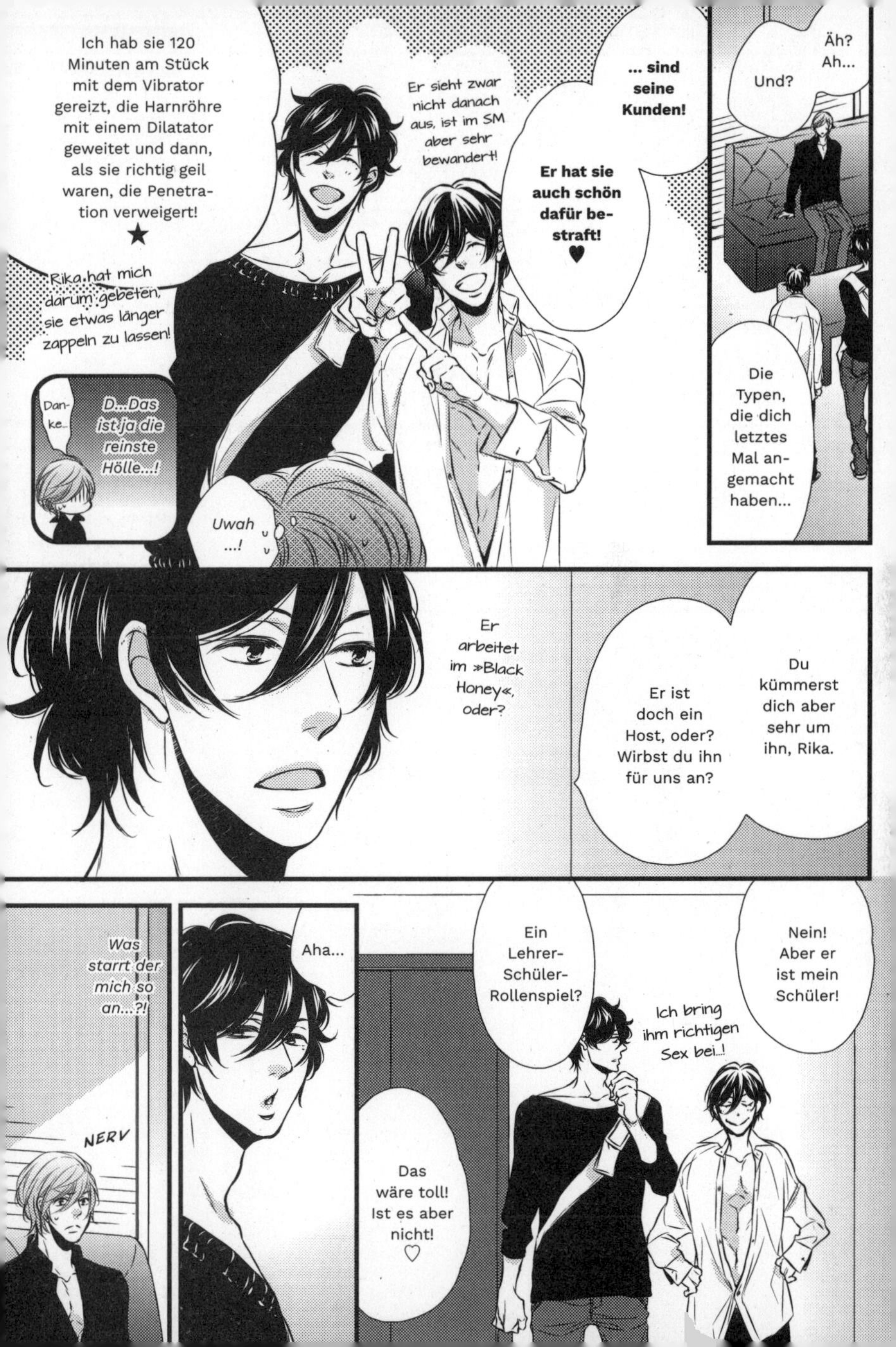
Äh? Ah...
Und?
Die Typen, die dich letztes Mal angemacht haben...
... sind seine Kunden!
Er sieht zwar nicht danach aus, ist im SM aber sehr bewandert!
Er hat sie auch schön dafür bestraft! ♥
Ich hab sie 120 Minuten am Stück mit dem Vibrator gereizt, die Harnröhre mit einem Dilatator geweitet und dann, als sie richtig geil waren, die Penetration verweigert! ★
Rika hat mich darum gebeten, sie etwas länger zappeln zu lassen!
Uwah ...!
D...Das ist ja die reinste Hölle...!
Danke...
Du kümmerst dich aber sehr um ihn, Rika.
Er ist doch ein Host, oder? Wirbst du ihn für uns an?
Er arbeitet im »Black Honey«, oder?
Nein! Aber er ist mein Schüler!
Ein Lehrer-Schüler-Rollenspiel?
Ich bring ihm richtigen Sex bei...!
Aha...
Das wäre toll! Ist es aber nicht! ♡
Was starrt der mich so an...?!
NERV

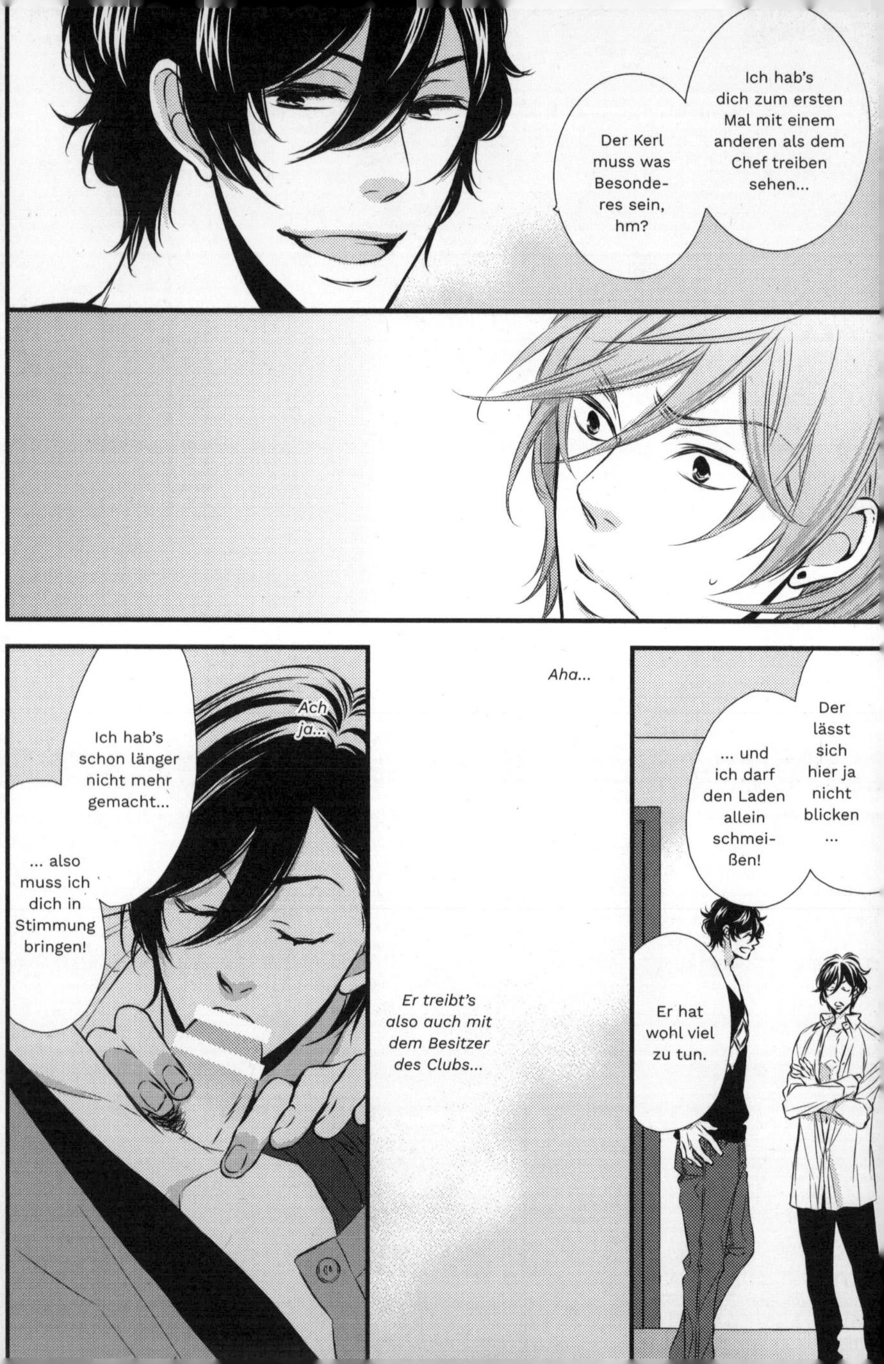
Ich hab's dich zum ersten Mal mit einem anderen als dem Chef treiben sehen...
Der Kerl muss was Besonde-res sein, hm?
Der lässt sich hier ja nicht blicken ...
... und ich darf den Laden allein schmei-ßen!
Er hat wohl viel zu tun.
Aha...
Er treibt's also auch mit dem Besitzer des Clubs...
Ach ja...
Ich hab's schon länger nicht mehr gemacht...
... also muss ich dich in Stimmung bringen!

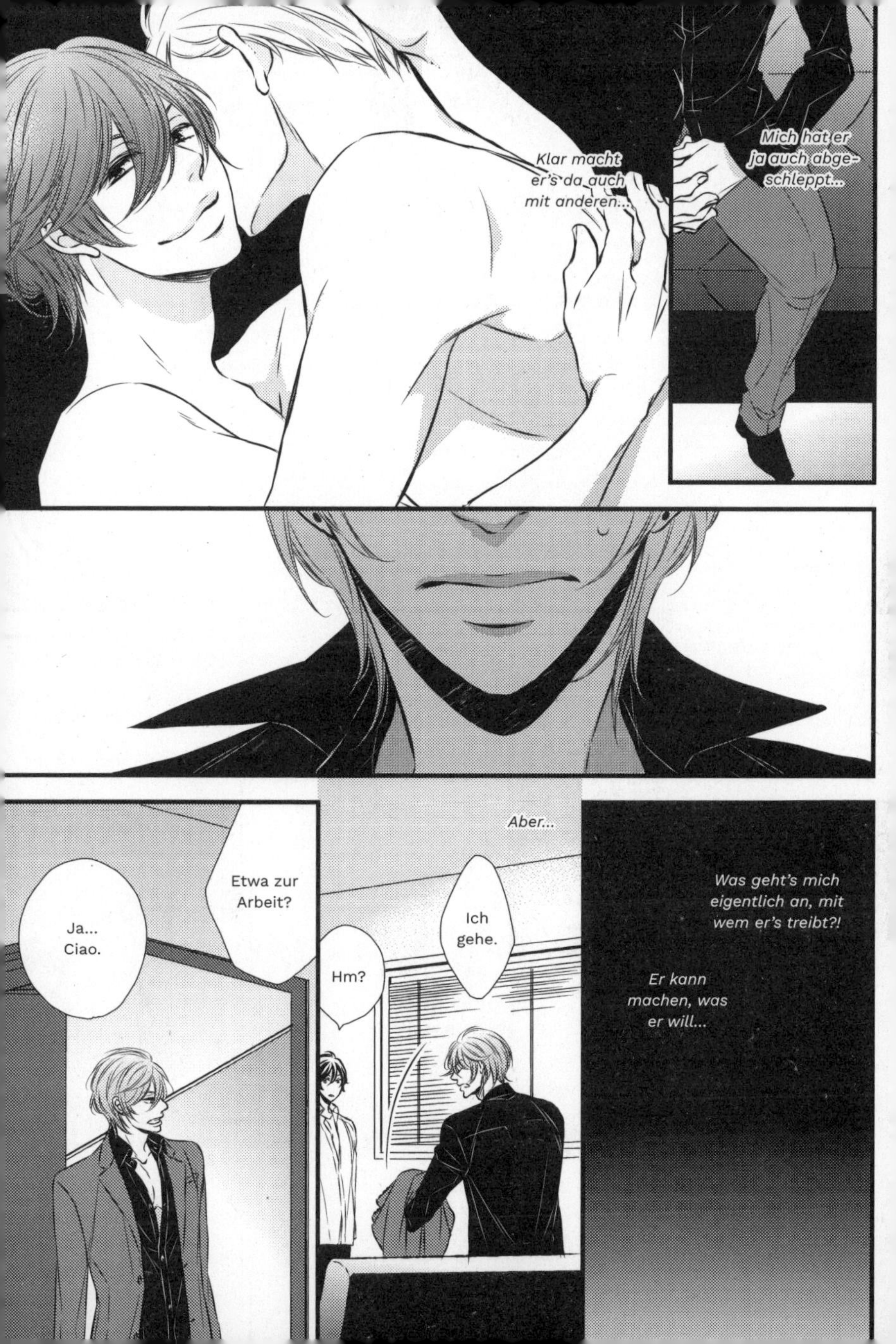
Mich hat er ja auch abge-schleppt...
Klar macht er's da auch mit anderen...
Aber...
Was geht's mich eigentlich an, mit wem er's treibt?!
Er kann machen, was er will...
Ich gehe.
Hm?
Etwa zur Arbeit?
Ja... Ciao.

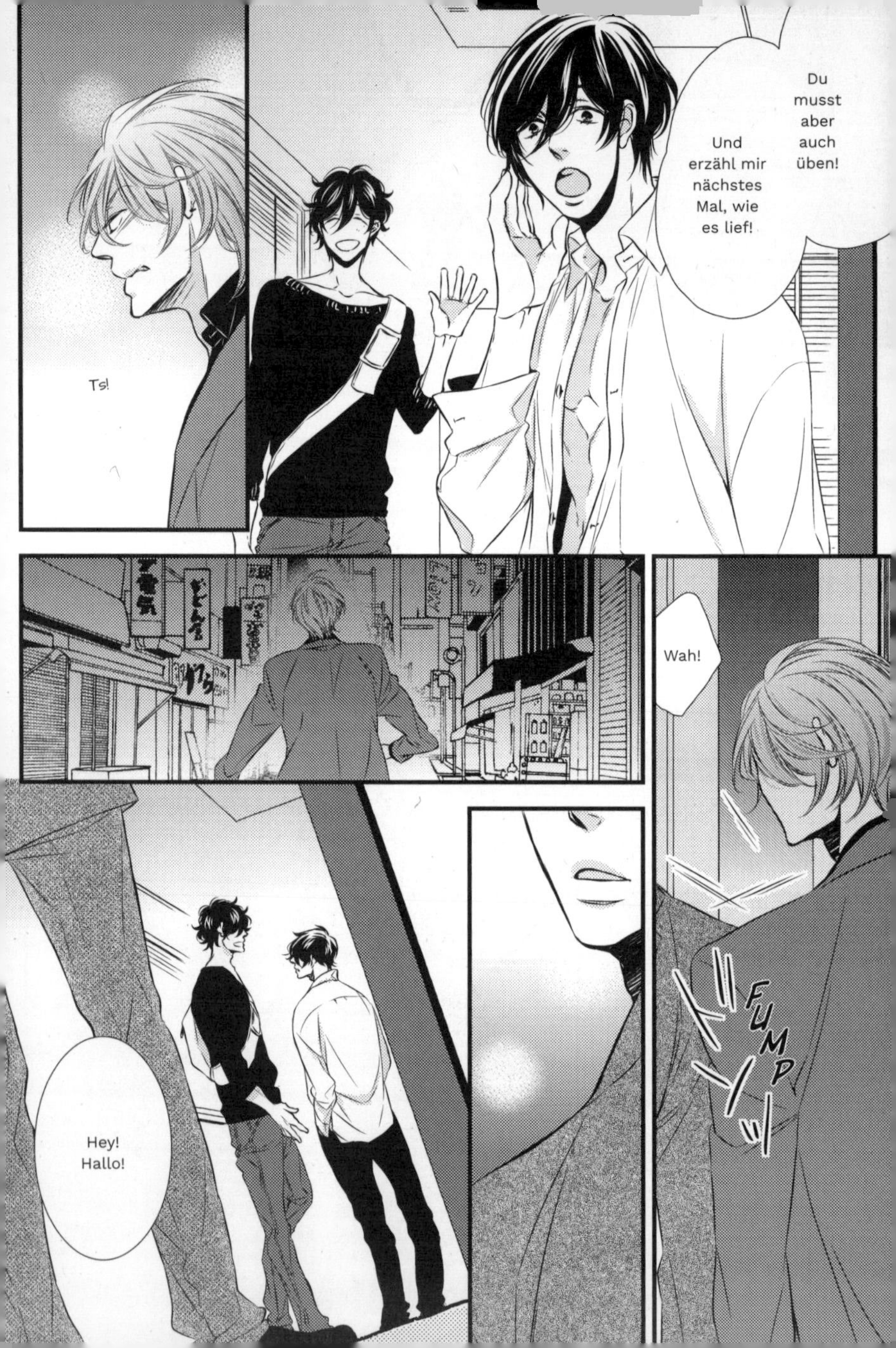
Du musst aber auch üben!
Und erzähl mir nächstes Mal, wie es lief!
Ts!
Wah!
FUMP
Hey! Hallo!

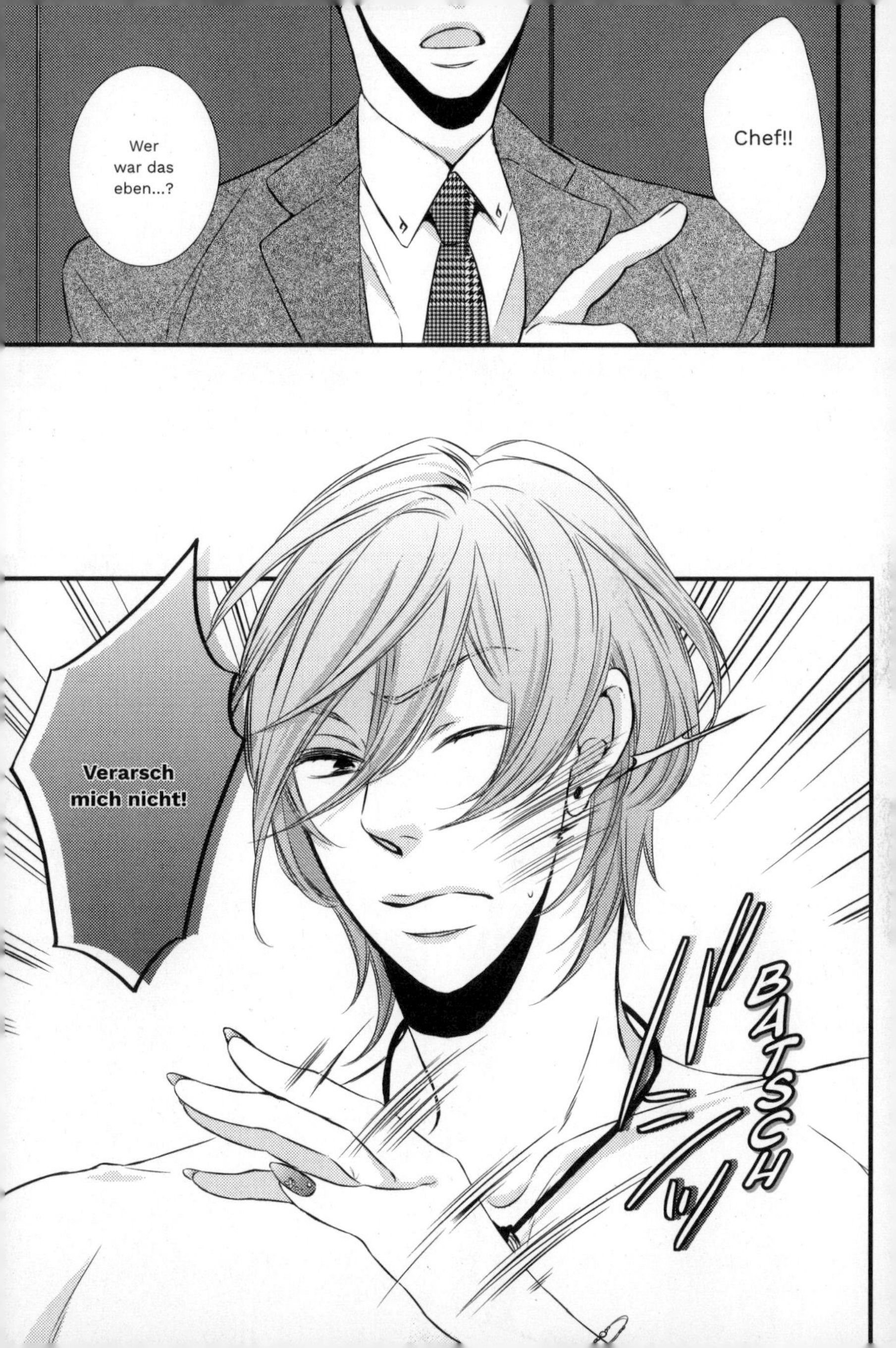
Chef!!
Wer war das eben...?
Verarsch mich nicht!
BATSCH

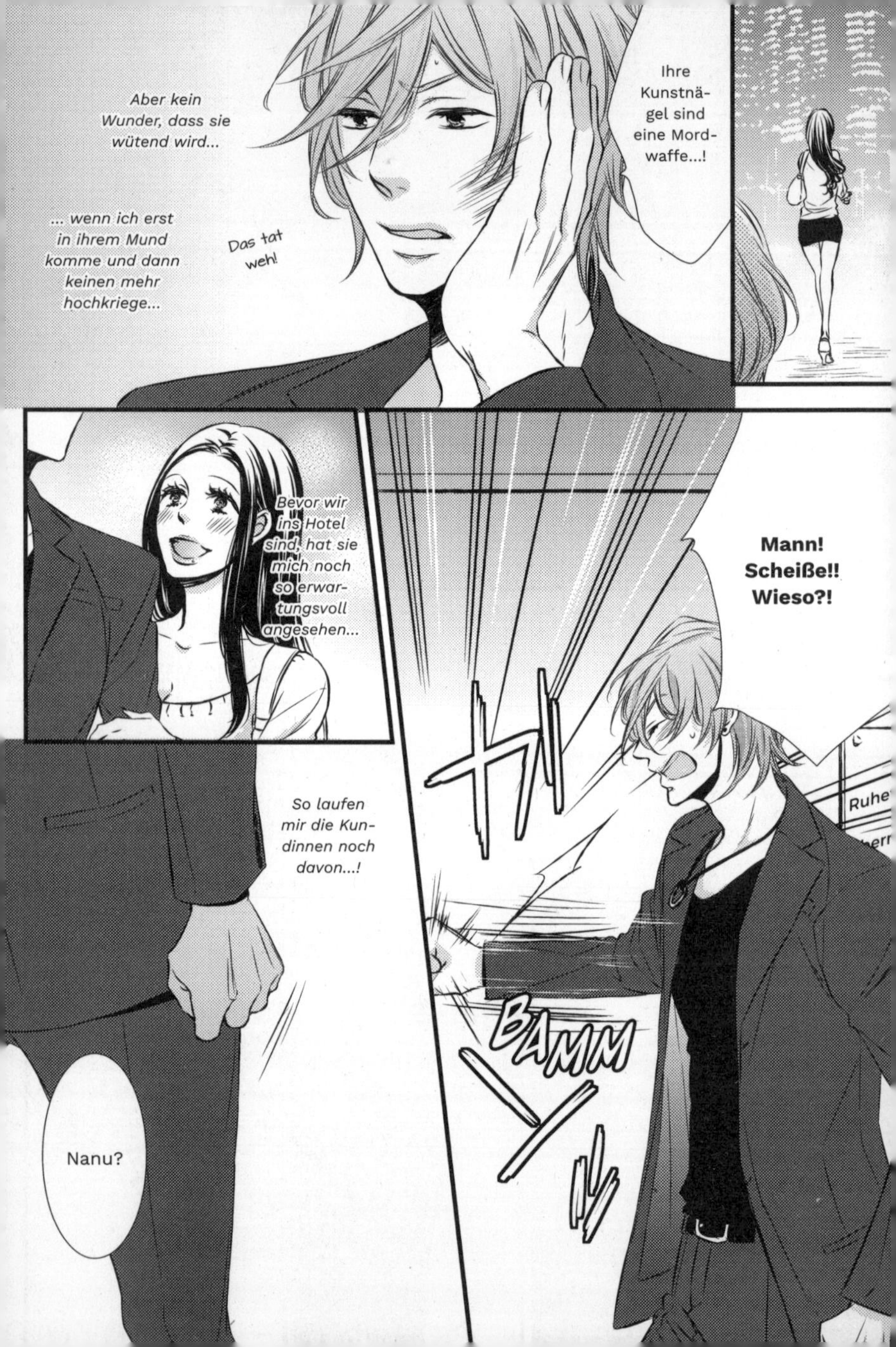

Ihre Kunstnägel sind eine Mordwaffe...!
Das tat weh!
Aber kein Wunder, dass sie wütend wird...
... wenn ich erst in ihrem Mund komme und dann keinen mehr hochkriege...
Mann! Scheiße!! Wieso?!
BAMM
Bevor wir ins Hotel sind, hat sie mich noch so erwartungsvoll angesehen...
So laufen mir die Kundinnen noch davon...!
Nanu?

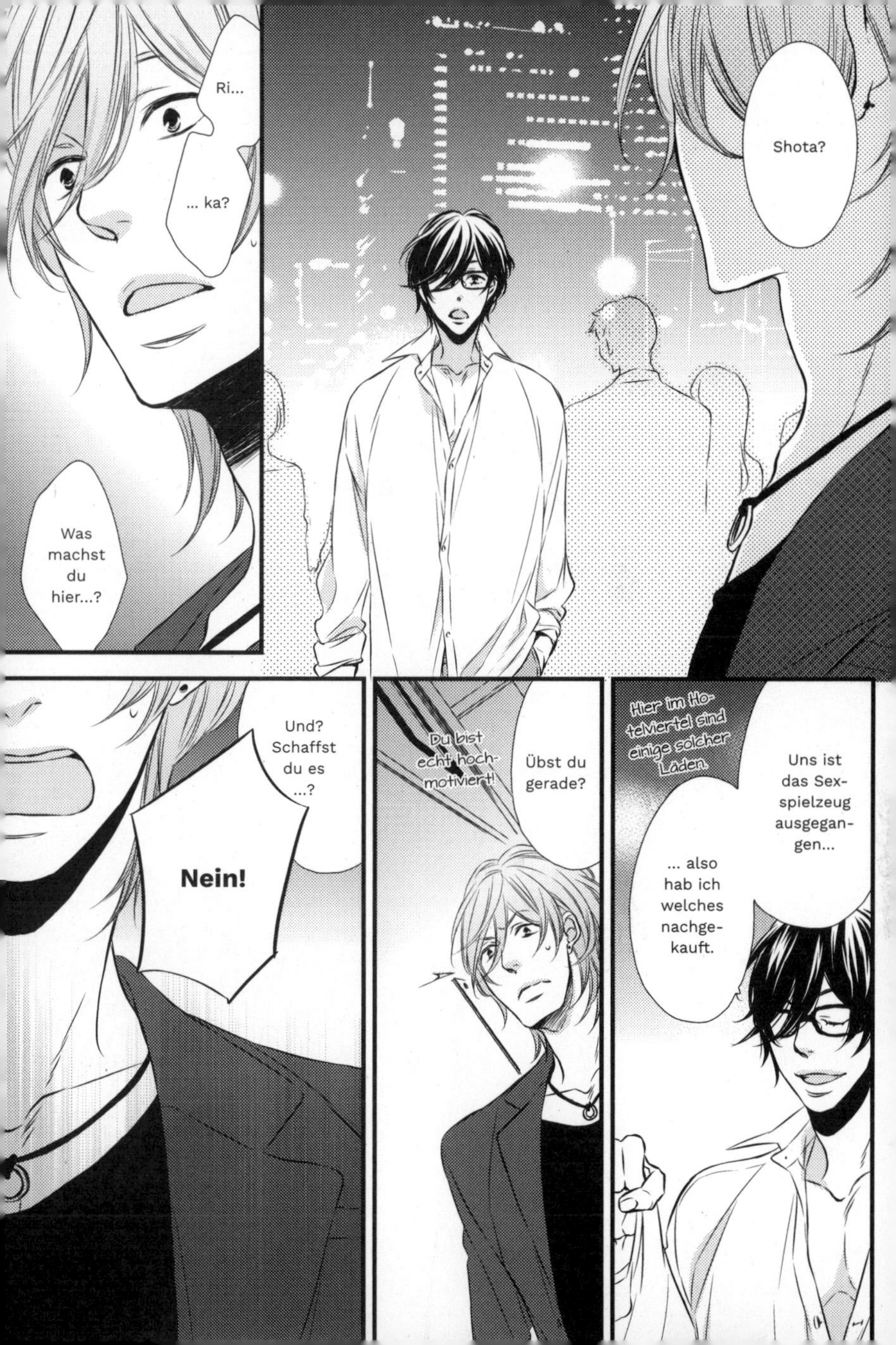
Shota?
Ri...
... ka?
Was machst du hier...?
Hier im Hotelviertel sind einige solcher Läden.
Uns ist das Sexspielzeug ausgegangen...
... also hab ich welches nachgekauft.
Übst du gerade?
Du bist echt hochmotiviert!
Und? Schaffst du es ...?
Nein!

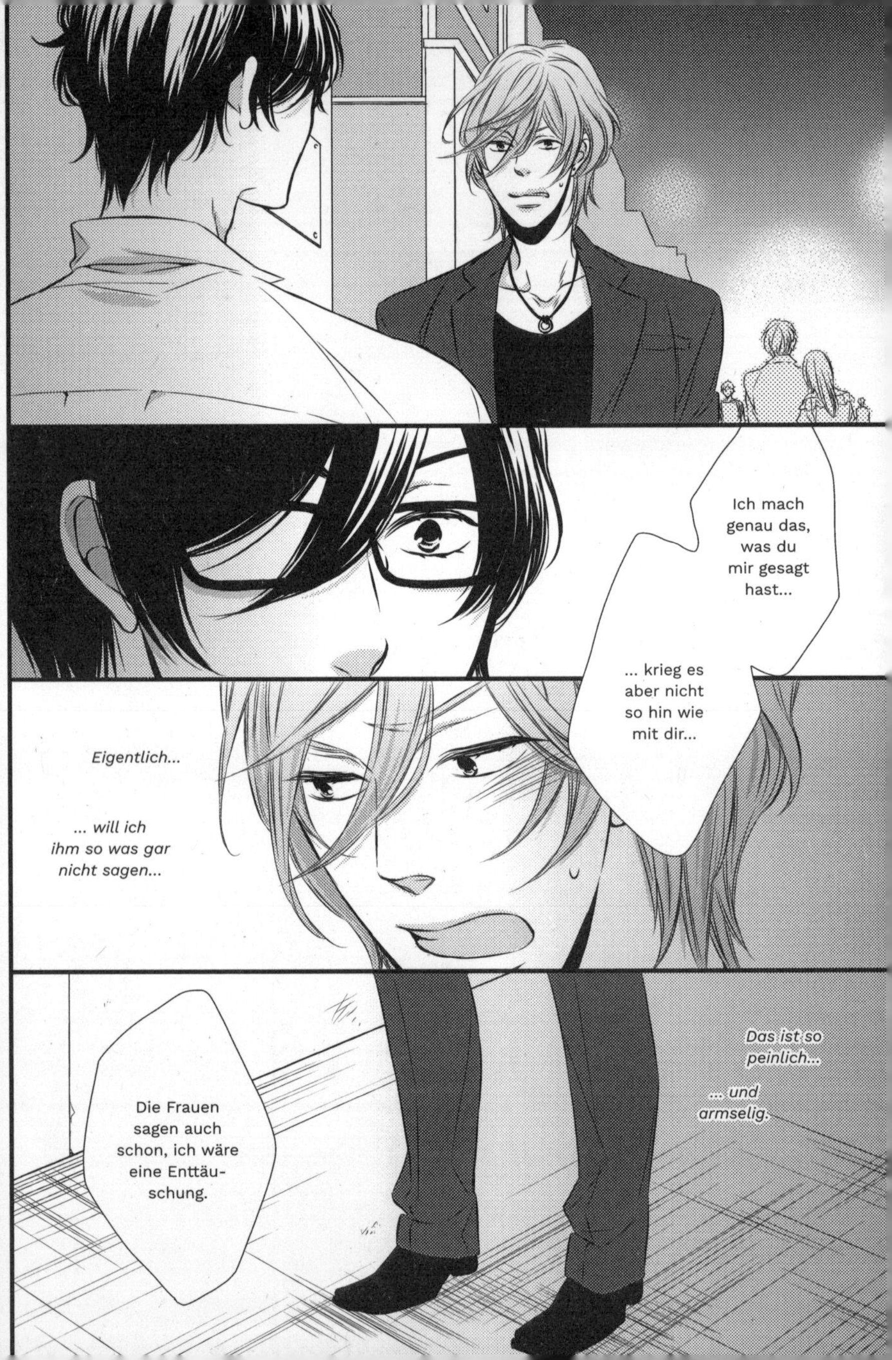
Ich mach genau das, was du mir gesagt hast...
... krieg es aber nicht so hin wie mit dir...
Eigentlich...
... will ich ihm so was gar nicht sagen...
Das ist so peinlich...
... und armselig.
Die Frauen sagen auch schon, ich wäre eine Enttäuschung.

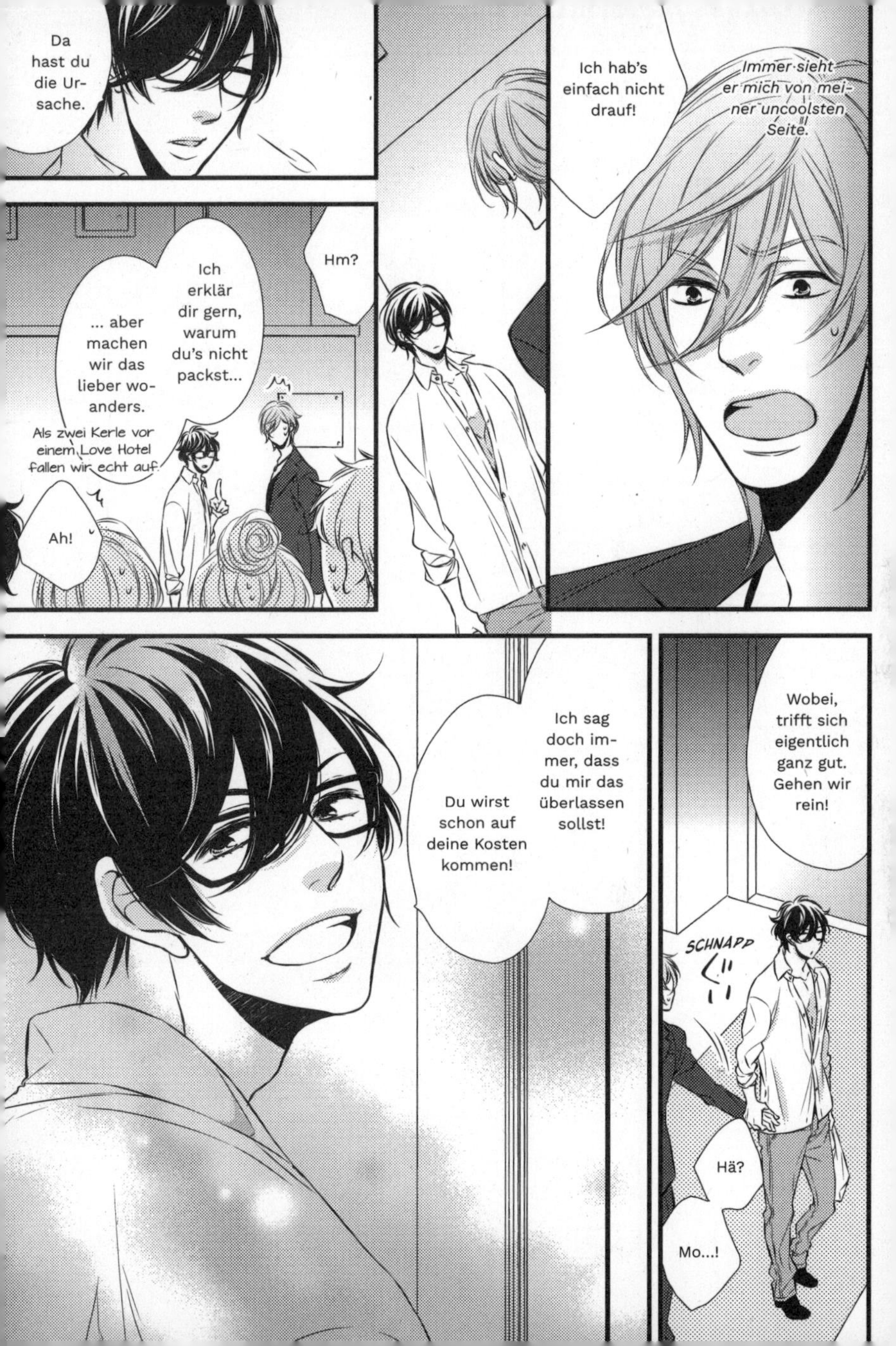
Ich hab's einfach nicht drauf!
Immer sieht er mich von meiner uncoolsten Seite.
Da hast du die Ursache.
Hm?
Ich erklär dir gern, warum du's nicht packst...
... aber machen wir das lieber woanders.
Als zwei Kerle vor einem Love Hotel fallen wir echt auf.
Ah!
Wobei, trifft sich eigentlich ganz gut. Gehen wir rein!
SCHNAPP
Hä?
Mo...!
Ich sag doch immer, dass du mir das überlassen sollst!
Du wirst schon auf deine Kosten kommen!

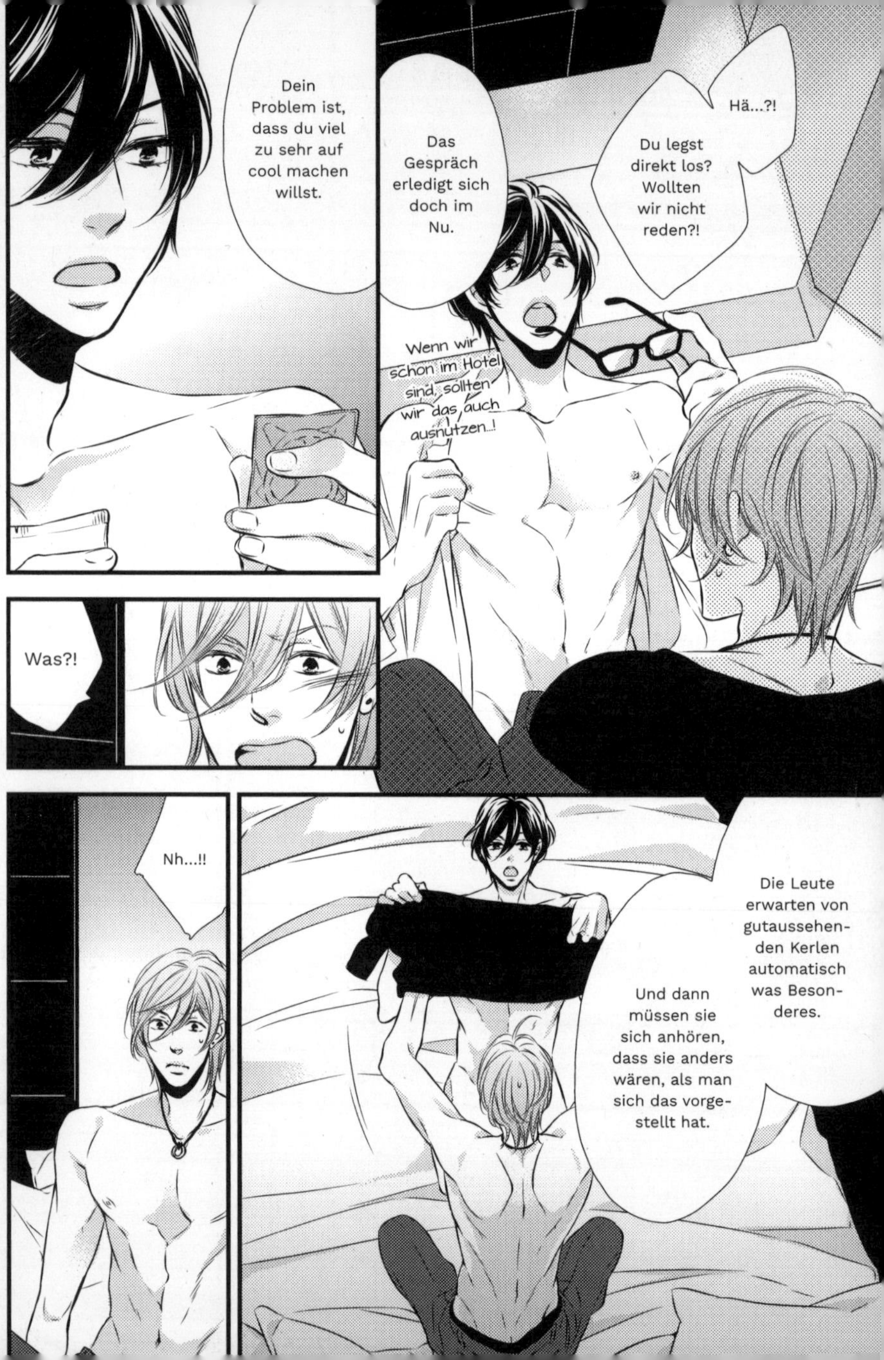
Hä...?!
Du legst direkt los? Wollten wir nicht reden?!
Das Gespräch erledigt sich doch im Nu.
Wenn wir schon im Hotel sind, sollten wir das auch ausnutzen...!
Dein Problem ist, dass du viel zu sehr auf cool machen willst.
Was?!
Die Leute erwarten von gutaussehenden Kerlen automatisch was Besonderes.
Und dann müssen sie sich anhören, dass sie anders wären, als man sich das vorgestellt hat.
Nh...!!

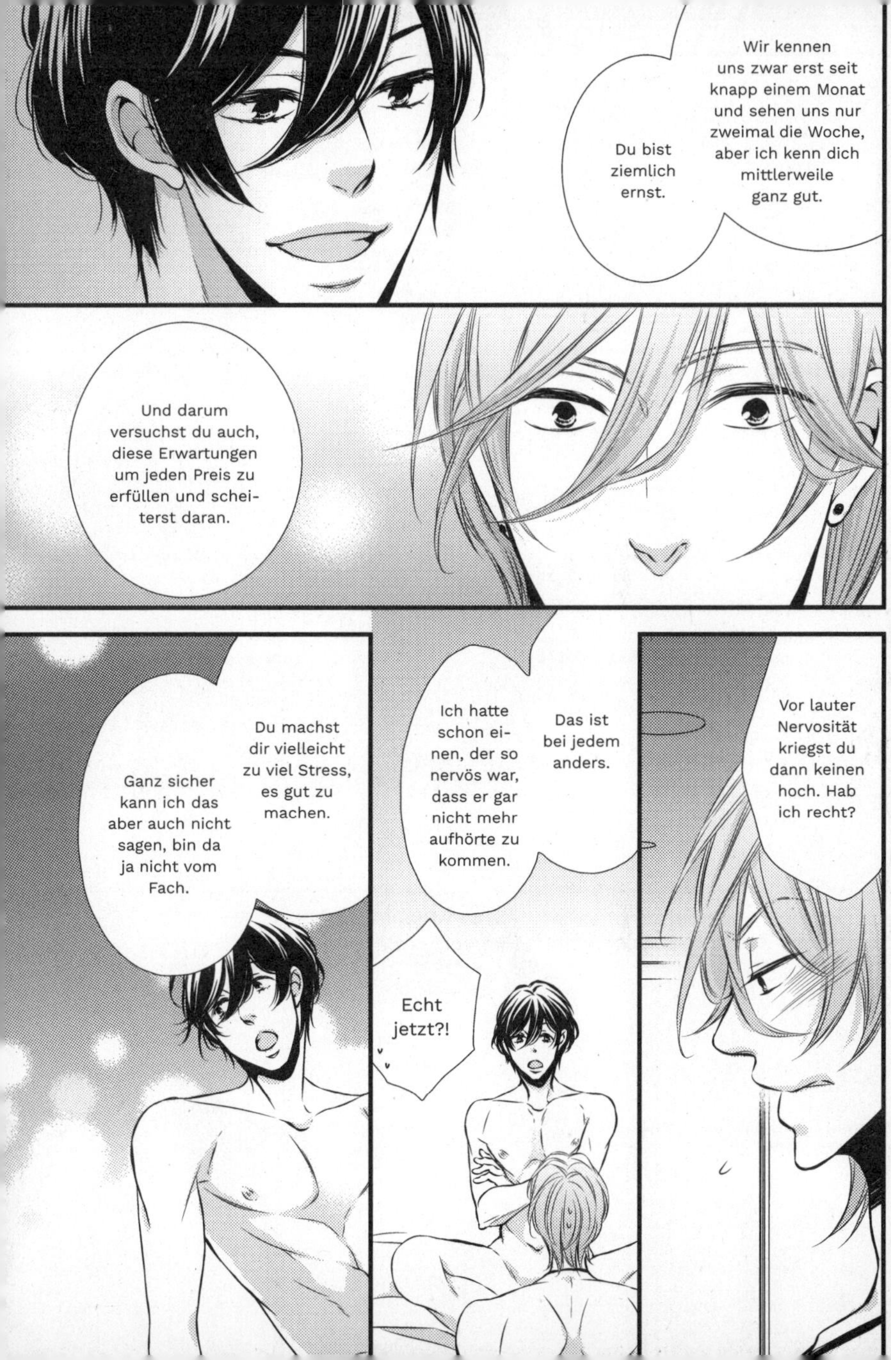
Wir kennen uns zwar erst seit knapp einem Monat und sehen uns nur zweimal die Woche, aber ich kenn dich mittlerweile ganz gut.
Du bist ziemlich ernst.
Und darum versuchst du auch, diese Erwartungen um jeden Preis zu erfüllen und scheiterst daran.
Vor lauter Nervosität kriegst du dann keinen hoch. Hab ich recht?
Das ist bei jedem anders.
Ich hatte schon einen, der so nervös war, dass er gar nicht mehr aufhörte zu kommen.
Echt jetzt?!
Du machst dir vielleicht zu viel Stress, es gut zu machen.
Ganz sicher kann ich das aber auch nicht sagen, bin da ja nicht vom Fach.

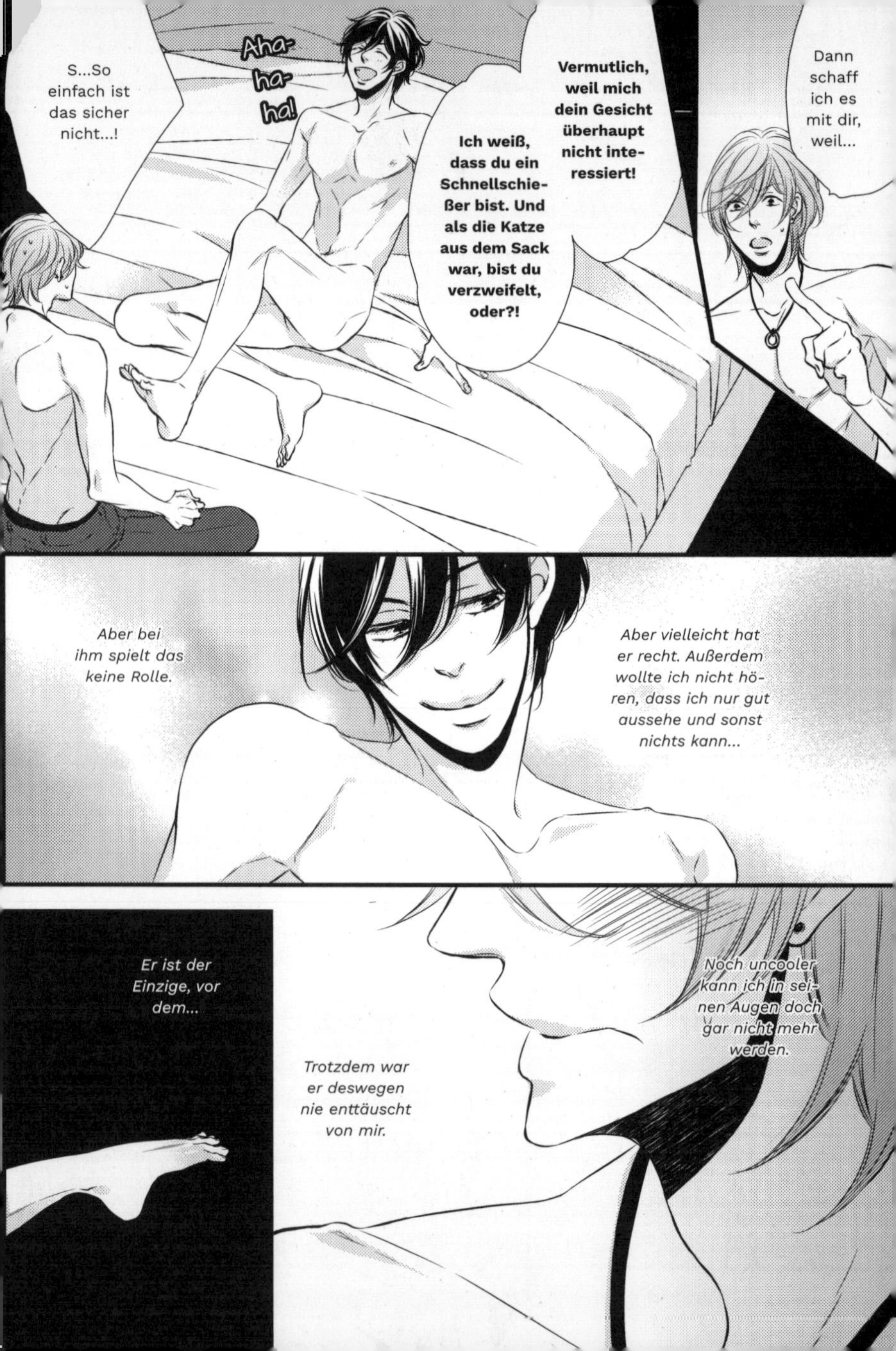
Dann schaff ich es mit dir, weil...
Vermutlich, weil mich dein Gesicht überhaupt nicht interessiert!
Ich weiß, dass du ein Schnellschießer bist. Und als die Katze aus dem Sack war, bist du verzweifelt, oder?!
Aha-ha-ha!
S...So einfach ist das sicher nicht...!
Aber vielleicht hat er recht. Außerdem wollte ich nicht hören, dass ich nur gut aussehe und sonst nichts kann...
Aber bei ihm spielt das keine Rolle.
Noch uncooler kann ich in seinen Augen doch gar nicht mehr werden.
Trotzdem war er deswegen nie enttäuscht von mir.
Er ist der Einzige, vor dem...

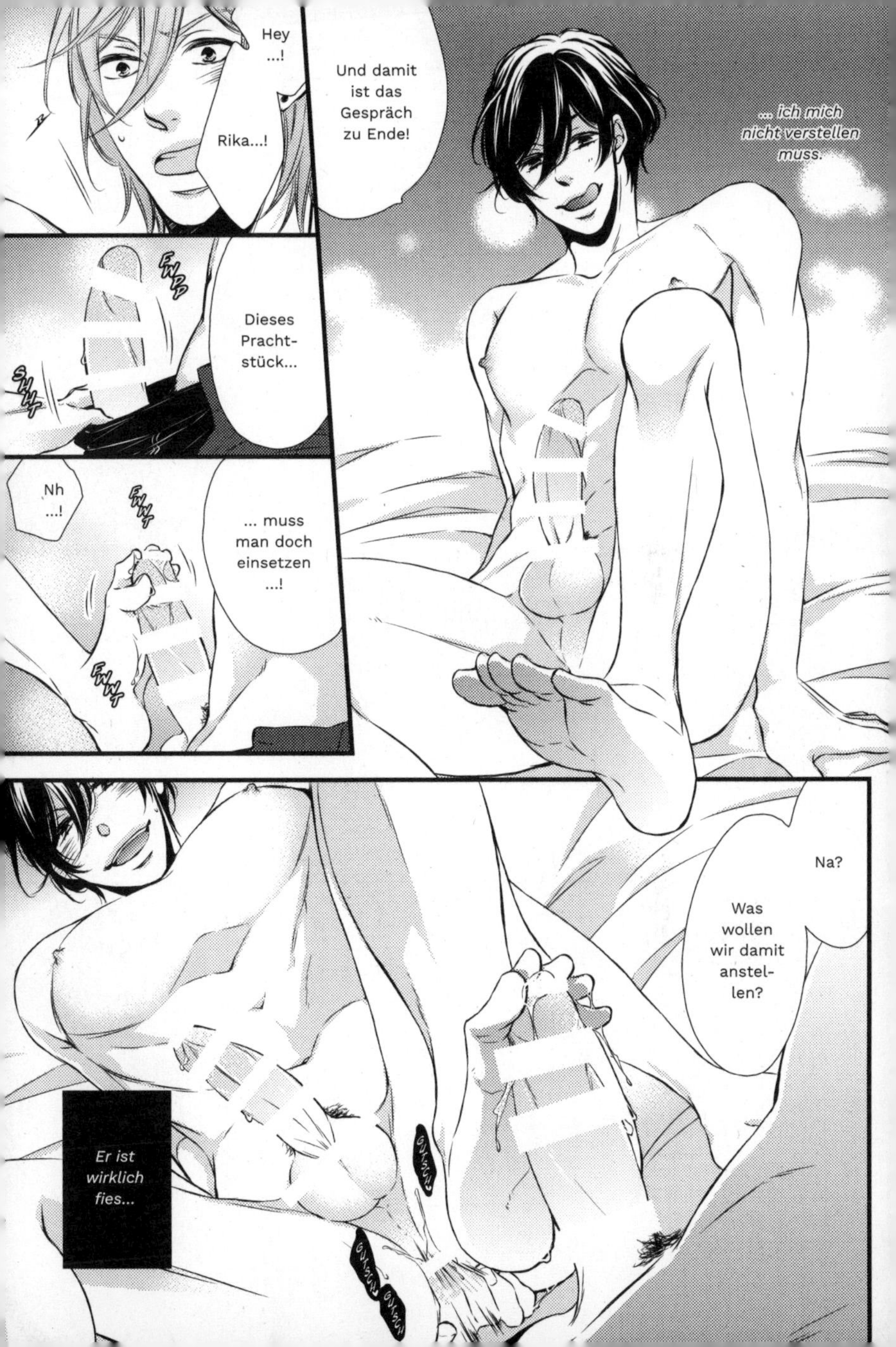
... ich mich nicht verstellen muss.
Und damit ist das Gespräch zu Ende!
Hey ...!
Rika...!
Dieses Prachtstück...
... muss man doch einsetzen ...!
Nh ...!
Na?
Was wollen wir damit anstellen?
Er ist wirklich fies...

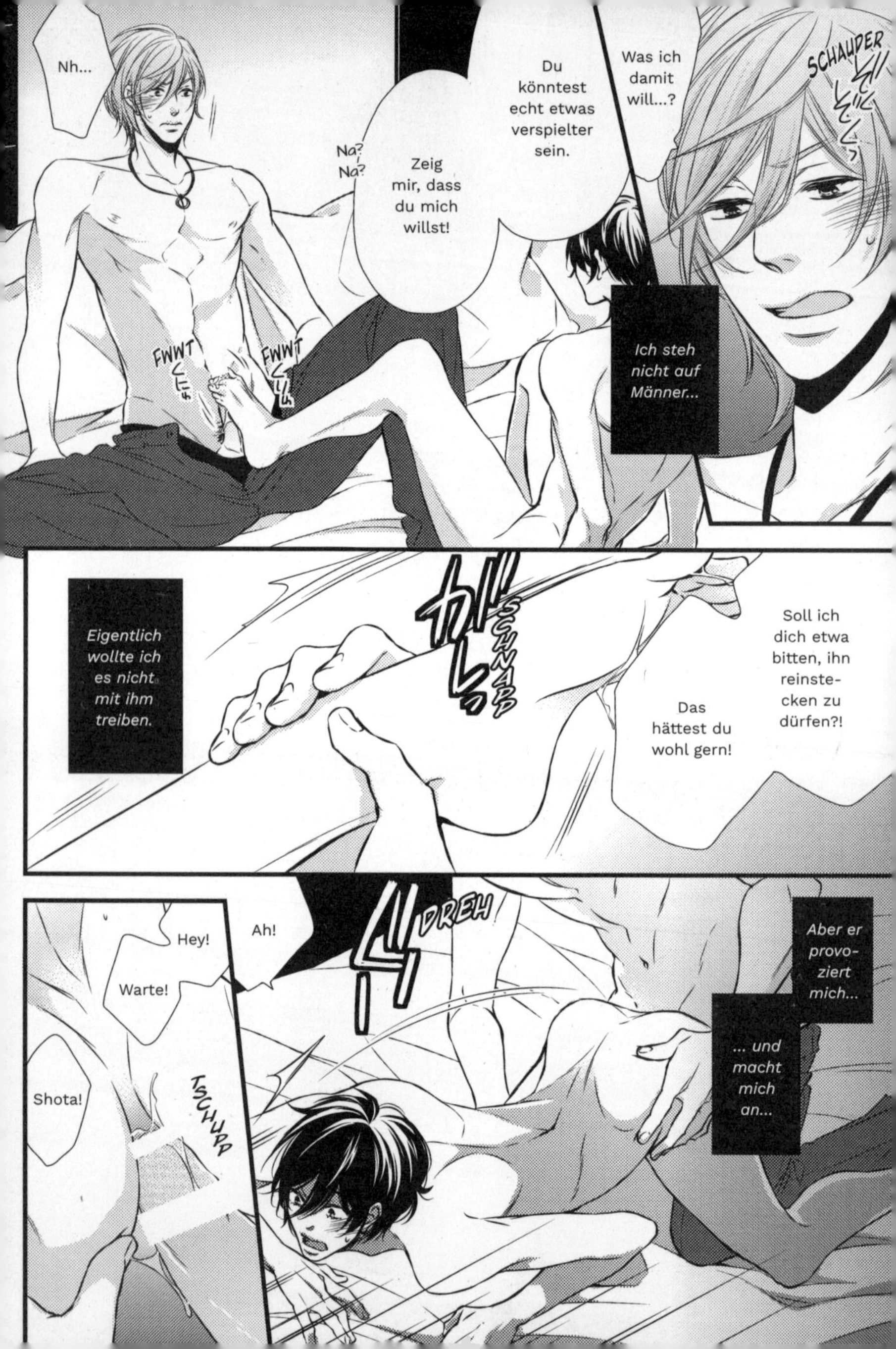
SCHAUDER
Was ich damit will...?
Du könntest echt etwas verspielter sein.
Na? Na?
Zeig mir, dass du mich willst!
Ich steh nicht auf Männer...
Nh...
FWWT
FWWT
Soll ich dich etwa bitten, ihn reinstecken zu dürfen?!
Das hättest du wohl gern!
SCHNAPP
Eigentlich wollte ich es nicht mit ihm treiben.
Aber er provoziert mich...
... und macht mich an...
DREH
Ah!
Hey!
Warte!
Shota!
TSCHUPP

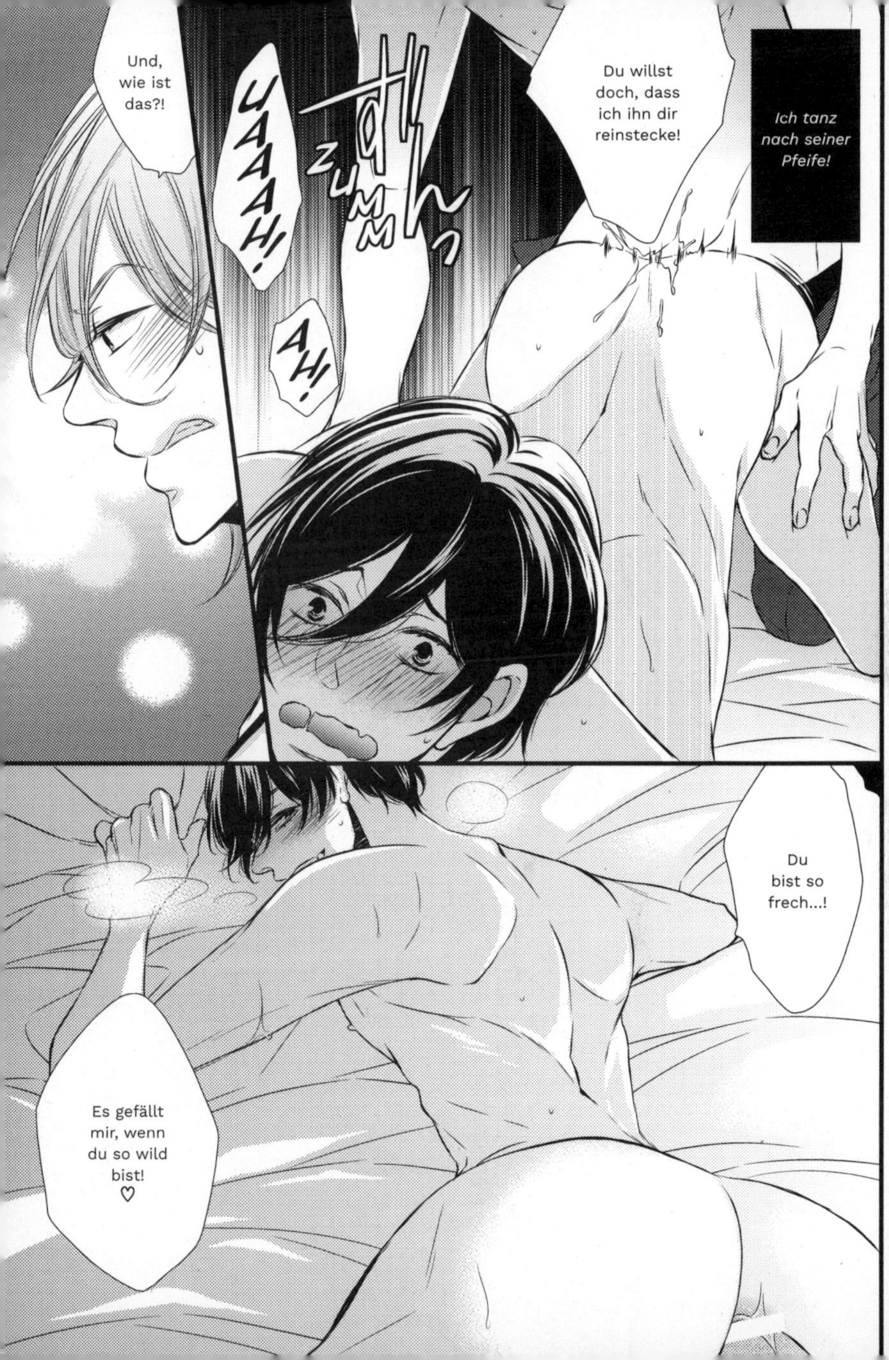
Ich tanz nach seiner Pfeife!
Du willst doch, dass ich ihn dir reinstecke!
ZUMM
UAAAAH!
AH!
Und, wie ist das?!
Du bist so frech...!
Es gefällt mir, wenn du so wild bist! ♡

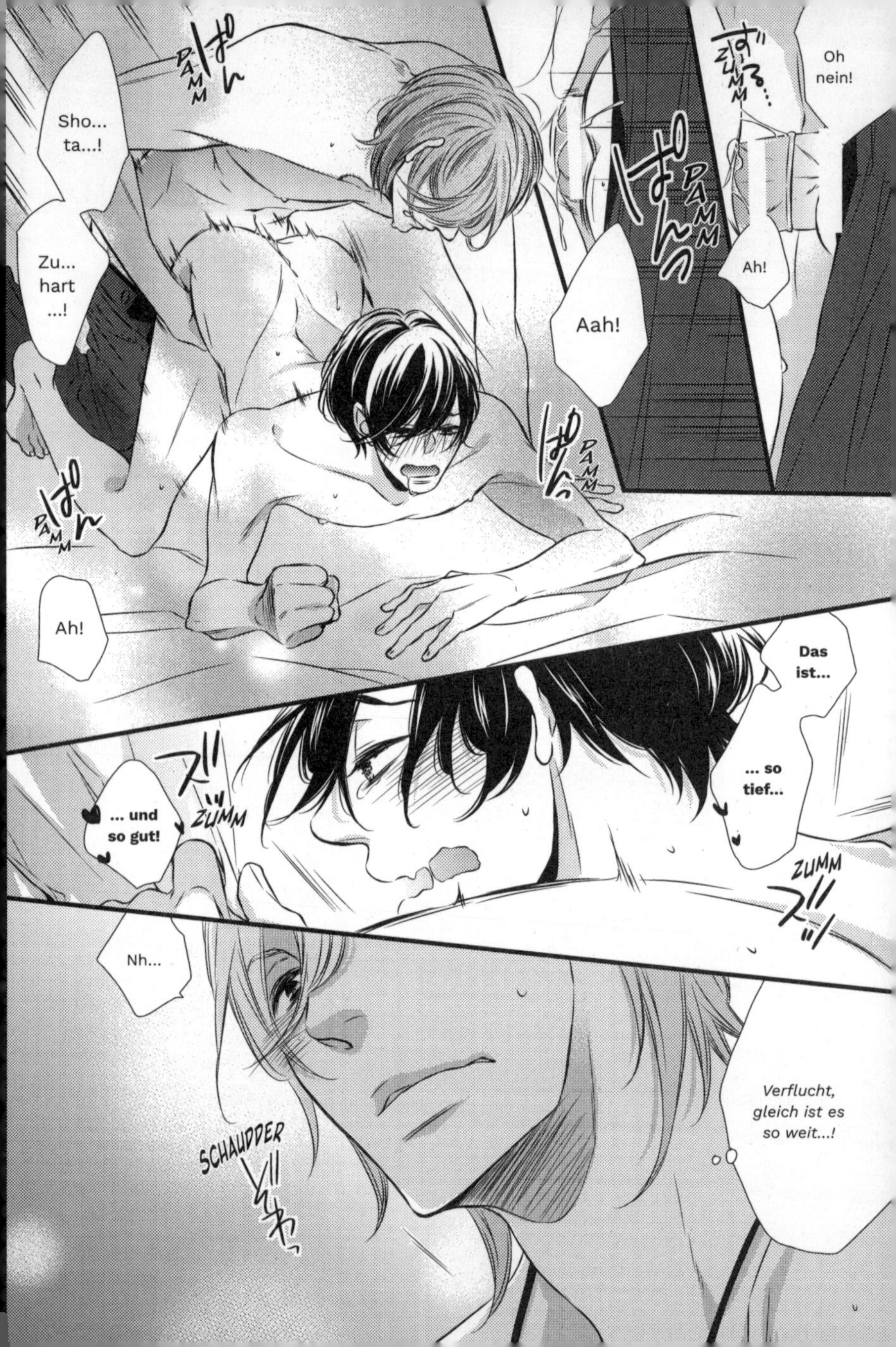

Oh nein!
ZUMM
PAMM
Ah!
Aah!
PAMM
Sho... ta...!
Zu... hart ...!
PAMM
PAMM
Ah!
Das ist...
... so tief...
ZUMM
... und so gut!
ZUMM
Verflucht, gleich ist es so weit...!
SCHAUDDER
Nh...

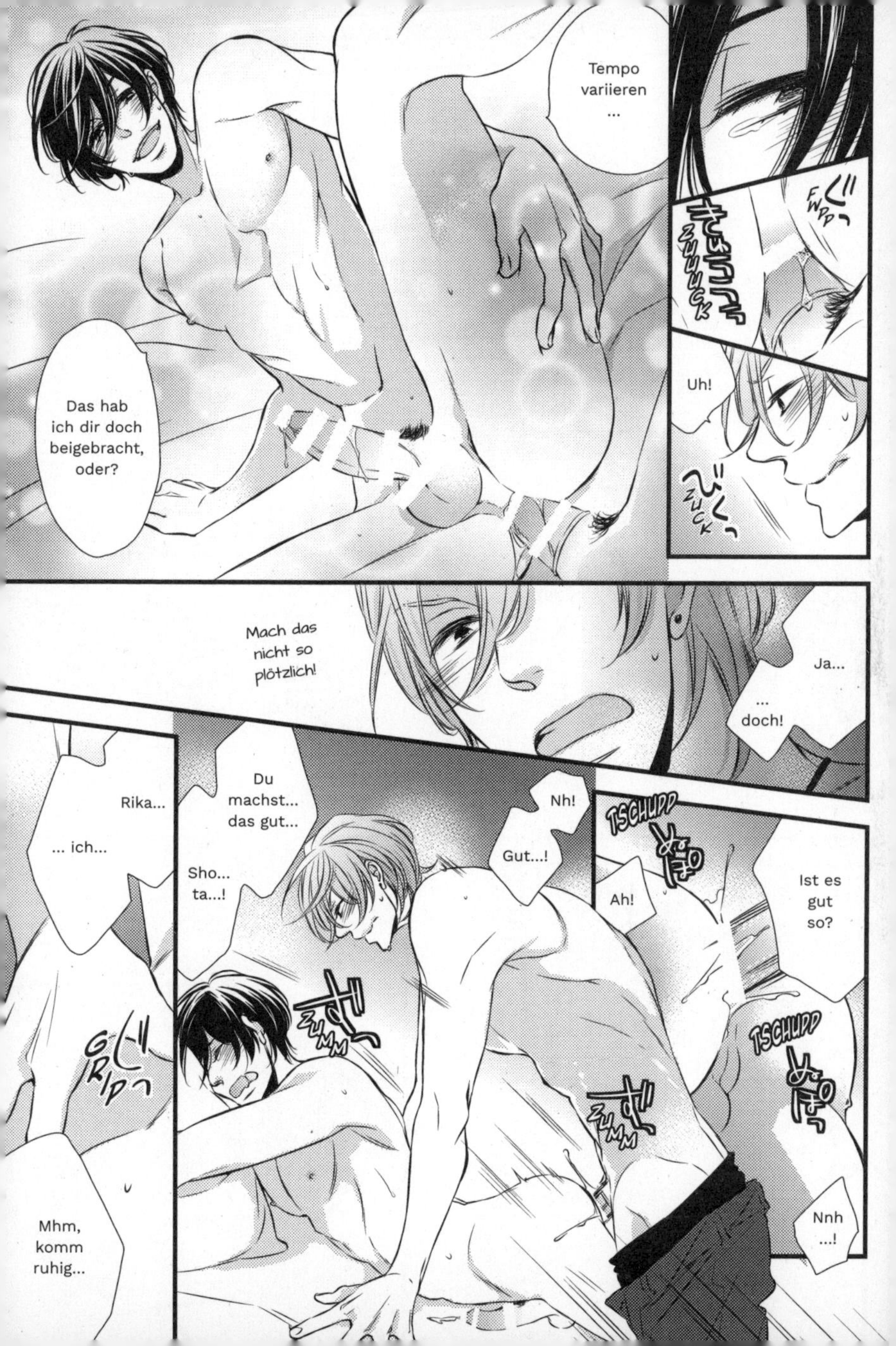
FWPP
ZUUUCK
Uh!
ZUCK
Tempo variieren ...
Das hab ich dir doch beigebracht, oder?
Ja...
... doch!
Mach das nicht so plötzlich!
Ist es gut so?
TSCHUDD
Ah!
TSCHUDD
Nnh ...!
Nh!
Gut...!
ZUMM
ZUMM
Du machst... das gut...
Sho... ta...!
Rika...
... ich...
GRIP
Mhm, komm ruhig...

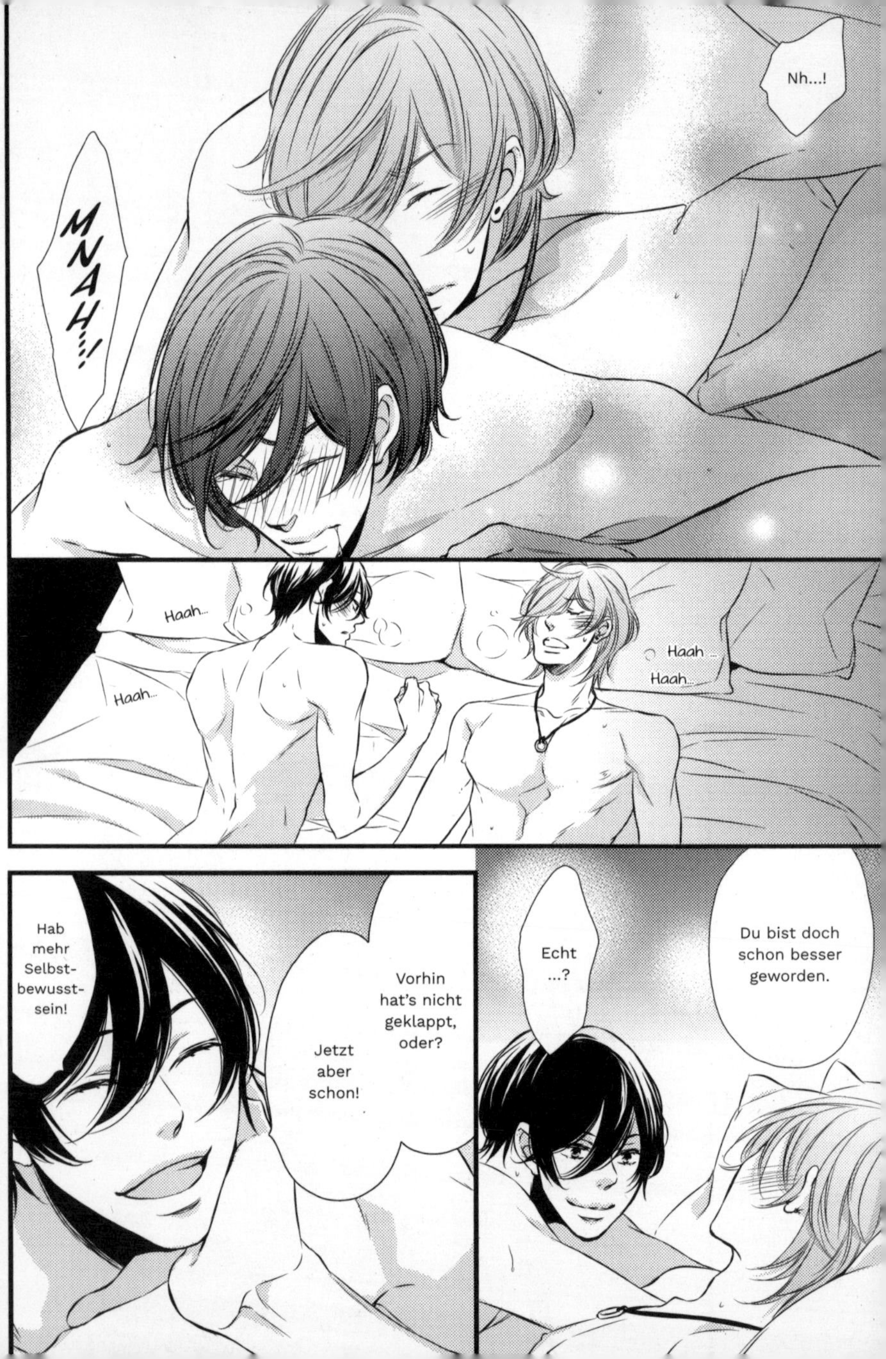

Nh...!
MNAH...!!
Haah...
Haah...
Haah...
Haah...
Du bist doch schon besser geworden.
Echt ...?
Vorhin hat's nicht geklappt, oder?
Jetzt aber schon!
Hab mehr Selbst-bewusst-sein!

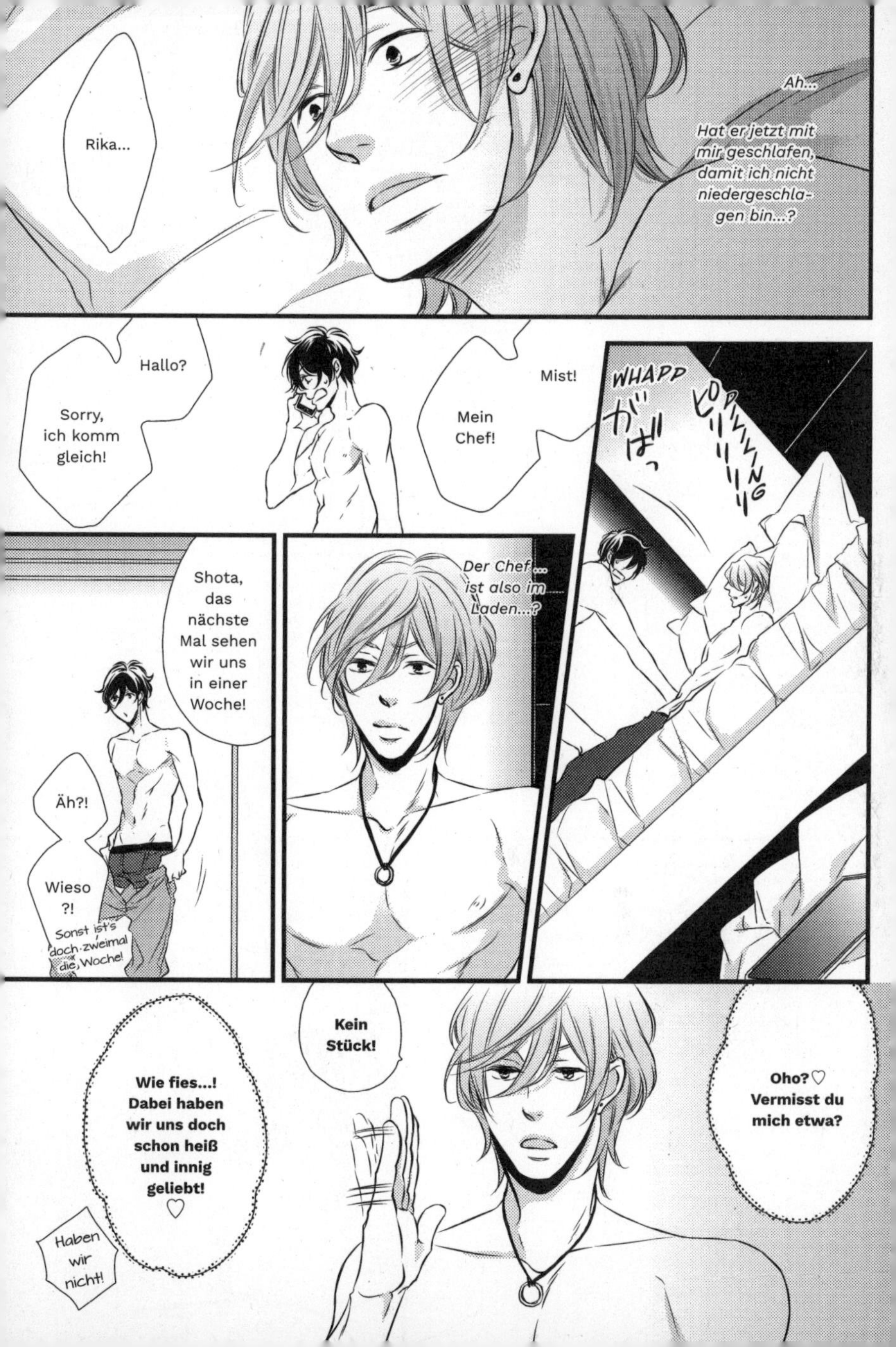
Ah...
Hat er jetzt mit mir geschlafen, damit ich nicht niedergeschla-gen bin...?
Rika...
PDIVIVING
WHAPP
Mist!
Mein Chef!
Hallo?
Sorry, ich komm gleich!
Der Chef ... ist also im Laden...?
Shota, das nächste Mal sehen wir uns in einer Woche!
Äh?!
Wieso ?!
Sonst ist's doch zweimal die Woche!
Oho?♡ Vermisst du mich etwa?
Kein Stück!
Wie fies...! Dabei haben wir uns doch schon heiß und innig geliebt! ♡
Haben wir nicht!

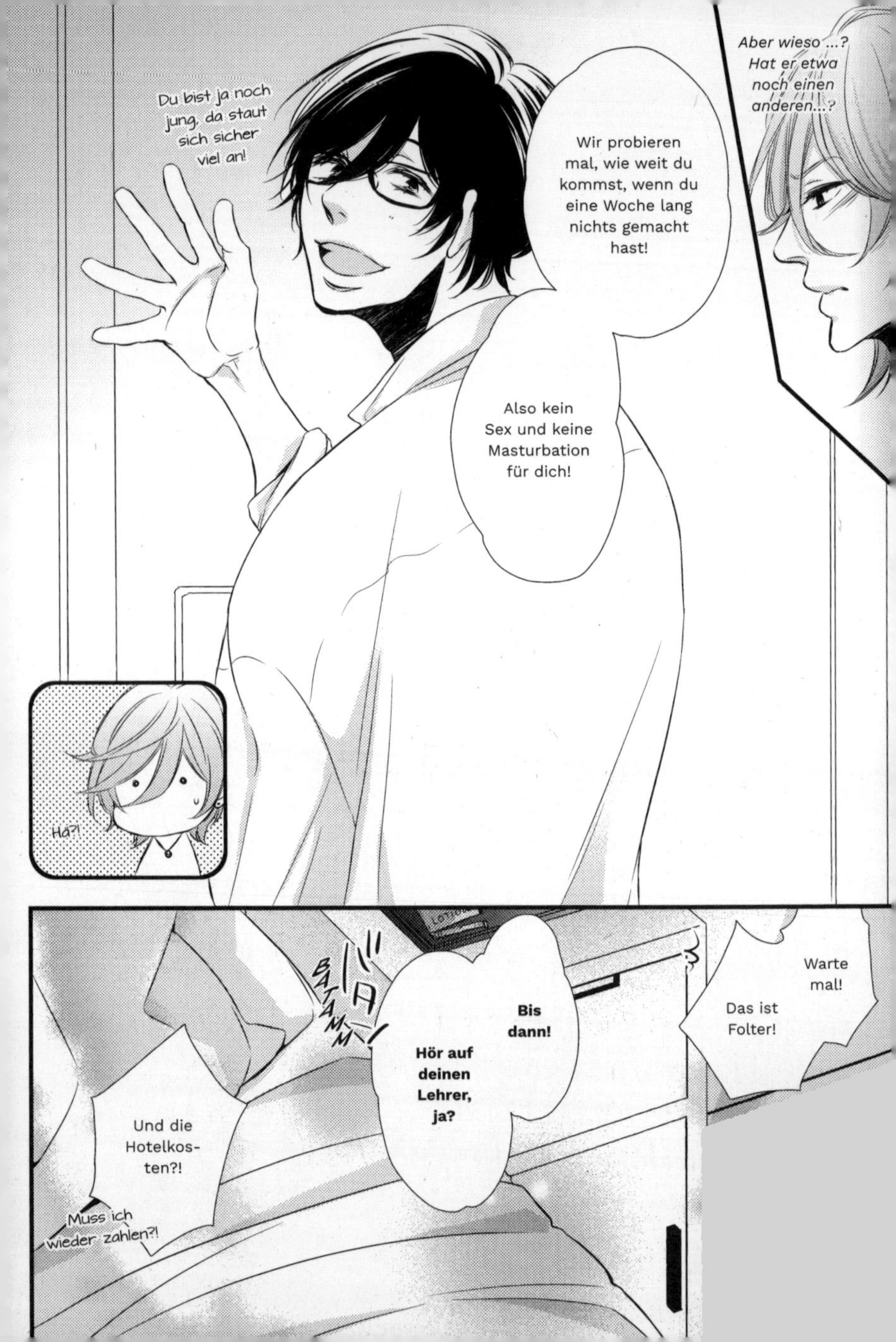
Aber wieso ...? Hat er etwa noch einen anderen...?
Wir probieren mal, wie weit du kommst, wenn du eine Woche lang nichts gemacht hast!
Du bist ja noch jung, da staut sich sicher viel an!
Also kein Sex und keine Masturbation für dich!
Hä?!
Warte mal!
Das ist Folter!
Bis dann!
Hör auf deinen Lehrer, ja?
BATAMM!
Und die Hotelkosten?!
Muss ich wieder zahlen?!

3. Lektion

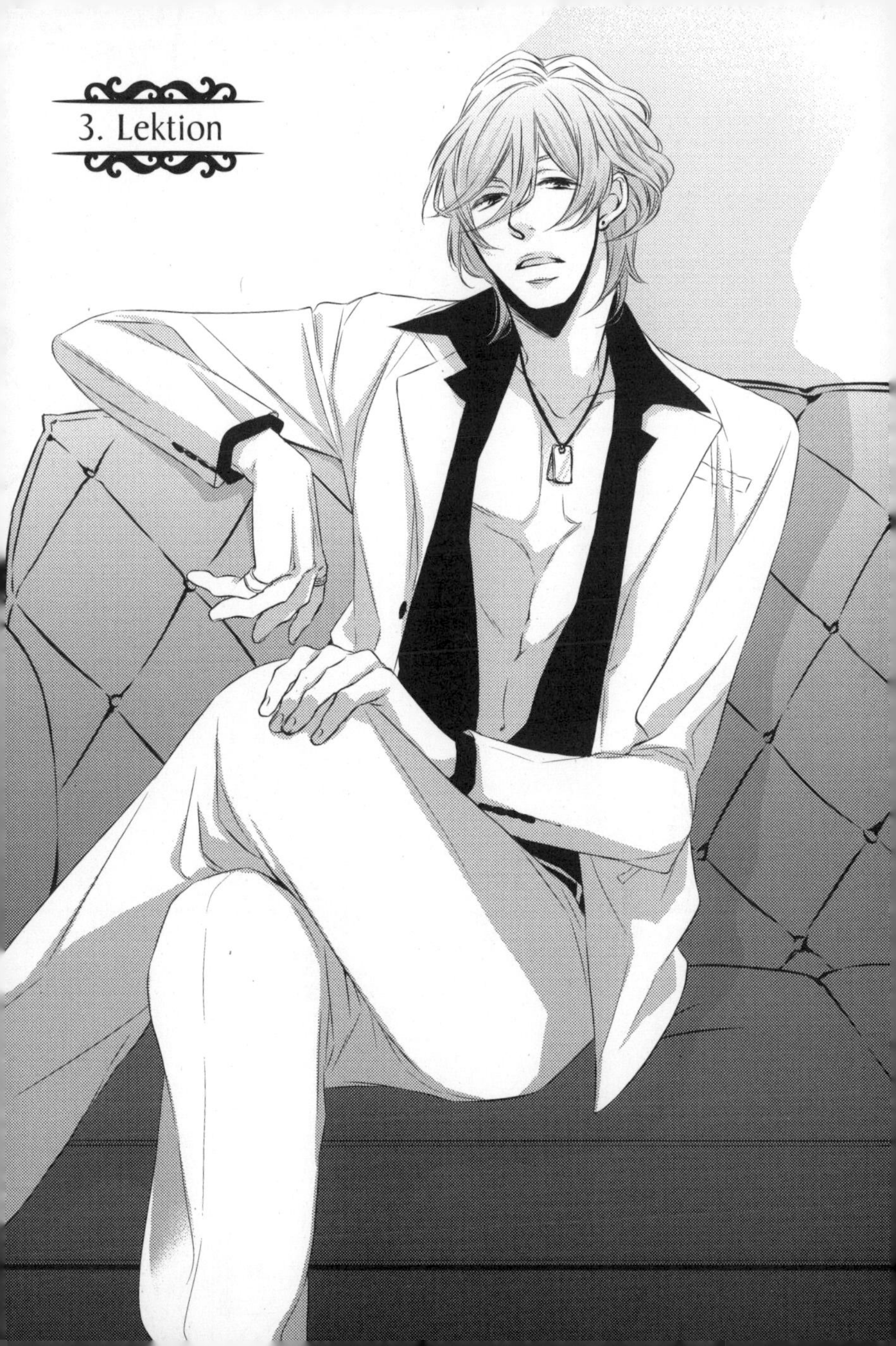

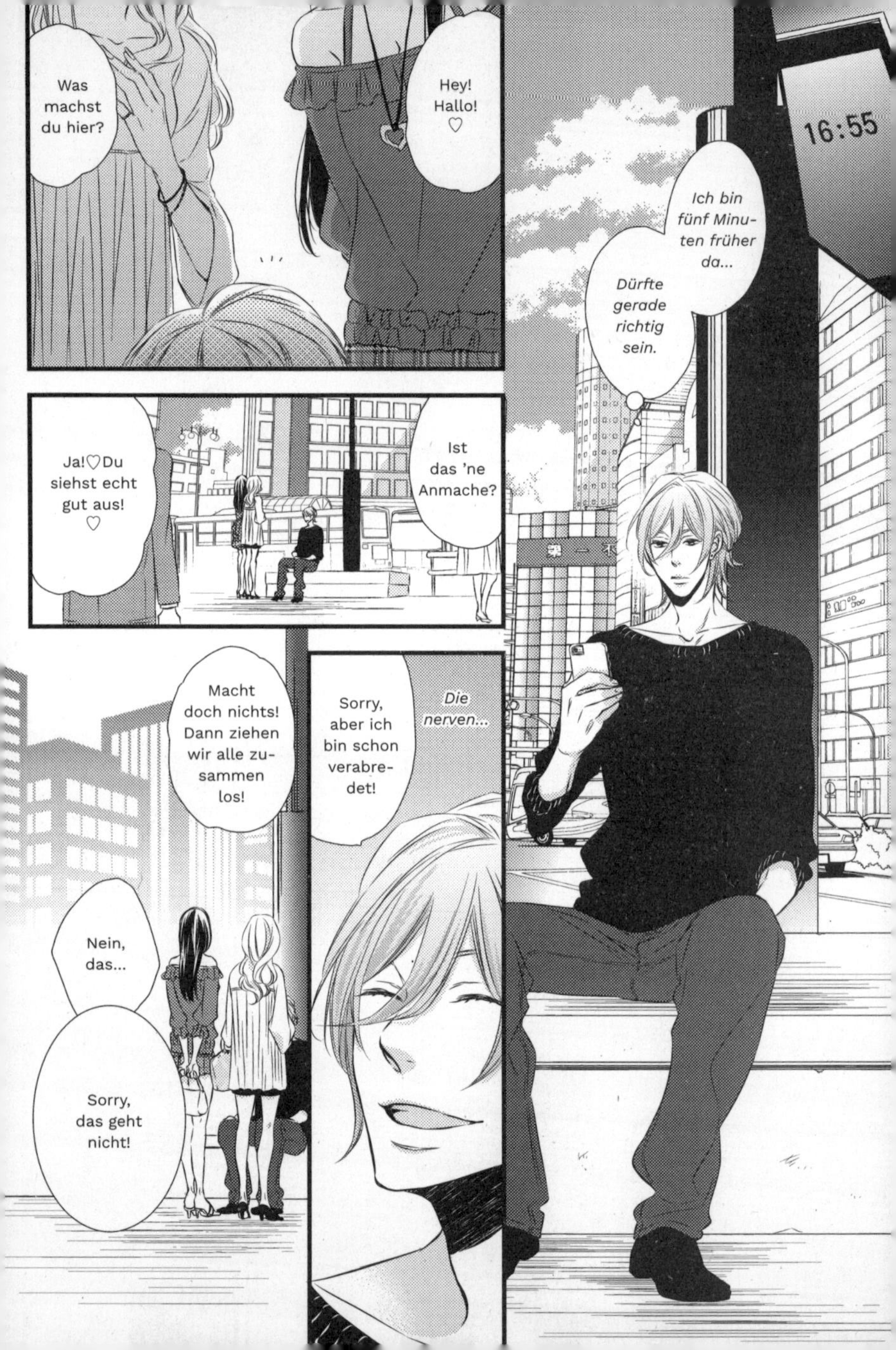
16:55
Ich bin fünf Minuten früher da...
Dürfte gerade richtig sein.
Hey! Hallo! ♡
Was machst du hier?
Ist das 'ne Anmache?
Ja!♡ Du siehst echt gut aus! ♡
Die nerven...
Sorry, aber ich bin schon verabredet!
Macht doch nichts! Dann ziehen wir alle zusammen los!
Nein, das...
Sorry, das geht nicht!

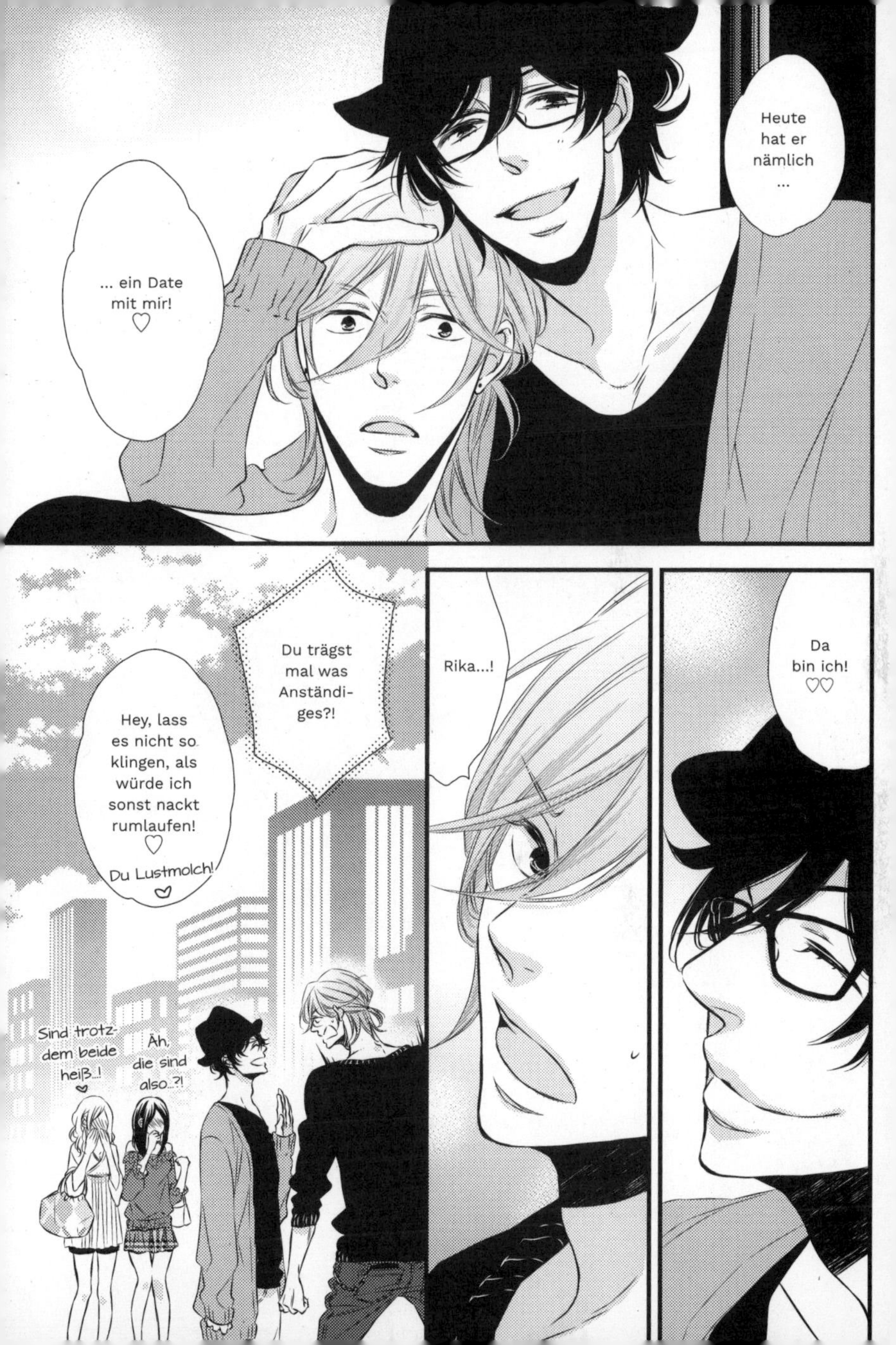

Heute hat er nämlich ...
... ein Date mit mir! ♡
Da bin ich! ♡♡
Rika...!
Du trägst mal was Anständiges?!
Hey, lass es nicht so klingen, als würde ich sonst nackt rumlaufen! ♡
Du Lustmolch!
Äh, die sind also...?!
Sind trotzdem beide heiß...!

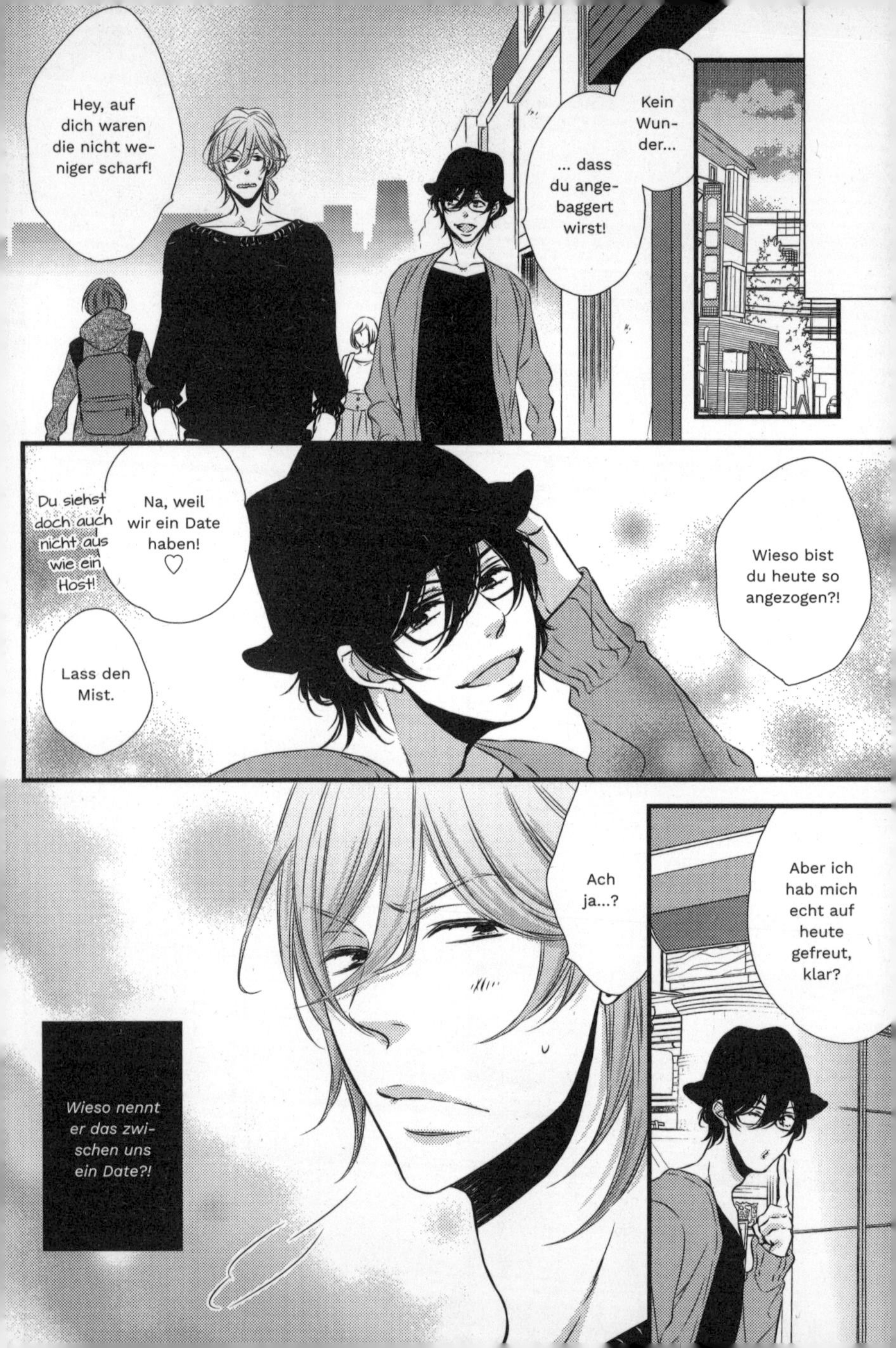
Kein Wun-
der...
... dass
du ange-
baggert
wirst!
Hey, auf
dich waren
die nicht we-
niger scharf!
Wieso bist
du heute so
angezogen?!
Na, weil
wir ein Date
haben!
♡
Du siehst
doch auch
nicht aus
wie ein
Host!
Lass den
Mist.
Aber ich
hab mich
echt auf
heute
gefreut,
klar?
Ach
ja...?
Wieso nennt
er das zwi-
schen uns
ein Date?!

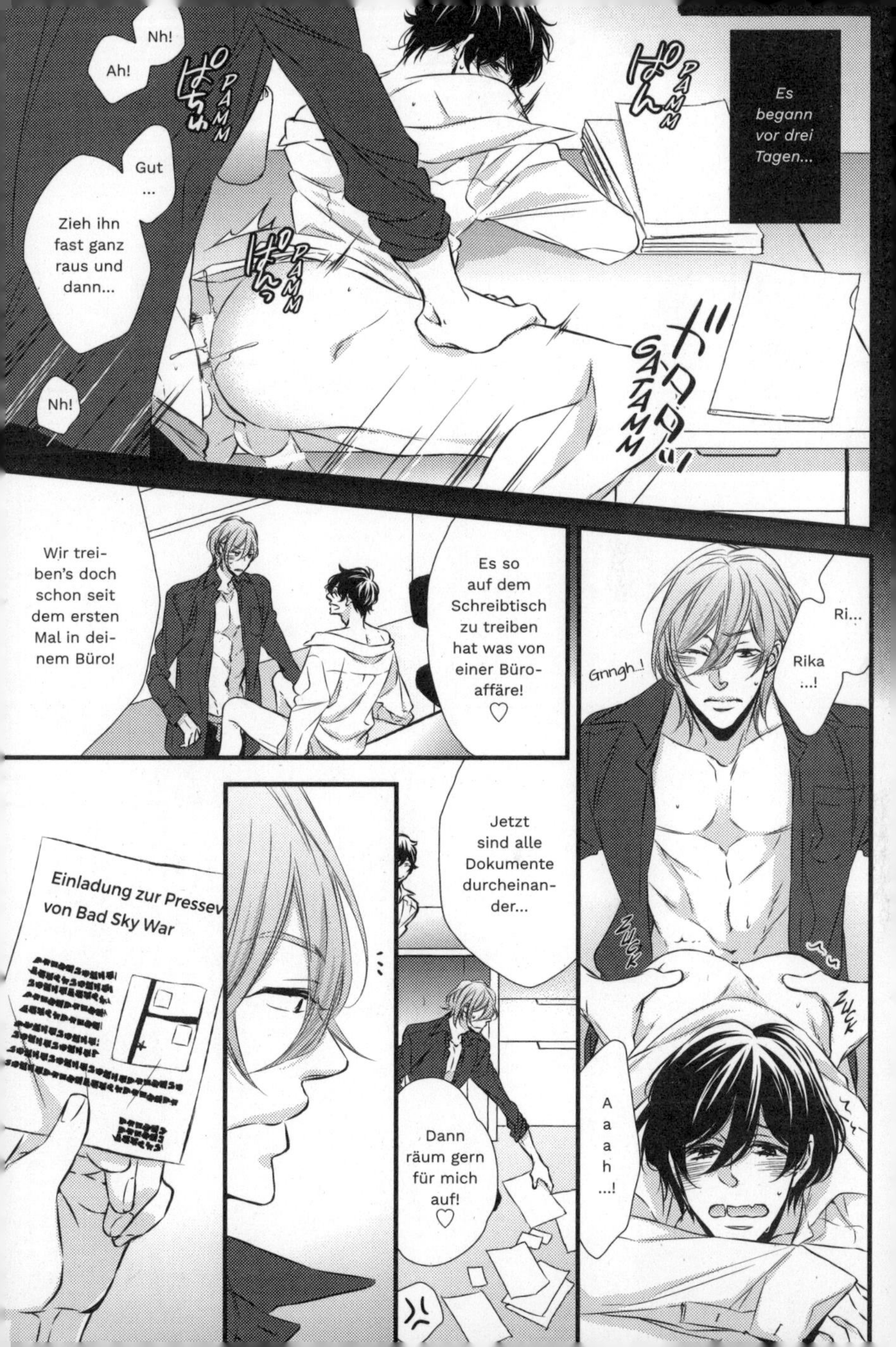

Es begann vor drei Tagen...
PAMM
Nh!
Ah!
PAMM
Gut ...
Zieh ihn fast ganz raus und dann...
PAMM
GATAMM
Nh!
Es so auf dem Schreibtisch zu treiben hat was von einer Büroaffäre! ♡
Wir treiben's doch schon seit dem ersten Mal in deinem Büro!
Ri...
Rika ...!
Gnngh...!
ZUCK
ZUCK
Aaah ...!
Jetzt sind alle Dokumente durcheinander...
Dann räum gern für mich auf! ♡
Einladung zur Pressev
von Bad Sky War

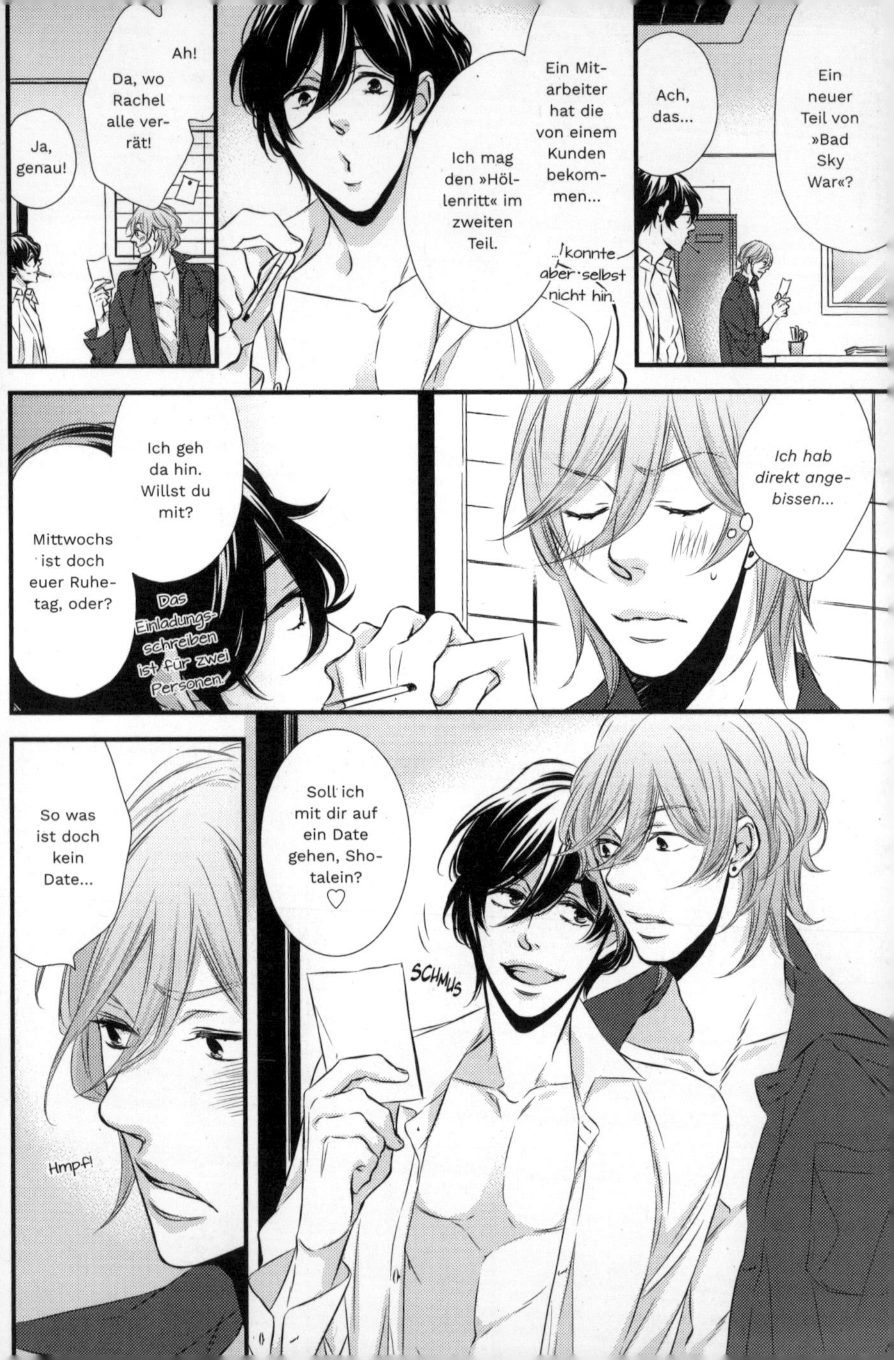

Ein neuer Teil von »Bad Sky War«?
Ach, das...
Ein Mitarbeiter hat die von einem Kunden bekommen...
...konnte aber selbst nicht hin.
Ich mag den »Höllenritt« im zweiten Teil.
Ah! Da, wo Rachel alle verrät!
Ja, genau!
Ich hab direkt angebissen...
Ich geh da hin. Willst du mit?
Mittwochs ist doch euer Ruhetag, oder?
Das Einladungsschreiben ist für zwei Personen.
Soll ich mit dir auf ein Date gehen, Shotalein? ♡
SCHMUS
So was ist doch kein Date...
Hmpf!

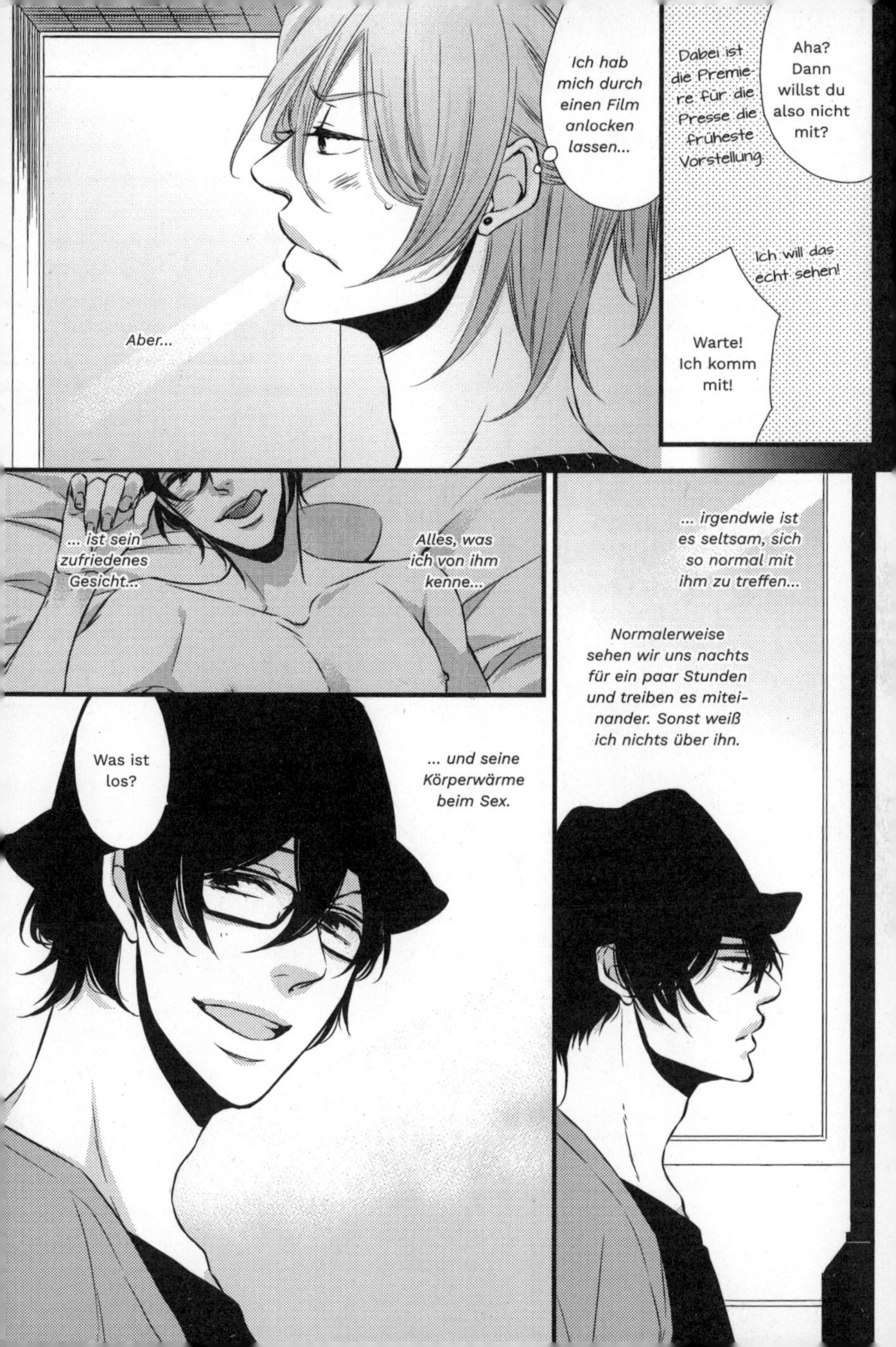
Aha? Dann willst du also nicht mit?
Dabei ist die Premiere für die Presse die früheste Vorstellung
Ich will das echt sehen!
Warte! Ich komm mit!
Ich hab mich durch einen Film anlocken lassen...
Aber...
... irgendwie ist es seltsam, sich so normal mit ihm zu treffen...
Normalerweise sehen wir uns nachts für ein paar Stunden und treiben es miteinander. Sonst weiß ich nichts über ihn.
Alles, was ich von ihm kenne...
... ist sein zufriedenes Gesicht...
... und seine Körperwärme beim Sex.
Was ist los?

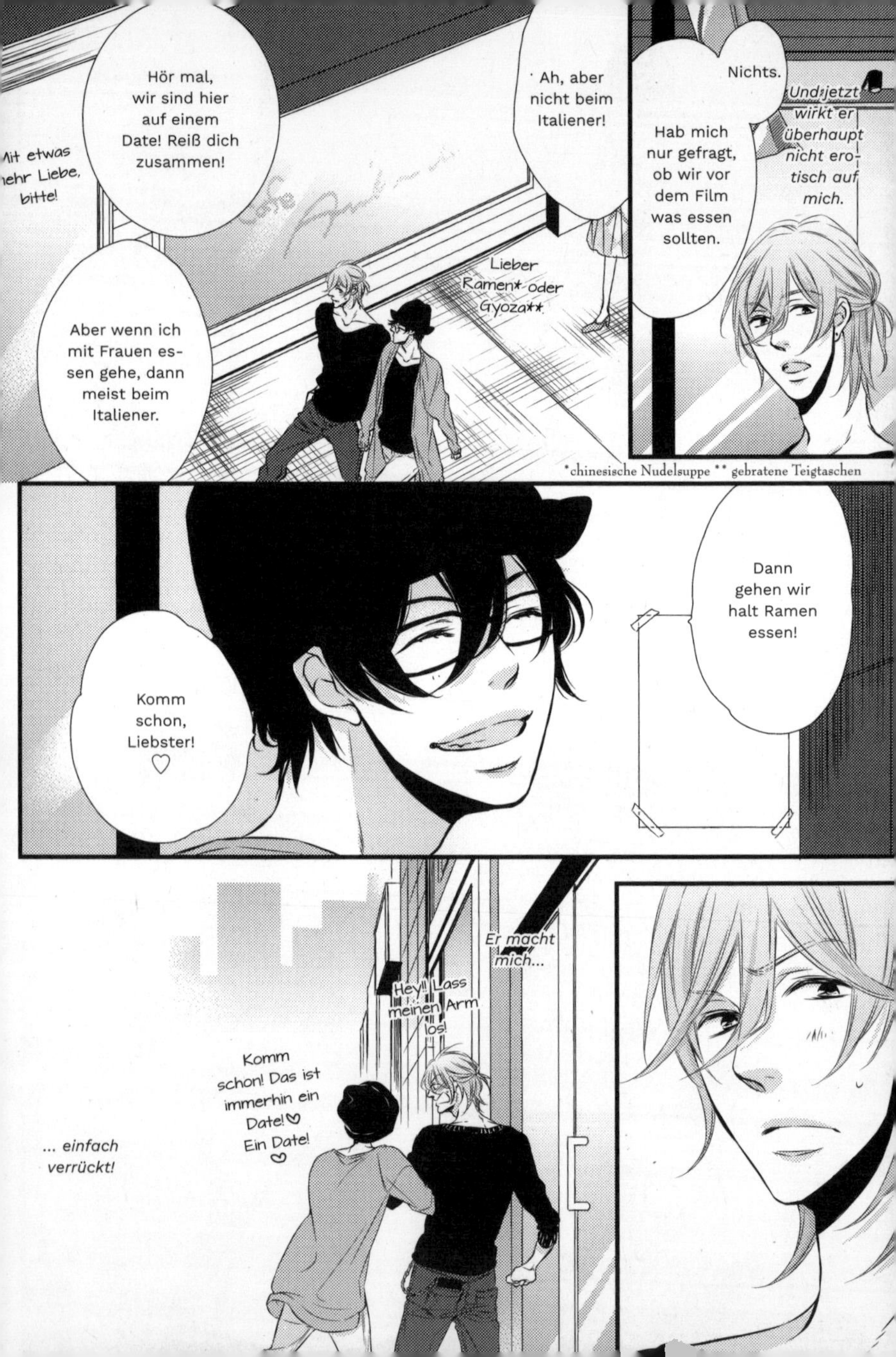

*chinesische Nudelsuppe ** gebratene Teigtaschen

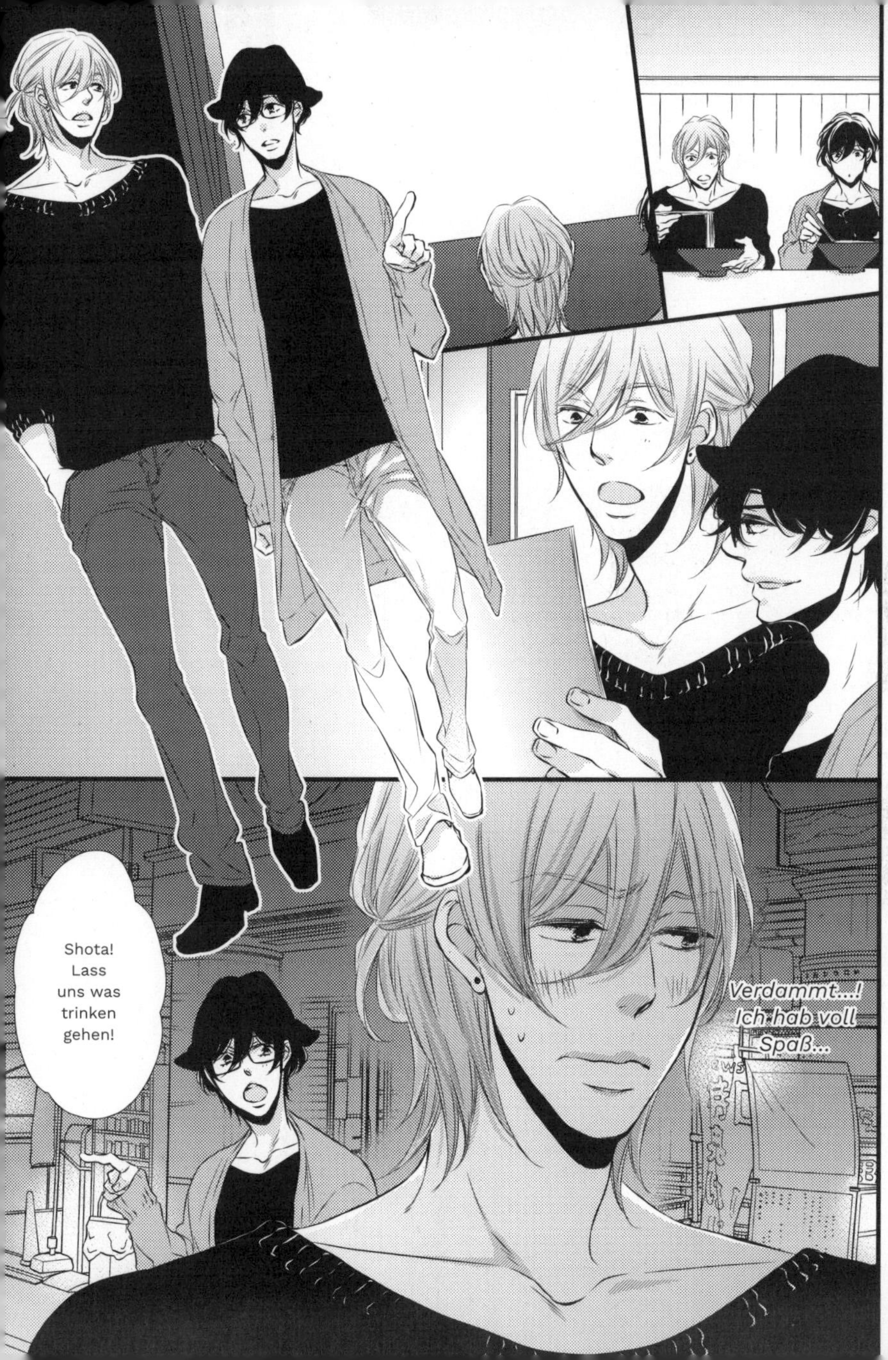
Verdammt...! Ich hab voll Spaß...
Shota! Lass uns was trinken gehen!

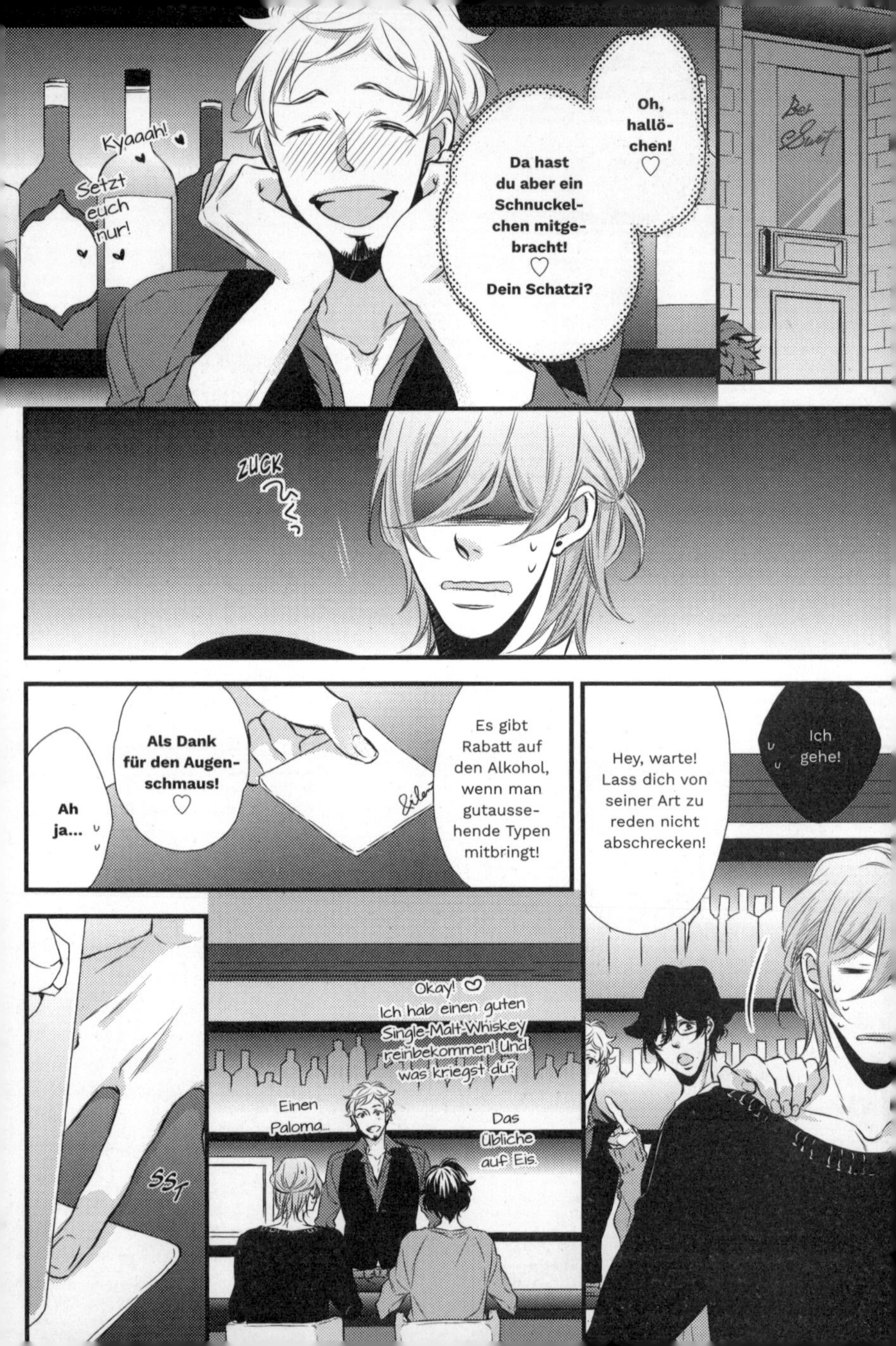

Oh, hallöchen! ♡
Da hast du aber ein Schnuckelchen mitgebracht! ♡ Dein Schatzi?
Kyaaah! ♥
Setzt euch nur! ♥
ZUCK
Ich gehe!
Hey, warte! Lass dich von seiner Art zu reden nicht abschrecken!
Es gibt Rabatt auf den Alkohol, wenn man gutaussehende Typen mitbringt!
Als Dank für den Augenschmaus! ♡
Ah ja…
Okay! ♡ Ich hab einen guten Single-Malt-Whiskey reinbekommen! Und was kriegst du?
Das Übliche auf Eis.
Einen Paloma…
SST

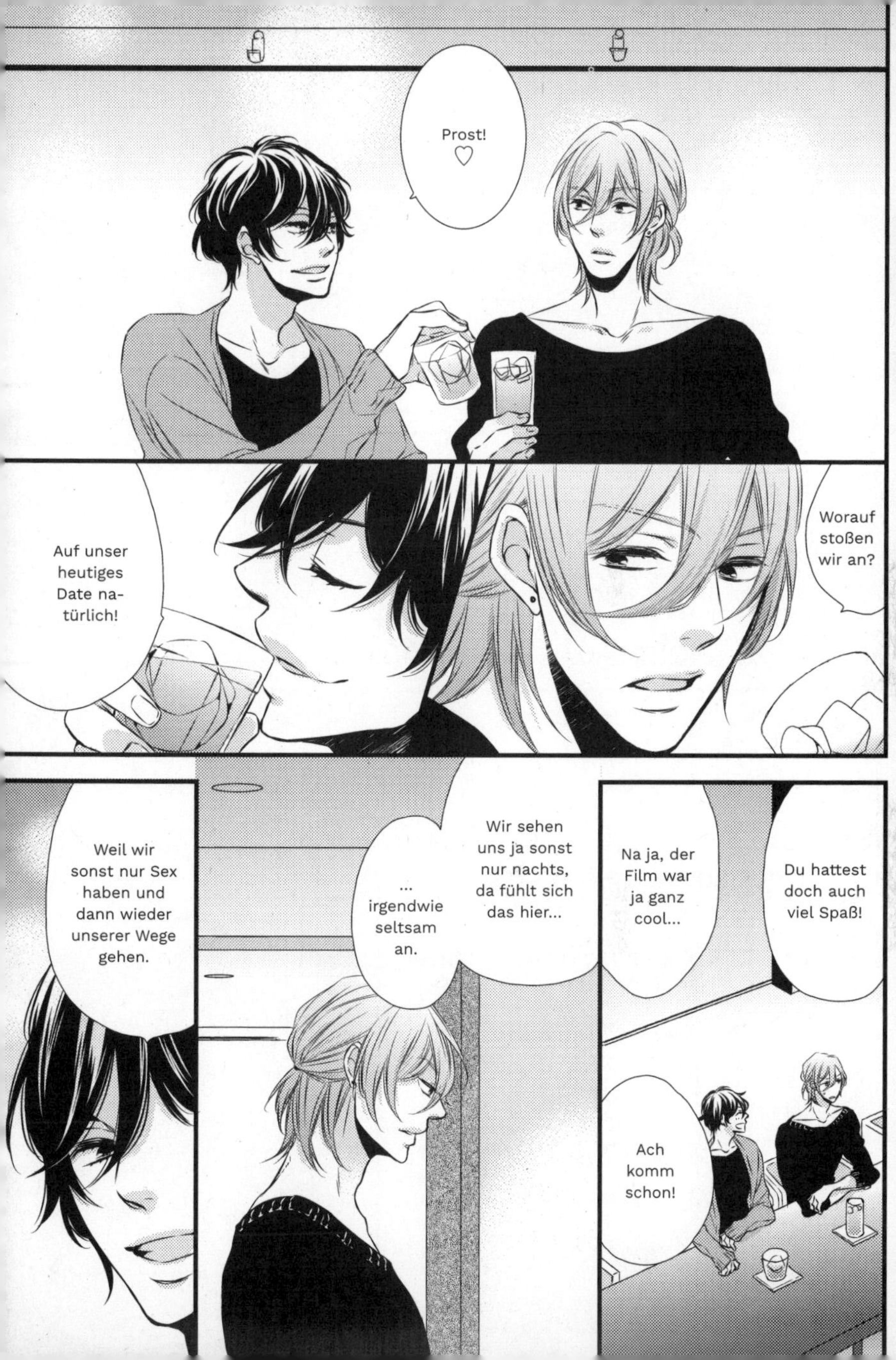
Prost! ♡
Worauf stoßen wir an?
Auf unser heutiges Date natürlich!
Du hattest doch auch viel Spaß!
Na ja, der Film war ja ganz cool...
Ach komm schon!
Wir sehen uns ja sonst nur nachts, da fühlt sich das hier...
... irgendwie seltsam an.
Weil wir sonst nur Sex haben und dann wieder unserer Wege gehen.

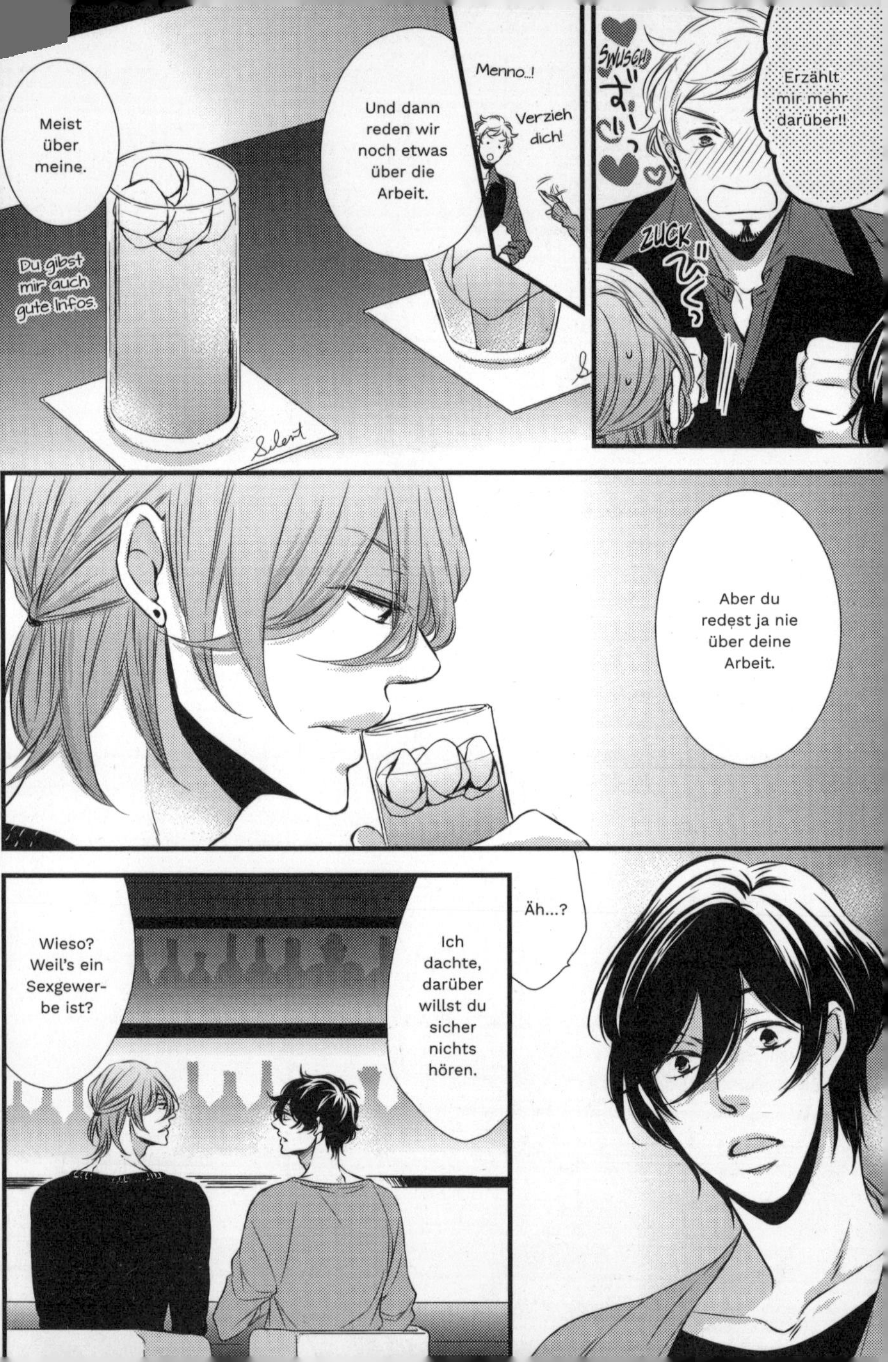

Erzählt mir mehr darüber!!
SWUSCH
ZUCK
Menno..!
Verzieh dich!
Und dann reden wir noch etwas über die Arbeit.
Meist über meine.
Du gibst mir auch gute Infos.
Aber du redest ja nie über deine Arbeit.
Äh...?
Ich dachte, darüber willst du sicher nichts hören.
Wieso? Weil's ein Sexgewerbe ist?

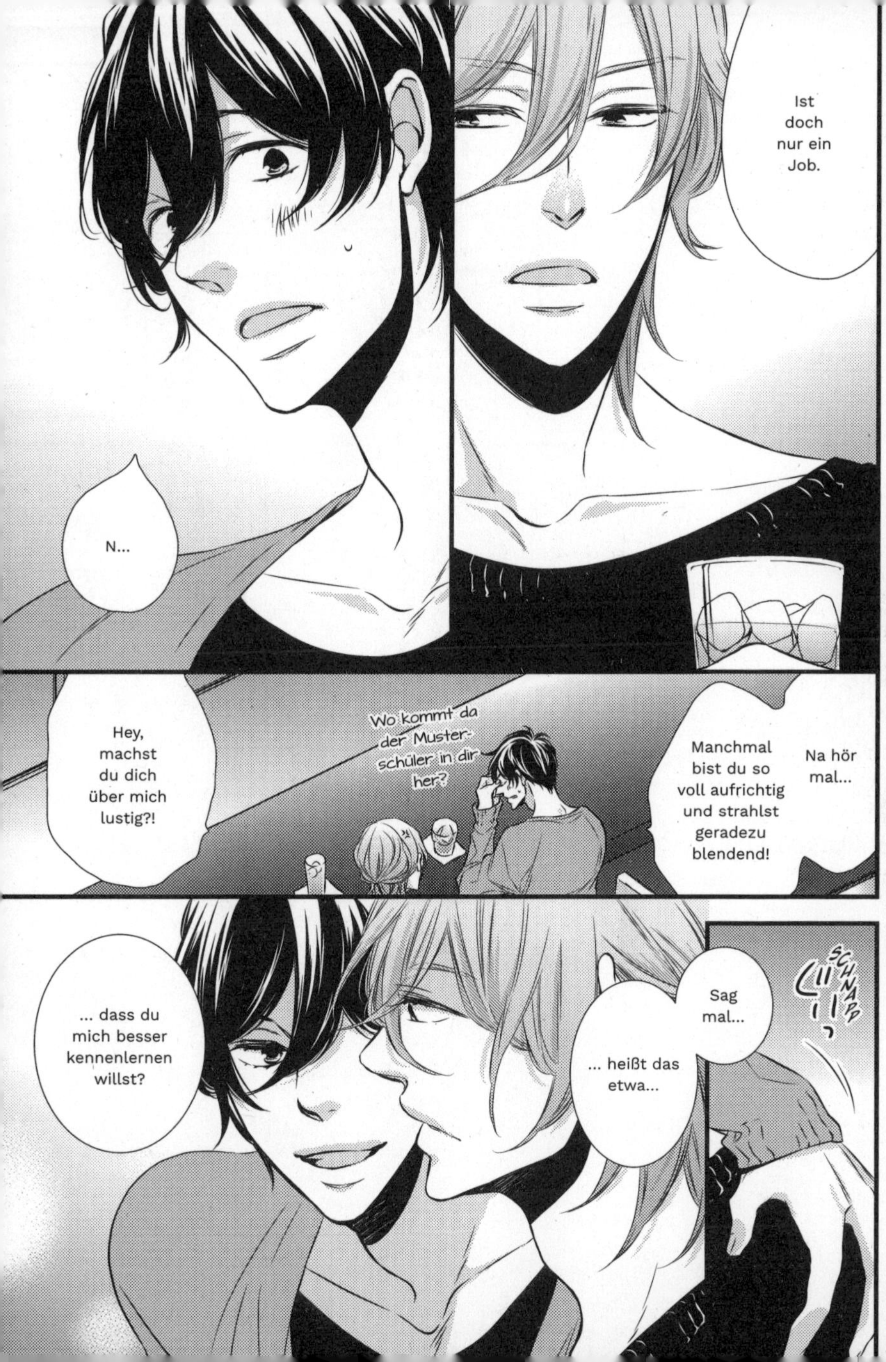
Ist doch nur ein Job.
N...
Na hör mal...
Manchmal bist du so voll aufrichtig und strahlst geradezu blendend!
Wo kommt da der Muster-schüler in dir her?
Hey, machst du dich über mich lustig?!
SCHNAPP
Sag mal...
... heißt das etwa...
... dass du mich besser kennenlernen willst?

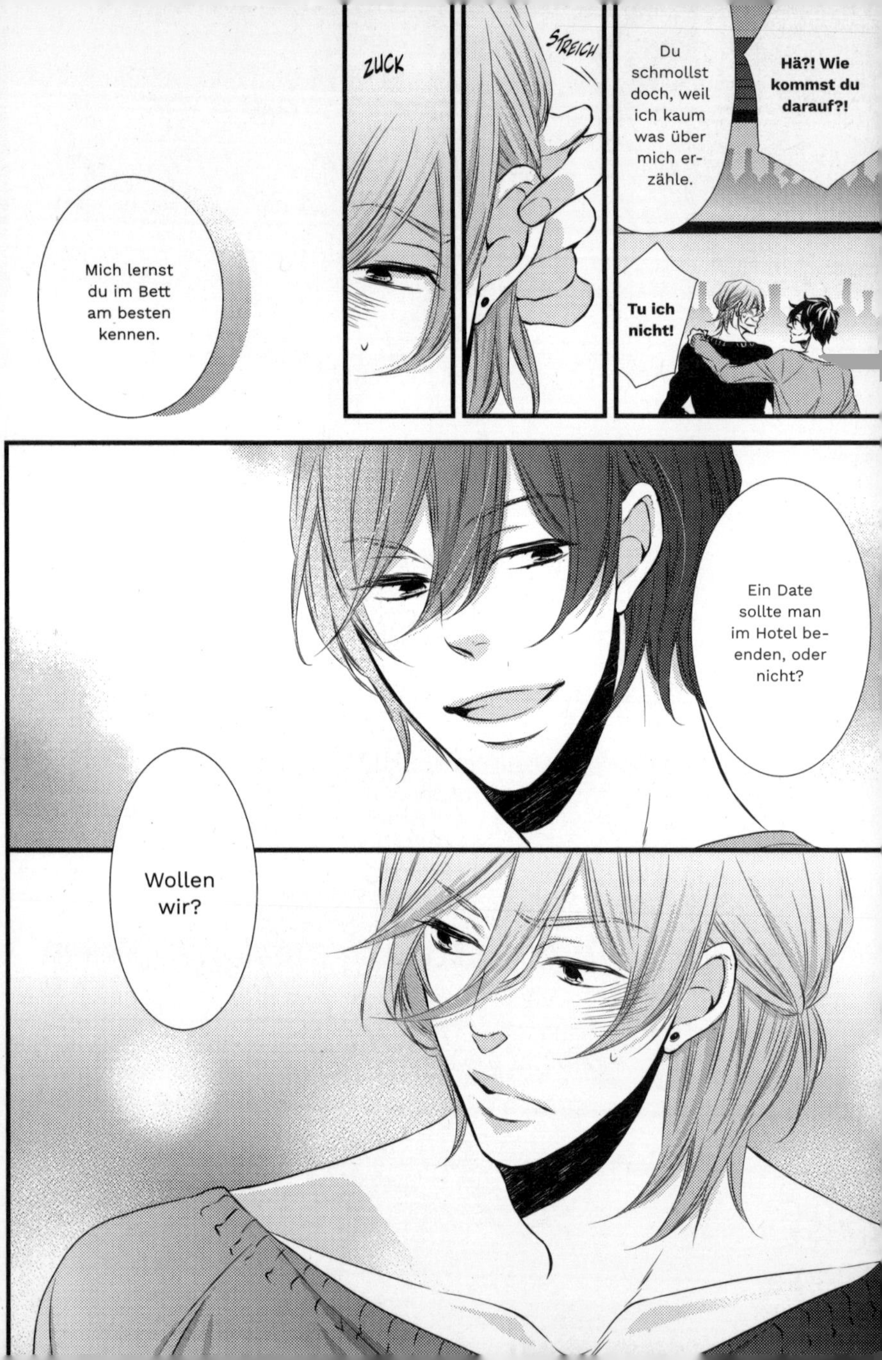
Hä?! Wie kommst du darauf?!
Du schmollst doch, weil ich kaum was über mich erzähle.
STREICH
ZUCK
Tu ich nicht!
Mich lernst du im Bett am besten kennen.
Ein Date sollte man im Hotel beenden, oder nicht?
Wollen wir?

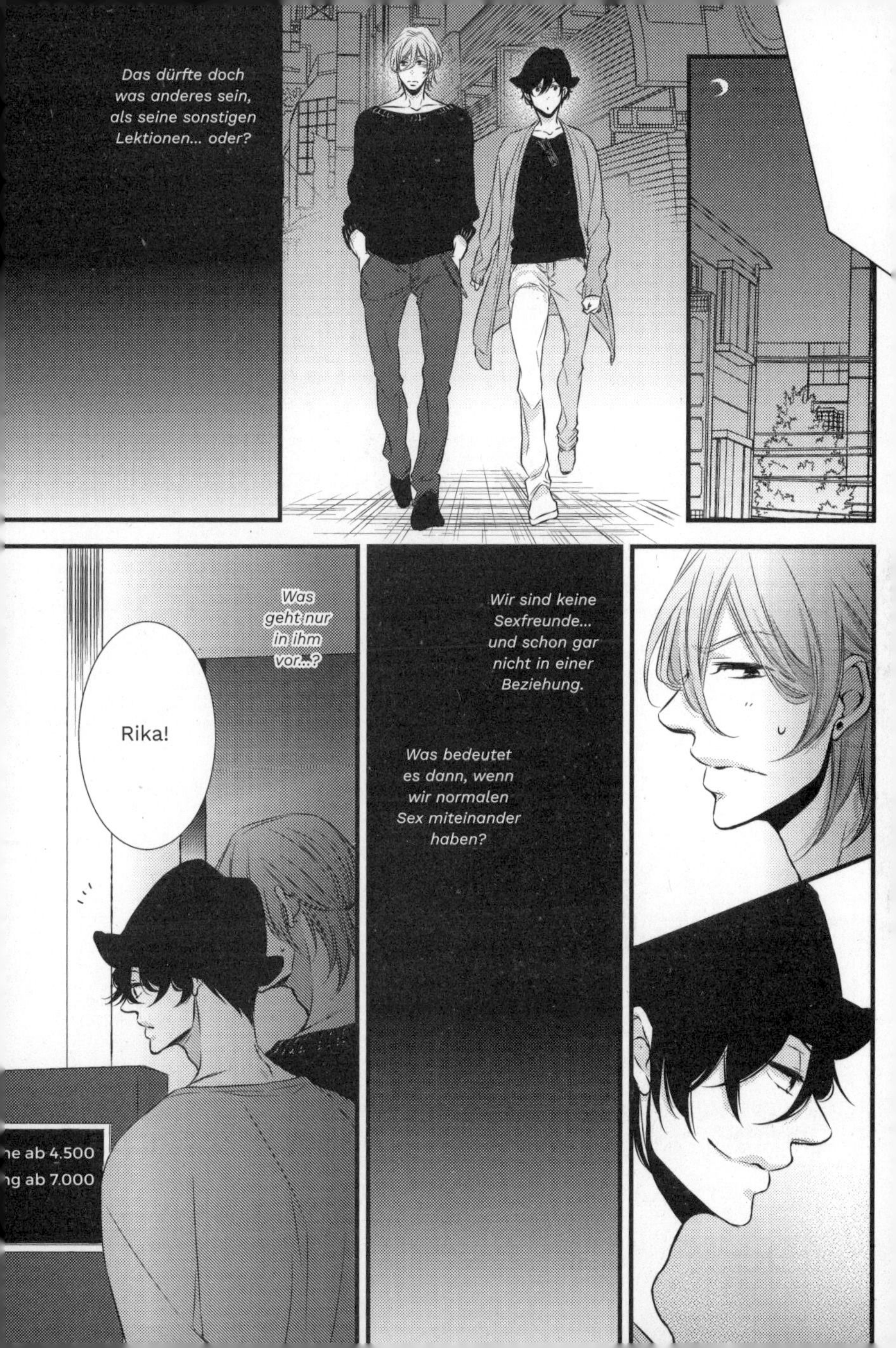
Das dürfte doch was anderes sein, als seine sonstigen Lektionen... oder?
Wir sind keine Sexfreunde... und schon gar nicht in einer Beziehung.
Was bedeutet es dann, wenn wir normalen Sex miteinander haben?
Was geht nur in ihm vor...?
Rika!
ne ab 4.500
ng ab 7.000

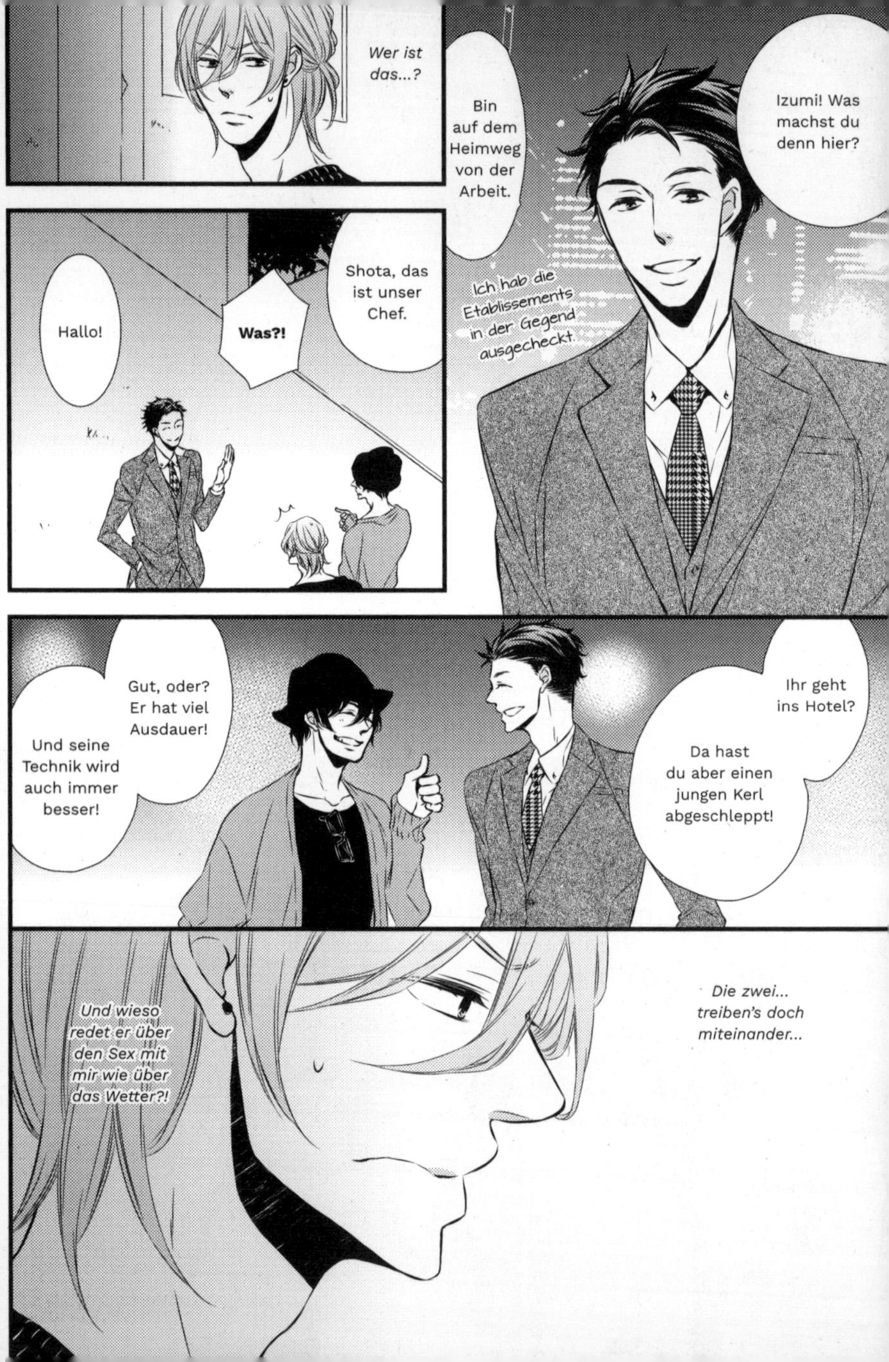

Izumi! Was machst du denn hier?
Bin auf dem Heimweg von der Arbeit.
Ich hab die Etablissements in der Gegend ausgecheckt.
Wer ist das...?
Shota, das ist unser Chef.
Was?!
Hallo!
Ihr geht ins Hotel?
Da hast du aber einen jungen Kerl abgeschleppt!
Gut, oder? Er hat viel Ausdauer!
Und seine Technik wird auch immer besser!
Die zwei... treiben's doch miteinander...
Und wieso redet er über den Sex mit mir wie über das Wetter?!

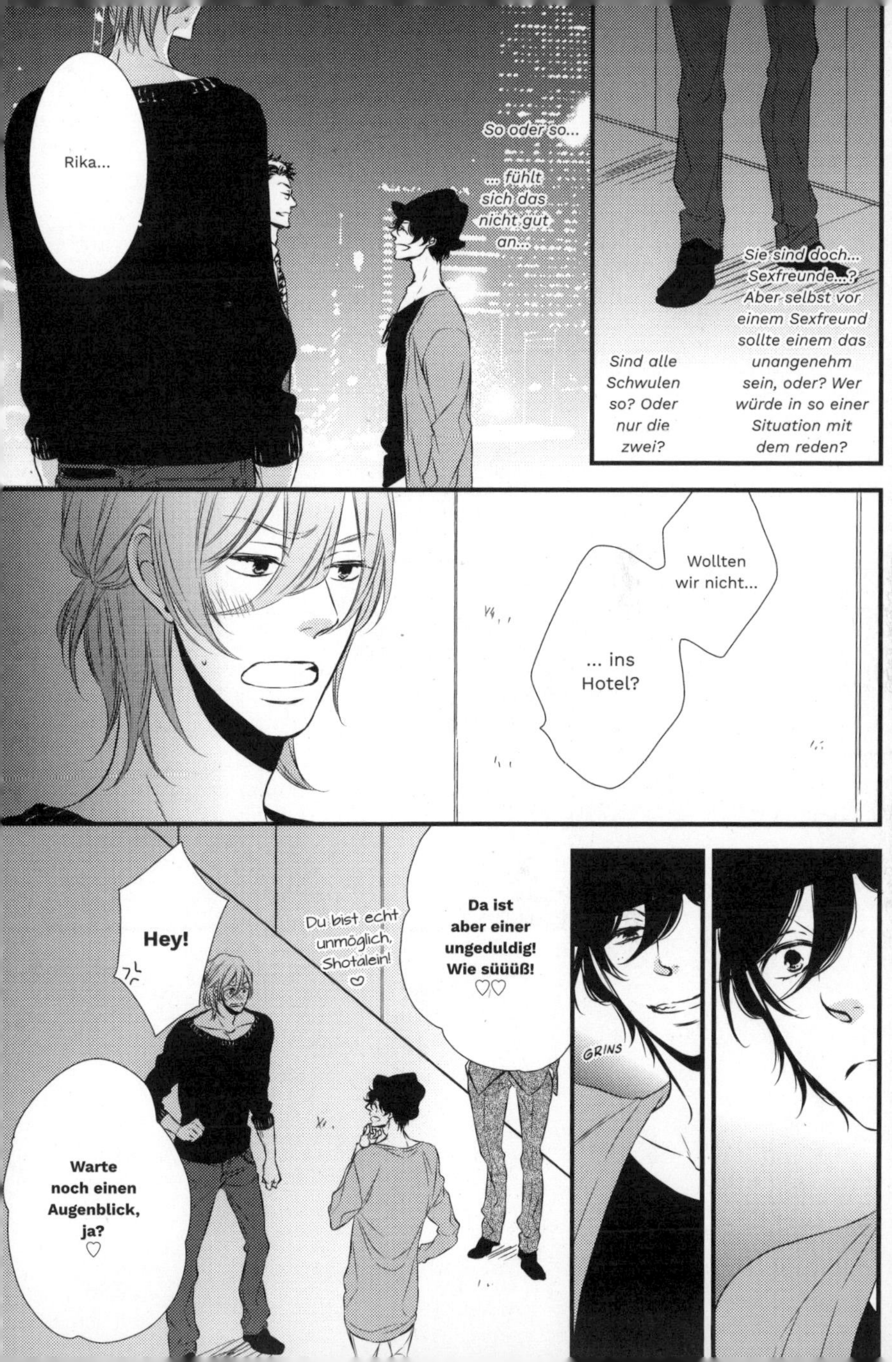
Sie sind doch... Sexfreunde...? Aber selbst vor einem Sexfreund sollte einem das unangenehm sein, oder? Wer würde in so einer Situation mit dem reden?
Sind alle Schwulen so? Oder nur die zwei?
So oder so...
... fühlt sich das nicht gut an...
Rika...
Wollten wir nicht...
... ins Hotel?
GRINS
Da ist aber einer ungeduldig! Wie süüüß! ♡♡
Du bist echt unmöglich, Shotalein! ♡
Hey!
Warte noch einen Augenblick, ja? ♡

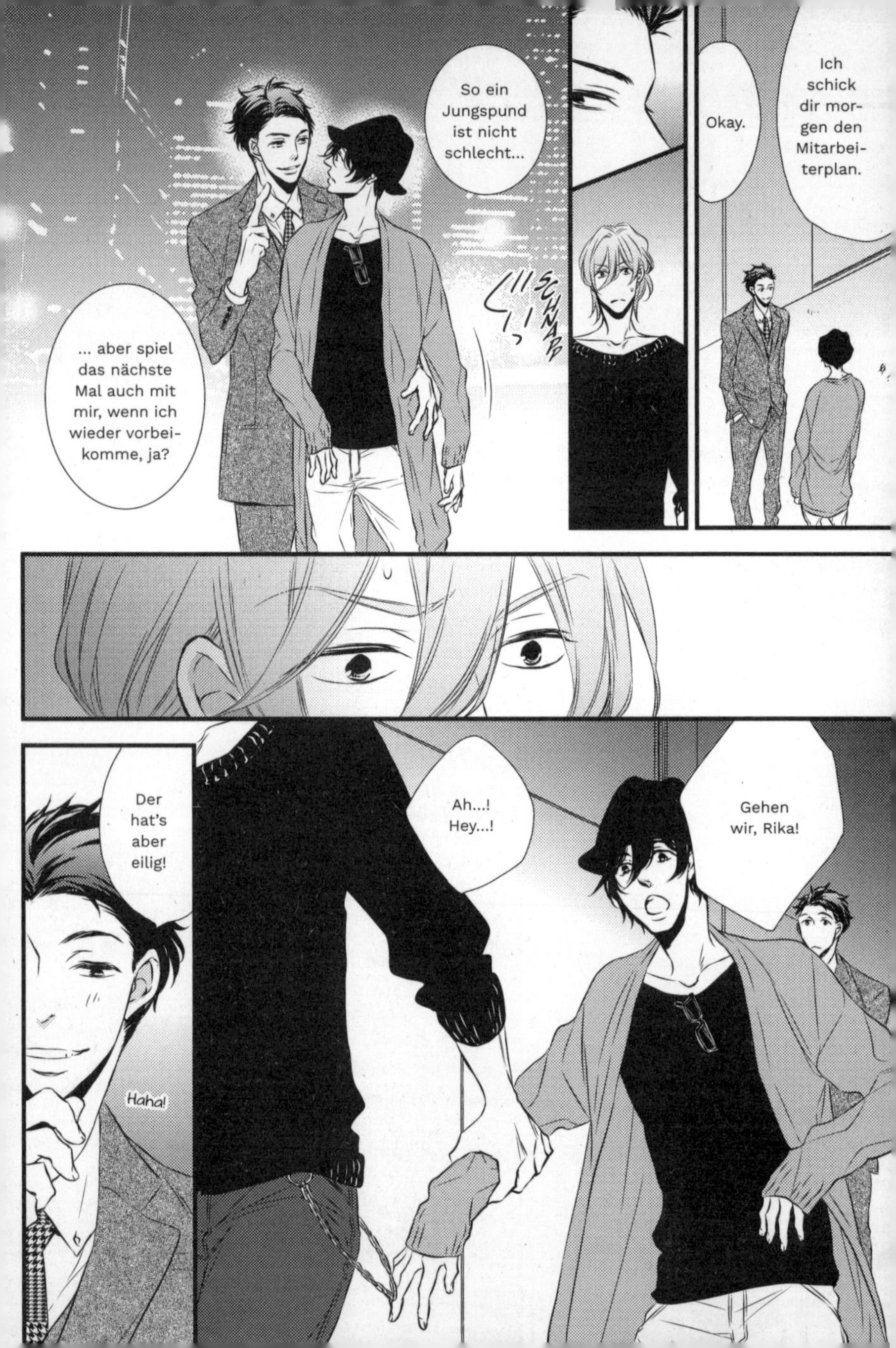
Ich schick dir morgen den Mitarbeiterplan.
Okay.
SCHNAPP
So ein Jungspund ist nicht schlecht...
... aber spiel das nächste Mal auch mit mir, wenn ich wieder vorbeikomme, ja?
Gehen wir, Rika!
Ah...! Hey...!
Der hat's aber eilig!
Haha!

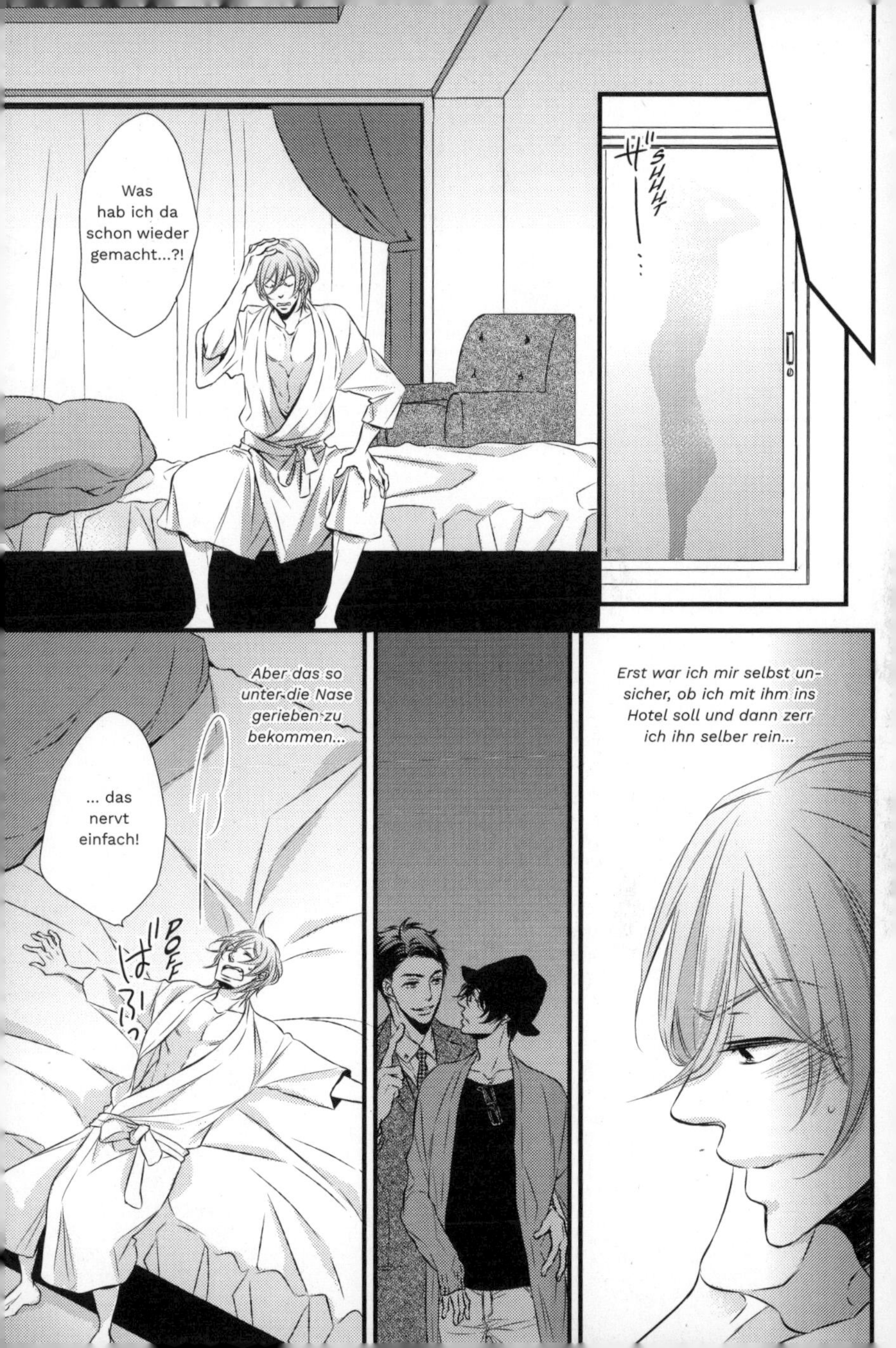
SHHH
Was hab ich da schon wieder gemacht...?!
Erst war ich mir selbst un-sicher, ob ich mit ihm ins Hotel soll und dann zerr ich ihn selber rein...
Aber das so unter die Nase gerieben zu bekommen...
... das nervt einfach!
POFF

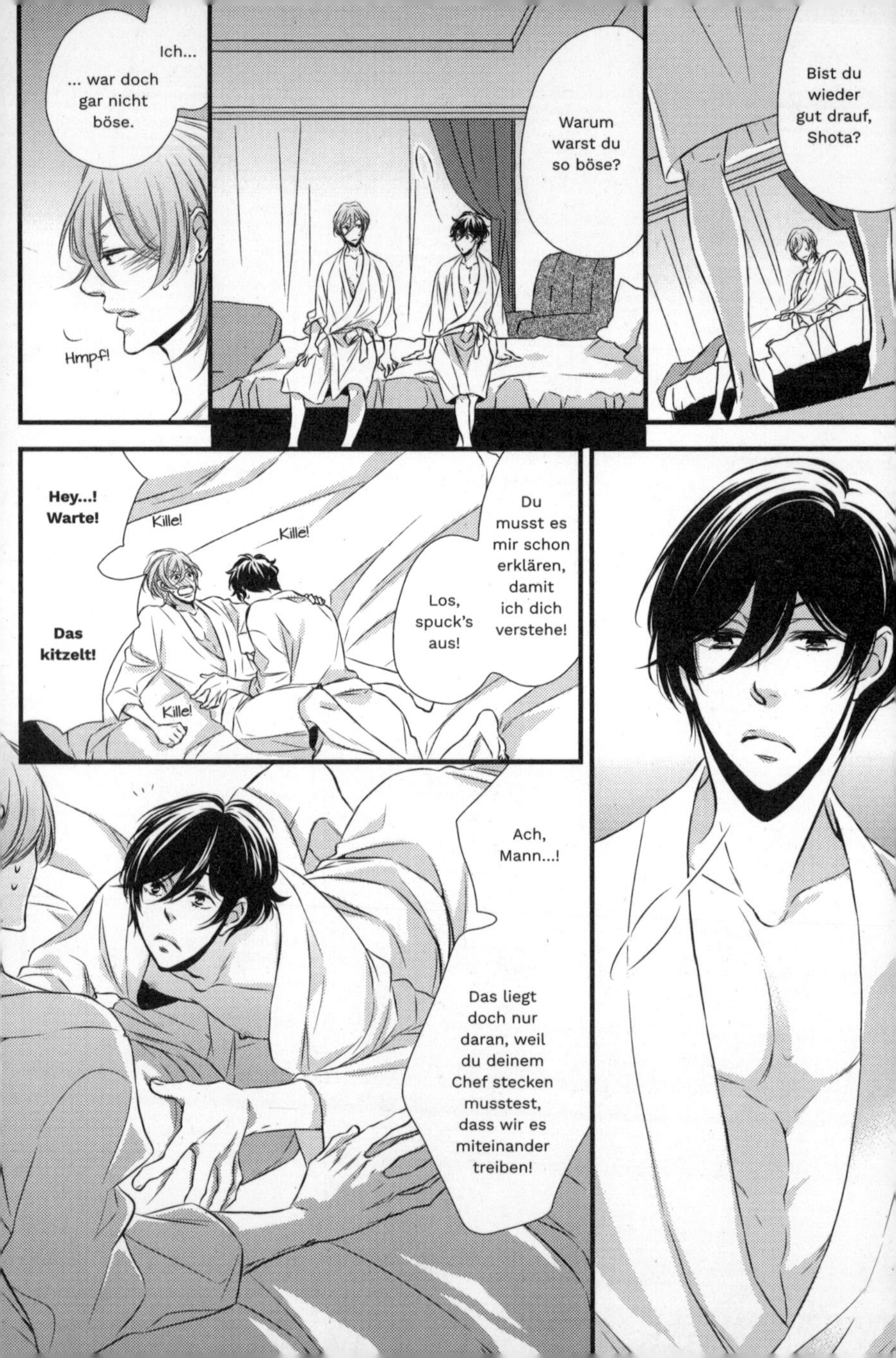
Bist du wieder gut drauf, Shota?
Warum warst du so böse?
Ich...
... war doch gar nicht böse.
Hmpf!
Du musst es mir schon erklären, damit ich dich verstehe!
Los, spuck's aus!
Kille!
Kille!
Hey...! Warte!
Das kitzelt!
Kille!
Ach, Mann...!
Das liegt doch nur daran, weil du deinem Chef stecken musstest, dass wir es miteinander treiben!

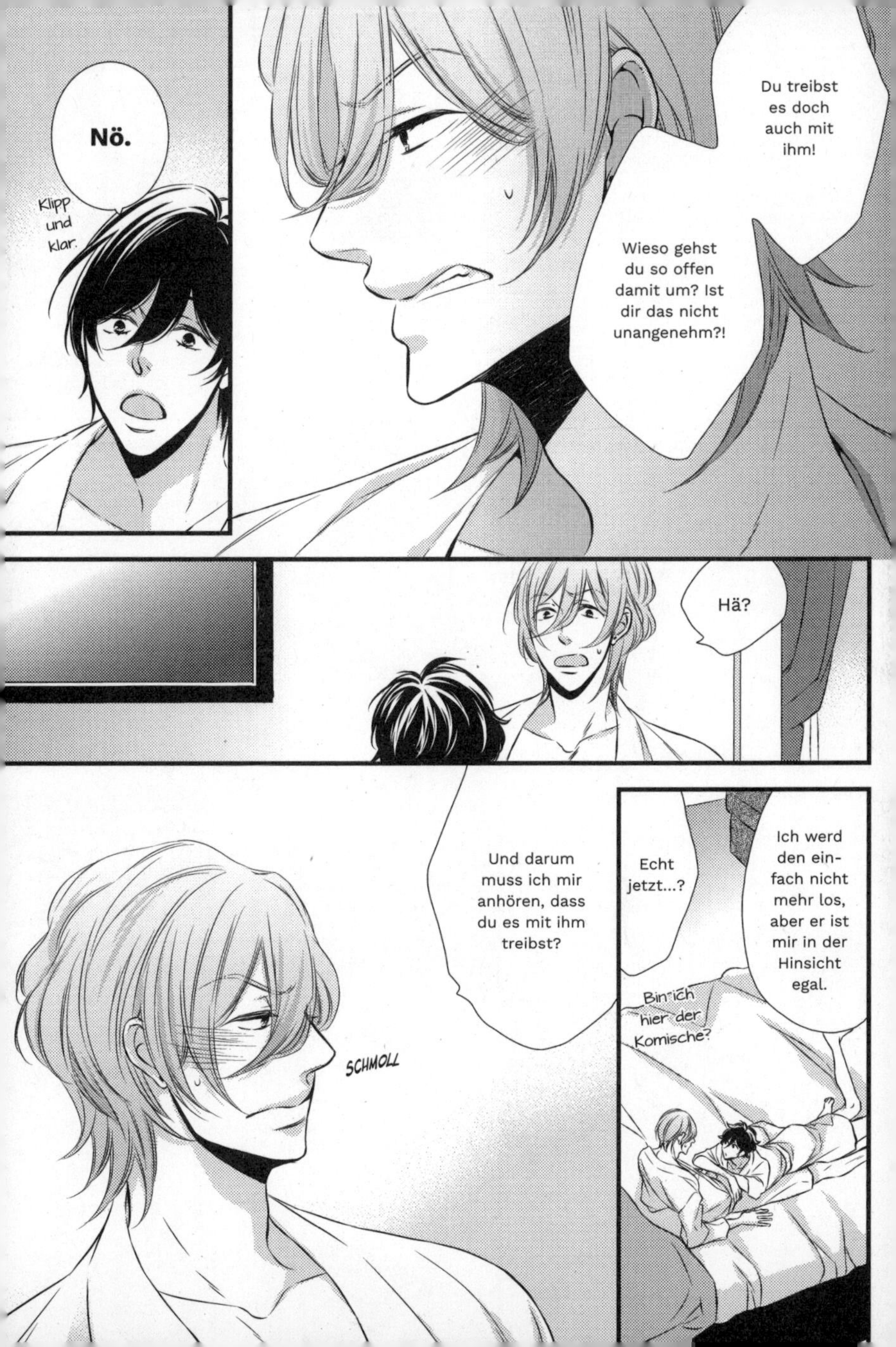
Du treibst es doch auch mit ihm!
Wieso gehst du so offen damit um? Ist dir das nicht unangenehm?!
Nö.
Klipp und klar.
Hä?
Ich werd den ein-fach nicht mehr los, aber er ist mir in der Hinsicht egal.
Echt jetzt...?
Bin ich hier der Komische?
Und darum muss ich mir anhören, dass du es mit ihm treibst?
SCHMOLL

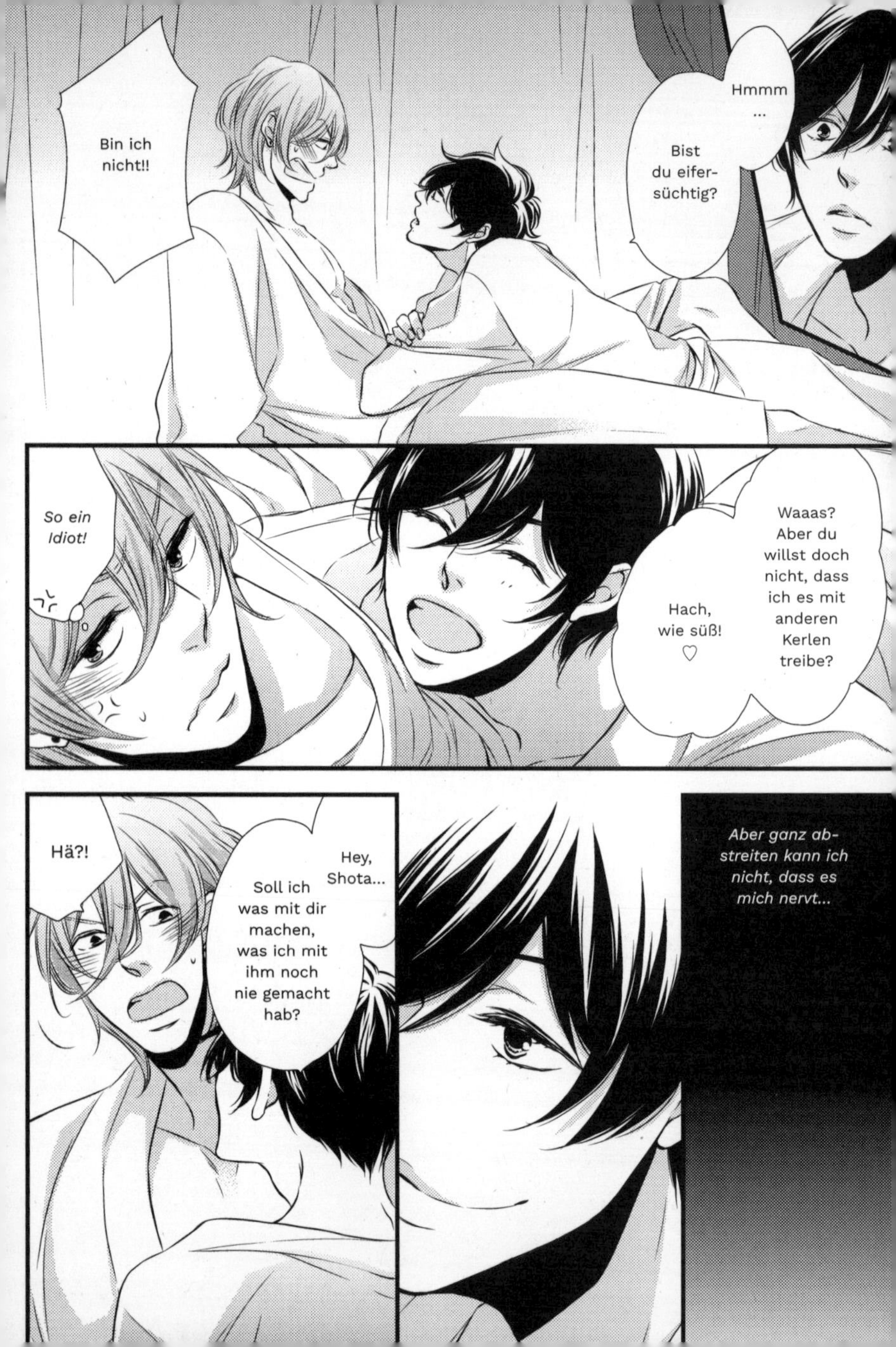
Hmmm …
Bist du eifer-süchtig?
Bin ich nicht!!
Waaas? Aber du willst doch nicht, dass ich es mit anderen Kerlen treibe?
Hach, wie süß! ♡
So ein Idiot!
Aber ganz ab-streiten kann ich nicht, dass es mich nervt…
Hey, Shota…
Soll ich was mit dir machen, was ich mit ihm noch nie gemacht hab?
Hä?!

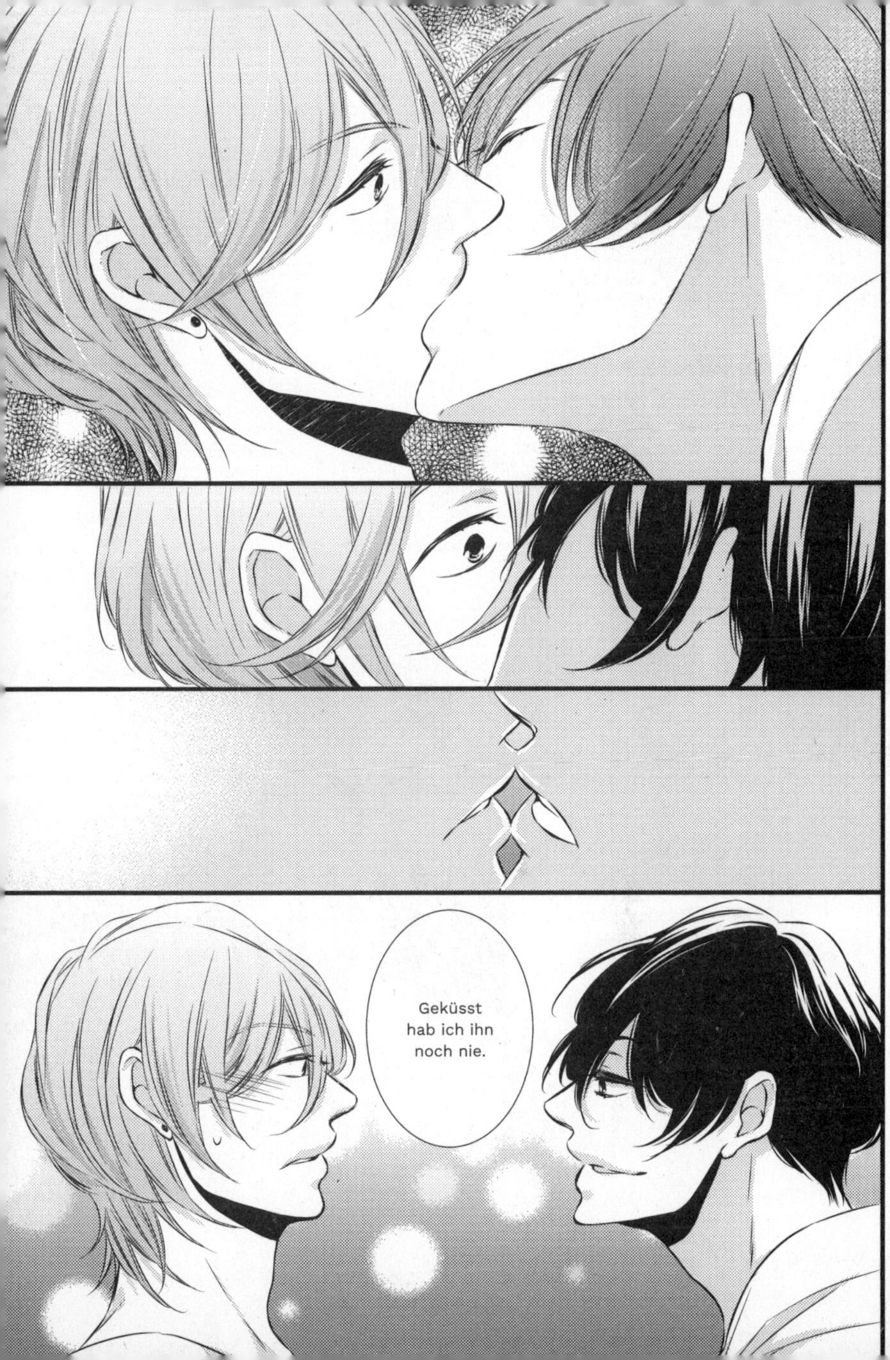
Geküsst hab ich ihn noch nie.

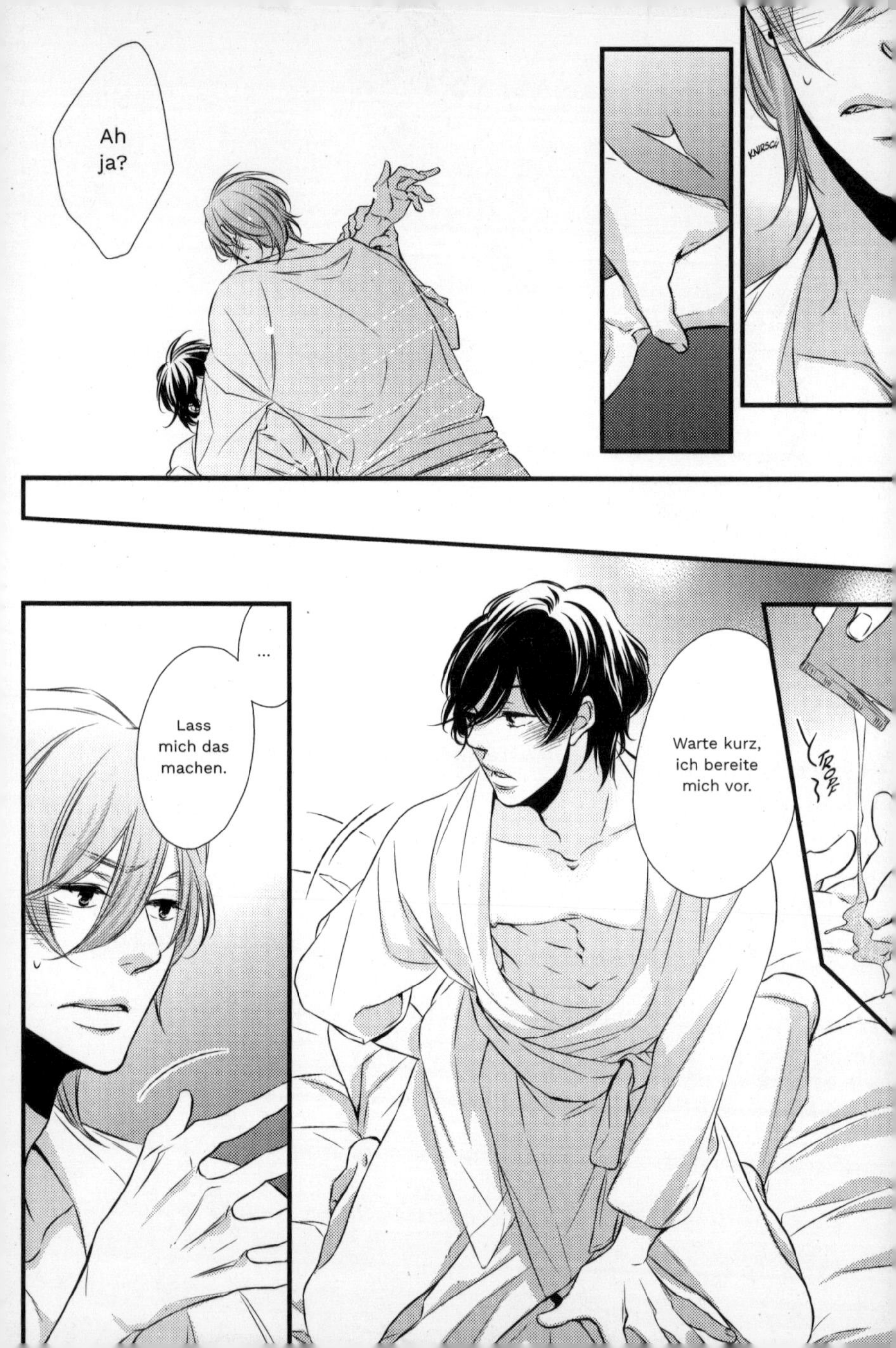
KNIRSCH
Ah ja?
TROPF
Warte kurz, ich bereite mich vor.
...
Lass mich das machen.

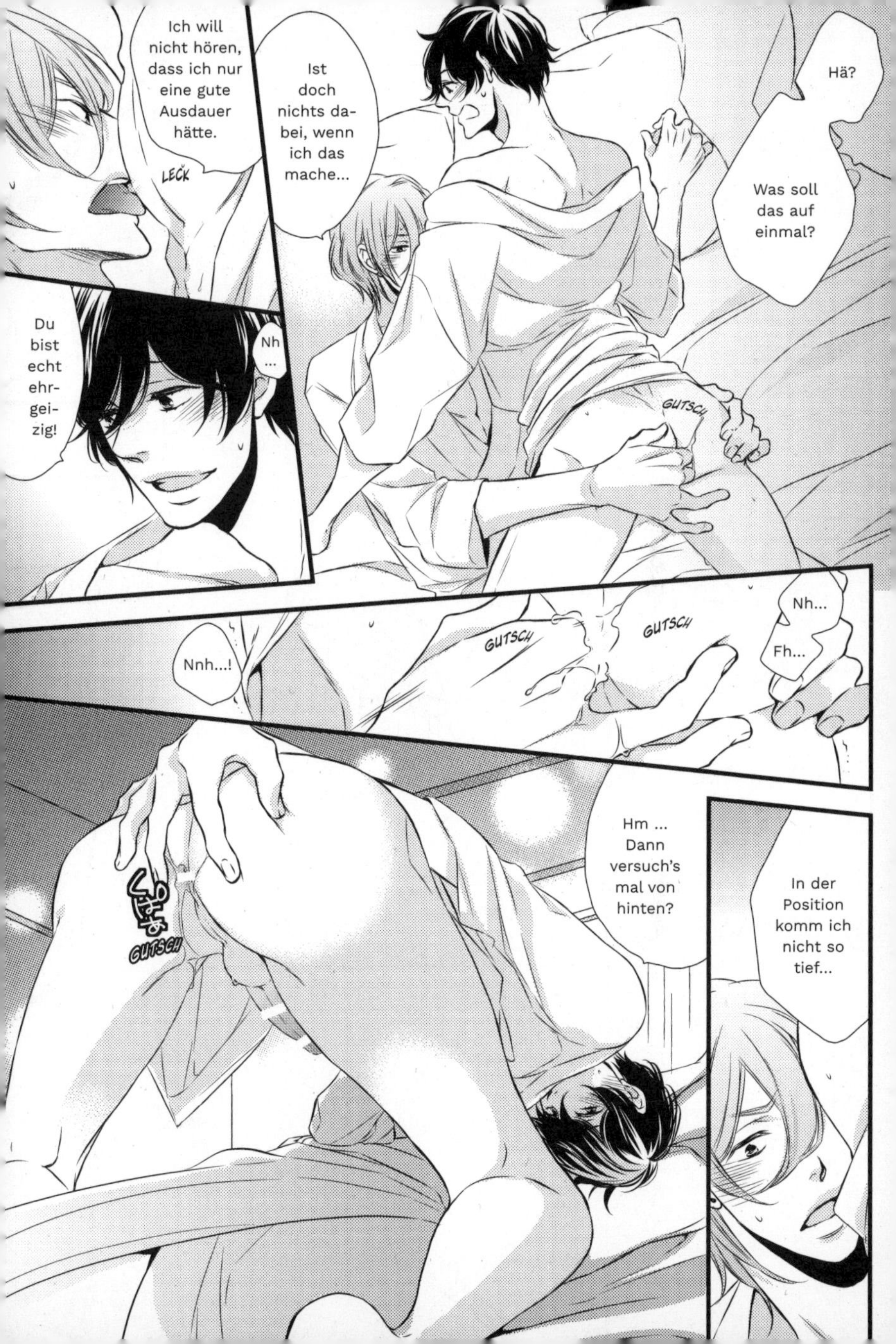
Hä?
Was soll das auf einmal?
Ist doch nichts dabei, wenn ich das mache...
Ich will nicht hören, dass ich nur eine gute Ausdauer hätte.
LECK
GUTSCH
Nh ...
Du bist echt ehrgeizig!
Nh...
Fh...
GUTSCH
GUTSCH
Nnh...!
In der Position komm ich nicht so tief...
Hm ... Dann versuch's mal von hinten?
GUTSCH

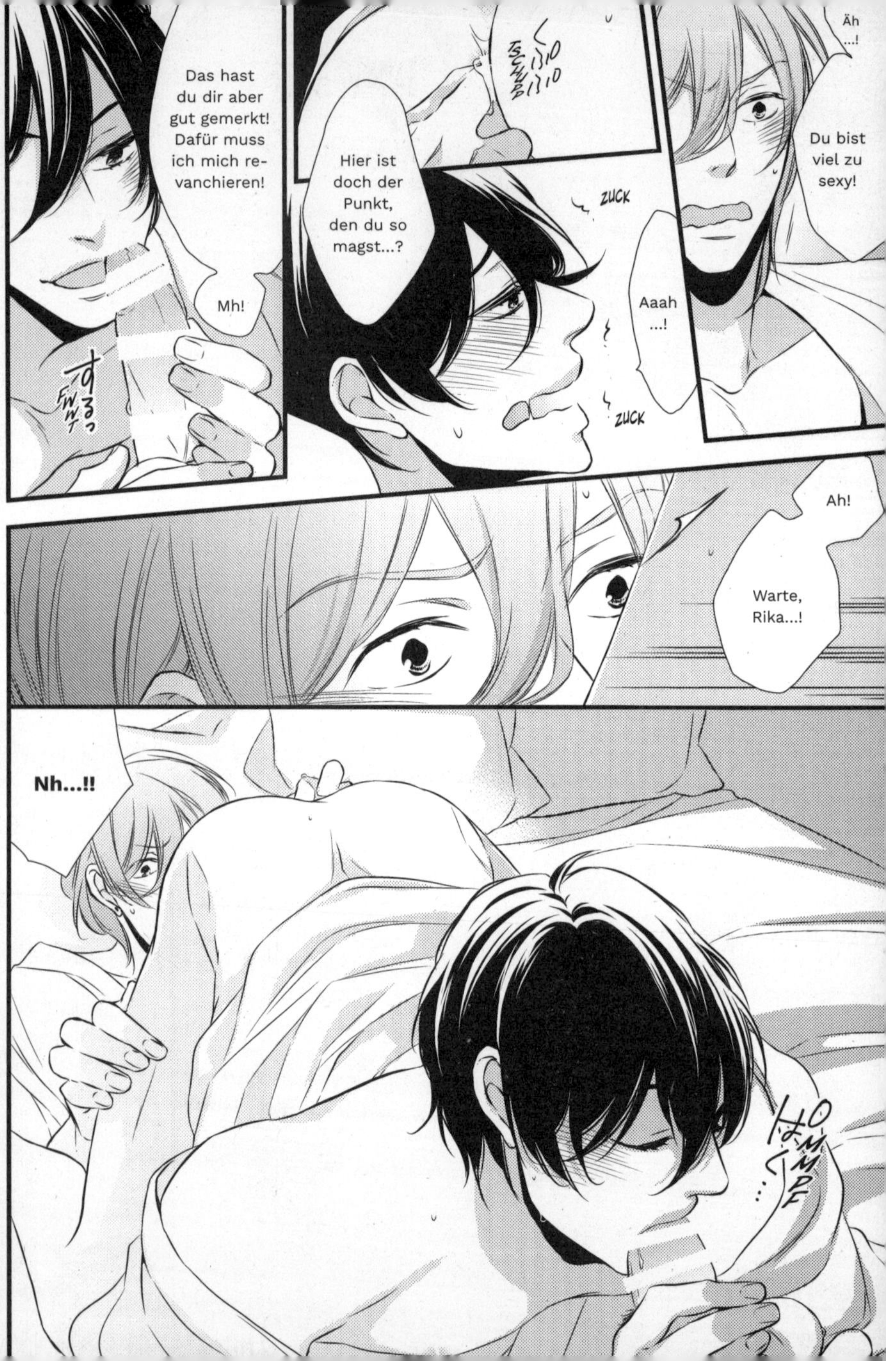
Äh ...!
Du bist viel zu sexy!
Hier ist doch der Punkt, den du so magst...?
ZUCK
Aaah ...!
ZUCK
Das hast du dir aber gut gemerkt! Dafür muss ich mich revanchieren!
Mh!
Ah!
Warte, Rika...!
Nh...!!

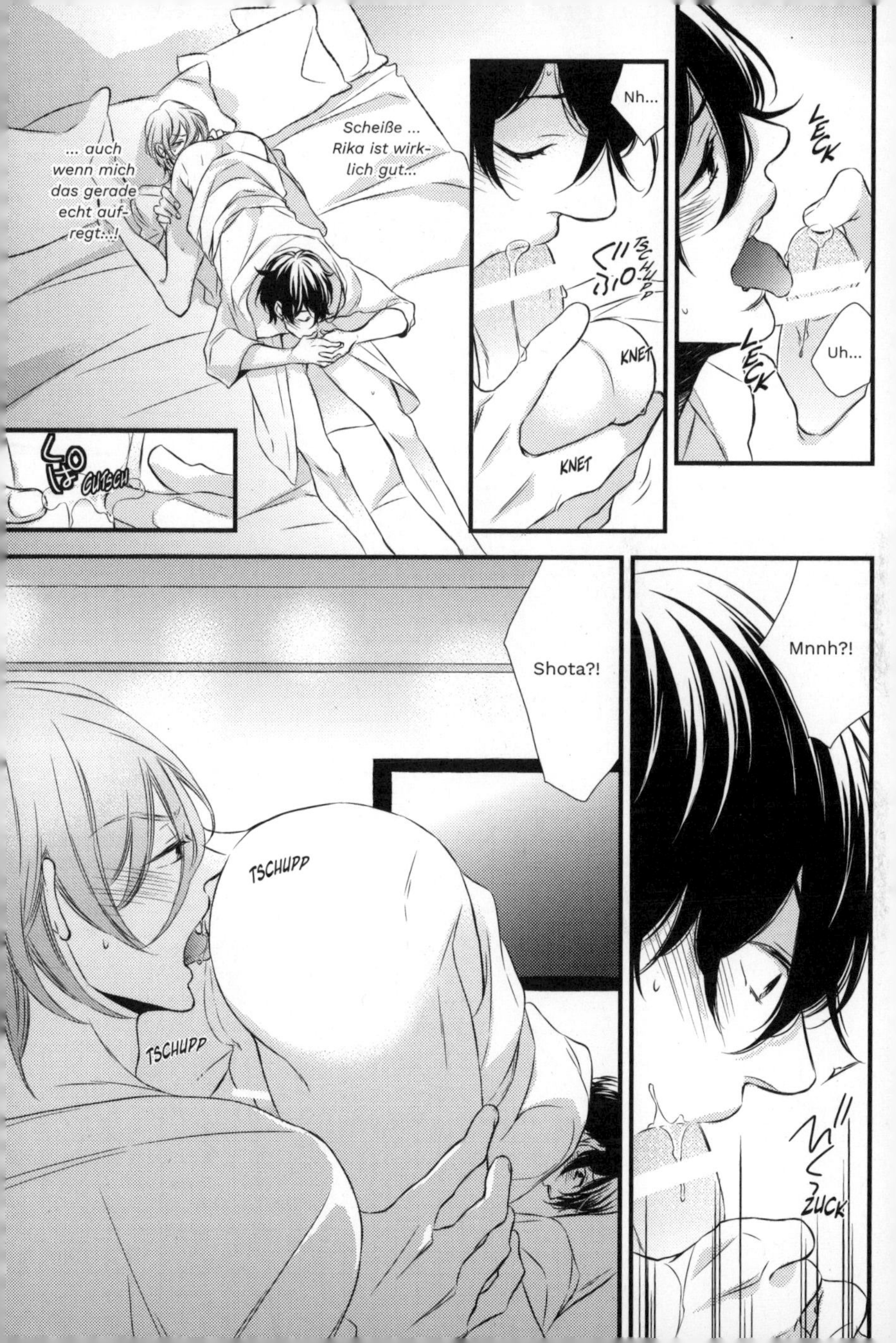
LECK
Uh...
LECK
Nh...
TSCHUPP
KNET
KNET
Scheiße ... Rika ist wirklich gut...
... auch wenn mich das gerade echt aufregt...!
GLITSCH
Mnnh?!
ZUCK
Shota?!
TSCHUPP
TSCHUPP

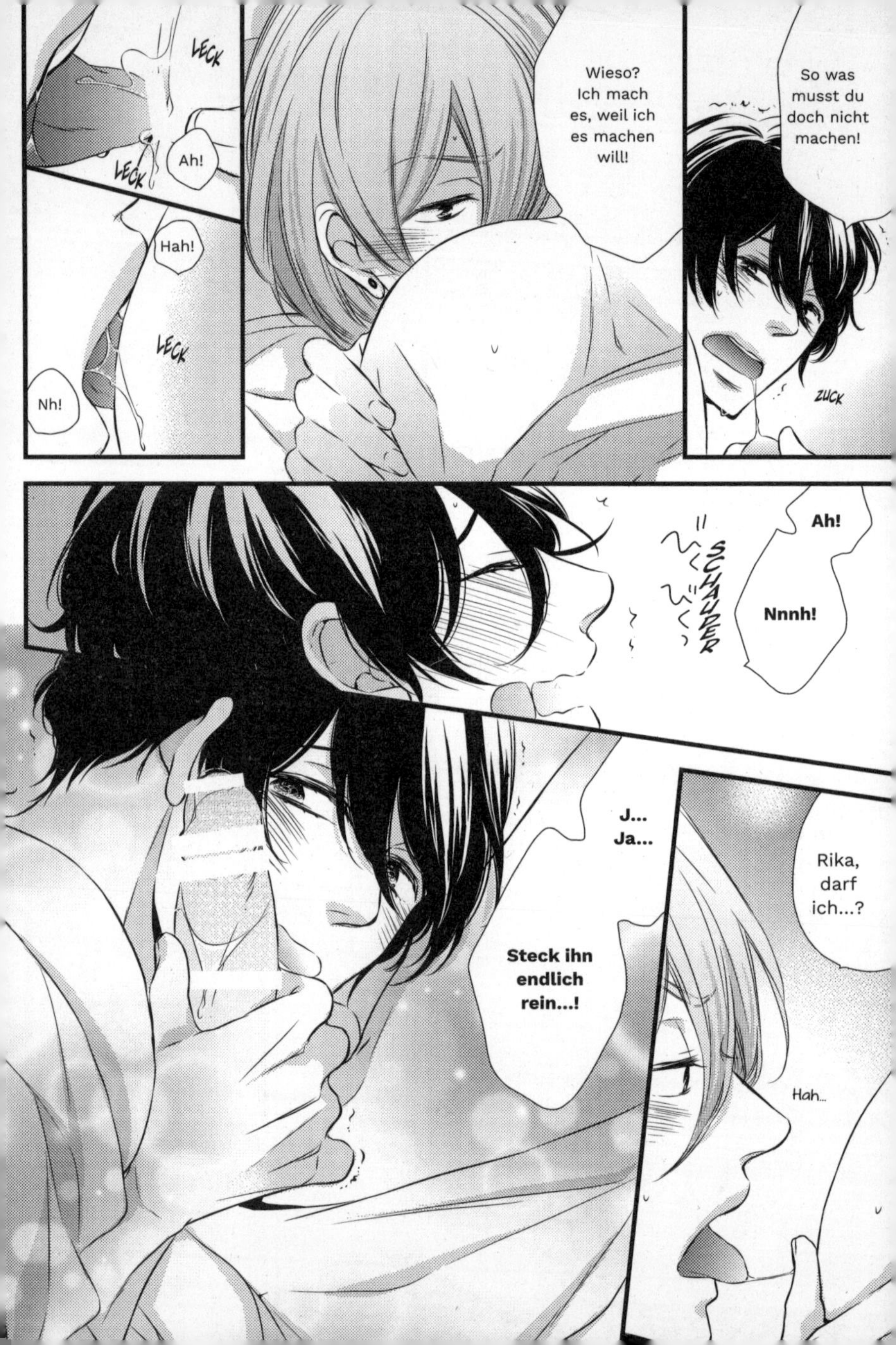

So was musst du doch nicht machen!
ZUCK
Wieso? Ich mach es, weil ich es machen will!
LECK
Ah!
LECK
Hah!
LECK
Nh!
Ah!
Nnnh!
SCHAUDER
Rika, darf ich...?
Hah...
J... Ja...
Steck ihn endlich rein...!

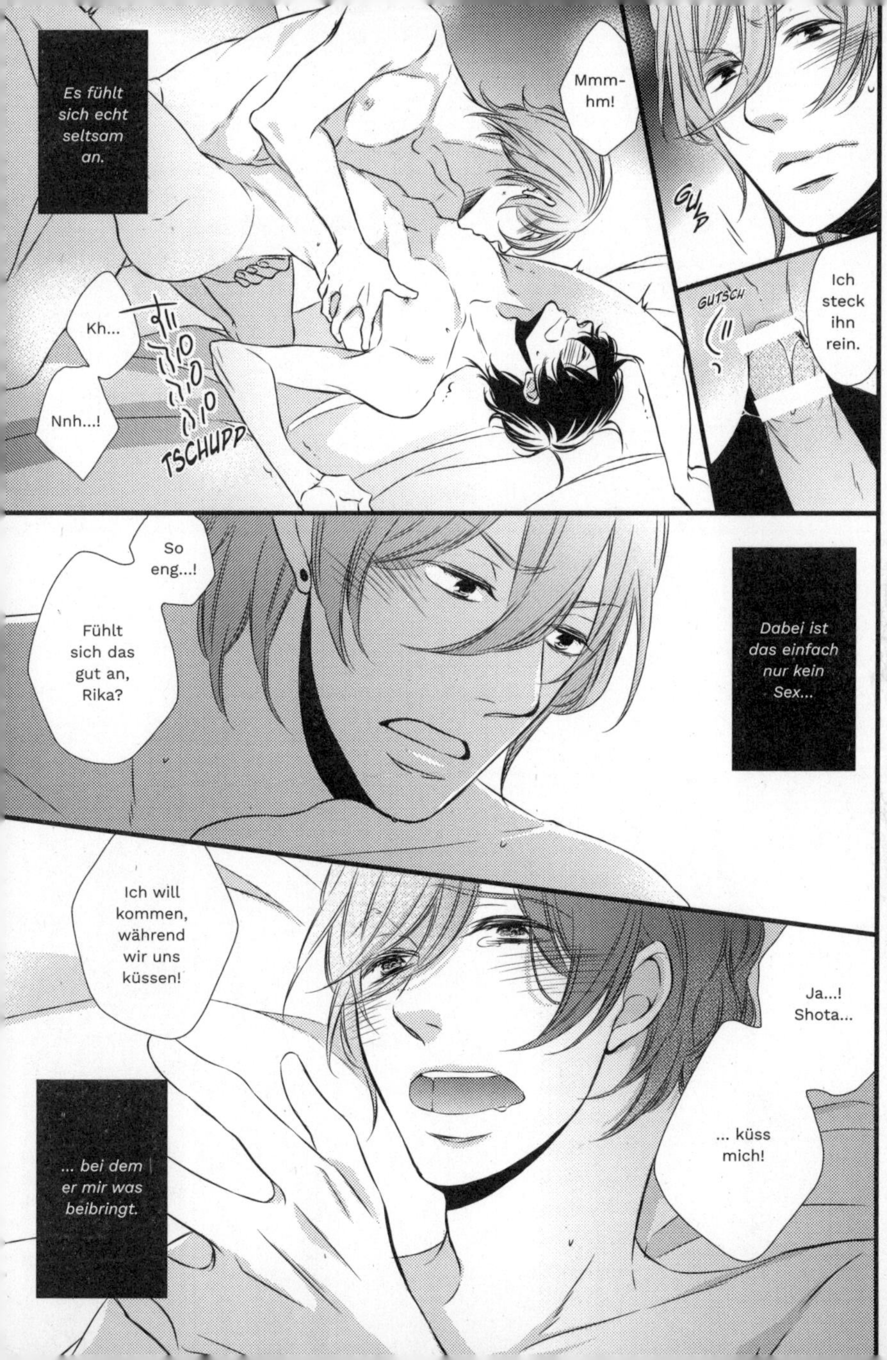

GUYA
GUTSCH
Ich steck ihn rein.
Mmmm-hm!
Es fühlt sich echt seltsam an.
Kh...
Nnh...!
TSCHUPP
Dabei ist das einfach nur kein Sex...
So eng...!
Fühlt sich das gut an, Rika?
Ja...! Shota...
... küss mich!
Ich will kommen, während wir uns küssen!
... bei dem er mir was beibringt.

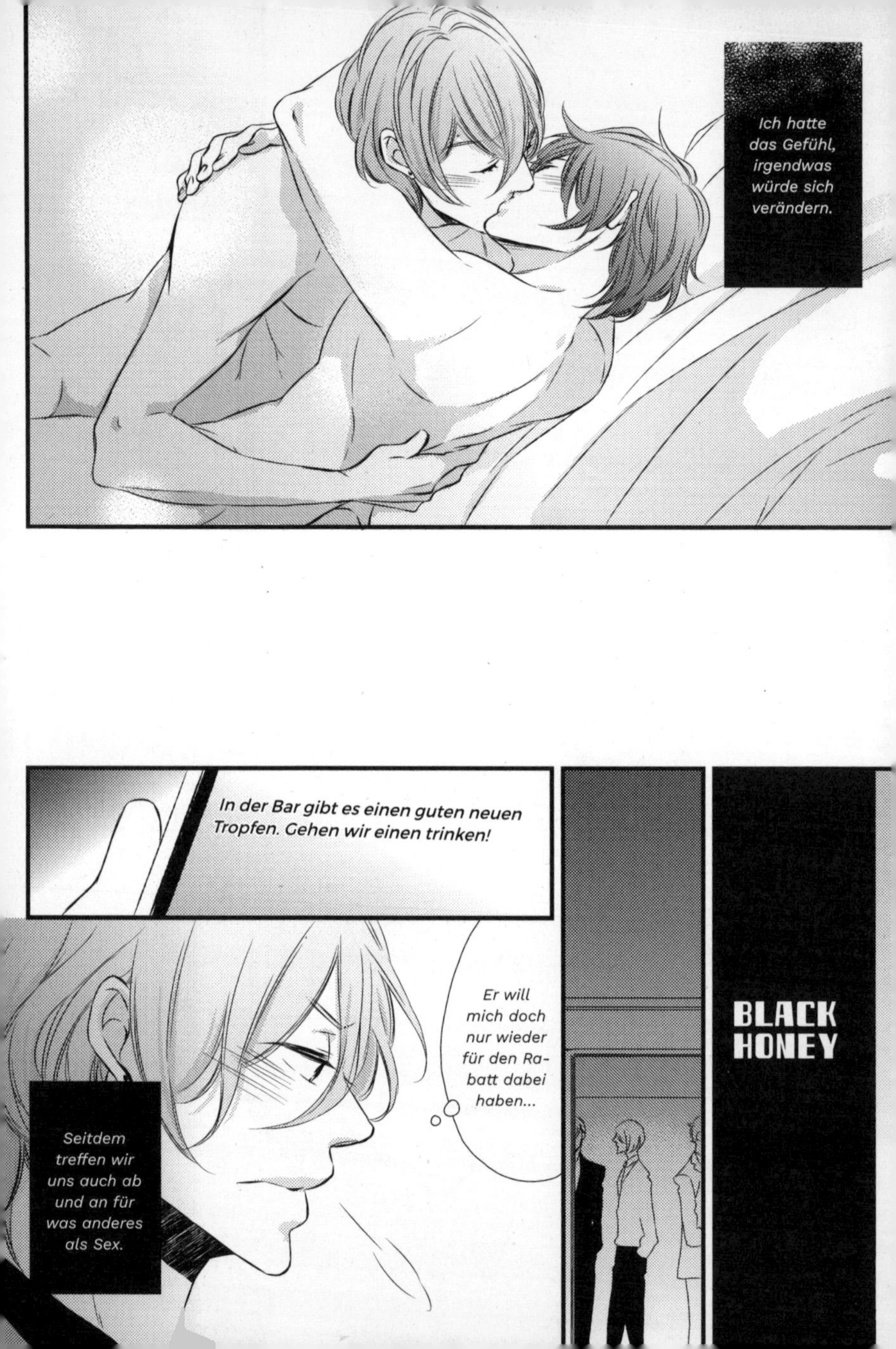
Ich hatte das Gefühl, irgendwas würde sich verändern.
BLACK HONEY
In der Bar gibt es einen guten neuen Tropfen. Gehen wir einen trinken!
Er will mich doch nur wieder für den Rabatt dabei haben...
Seitdem treffen wir uns auch ab und an für was anderes als Sex.

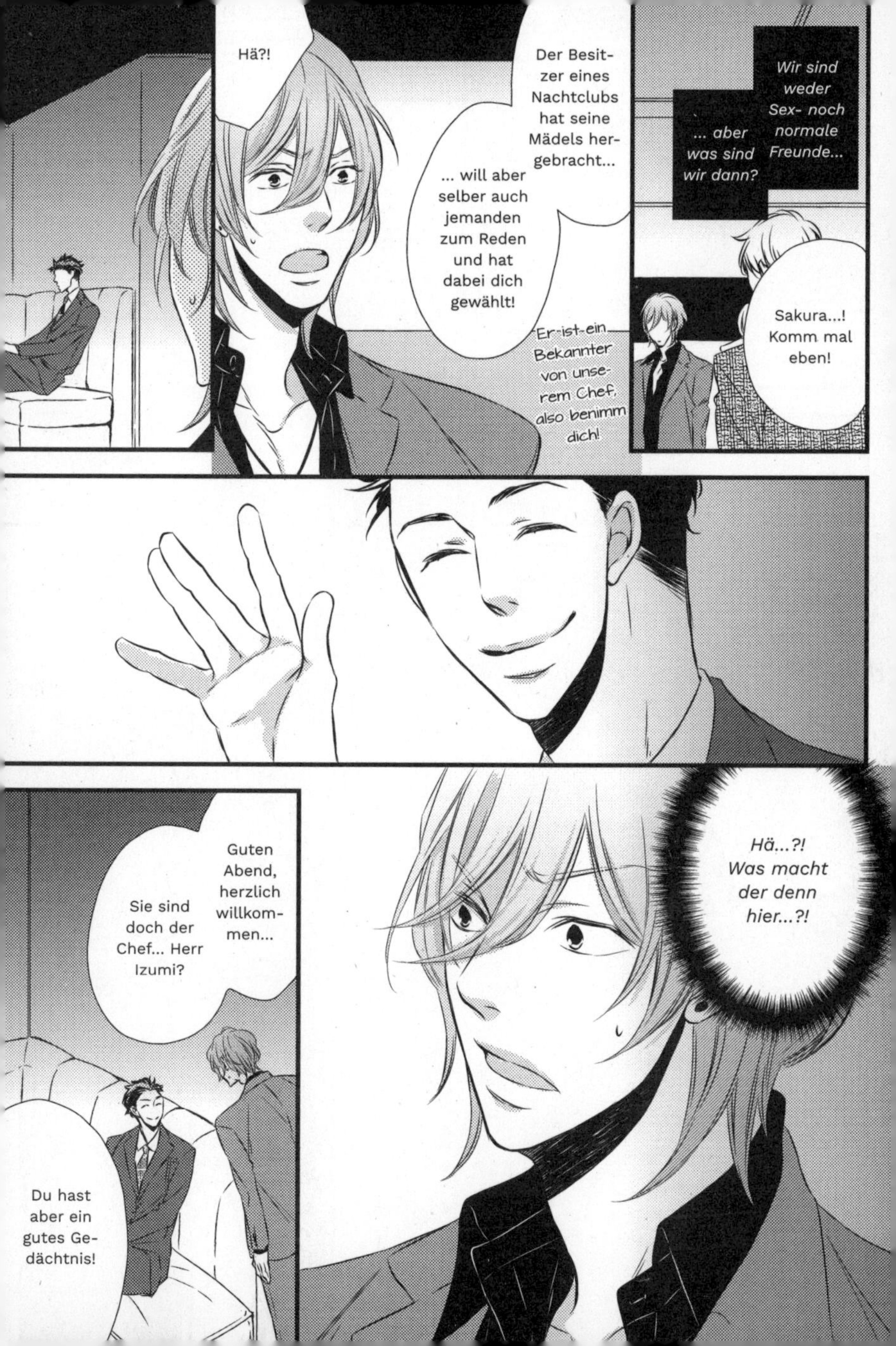
Wir sind weder Sex- noch normale Freunde...
... aber was sind wir dann?
Sakura...! Komm mal eben!
Er ist ein Bekannter von unserem Chef, also benimm dich!
Der Besitzer eines Nachtclubs hat seine Mädels hergebracht...
... will aber selber auch jemanden zum Reden und hat dabei dich gewählt!
Hä?!
Hä...?! Was macht der denn hier...?!
Guten Abend, herzlich willkommen...
Sie sind doch der Chef... Herr Izumi?
Du hast aber ein gutes Gedächtnis!

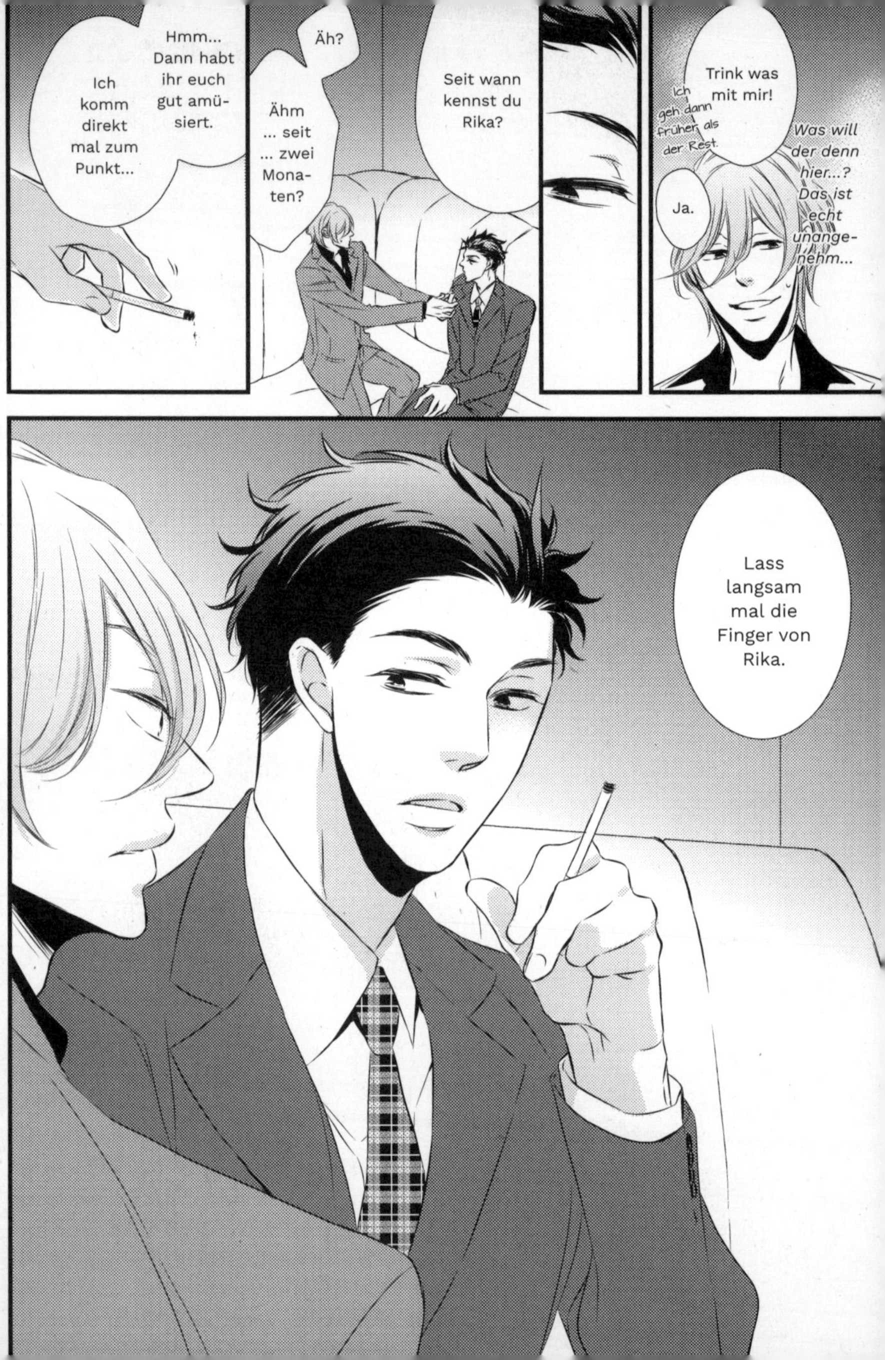
Trink was mit mir!
Ich geh dann früher als der Rest.
Was will der denn hier...? Das ist echt unangenehm...
Ja.
Seit wann kennst du Rika?
Äh?
Ähm ... seit ... zwei Monaten?
Hmm... Dann habt ihr euch gut amüsiert.
Ich komm direkt mal zum Punkt...
Lass langsam mal die Finger von Rika.

4. Lektion

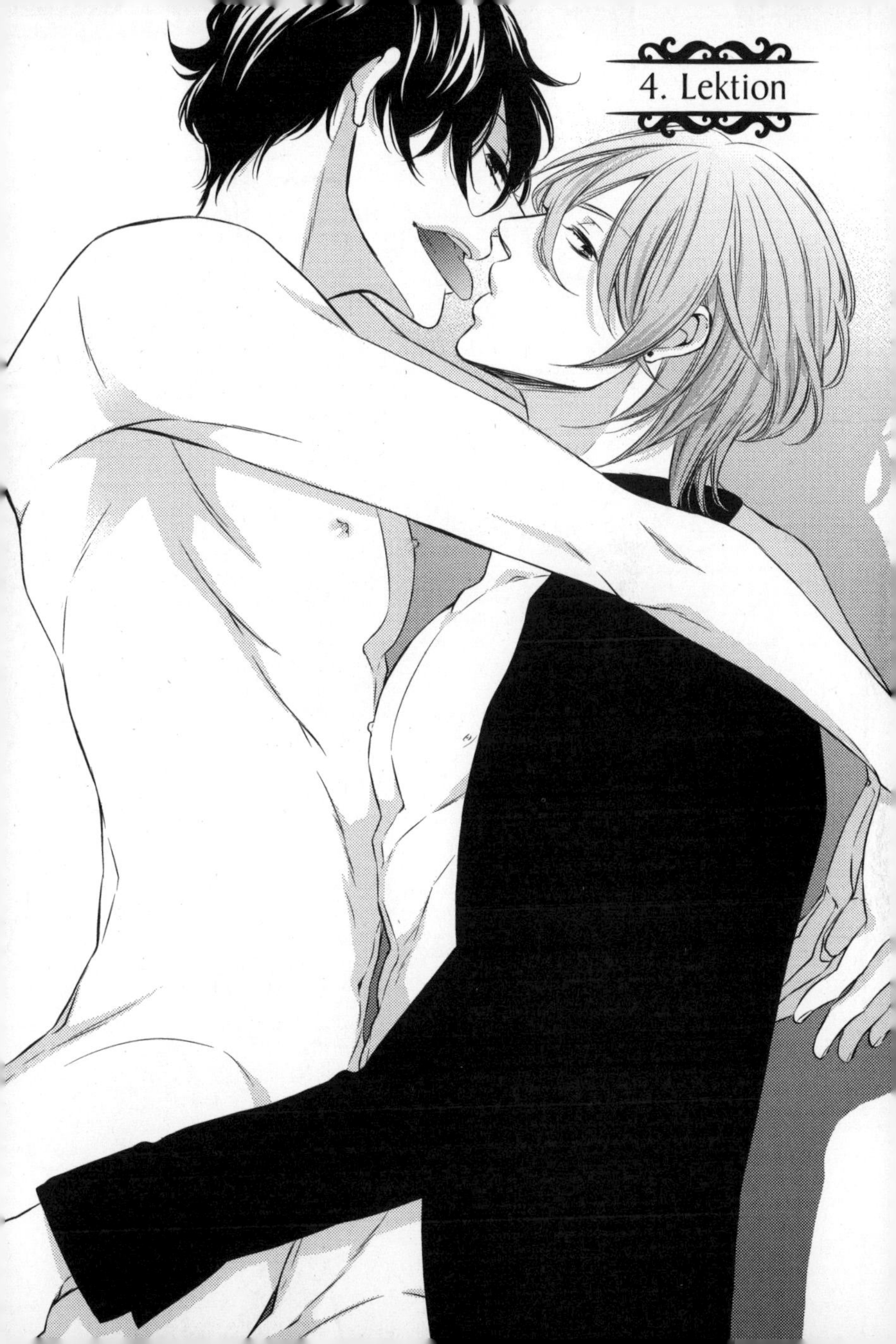

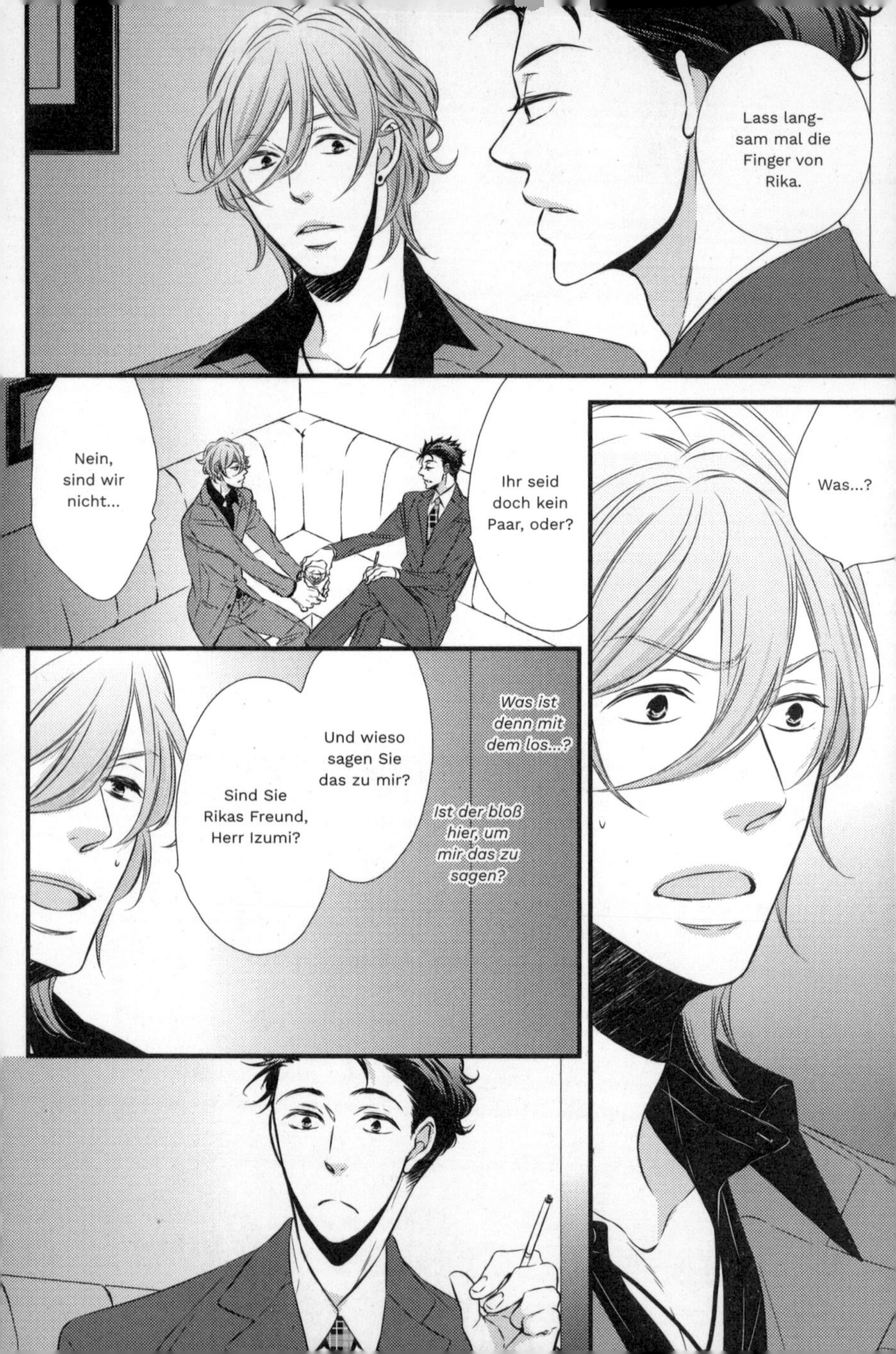
Lass langsam mal die Finger von Rika.
Ihr seid doch kein Paar, oder?
Nein, sind wir nicht...
Was...?
Was ist denn mit dem los...?
Ist der bloß hier, um mir das zu sagen?
Und wieso sagen Sie das zu mir?
Sind Sie Rikas Freund, Herr Izumi?

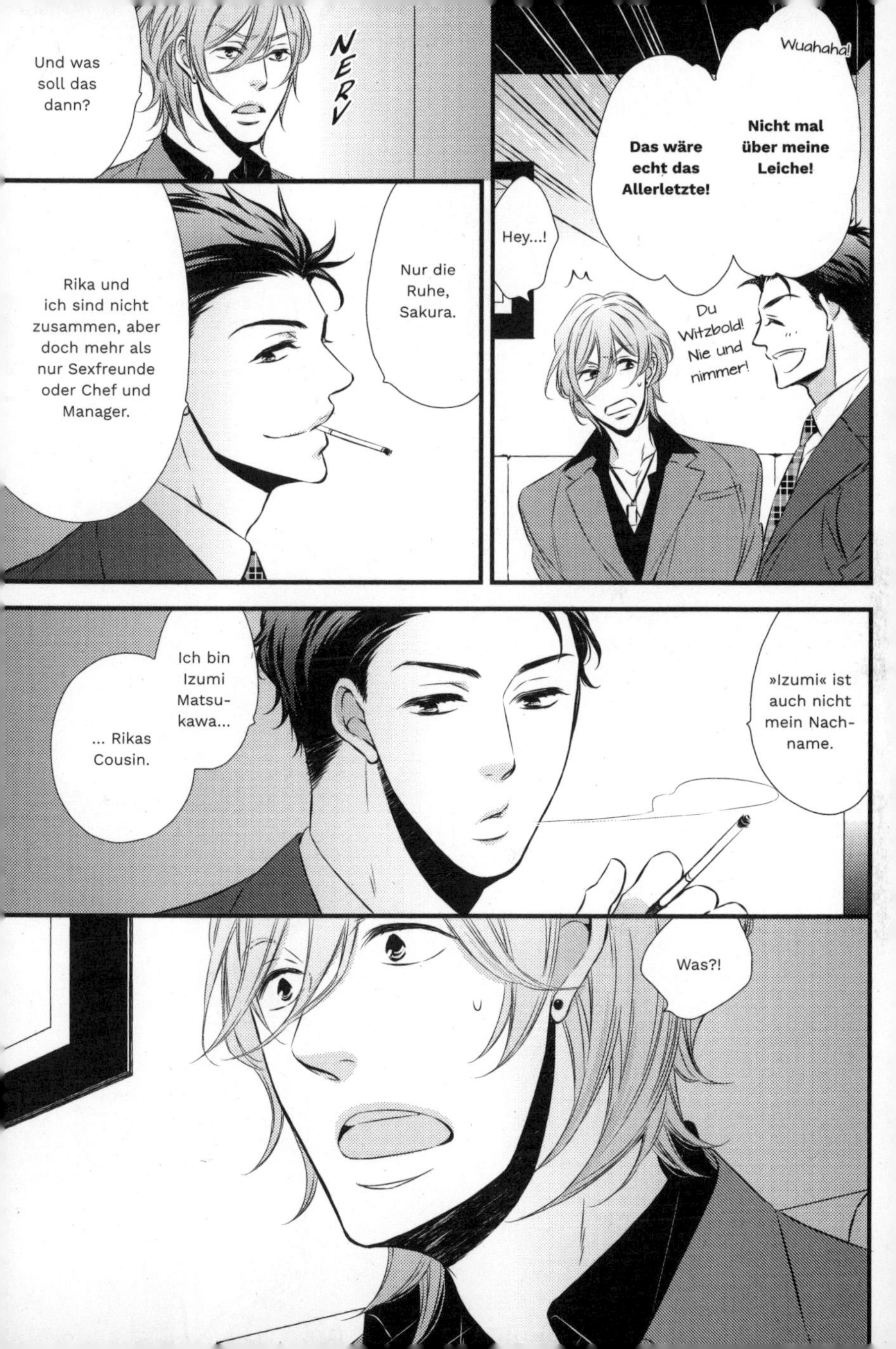
Wuahaha!
Nicht mal über meine Leiche!
Das wäre echt das Allerletzte!
Du Witzbold! Nie und nimmer!
Hey...!
Und was soll das dann?
NERV
Nur die Ruhe, Sakura.
Rika und ich sind nicht zusammen, aber doch mehr als nur Sexfreunde oder Chef und Manager.
»Izumi« ist auch nicht mein Nach-name.
Ich bin Izumi Matsu-kawa...
... Rikas Cousin.
Was?!

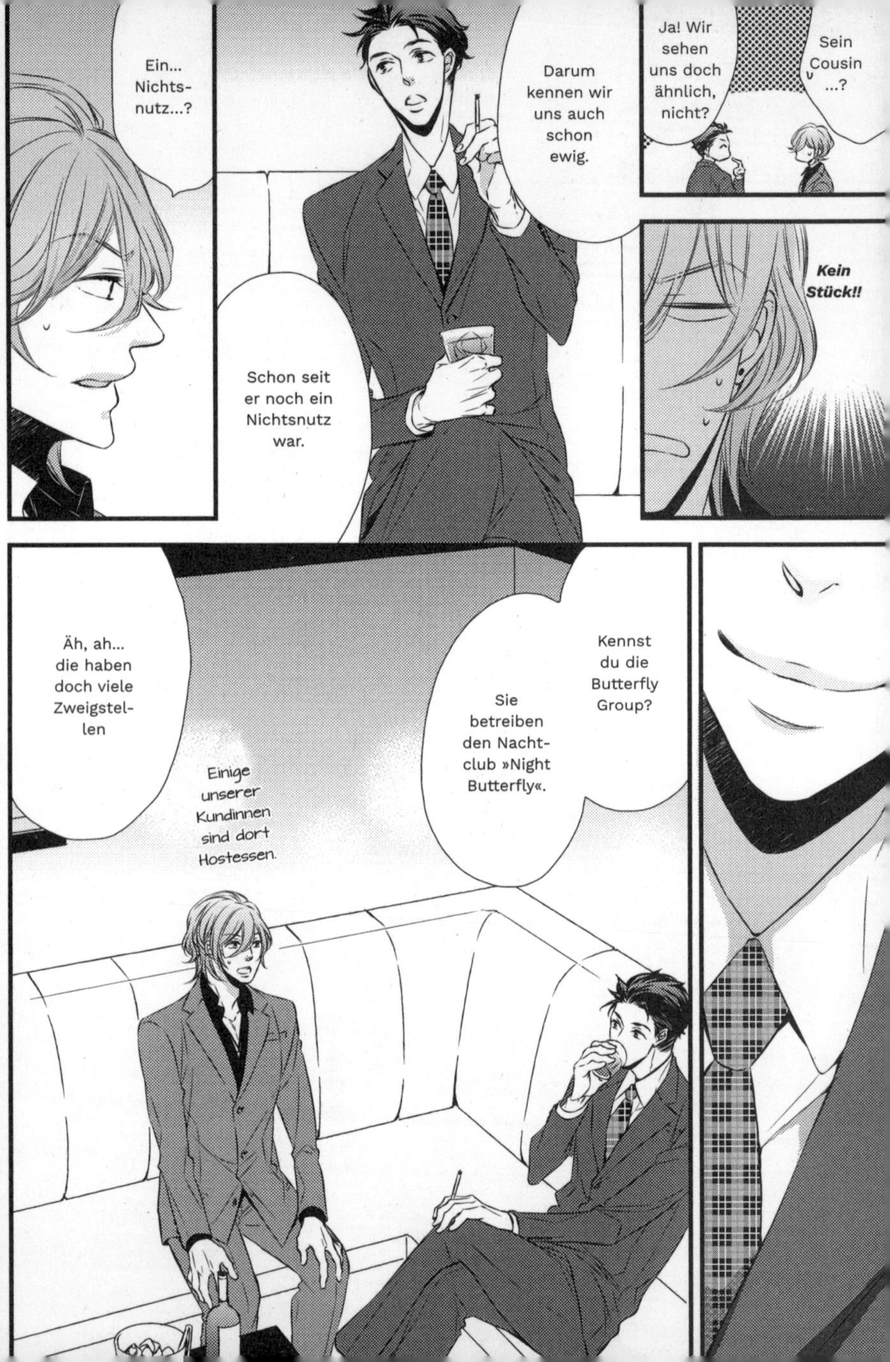
Sein Cousin ...?
Ja! Wir sehen uns doch ähnlich, nicht?
Kein Stück!!
Darum kennen wir uns auch schon ewig.
Schon seit er noch ein Nichtsnutz war.
Ein... Nichts-nutz...?
Kennst du die Butterfly Group?
Sie betreiben den Nacht-club »Night Butterfly«.
Äh, ah... die haben doch viele Zweigstel-len
Einige unserer Kundinnen sind dort Hostessen.

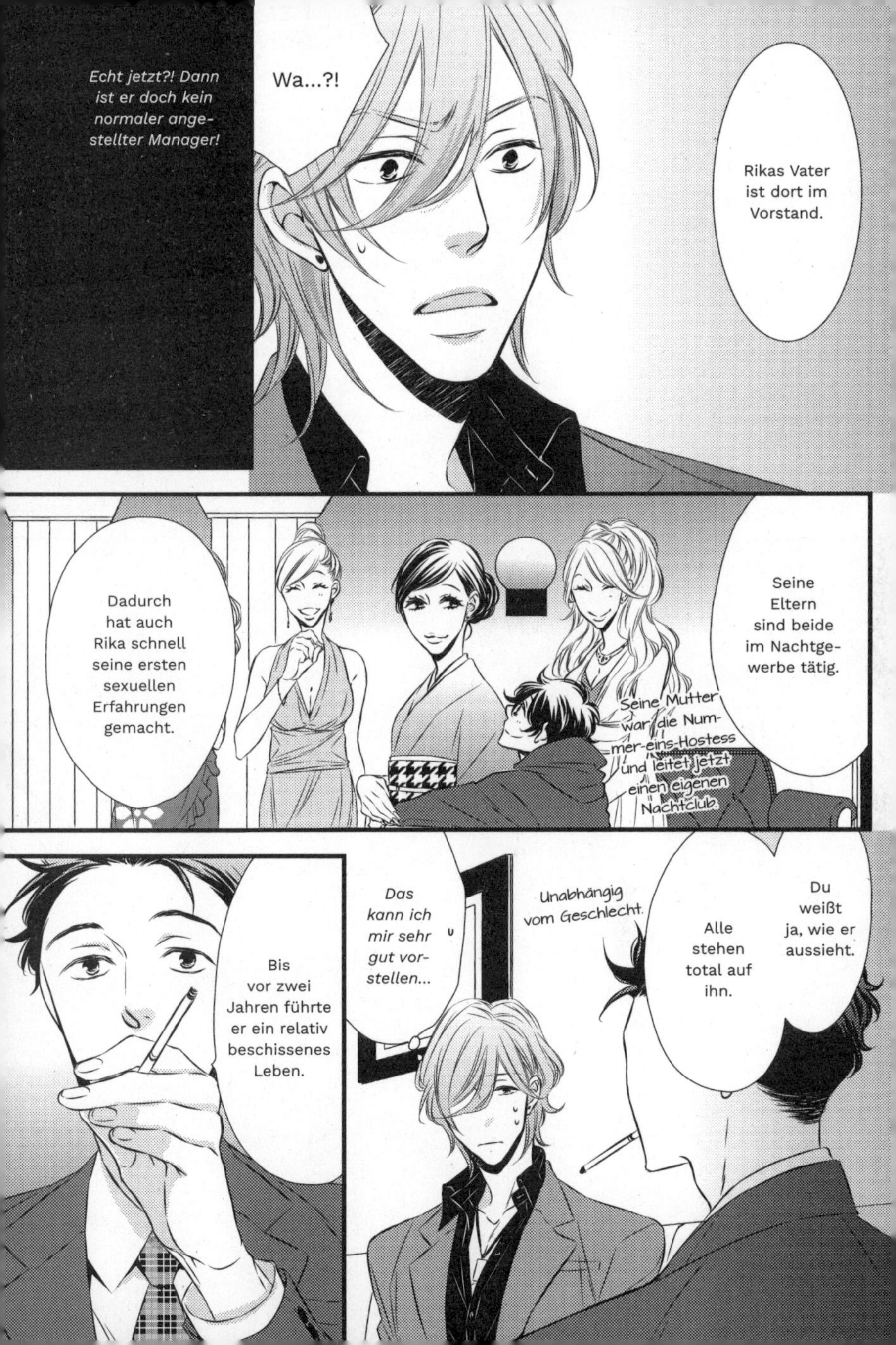
Rikas Vater ist dort im Vorstand.
Wa...?!
Echt jetzt?! Dann ist er doch kein normaler angestellter Manager!
Seine Eltern sind beide im Nachtgewerbe tätig.
Seine Mutter war die Nummer-eins-Hostess und leitet jetzt einen eigenen Nachtclub.
Dadurch hat auch Rika schnell seine ersten sexuellen Erfahrungen gemacht.
Du weißt ja, wie er aussieht.
Alle stehen total auf ihn.
Unabhängig vom Geschlecht.
Das kann ich mir sehr gut vorstellen...
Bis vor zwei Jahren führte er ein relativ beschissenes Leben.

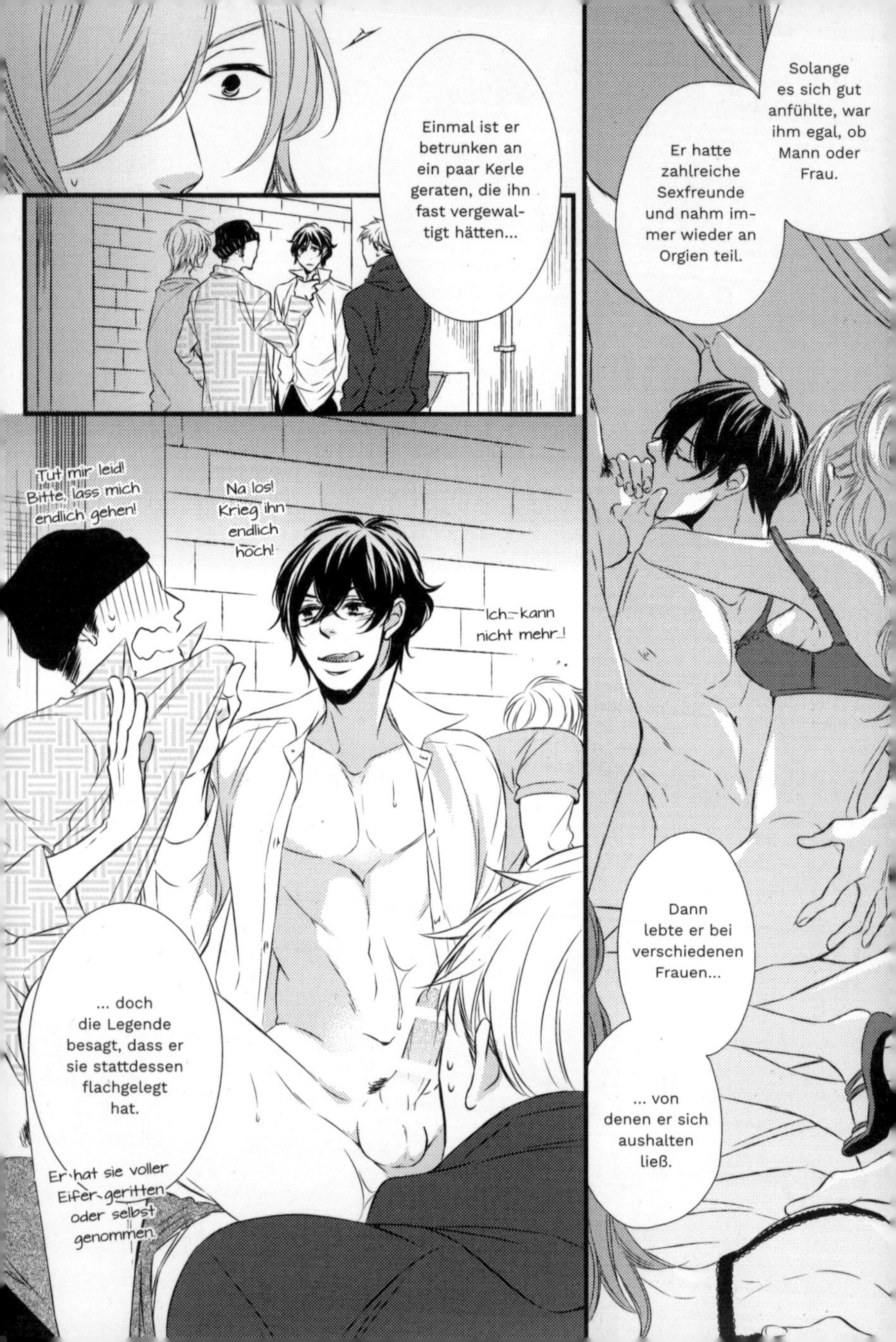
Einmal ist er betrunken an ein paar Kerle geraten, die ihn fast vergewaltigt hätten...
Tut mir leid! Bitte, lass mich endlich gehen!
Na los! Krieg ihn endlich hoch!
Ich... kann nicht mehr...!
... doch die Legende besagt, dass er sie stattdessen flachgelegt hat.
Er hat sie voller Eifer geritten oder selbst genommen.
Er hatte zahlreiche Sexfreunde und nahm immer wieder an Orgien teil.
Solange es sich gut anfühlte, war ihm egal, ob Mann oder Frau.
Dann lebte er bei verschiedenen Frauen...
... von denen er sich aushalten ließ.

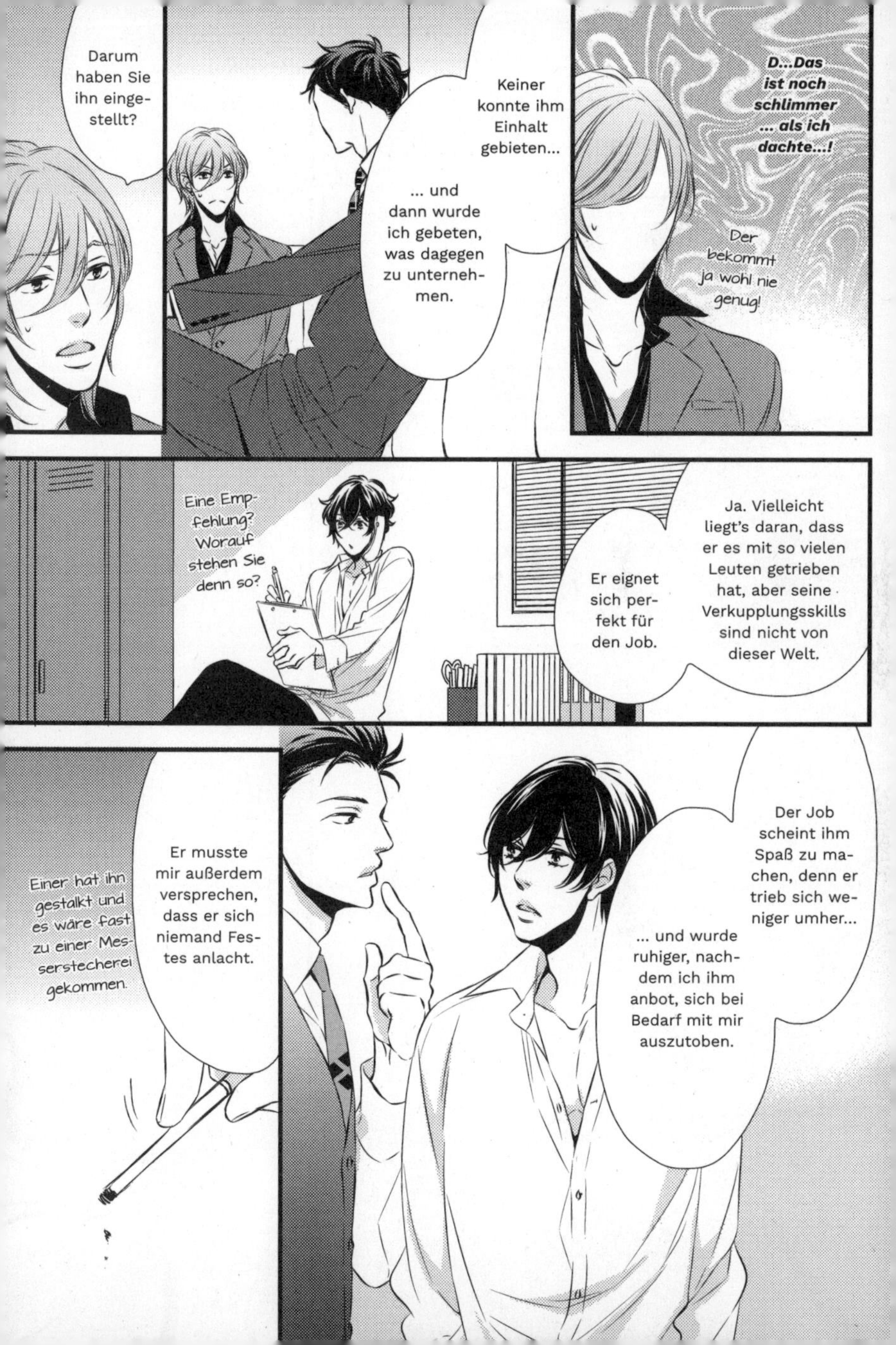
Darum haben Sie ihn eingestellt?
Keiner konnte ihm Einhalt gebieten...
... und dann wurde ich gebeten, was dagegen zu unternehmen.
D...Das ist noch schlimmer ... als ich dachte...!
Der bekommt ja wohl nie genug!
Eine Empfehlung? Worauf stehen Sie denn so?
Er eignet sich perfekt für den Job.
Ja. Vielleicht liegt's daran, dass er es mit so vielen Leuten getrieben hat, aber seine Verkupplungsskills sind nicht von dieser Welt.
Einer hat ihn gestalkt und es wäre fast zu einer Messerstecherei gekommen.
Er musste mir außerdem versprechen, dass er sich niemand Festes anlacht.
Der Job scheint ihm Spaß zu machen, denn er trieb sich weniger umher...
... und wurde ruhiger, nachdem ich ihm anbot, sich bei Bedarf mit mir auszutoben.

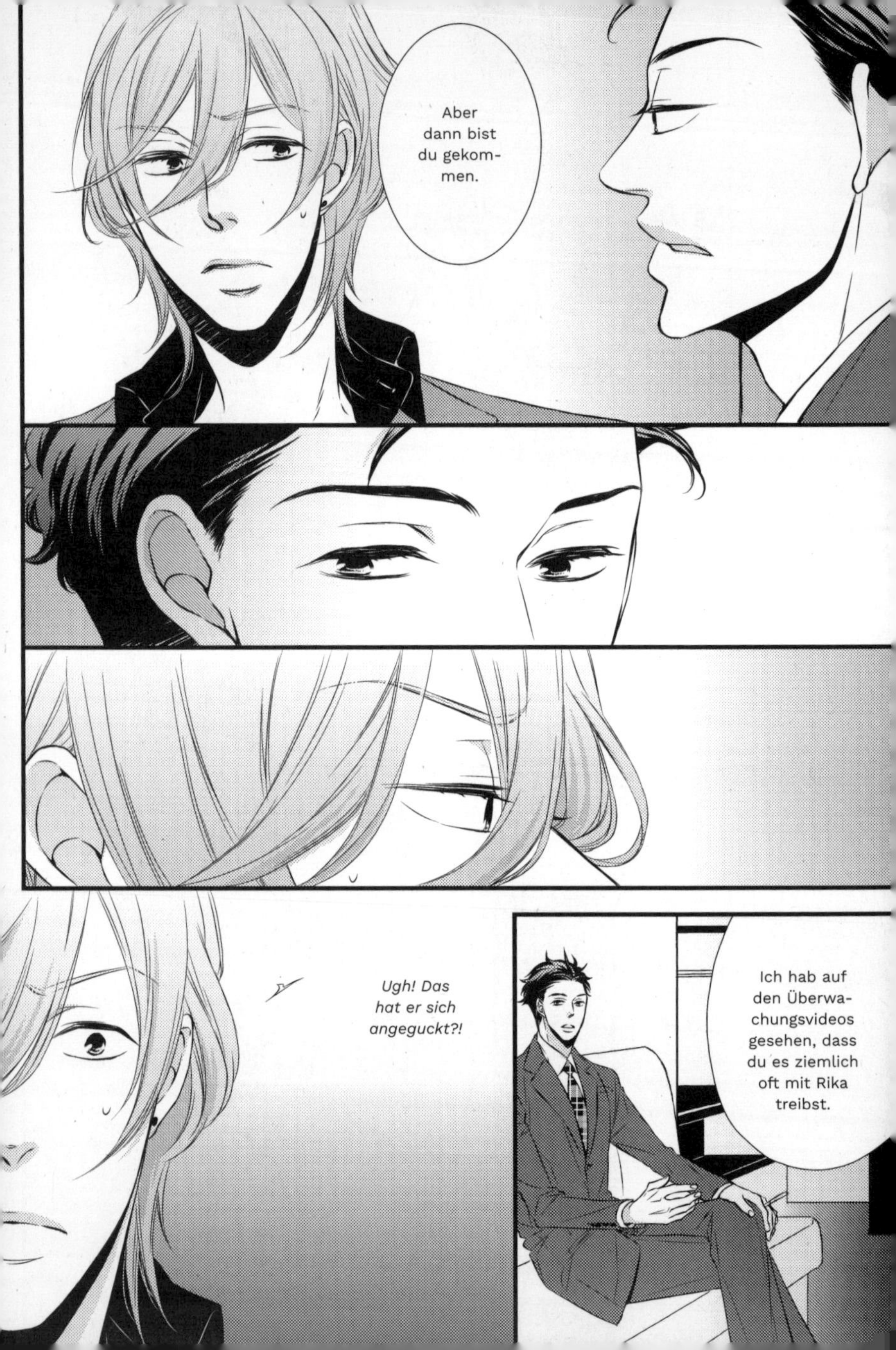
Aber dann bist du gekommen.
Ich hab auf den Überwachungsvideos gesehen, dass du es ziemlich oft mit Rika treibst.
Ugh! Das hat er sich angeguckt?!

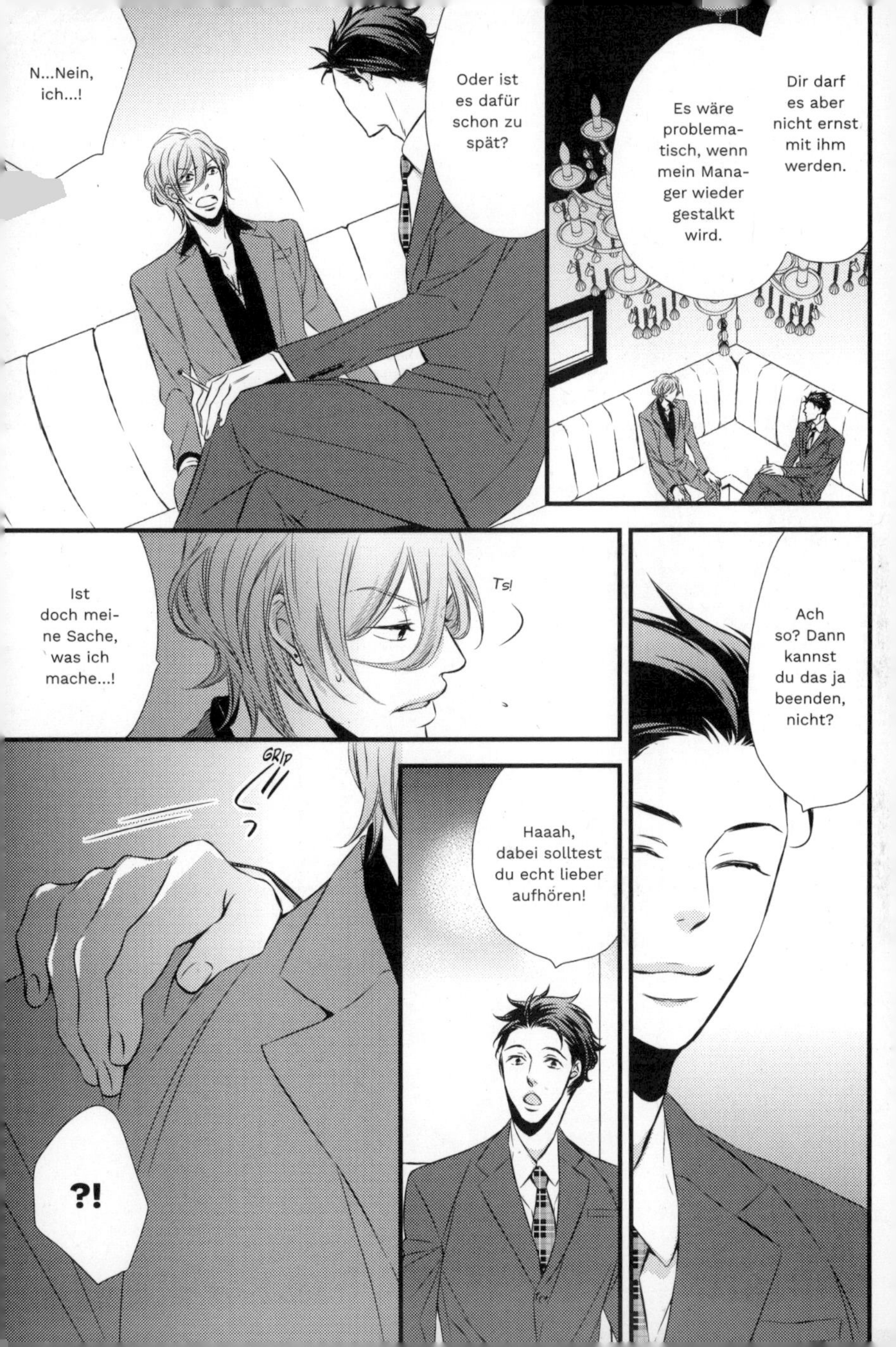

Dir darf es aber nicht ernst mit ihm werden.
Es wäre problematisch, wenn mein Manager wieder gestalkt wird.
Oder ist es dafür schon zu spät?
N...Nein, ich...!
Ach so? Dann kannst du das ja beenden, nicht?
Ts!
Ist doch meine Sache, was ich mache...!
Haaah, dabei solltest du echt lieber aufhören!
GRIP
?!

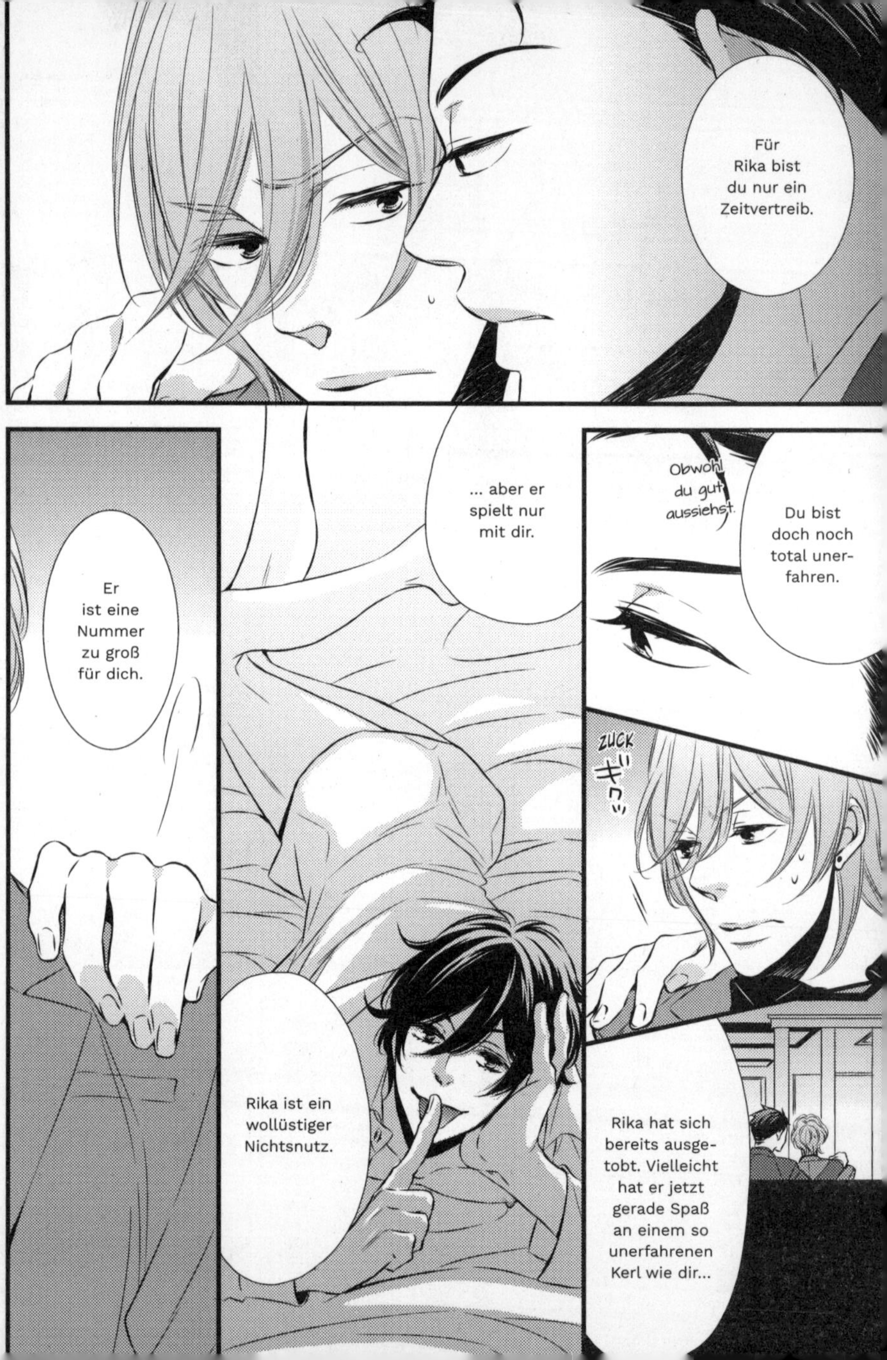
Für Rika bist du nur ein Zeitvertreib.
Du bist doch noch total unerfahren.
Obwohl du gut aussiehst.
... aber er spielt nur mit dir.
Er ist eine Nummer zu groß für dich.
ZUCK
Rika hat sich bereits ausgetobt. Vielleicht hat er jetzt gerade Spaß an einem so unerfahrenen Kerl wie dir...
Rika ist ein wollüstiger Nichtsnutz.

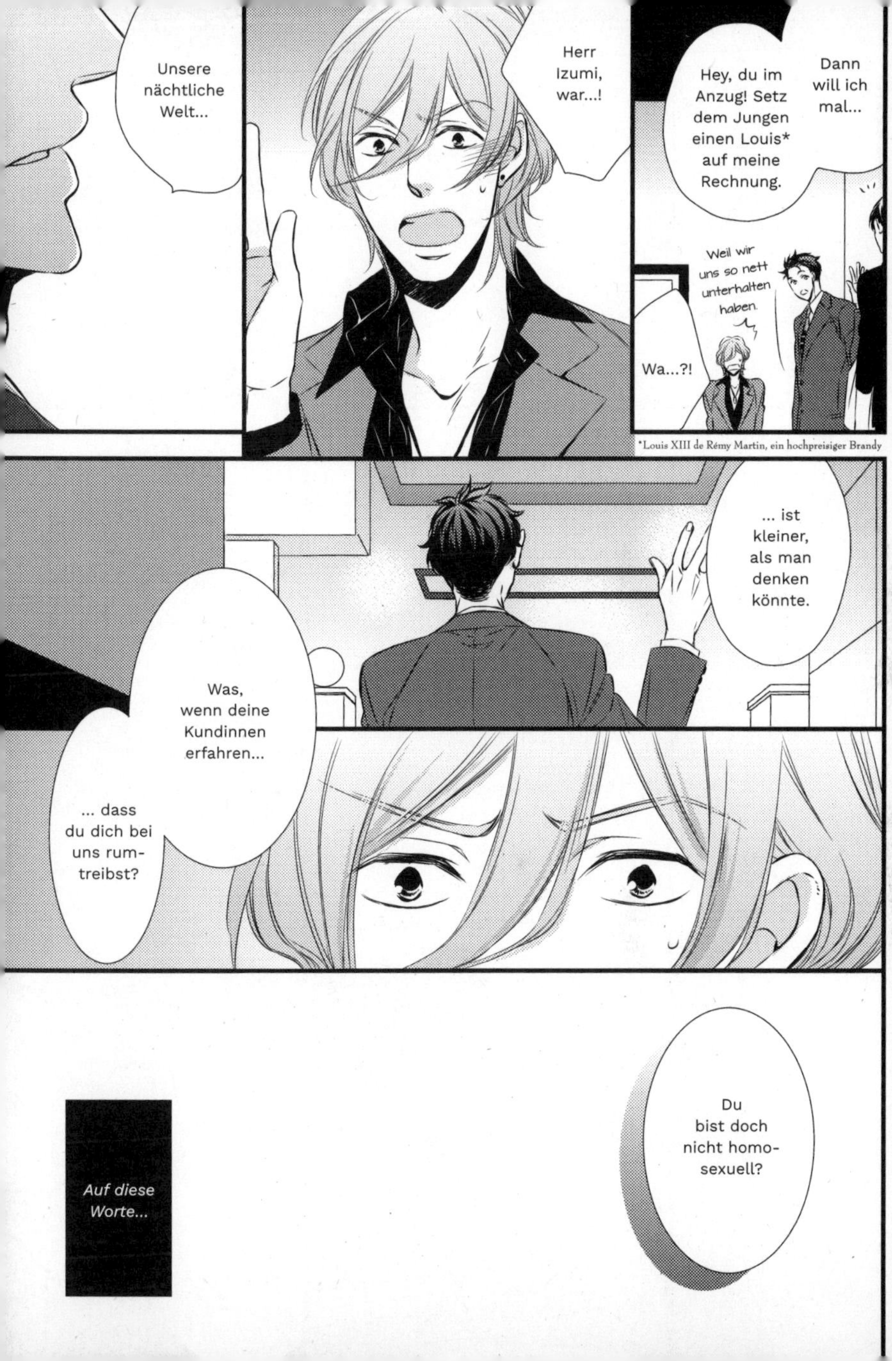

*Louis XIII de Rémy Martin, ein hochpreisiger Brandy

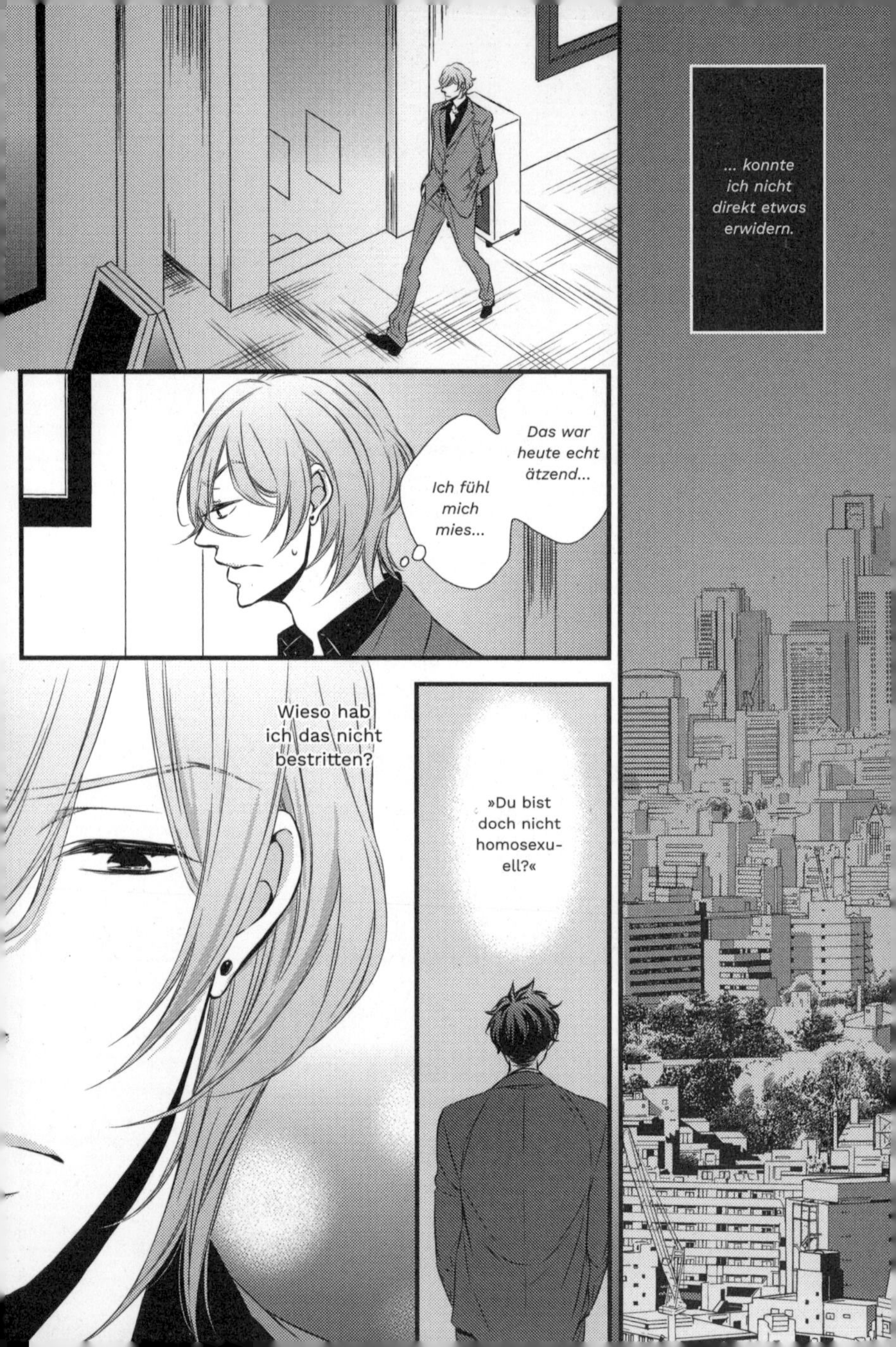
... konnte ich nicht direkt etwas erwidern.
Das war heute echt ätzend...
Ich fühl mich mies...
»Du bist doch nicht homosexu-ell?«
Wieso hab ich das nicht bestritten?

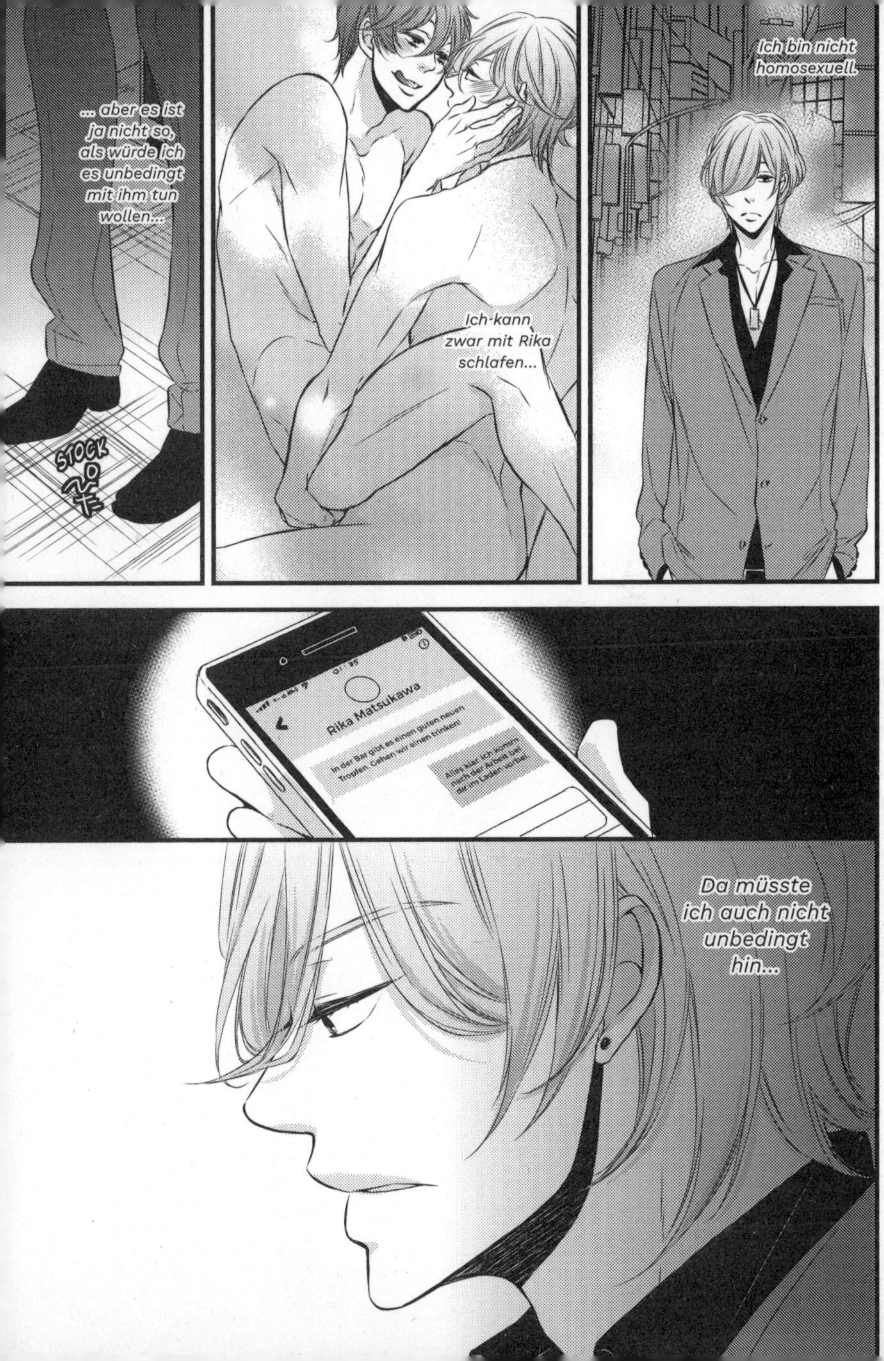
Ich bin nicht homosexuell.
Ich kann zwar mit Rika schlafen...
... aber es ist ja nicht so, als würde ich es unbedingt mit ihm tun wollen...
STOCK
Rika Matsukawa
In der Bar gibt es einen guten neuen Tropfen. Gehen wir einen trinken!
Alles klar. Ich komm nach der Arbeit bei dir im Laden vorbei.
Da müsste ich auch nicht unbedingt hin...

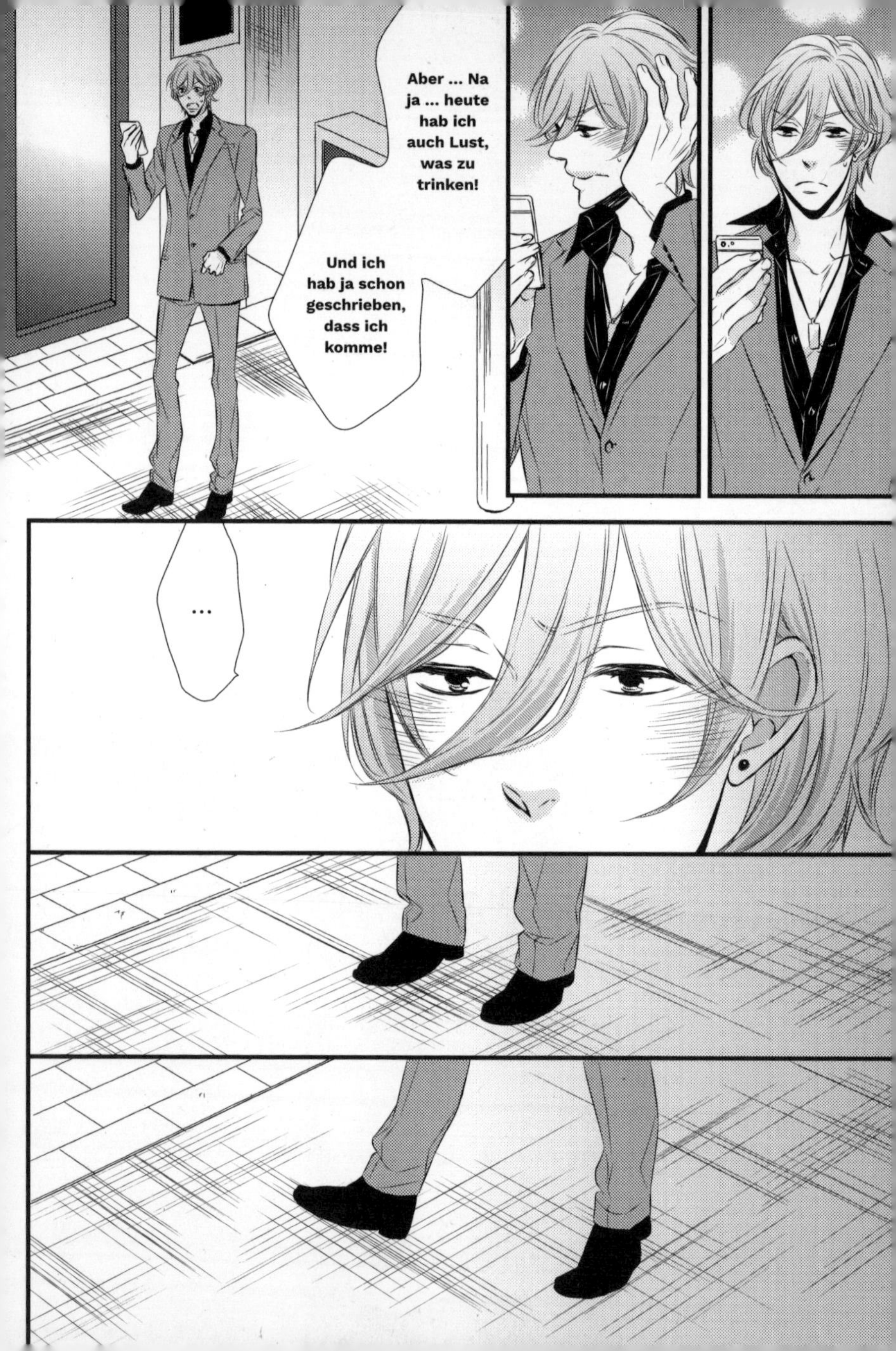
Aber ... Na ja ... heute hab ich auch Lust, was zu trinken!
Und ich hab ja schon geschrieben, dass ich komme!
...

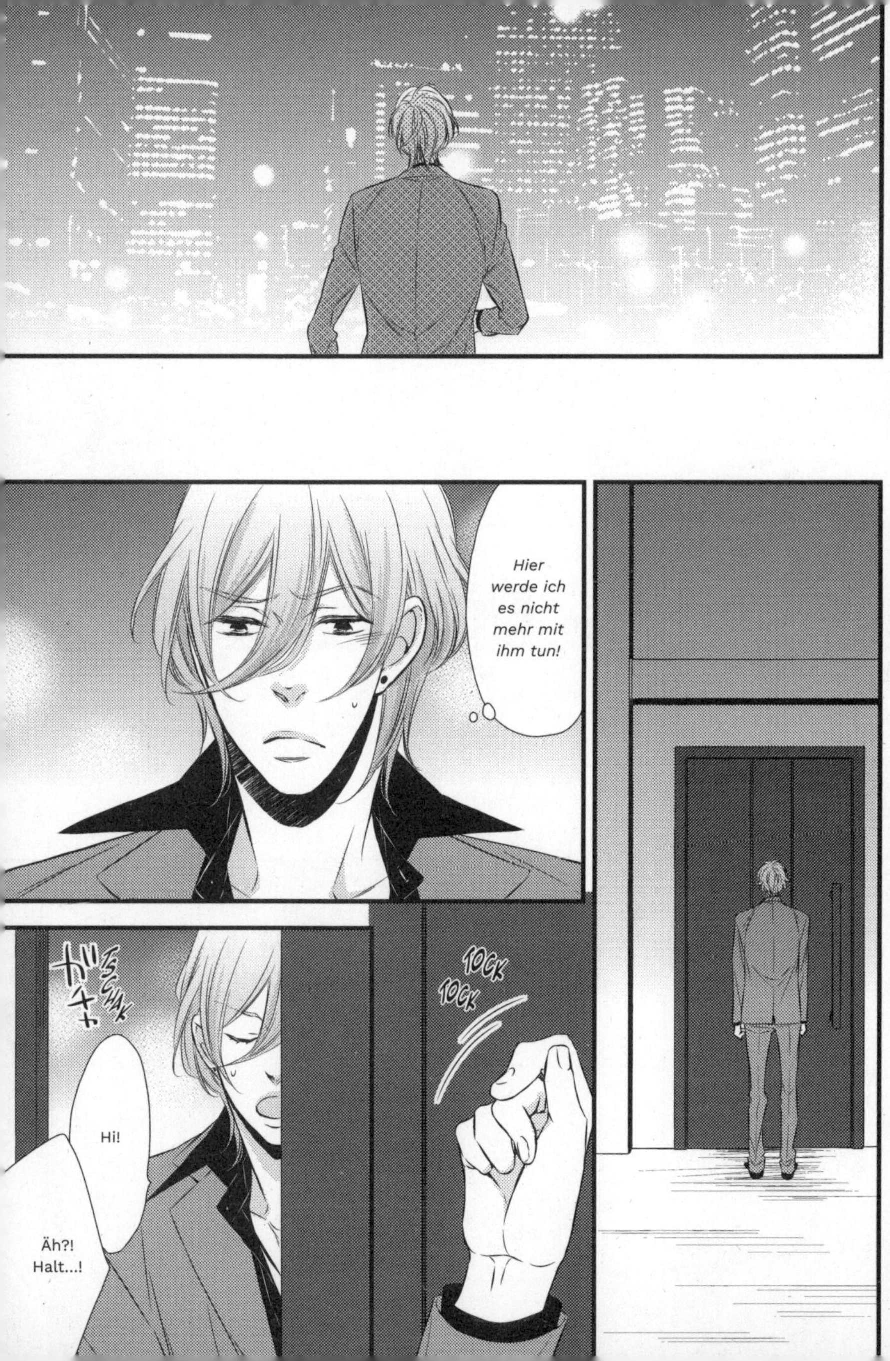
Hier werde ich es nicht mehr mit ihm tun!
TOCK TOCK
TSCHAK
Hi!
Äh?! Halt...!

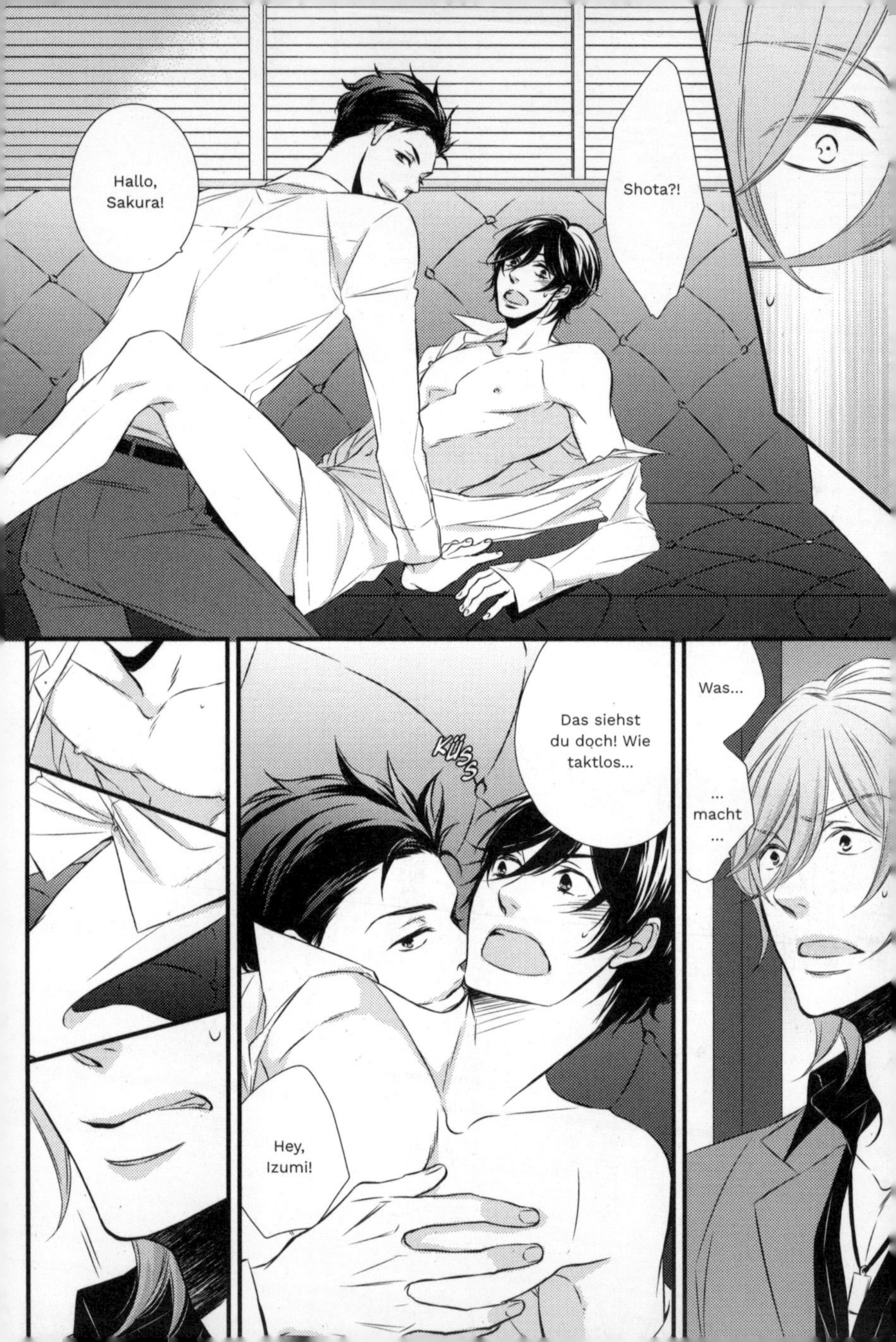
Shota?!
Hallo, Sakura!
Was...
... macht ...
Das siehst du doch! Wie taktlos...
KÜSS
Hey, Izumi!

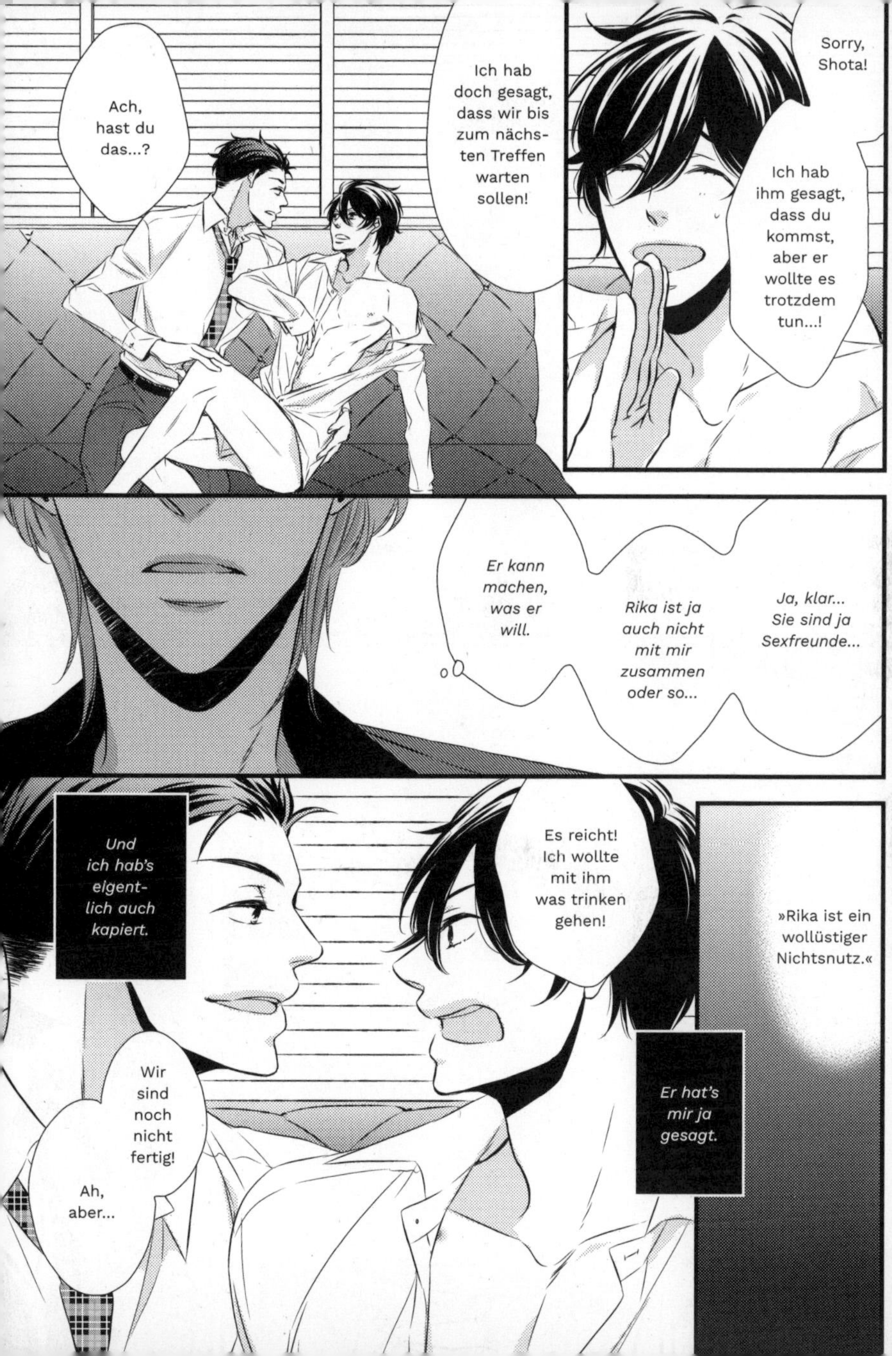
Sorry, Shota!
Ich hab ihm gesagt, dass du kommst, aber er wollte es trotzdem tun...!
Ich hab doch gesagt, dass wir bis zum nächsten Treffen warten sollen!
Ach, hast du das...?
Ja, klar... Sie sind ja Sexfreunde...
Rika ist ja auch nicht mit mir zusammen oder so...
Er kann machen, was er will.
»Rika ist ein wollüstiger Nichtsnutz.«
Er hat's mir ja gesagt.
Es reicht! Ich wollte mit ihm was trinken gehen!
Und ich hab's eigentlich auch kapiert.
Wir sind noch nicht fertig!
Ah, aber...

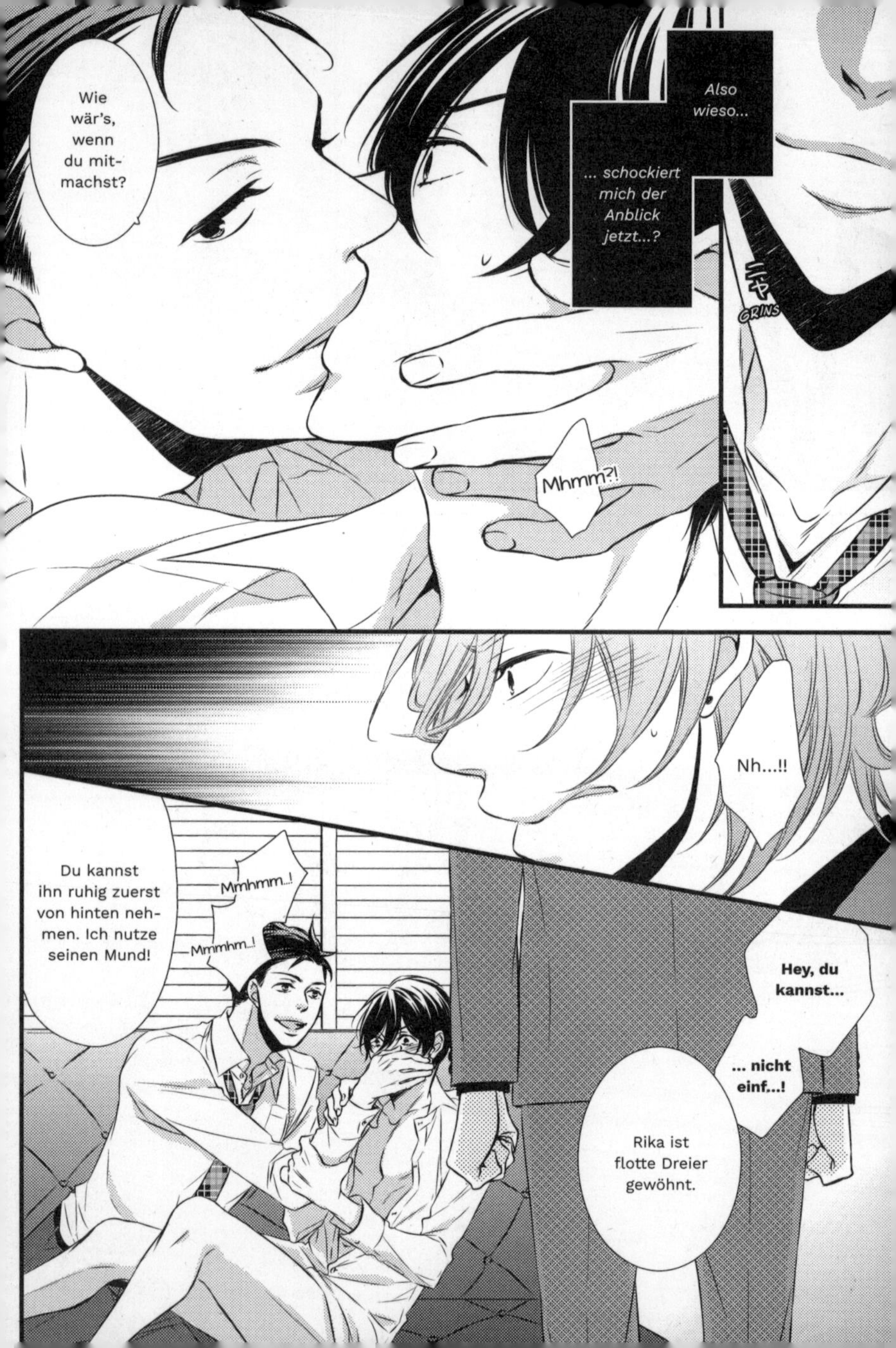
Also wieso...
... schockiert mich der Anblick jetzt...?
GRINS
Wie wär's, wenn du mitmachst?
Mhmm?!
Nh...!!
Hey, du kannst...
... nicht einf...!
Rika ist flotte Dreier gewöhnt.
Du kannst ihn ruhig zuerst von hinten nehmen. Ich nutze seinen Mund!
Mmhmm..!
Mmmhm..!

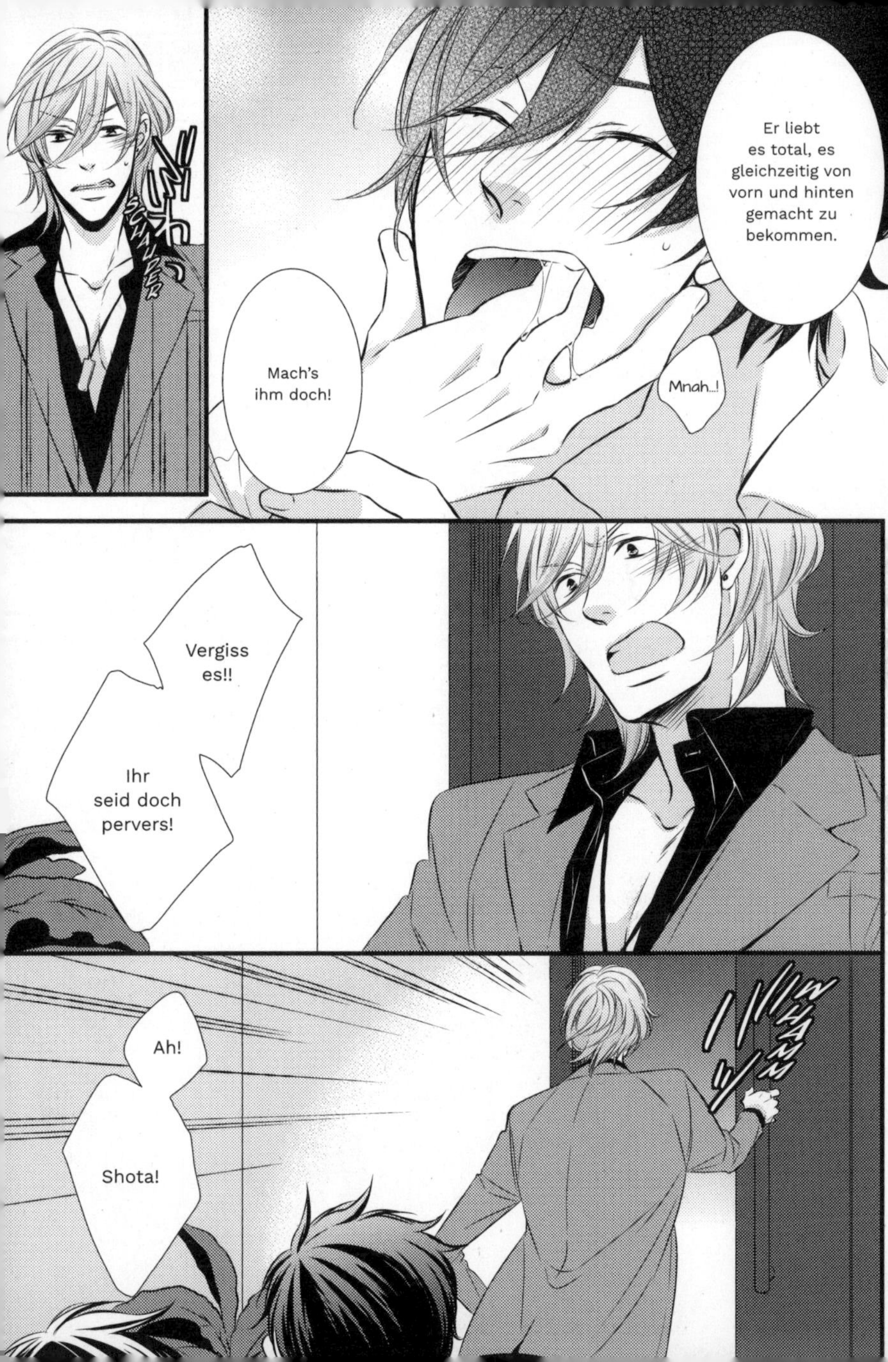
Er liebt es total, es gleichzeitig von vorn und hinten gemacht zu bekommen.
Mnah...!
Mach's ihm doch!
SCHAUDER
Vergiss es!!
Ihr seid doch pervers!
WHAMM
Ah!
Shota!

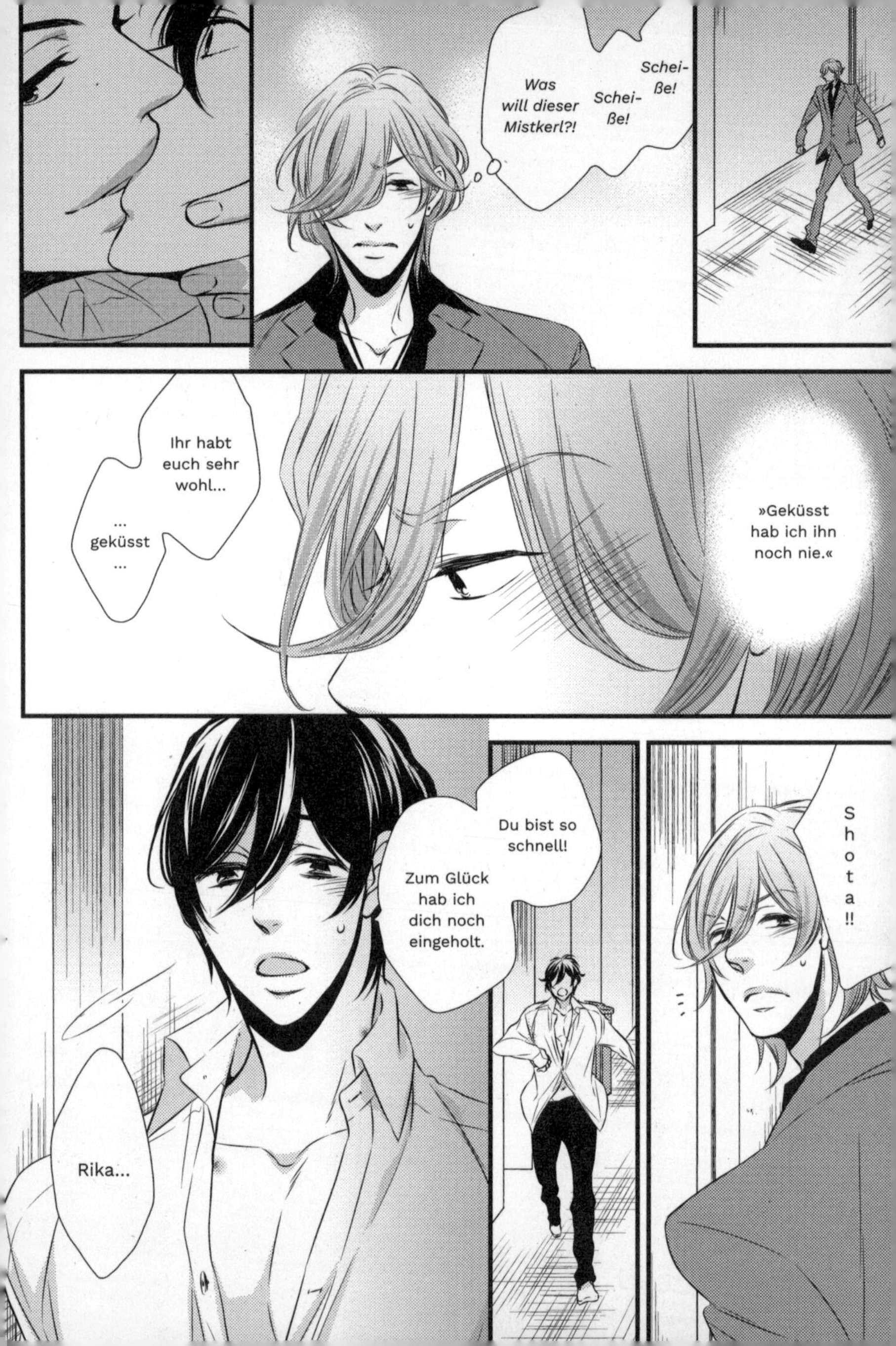

Schei-ße!
Schei-ße!
Was will dieser Mistkerl?!
»Geküsst hab ich ihn noch nie.«
Ihr habt euch sehr wohl...
... geküsst ...
Shota!!
Rika...
Du bist so schnell!
Zum Glück hab ich dich noch eingeholt.

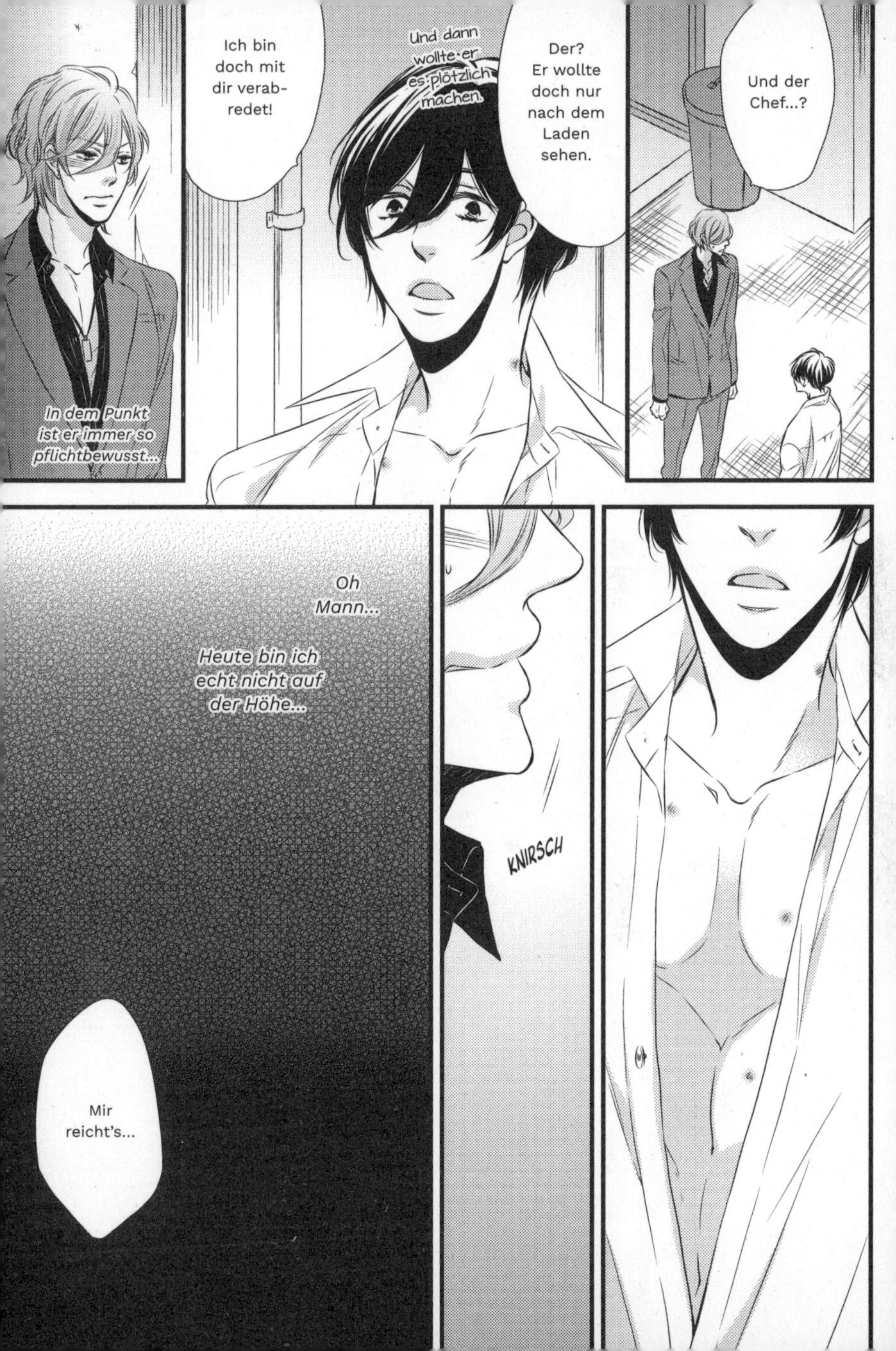
Und der Chef...?
Der? Er wollte doch nur nach dem Laden sehen.
Und dann wollte er es plötzlich machen.
Ich bin doch mit dir verabredet!
In dem Punkt ist er immer so pflichtbewusst...
KNIRSCH
Oh Mann...
Heute bin ich echt nicht auf der Höhe...
Mir reicht's...

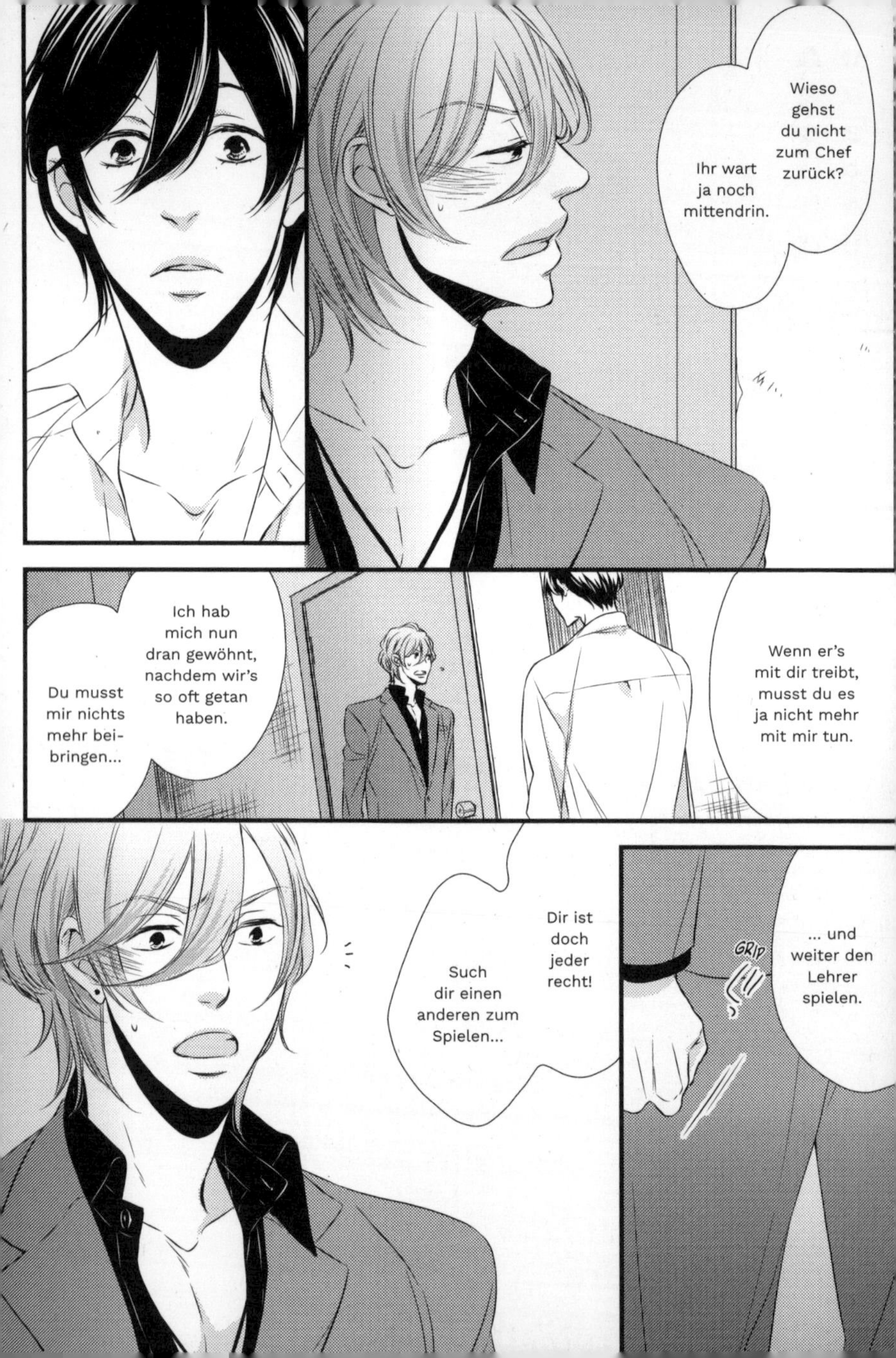
Wieso gehst du nicht zum Chef zurück?
Ihr wart ja noch mittendrin.
Wenn er's mit dir treibt, musst du es ja nicht mehr mit mir tun.
Ich hab mich nun dran gewöhnt, nachdem wir's so oft getan haben.
Du musst mir nichts mehr bei-bringen...
... und weiter den Lehrer spielen.
GRIP
Dir ist doch jeder recht!
Such dir einen anderen zum Spielen...

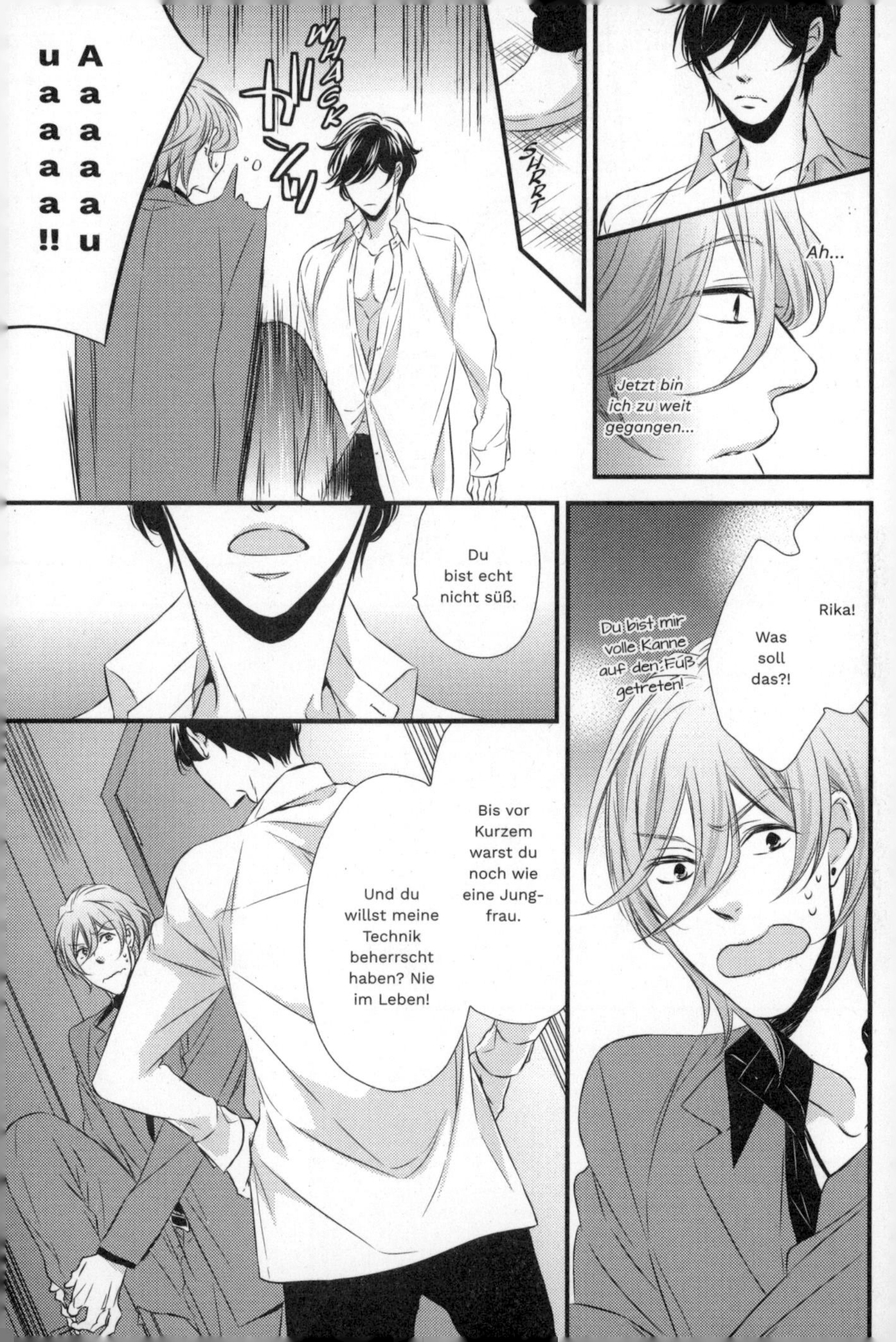
Ah...
Jetzt bin ich zu weit gegangen...
SHRRT
WHACK
Aaaaau
uaaaa!!
Rika!
Was soll das?!
Du bist mir volle Kanne auf den Fuß getreten!
Du bist echt nicht süß.
Bis vor Kurzem warst du noch wie eine Jungfrau.
Und du willst meine Technik beherrscht haben? Nie im Leben!

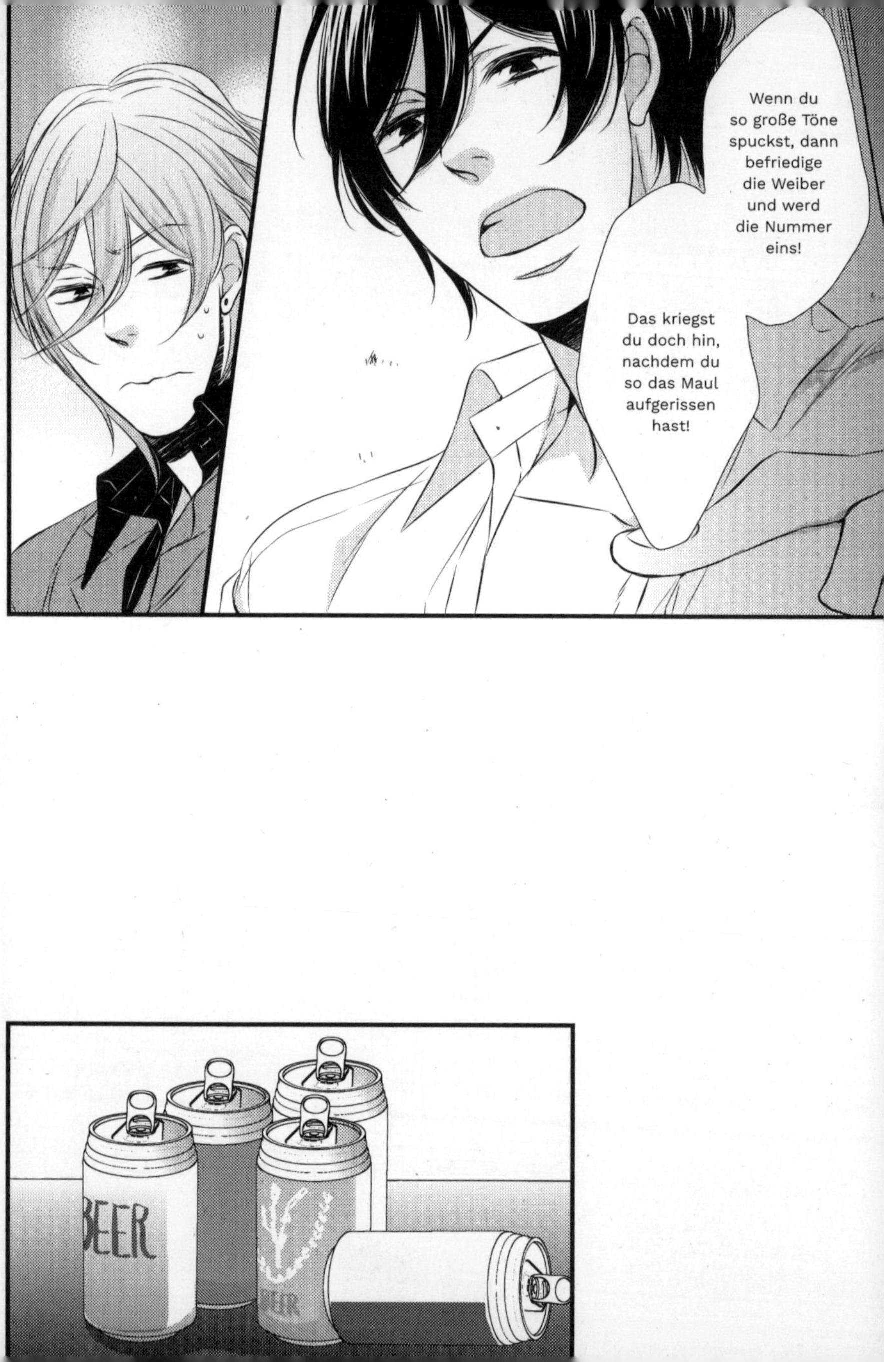
Wenn du so große Töne spuckst, dann befriedige die Weiber und werd die Nummer eins!
Das kriegst du doch hin, nachdem du so das Maul aufgerissen hast!
BEER

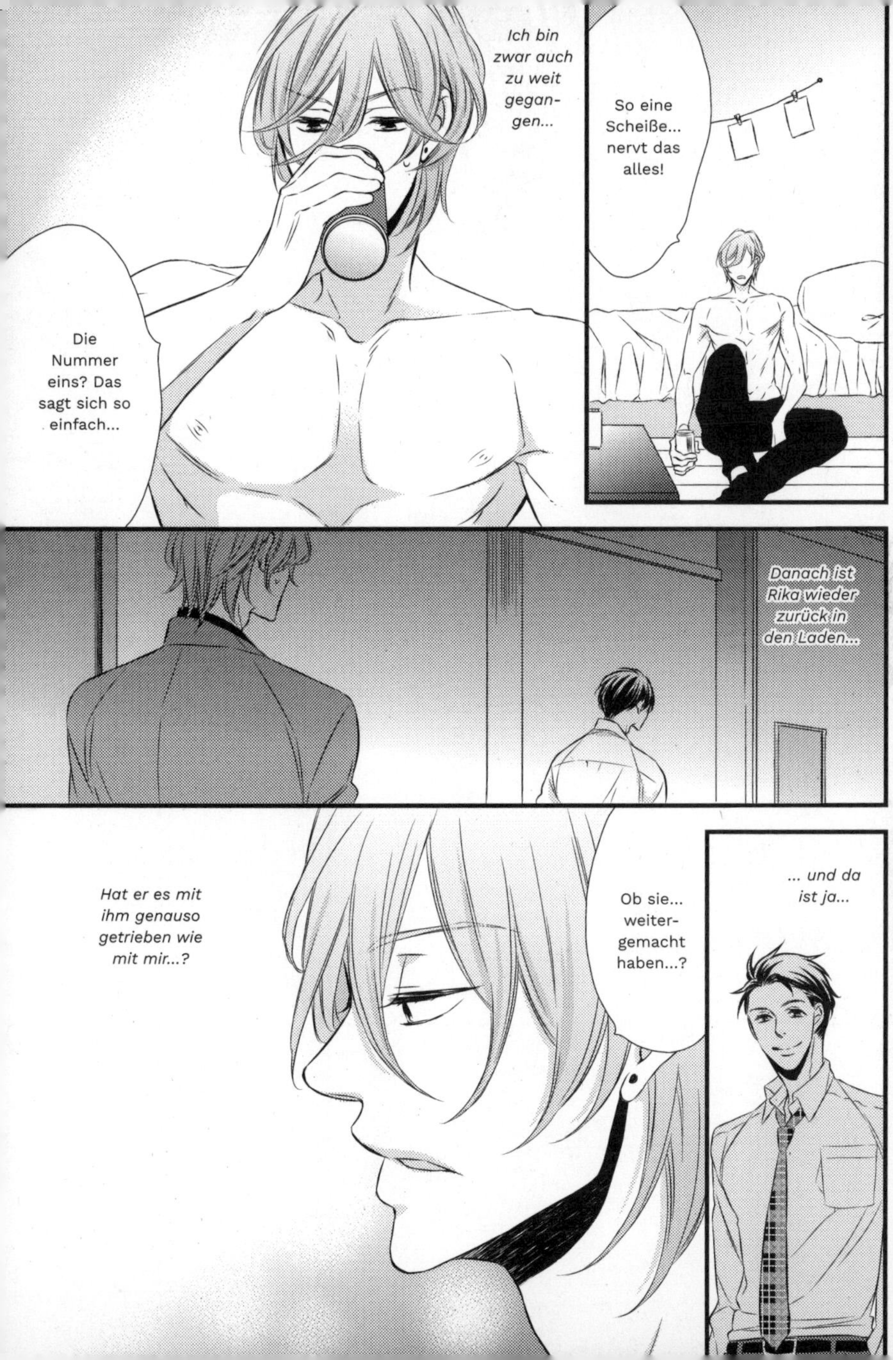
So eine Scheiße... nervt das alles!
Ich bin zwar auch zu weit gegangen...
Die Nummer eins? Das sagt sich so einfach...
Danach ist Rika wieder zurück in den Laden...
... und da ist ja...
Ob sie... weitergemacht haben...?
Hat er es mit ihm genauso getrieben wie mit mir...?

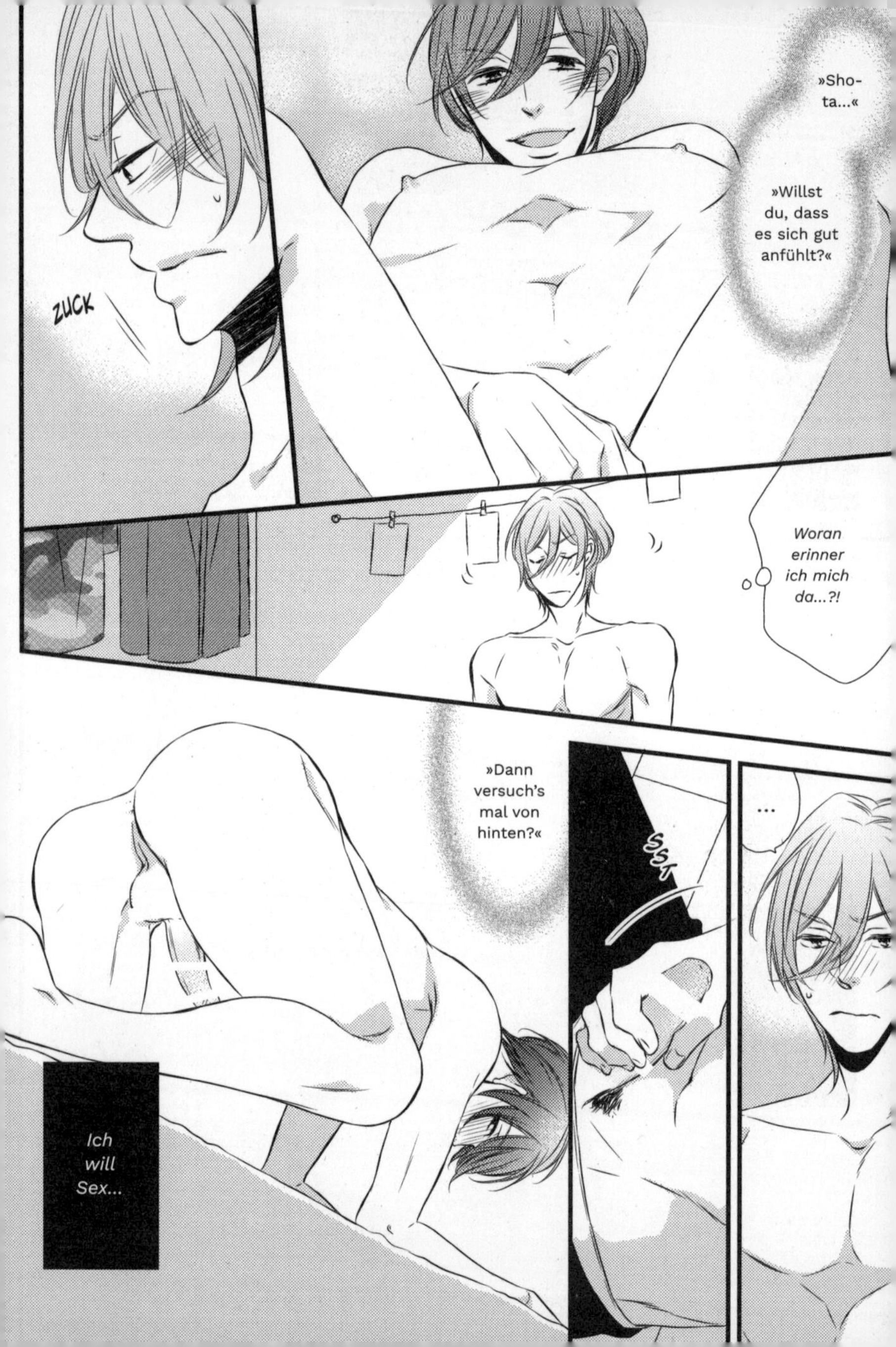

»Sho-
ta…«
»Willst
du, dass
es sich gut
anfühlt?«
ZUCK
Woran
erinner
ich mich
da…?!
…
SST
»Dann
versuch's
mal von
hinten?«
Ich
will
Sex…

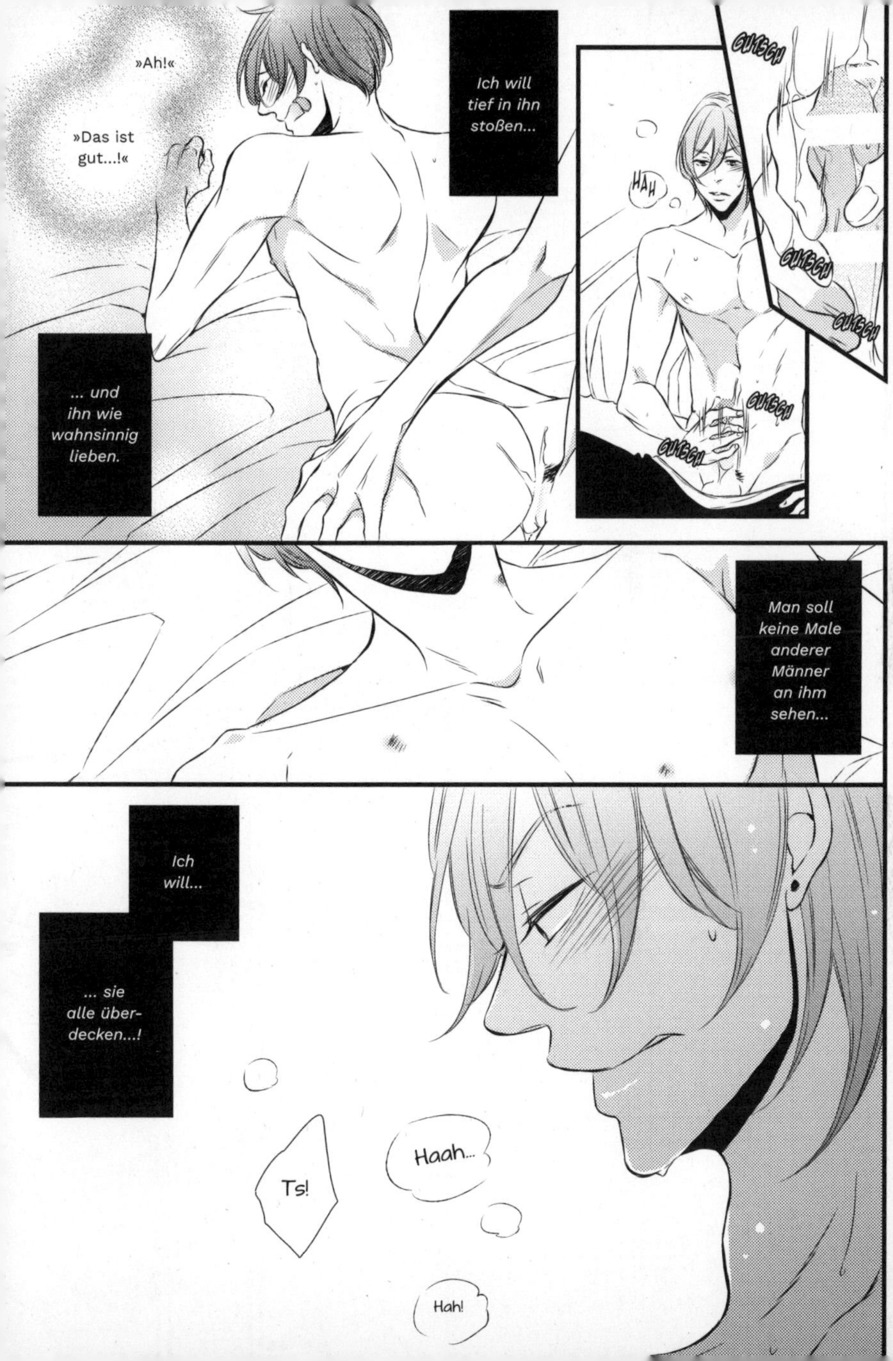
GLITSCH
GLITSCH
GLITSCH
HAH
GLITSCH
GLITSCH
Ich will tief in ihn stoßen...
»Ah!«
»Das ist gut...!«
... und ihn wie wahnsinnig lieben.
Man soll keine Male anderer Männer an ihm sehen...
Ich will...
... sie alle überdecken...!
Haah...
Ts!
Hah!

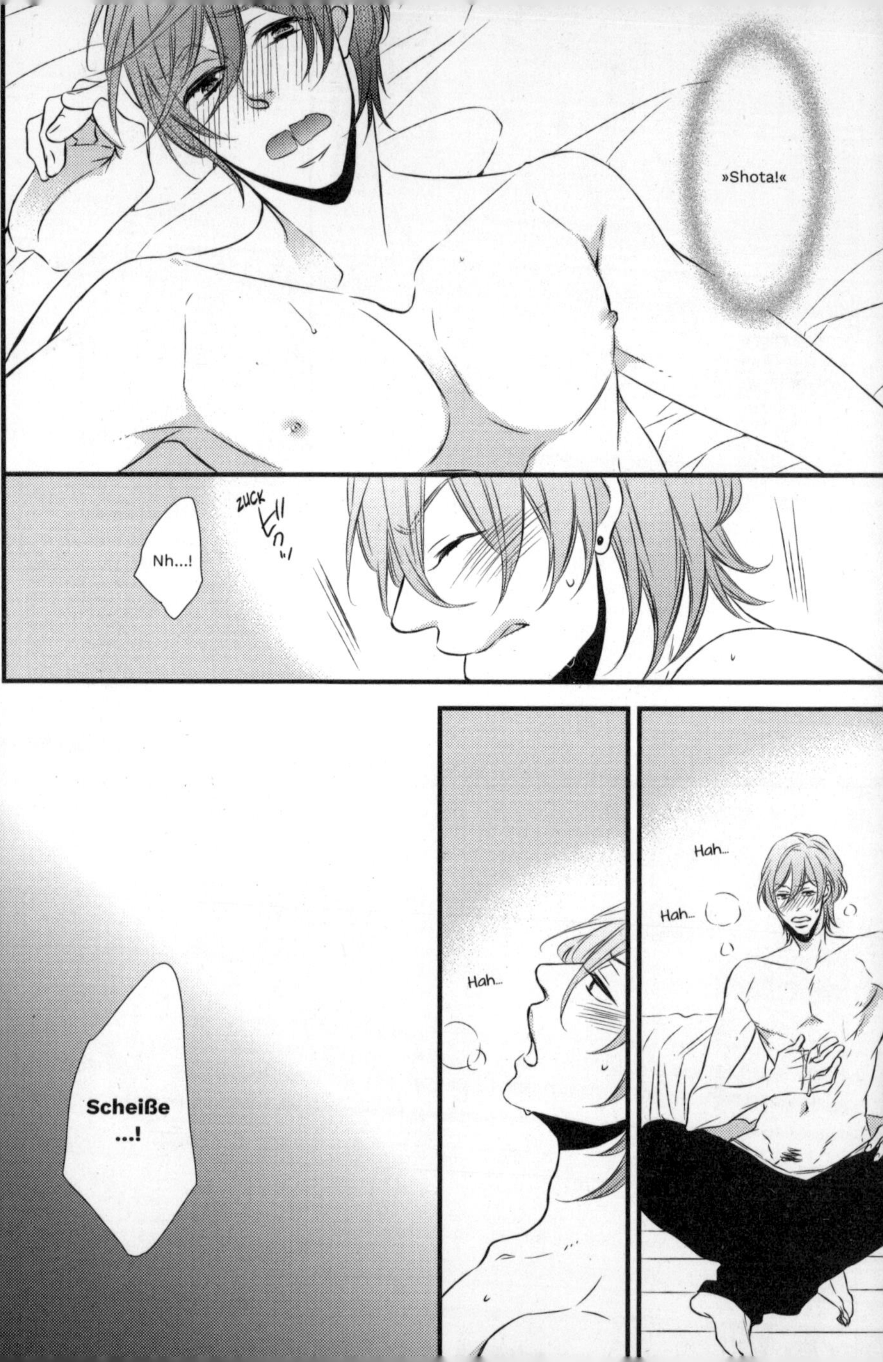
»Shota!«
ZUCK
Nh...!
Hah...
Hah...
Hah...
Scheiße
...!

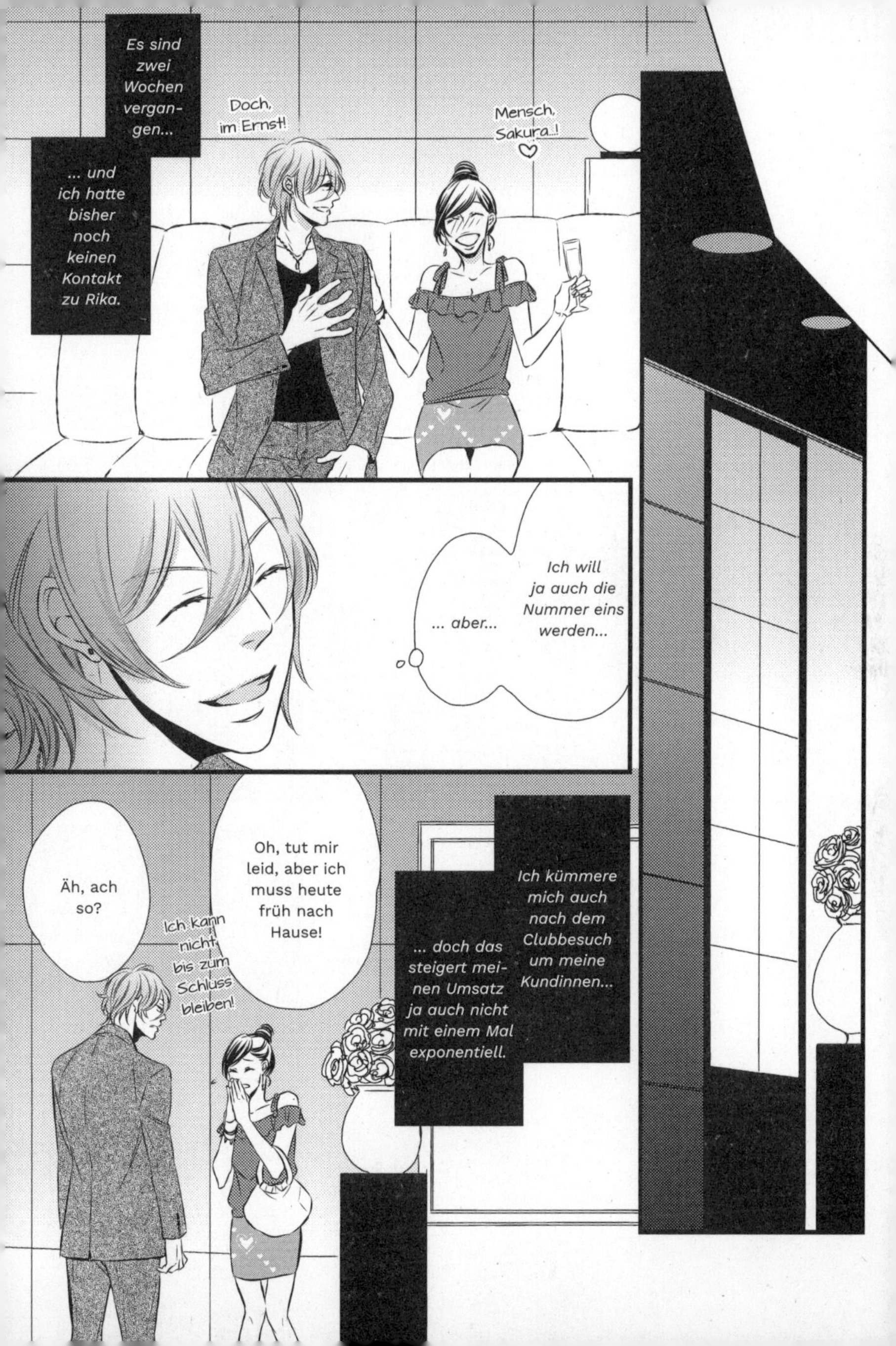
Es sind zwei Wochen vergan-gen...
... und ich hatte bisher noch keinen Kontakt zu Rika.
Mensch, Sakura...!
Doch, im Ernst!
Ich will ja auch die Nummer eins werden...
... aber...
Ich kümmere mich auch nach dem Clubbesuch um meine Kundinnen...
... doch das steigert mei-nen Umsatz ja auch nicht mit einem Mal exponentiell.
Oh, tut mir leid, aber ich muss heute früh nach Hause!
Ich kann nicht bis zum Schluss bleiben!
Äh, ach so?

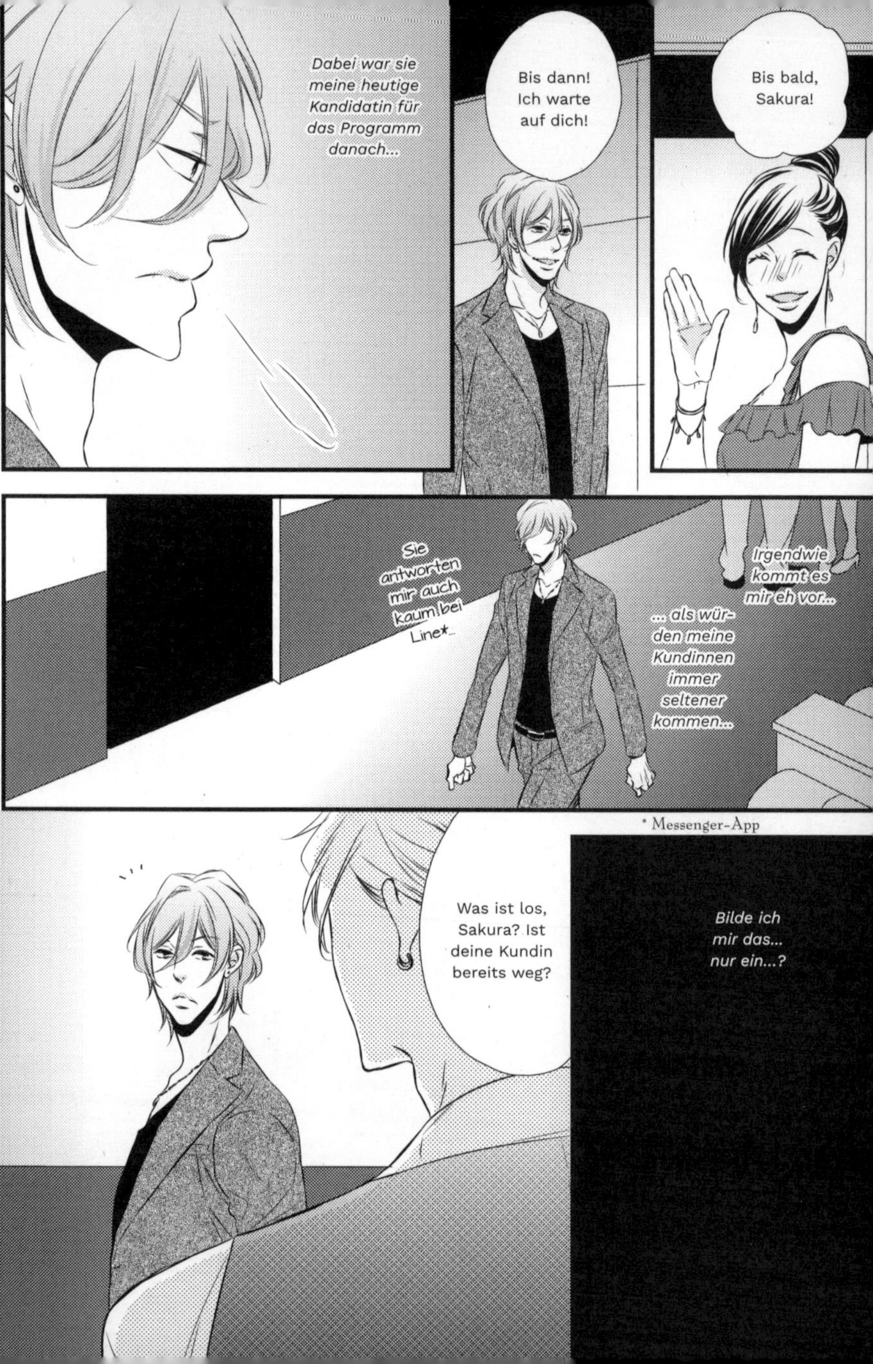

* Messenger-App

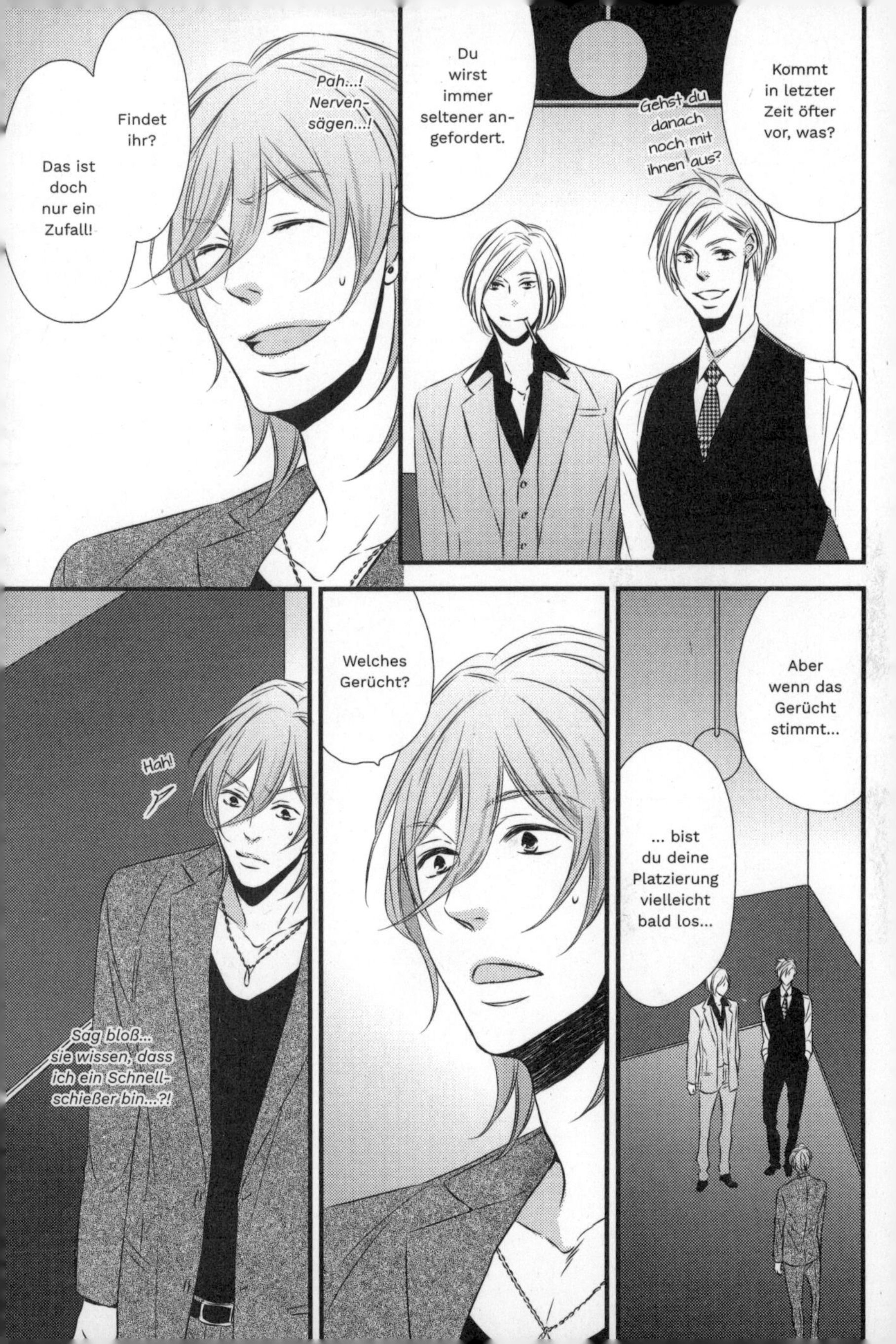
Kommt in letzter Zeit öfter vor, was?
Gehst du danach noch mit ihnen aus?
Du wirst immer seltener angefordert.
Pah...! Nervensägen...!
Findet ihr?
Das ist doch nur ein Zufall!
Aber wenn das Gerücht stimmt...
... bist du deine Platzierung vielleicht bald los...
Welches Gerücht?
Hah!
Sag bloß... sie wissen, dass ich ein Schnellschießer bin...?!

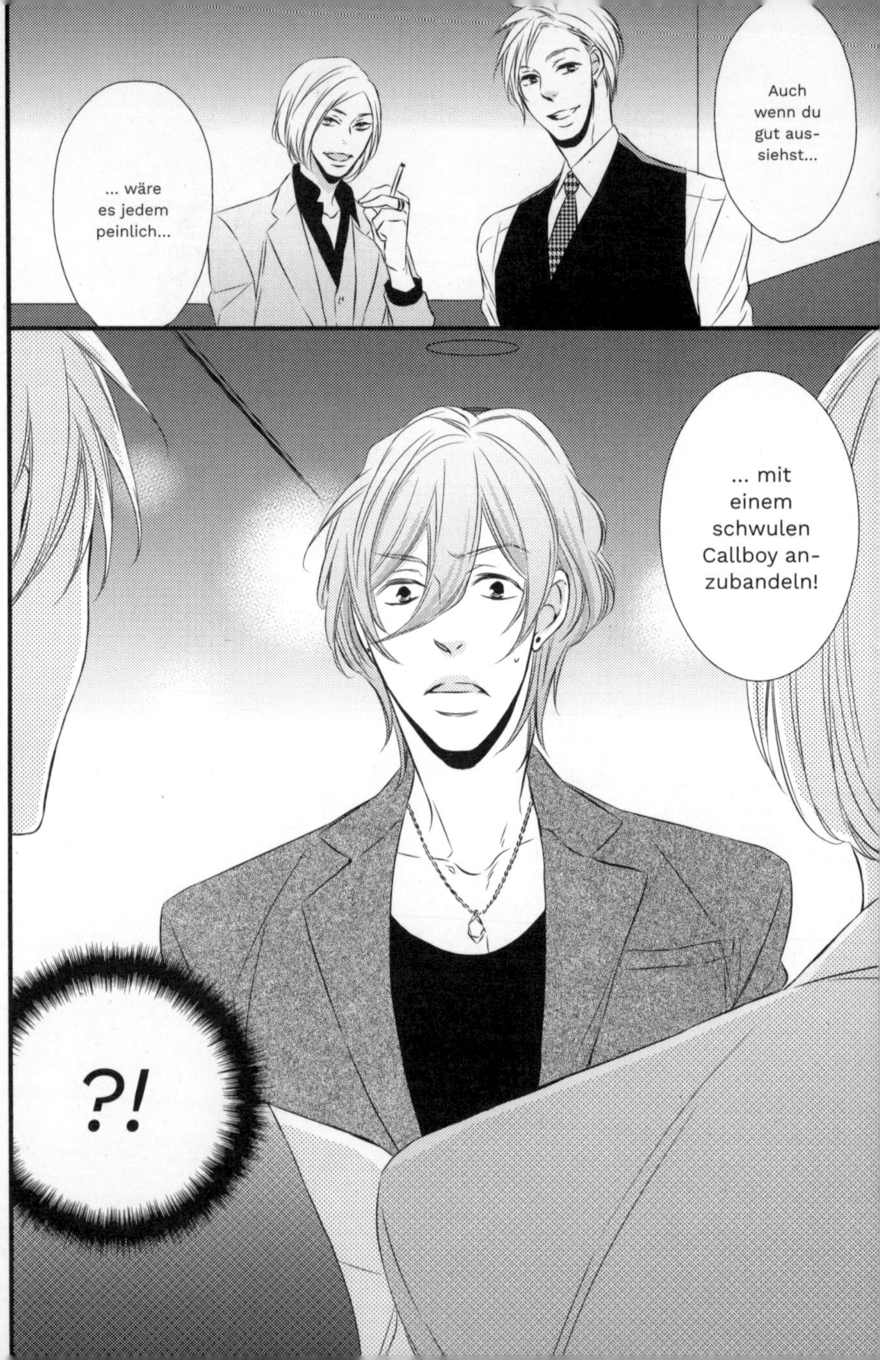
Auch wenn du gut aus-siehst...
... wäre es jedem peinlich...
... mit einem schwulen Callboy an-zubandeln!
?!

Letzte Lektion

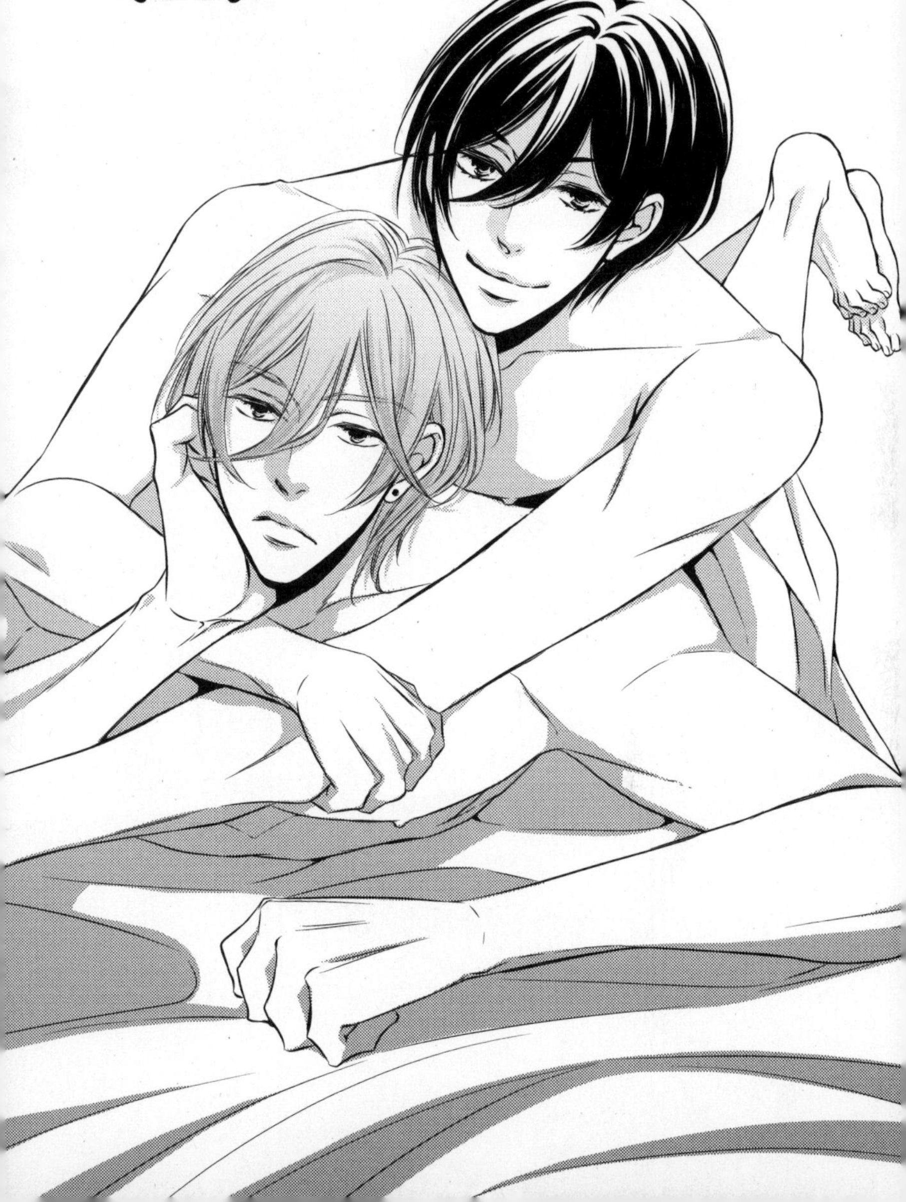

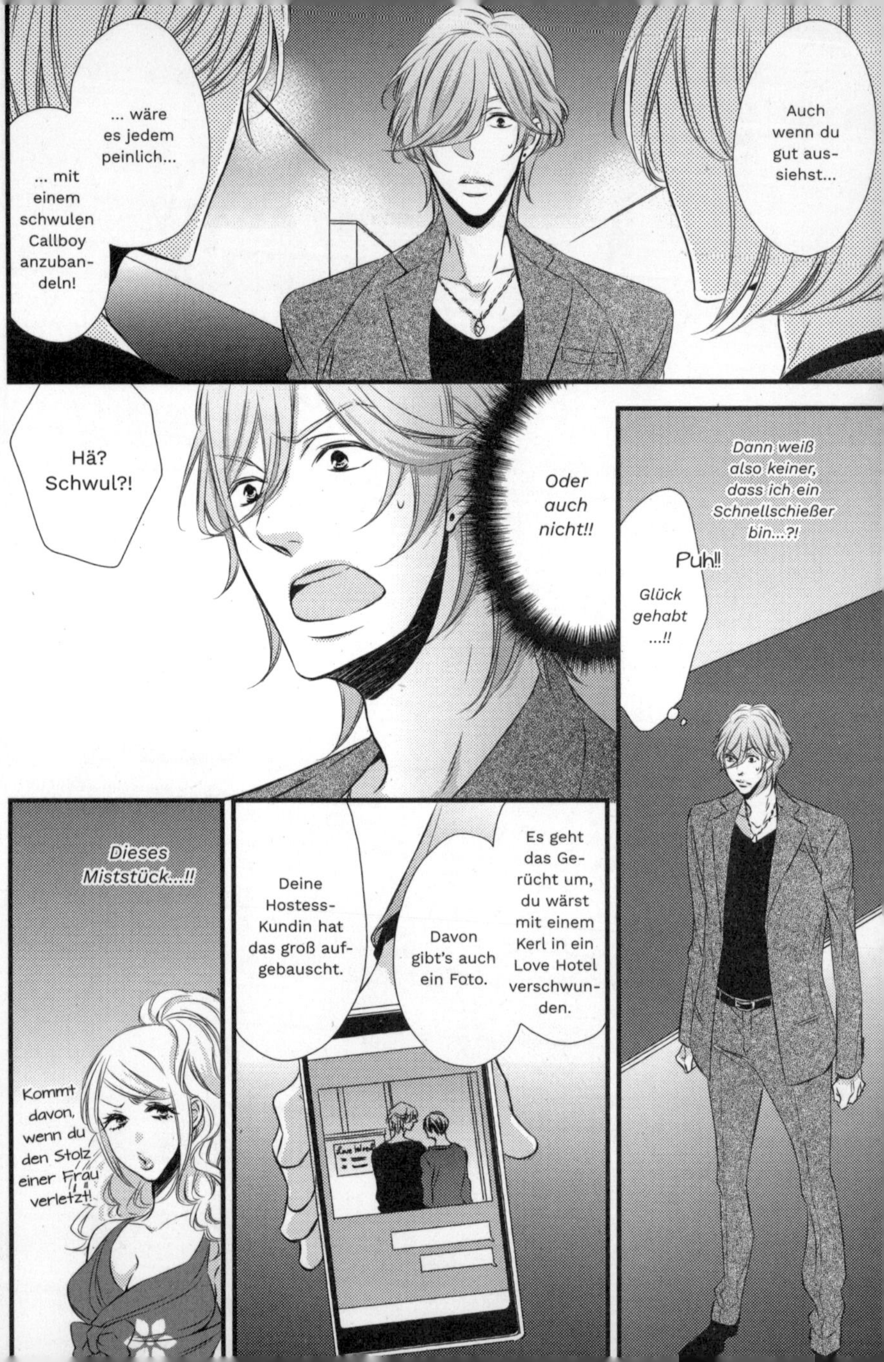
Auch wenn du gut aussiehst...
... wäre es jedem peinlich...
... mit einem schwulen Callboy anzubandeln!
Dann weiß also keiner, dass ich ein Schnellschießer bin...?!
Puh!!
Glück gehabt ...!!
Oder auch nicht!!
Hä? Schwul?!
Es geht das Gerücht um, du wärst mit einem Kerl in ein Love Hotel verschwunden.
Davon gibt's auch ein Foto.
Deine Hostess-Kundin hat das groß aufgebauscht.
Dieses Miststück...!!
Kommt davon, wenn du den Stolz einer Frau verletzt!

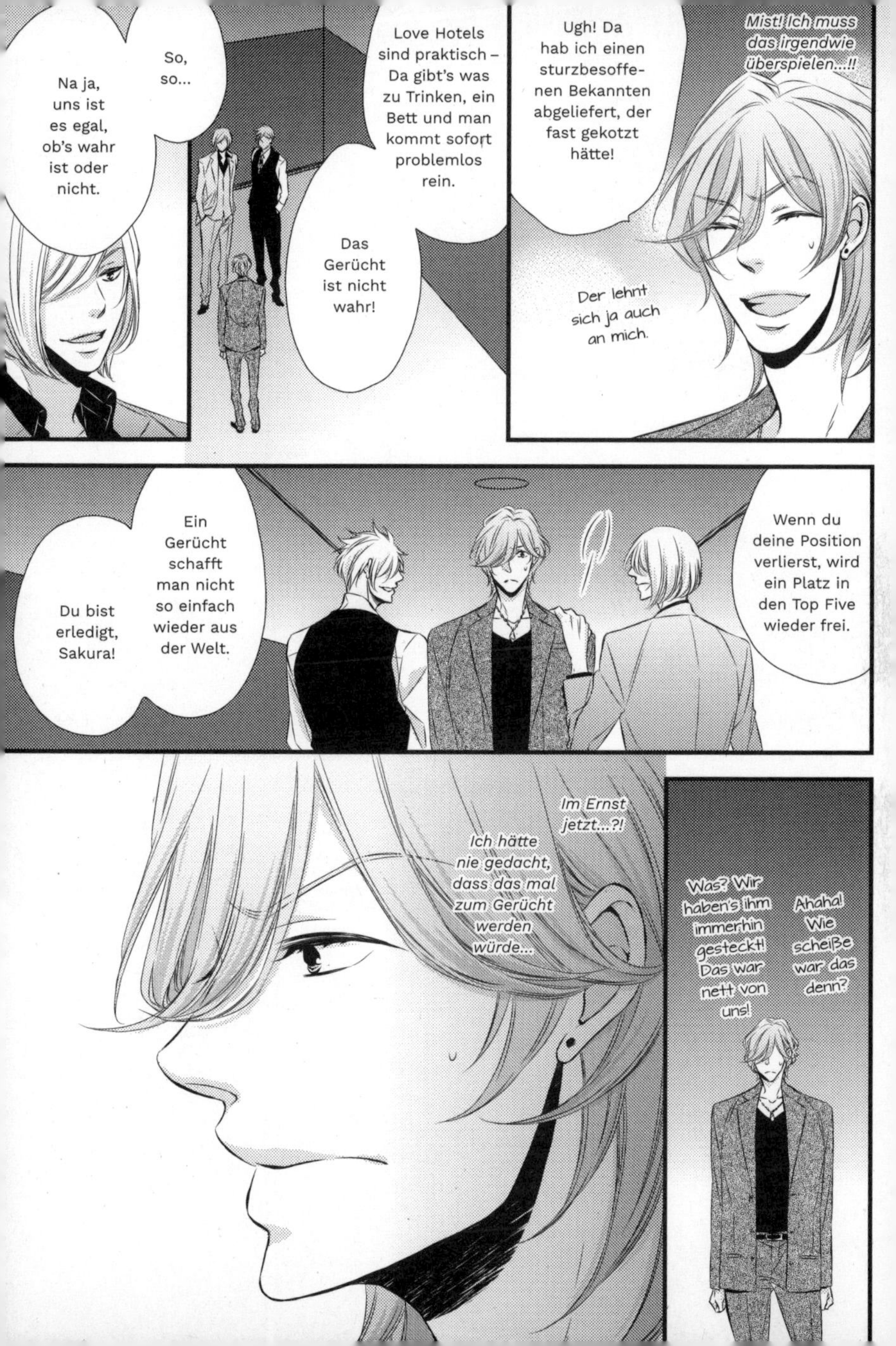

Mist! Ich muss das irgendwie überspielen...!!
Ugh! Da hab ich einen sturzbesoffenen Bekannten abgeliefert, der fast gekotzt hätte!
Der lehnt sich ja auch an mich.
Love Hotels sind praktisch – Da gibt's was zu Trinken, ein Bett und man kommt sofort problemlos rein.
Das Gerücht ist nicht wahr!
So, so...
Na ja, uns ist es egal, ob's wahr ist oder nicht.
Wenn du deine Position verlierst, wird ein Platz in den Top Five wieder frei.
Ein Gerücht schafft man nicht so einfach wieder aus der Welt.
Du bist erledigt, Sakura!
Ahaha! Wie scheiße war das denn?
Was? Wir haben's ihm immerhin gesteckt! Das war nett von uns!
Im Ernst jetzt...?!
Ich hätte nie gedacht, dass das mal zum Gerücht werden würde...

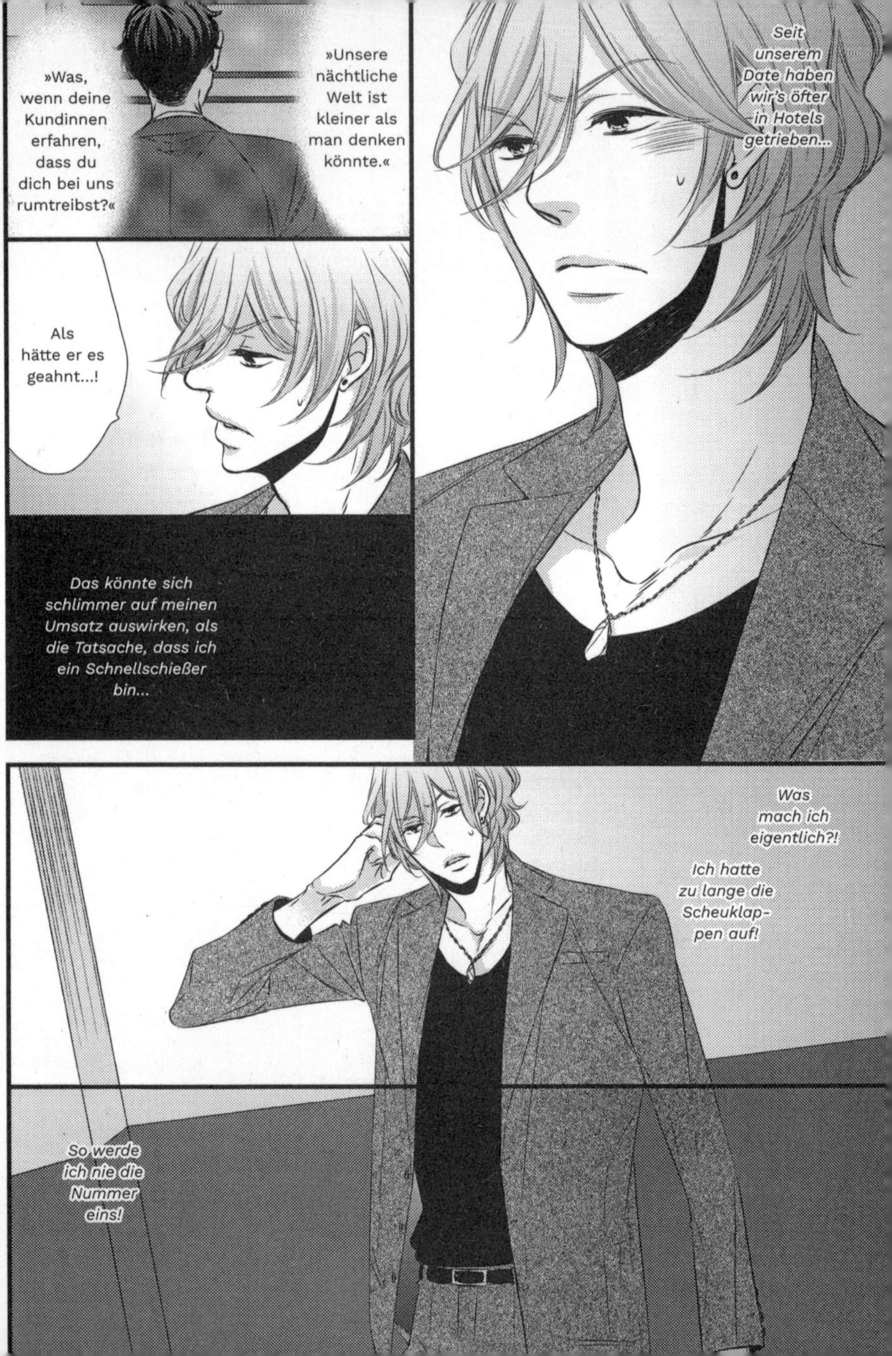
Seit unserem Date haben wir's öfter in Hotels getrieben...
»Unsere nächtliche Welt ist kleiner als man denken könnte.«
»Was, wenn deine Kundinnen erfahren, dass du dich bei uns rumtreibst?«
Als hätte er es geahnt...!
Das könnte sich schlimmer auf meinen Umsatz auswirken, als die Tatsache, dass ich ein Schnellschießer bin...
Was mach ich eigentlich?!
Ich hatte zu lange die Scheuklap-pen auf!
So werde ich nie die Nummer eins!

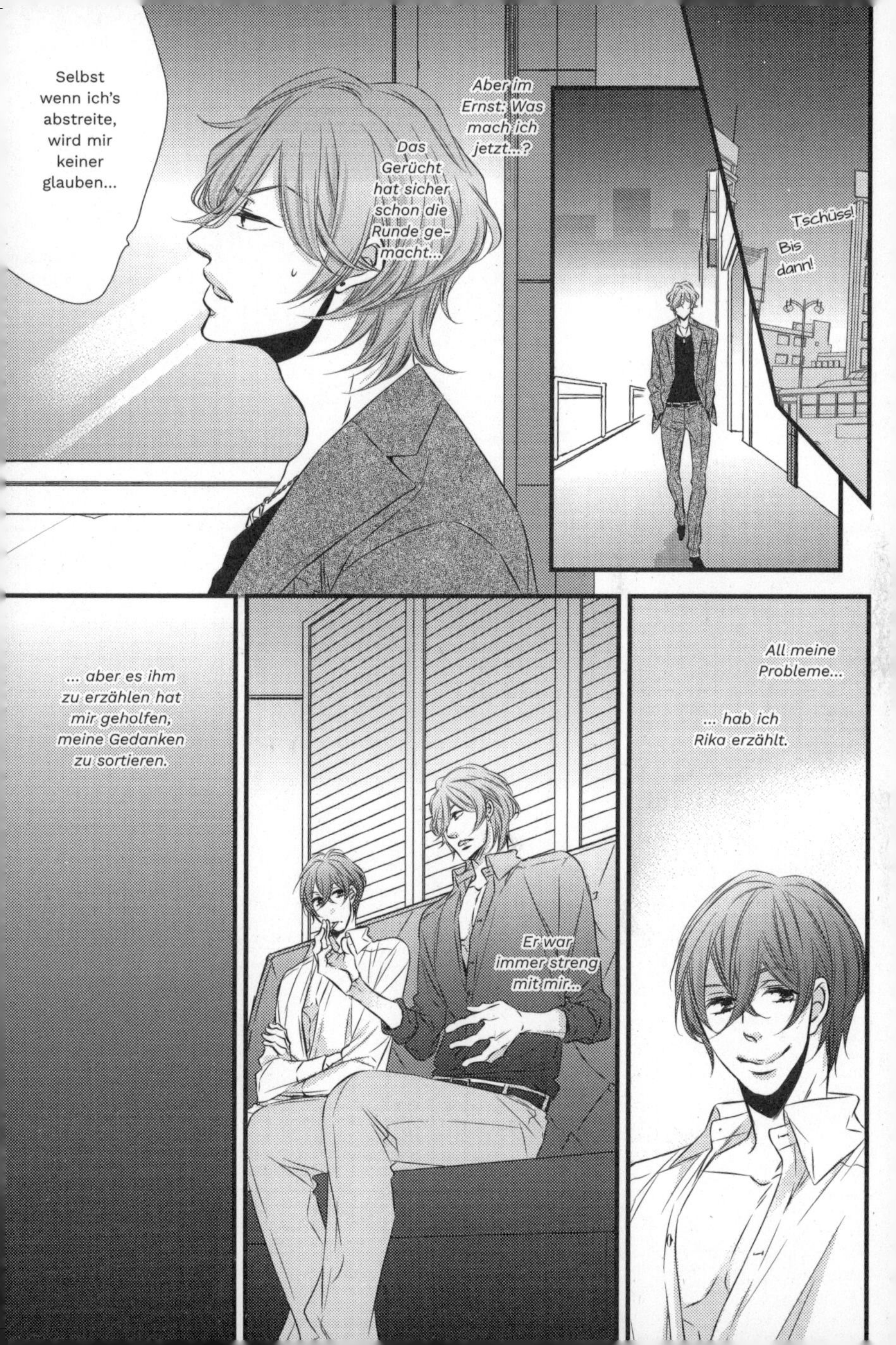

Tschüss!
Bis dann!
Aber im Ernst: Was mach ich jetzt...?
Das Gerücht hat sicher schon die Runde gemacht...
Selbst wenn ich's abstreite, wird mir keiner glauben...
All meine Probleme...
... hab ich Rika erzählt.
Er war immer streng mit mir...
... aber es ihm zu erzählen hat mir geholfen, meine Gedanken zu sortieren.

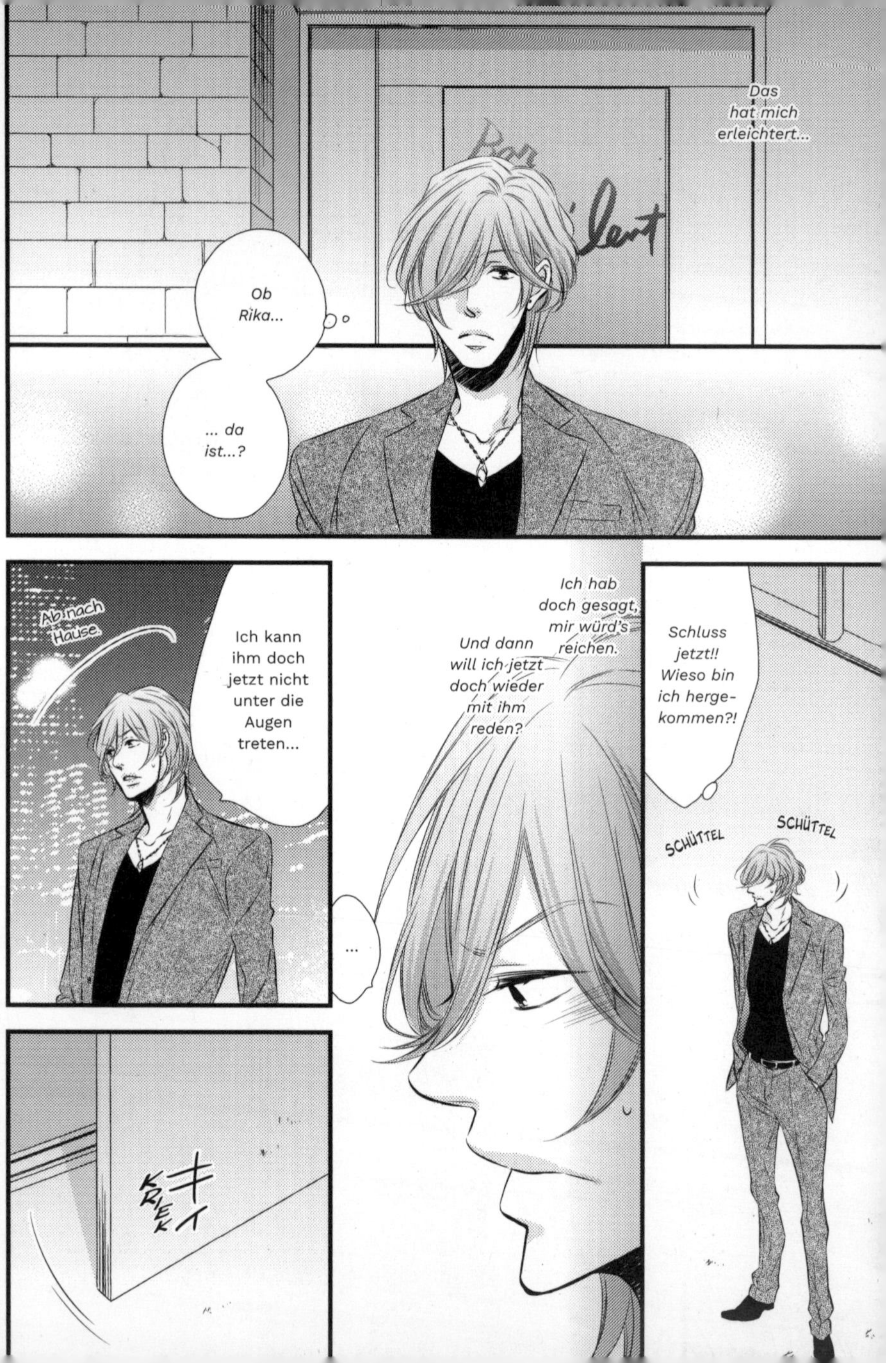
Das hat mich erleichtert...
Ob Rika...
... da ist...?
Schluss jetzt!! Wieso bin ich herge-kommen?!
SCHÜTTEL
SCHÜTTEL
Ich hab doch gesagt, mir würd's reichen.
Und dann will ich jetzt doch wieder mit ihm reden?
...
Ich kann ihm doch jetzt nicht unter die Augen treten...
Ab nach Hause.
KRIEK

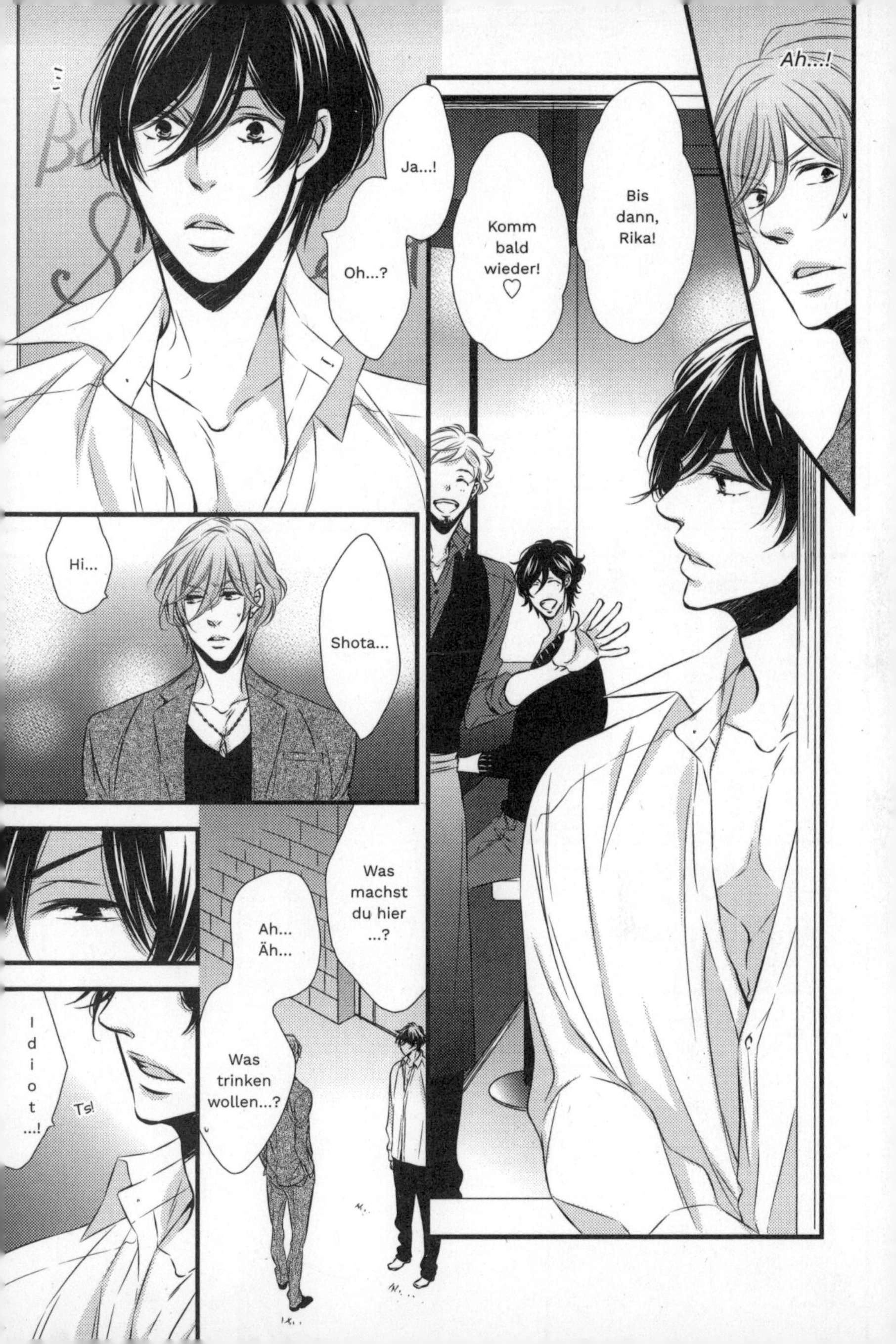
Ah...!
Bis dann, Rika!
Komm bald wieder! ♡
Ja...!
Oh...?
Shota...
Hi...
Was machst du hier ...?
Ah... Äh...
Was trinken wollen...?
Idiot...!
Ts!

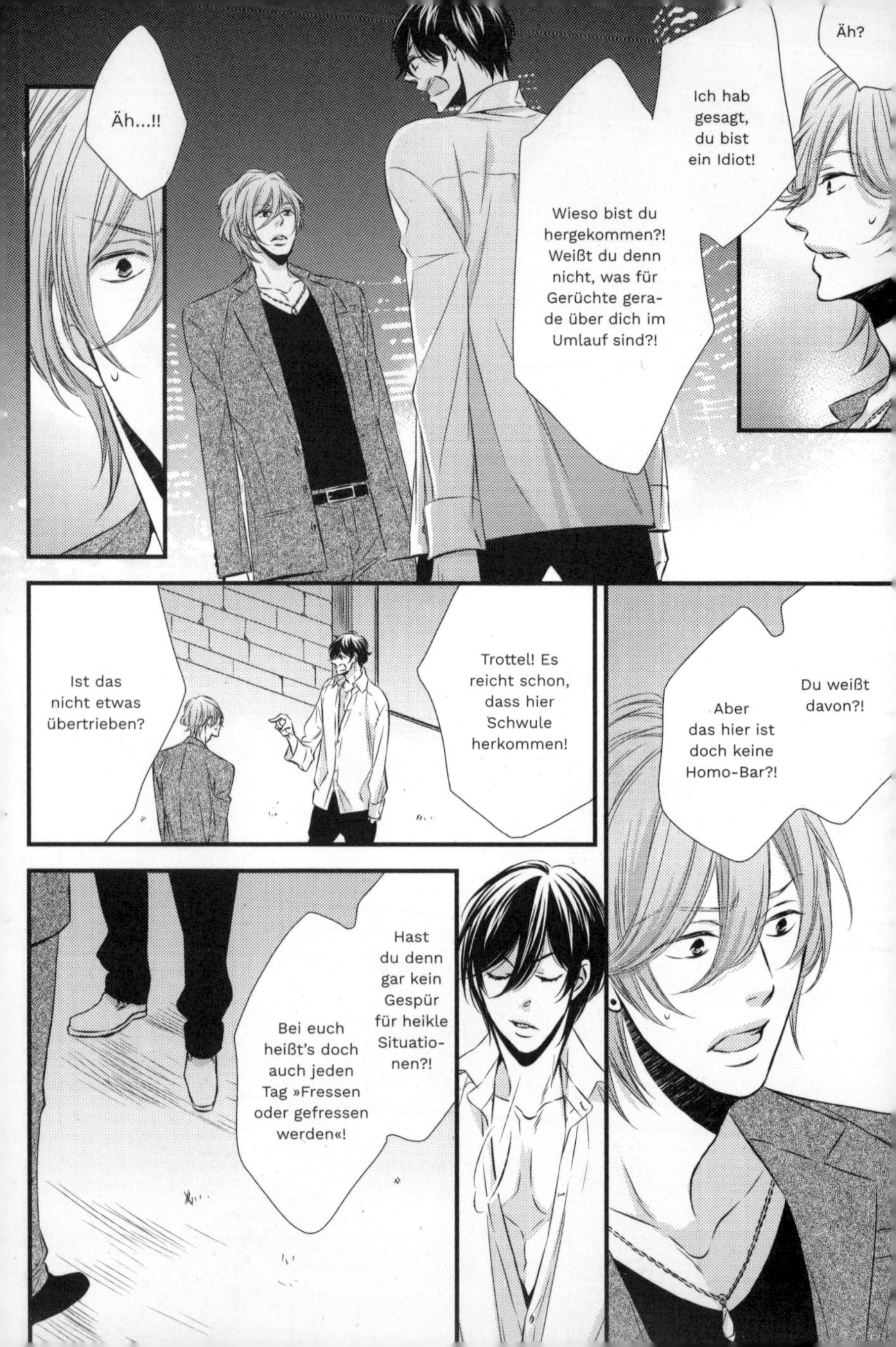
Äh?
Ich hab gesagt, du bist ein Idiot!
Wieso bist du hergekommen?! Weißt du denn nicht, was für Gerüchte gerade über dich im Umlauf sind?!
Äh…!!
Du weißt davon?!
Aber das hier ist doch keine Homo-Bar?!
Trottel! Es reicht schon, dass hier Schwule herkommen!
Ist das nicht etwas übertrieben?
Hast du denn gar kein Gespür für heikle Situationen?!
Bei euch heißt's doch auch jeden Tag »Fressen oder gefressen werden«!

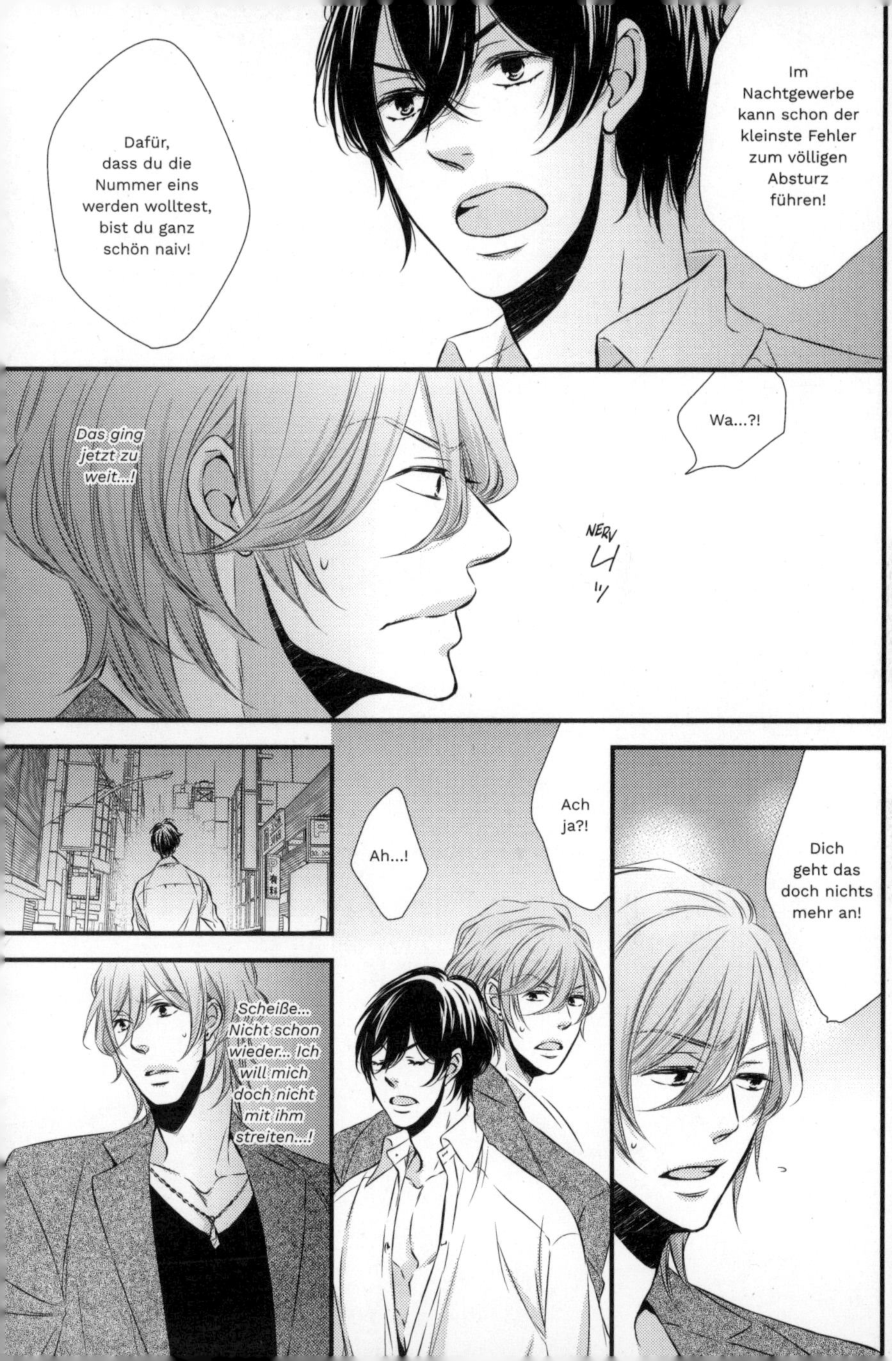
Im Nachtgewerbe kann schon der kleinste Fehler zum völligen Absturz führen!
Dafür, dass du die Nummer eins werden wolltest, bist du ganz schön naiv!
Wa...?!
NERV
Das ging jetzt zu weit...!
Dich geht das doch nichts mehr an!
Ach ja?!
Ah...!
Scheiße... Nicht schon wieder... Ich will mich doch nicht mit ihm streiten...!

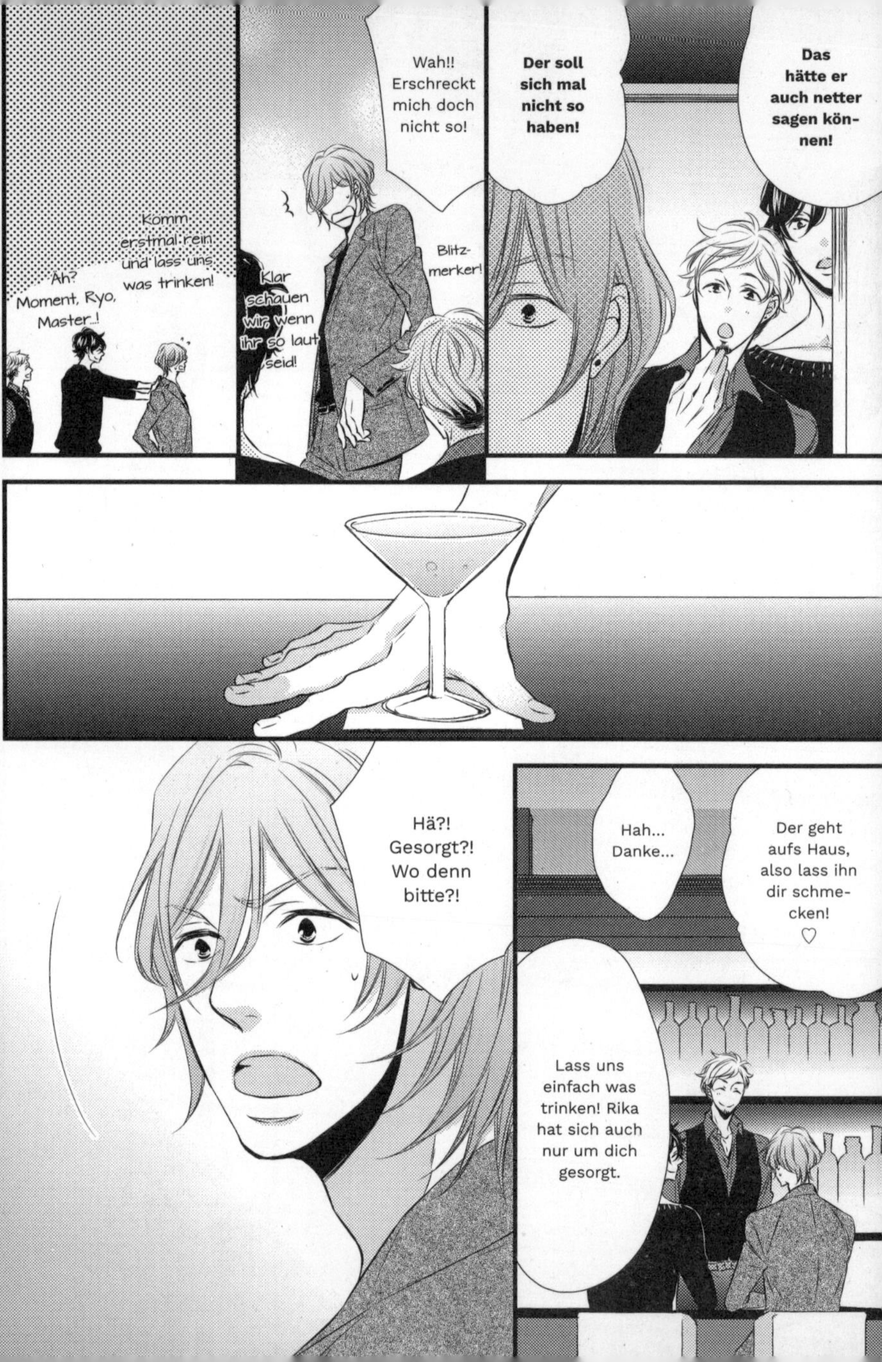
Das hätte er auch netter sagen können!
Der soll sich mal nicht so haben!
Wah!! Erschreckt mich doch nicht so!
Blitzmerker!
Klar schauen wir, wenn ihr so laut seid!
Komm erstmal rein und lass uns was trinken!
Äh? Moment, Ryo, Master..!
Der geht aufs Haus, also lass ihn dir schmecken! ♡
Hah... Danke...
Lass uns einfach was trinken! Rika hat sich auch nur um dich gesorgt.
Hä?! Gesorgt?! Wo denn bitte?!

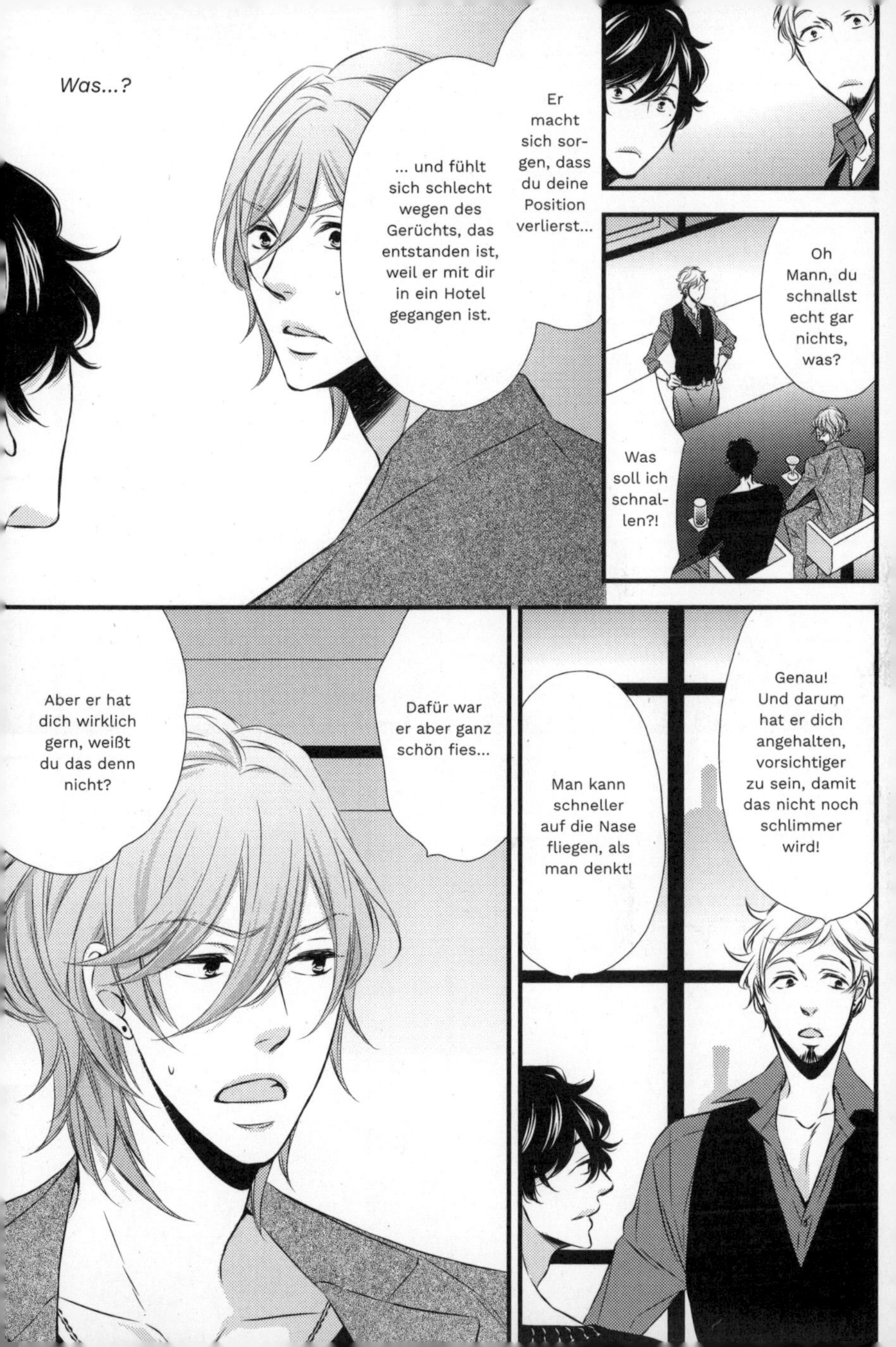
Oh Mann, du schnallst echt gar nichts, was?
Was soll ich schnallen?!
Er macht sich sorgen, dass du deine Position verlierst...
... und fühlt sich schlecht wegen des Gerüchts, das entstanden ist, weil er mit dir in ein Hotel gegangen ist.
Was...?
Genau! Und darum hat er dich angehalten, vorsichtiger zu sein, damit das nicht noch schlimmer wird!
Man kann schneller auf die Nase fliegen, als man denkt!
Dafür war er aber ganz schön fies...
Aber er hat dich wirklich gern, weißt du das denn nicht?

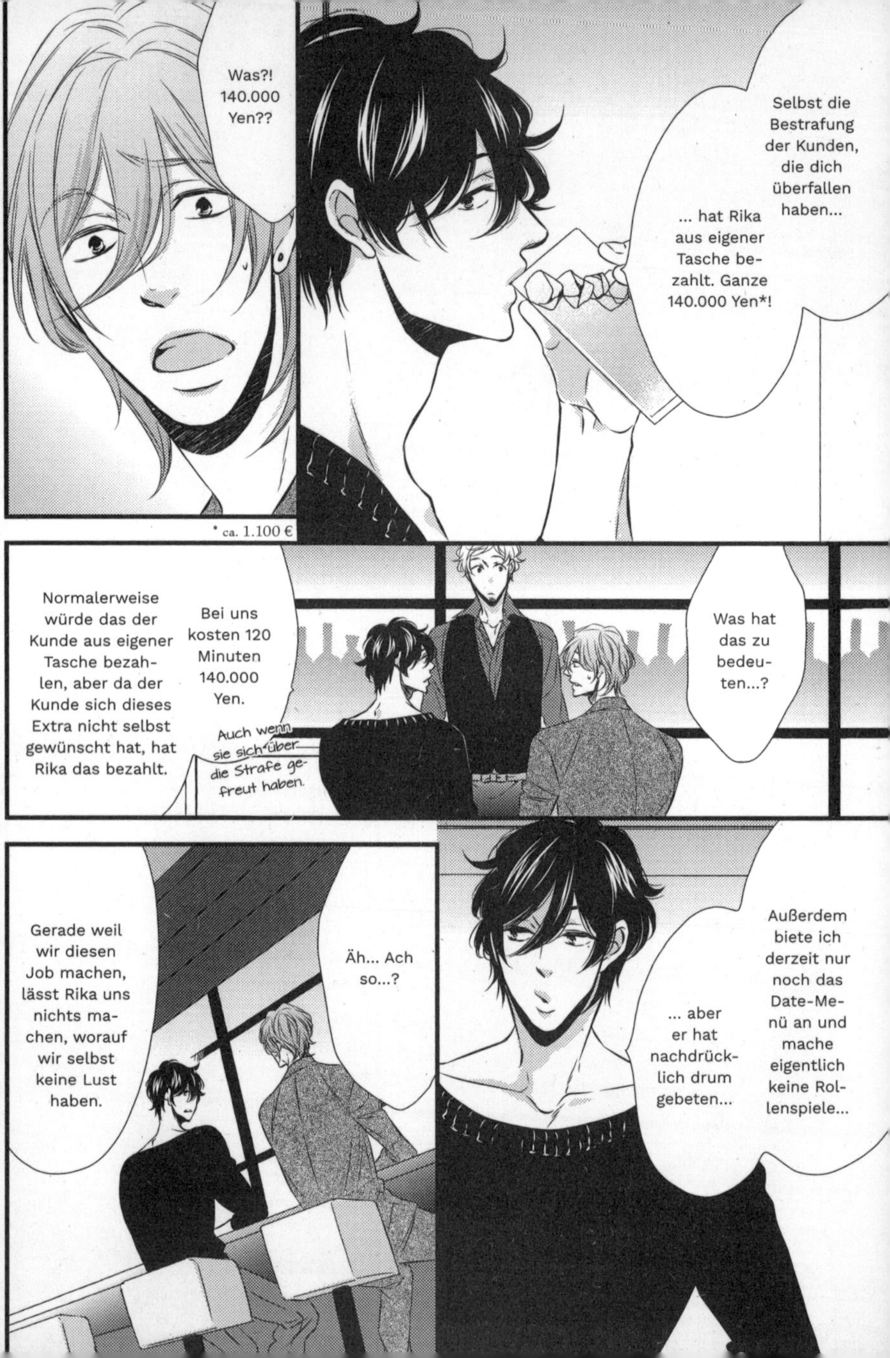

Selbst die Bestrafung der Kunden, die dich überfallen haben...
... hat Rika aus eigener Tasche bezahlt. Ganze 140.000 Yen*!
Was?! 140.000 Yen??
Was hat das zu bedeuten...?
Bei uns kosten 120 Minuten 140.000 Yen.
Auch wenn sie sich über die Strafe gefreut haben.
Normalerweise würde das der Kunde aus eigener Tasche bezahlen, aber da der Kunde sich dieses Extra nicht selbst gewünscht hat, hat Rika das bezahlt.
Außerdem biete ich derzeit nur noch das Date-Menü an und mache eigentlich keine Rollenspiele...
... aber er hat nachdrücklich drum gebeten...
Äh... Ach so...?
Gerade weil wir diesen Job machen, lässt Rika uns nichts machen, worauf wir selbst keine Lust haben.

* ca. 1.100 €

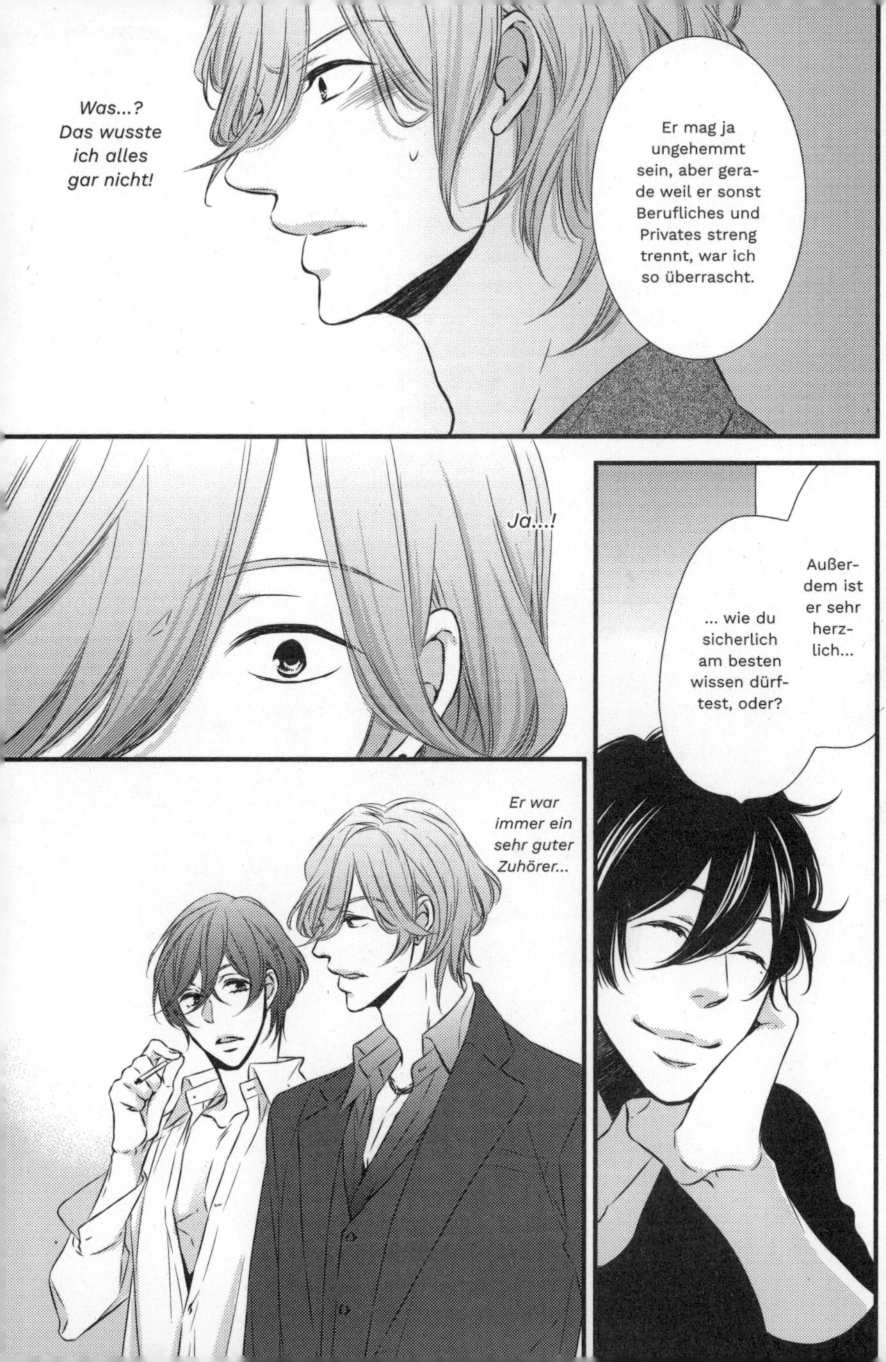

Er mag ja ungehemmt sein, aber gerade weil er sonst Berufliches und Privates streng trennt, war ich so überrascht.
Was...? Das wusste ich alles gar nicht!
Außerdem ist er sehr herzlich...
... wie du sicherlich am besten wissen dürftest, oder?
Ja...!
Er war immer ein sehr guter Zuhörer...

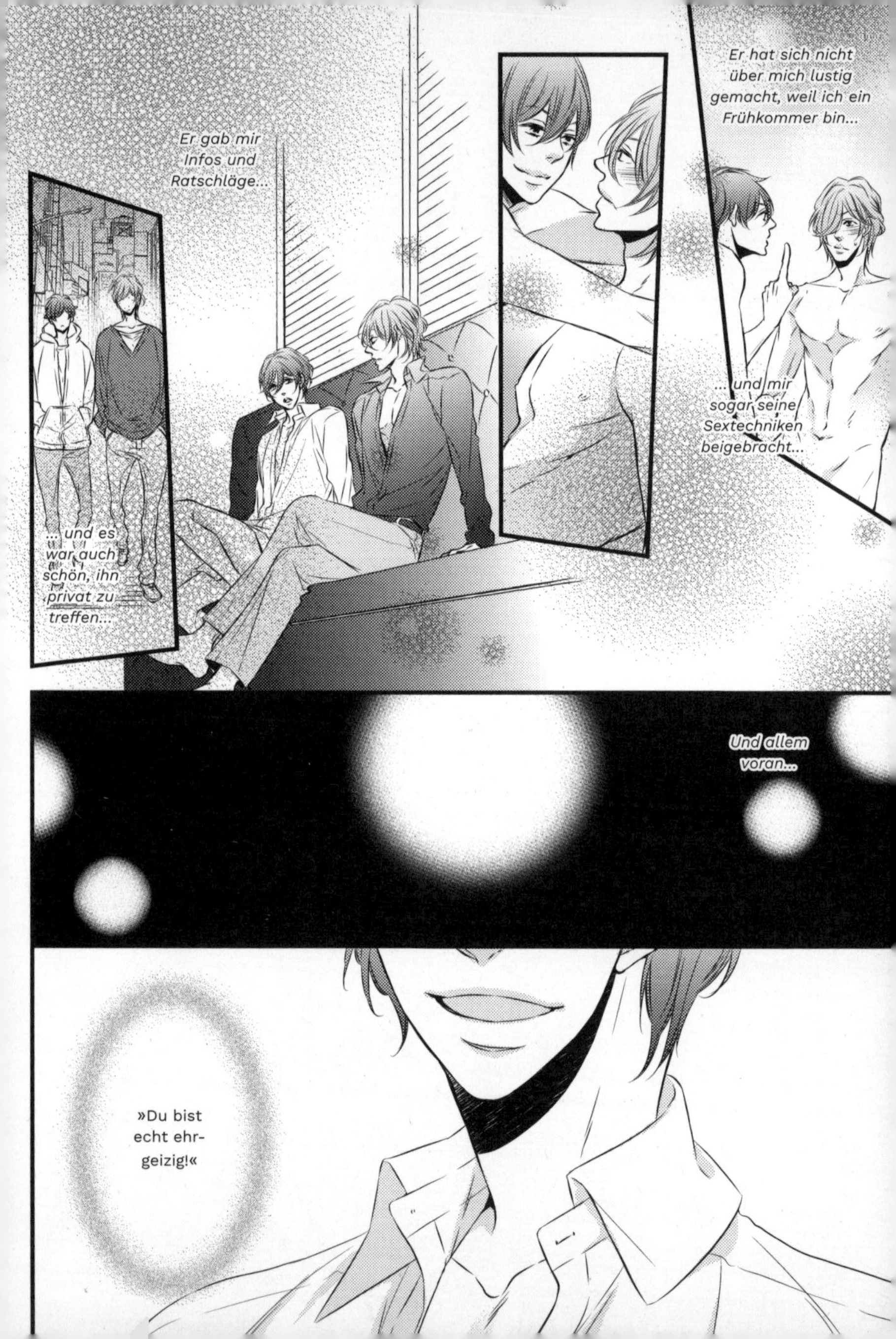
Er hat sich nicht über mich lustig gemacht, weil ich ein Frühkommer bin...
... und mir sogar seine Sextechniken beigebracht...
Er gab mir Infos und Ratschläge...
... und es war auch schön, ihn privat zu treffen...
Und allem voran...
»Du bist echt ehrgeizig!«

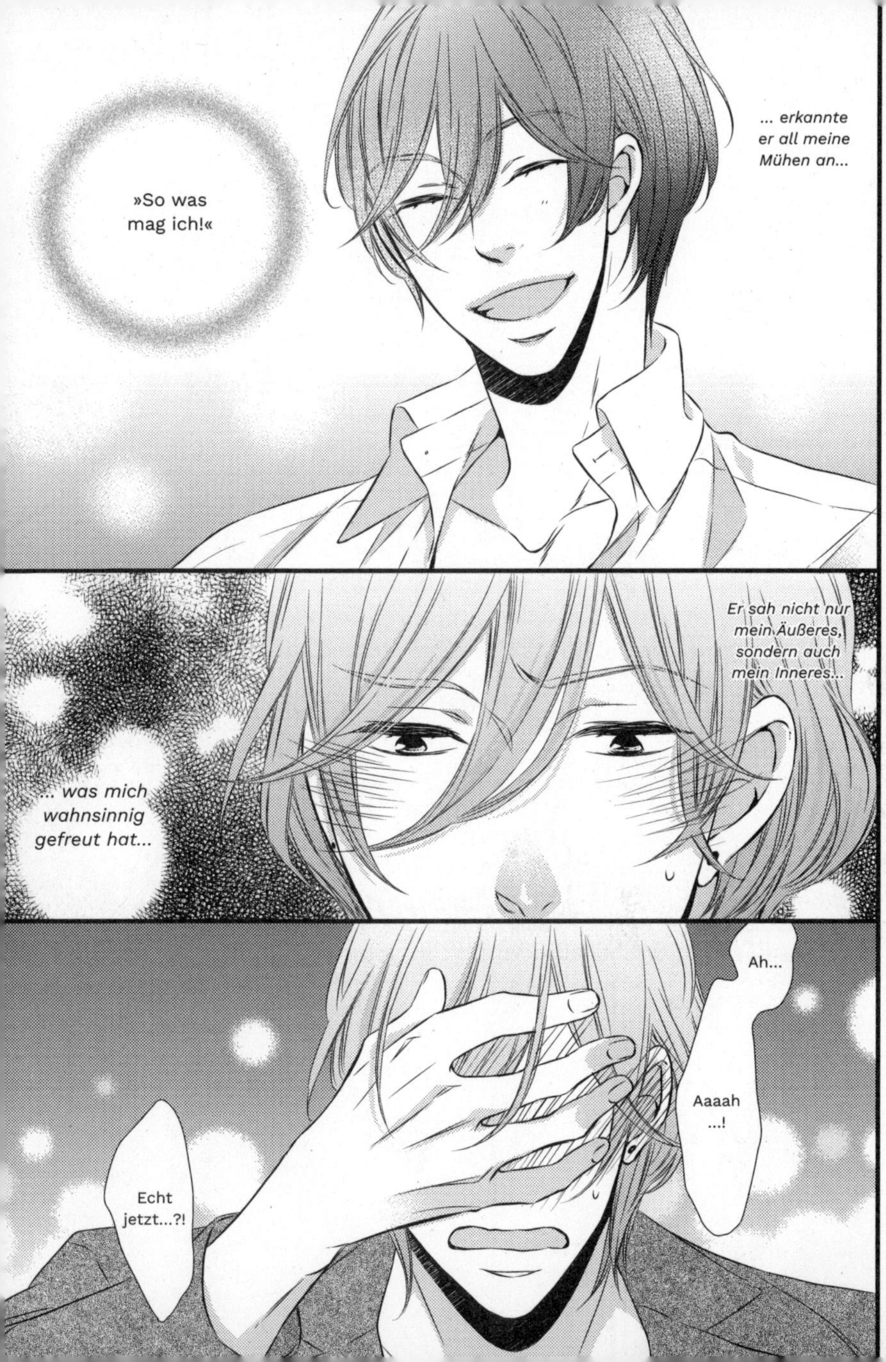
... erkannte er all meine Mühen an...
»So was mag ich!«
Er sah nicht nur mein Äußeres, sondern auch mein Inneres...
... was mich wahnsinnig gefreut hat...
Ah...
Aaaah ...!
Echt jetzt...?!

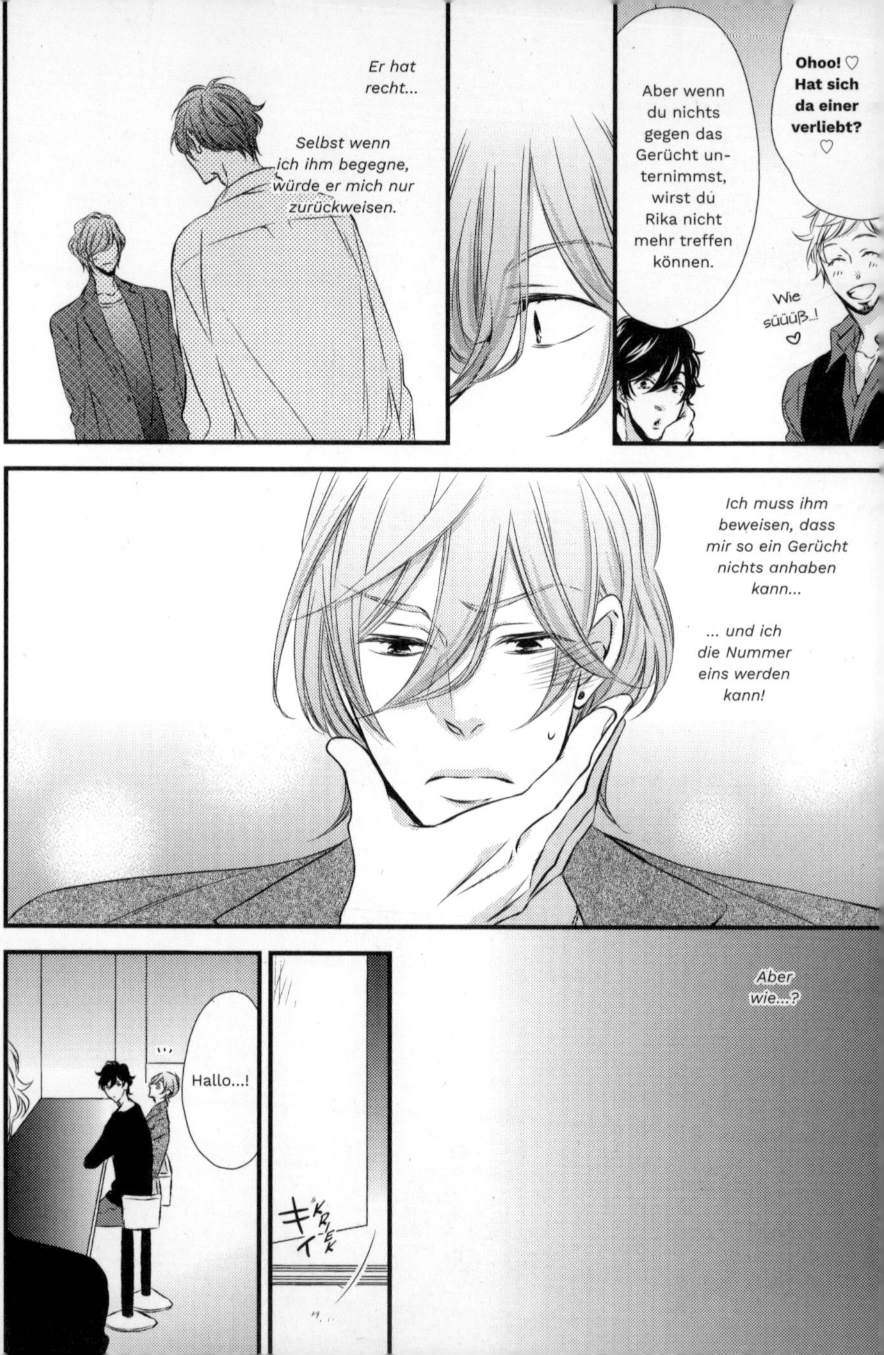
Ohoo! ♡ Hat sich da einer verliebt? ♡
Wie süüüß..! ♡
Aber wenn du nichts gegen das Gerücht unternimmst, wirst du Rika nicht mehr treffen können.
Er hat recht...
Selbst wenn ich ihm begegne, würde er mich nur zurückweisen.
Ich muss ihm beweisen, dass mir so ein Gerücht nichts anhaben kann...
... und ich die Nummer eins werden kann!
Aber wie...?
KRIEK
Hallo...!

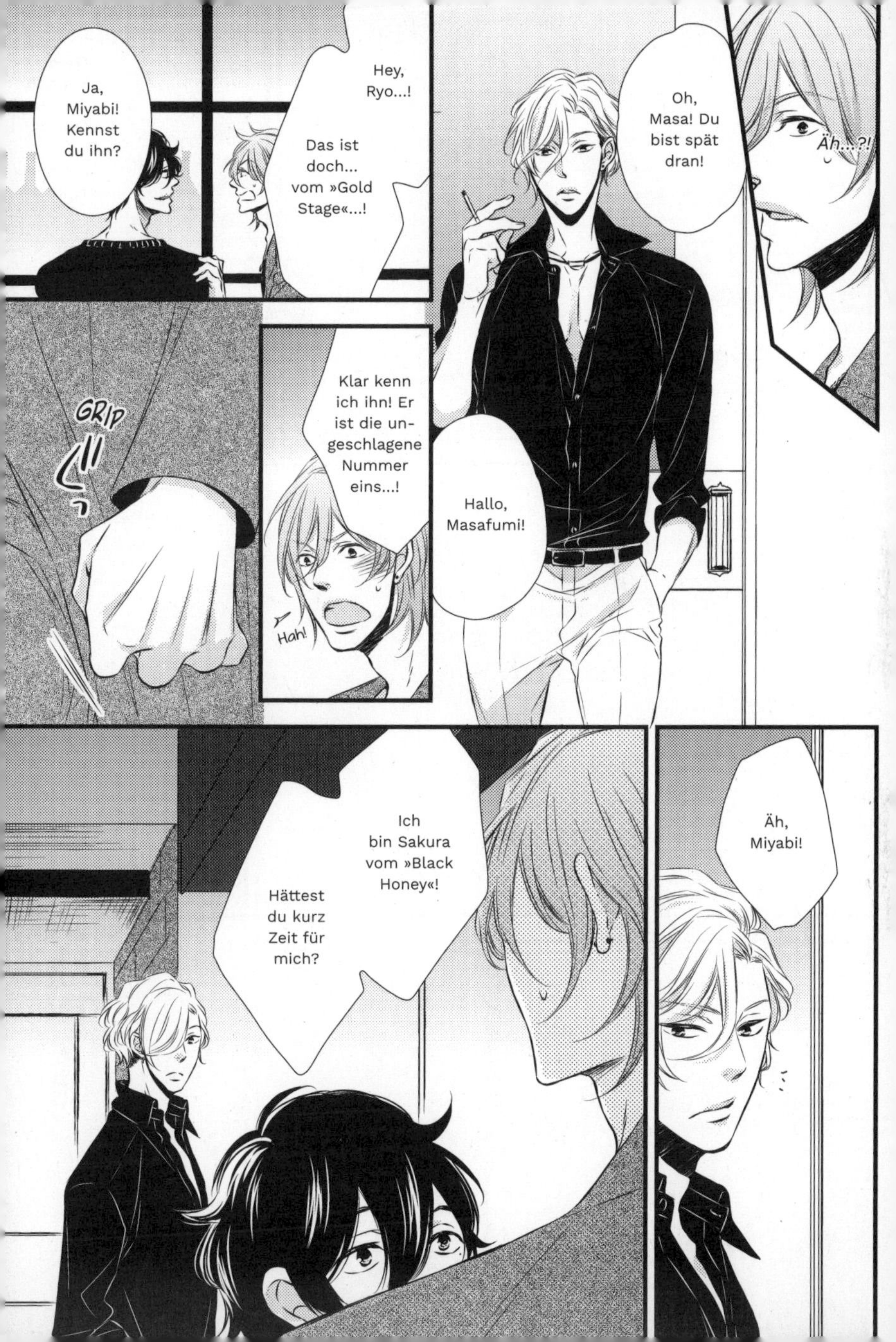
Oh, Masa! Du bist spät dran!
Äh...?!
Hey, Ryo...!
Das ist doch... vom »Gold Stage«...!
Ja, Miyabi! Kennst du ihn?
Hallo, Masafumi!
Klar kenn ich ihn! Er ist die ungeschlagene Nummer eins...!
Hah!
GRIP
Äh, Miyabi!
Ich bin Sakura vom »Black Honey«!
Hättest du kurz Zeit für mich?

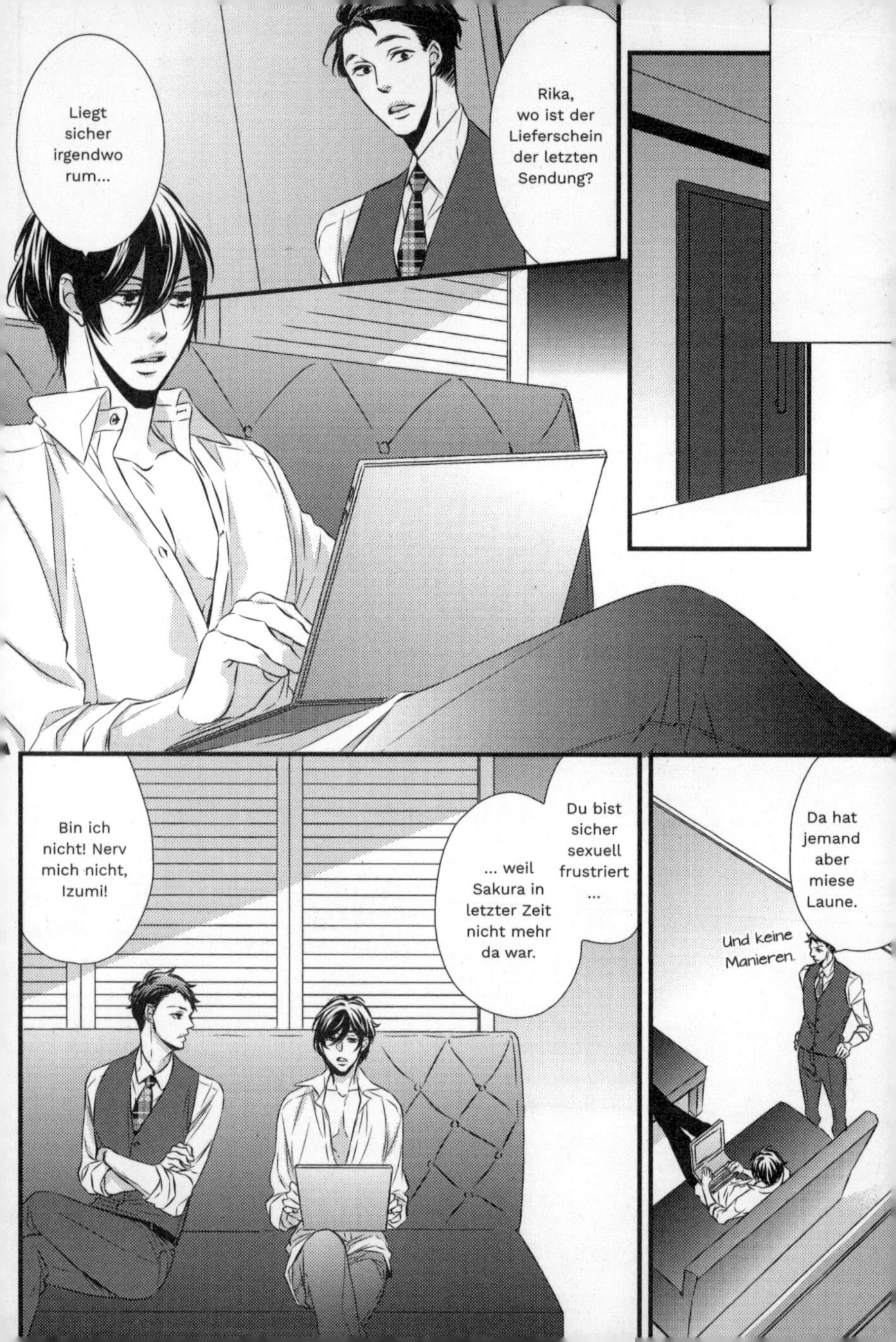
Rika, wo ist der Lieferschein der letzten Sendung?
Liegt sicher irgendwo rum...
Da hat jemand aber miese Laune.
Und keine Manieren.
Du bist sicher sexuell frustriert ...
... weil Sakura in letzter Zeit nicht mehr da war.
Bin ich nicht! Nerv mich nicht, Izumi!

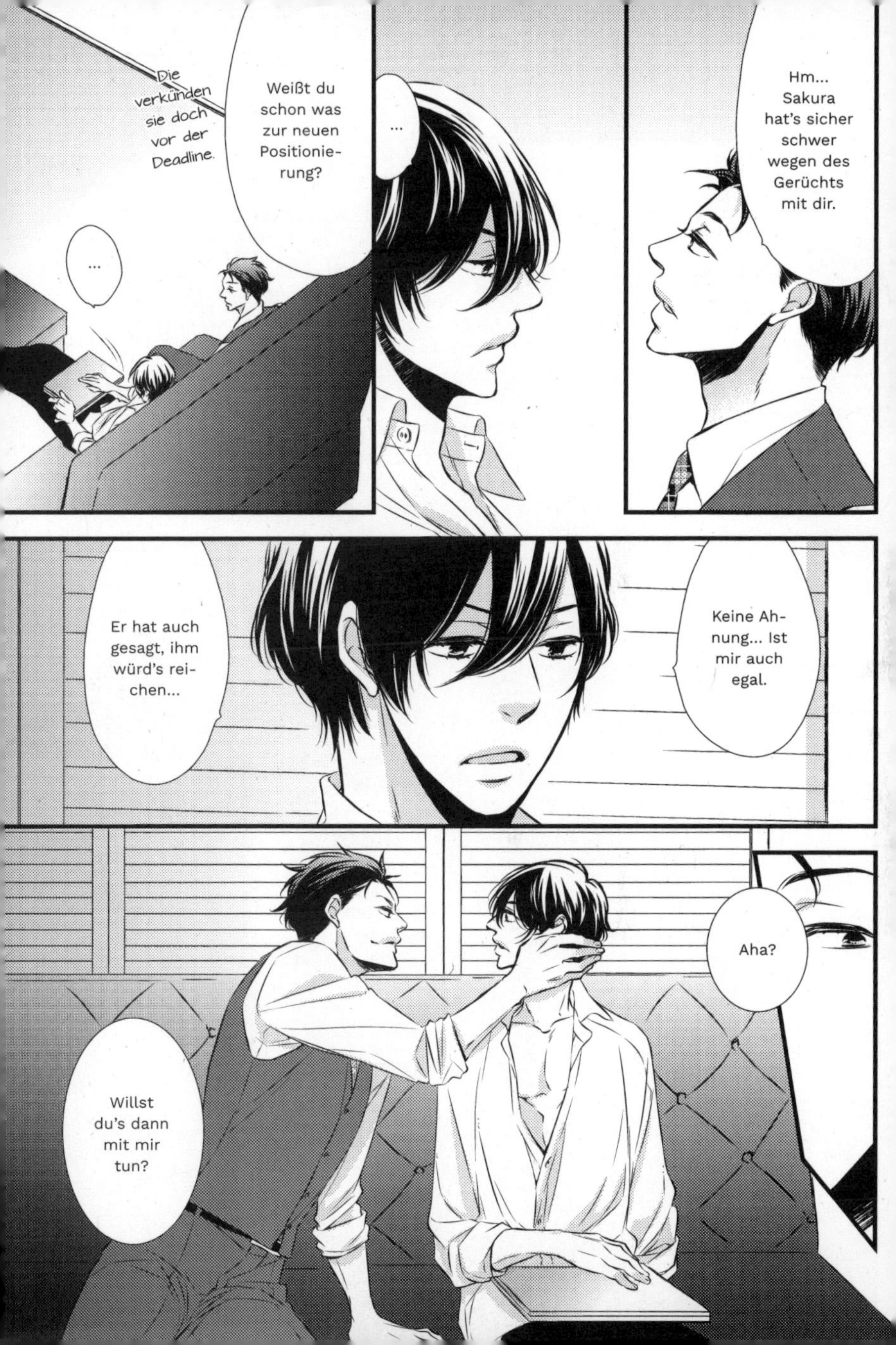
Hm... Sakura hat's sicher schwer wegen des Gerüchts mit dir.
...
Weißt du schon was zur neuen Positionie-rung?
Die verkünden sie doch vor der Deadline.
...
Keine Ah-nung... Ist mir auch egal.
Er hat auch gesagt, ihm würd's rei-chen...
Aha?
Willst du's dann mit mir tun?

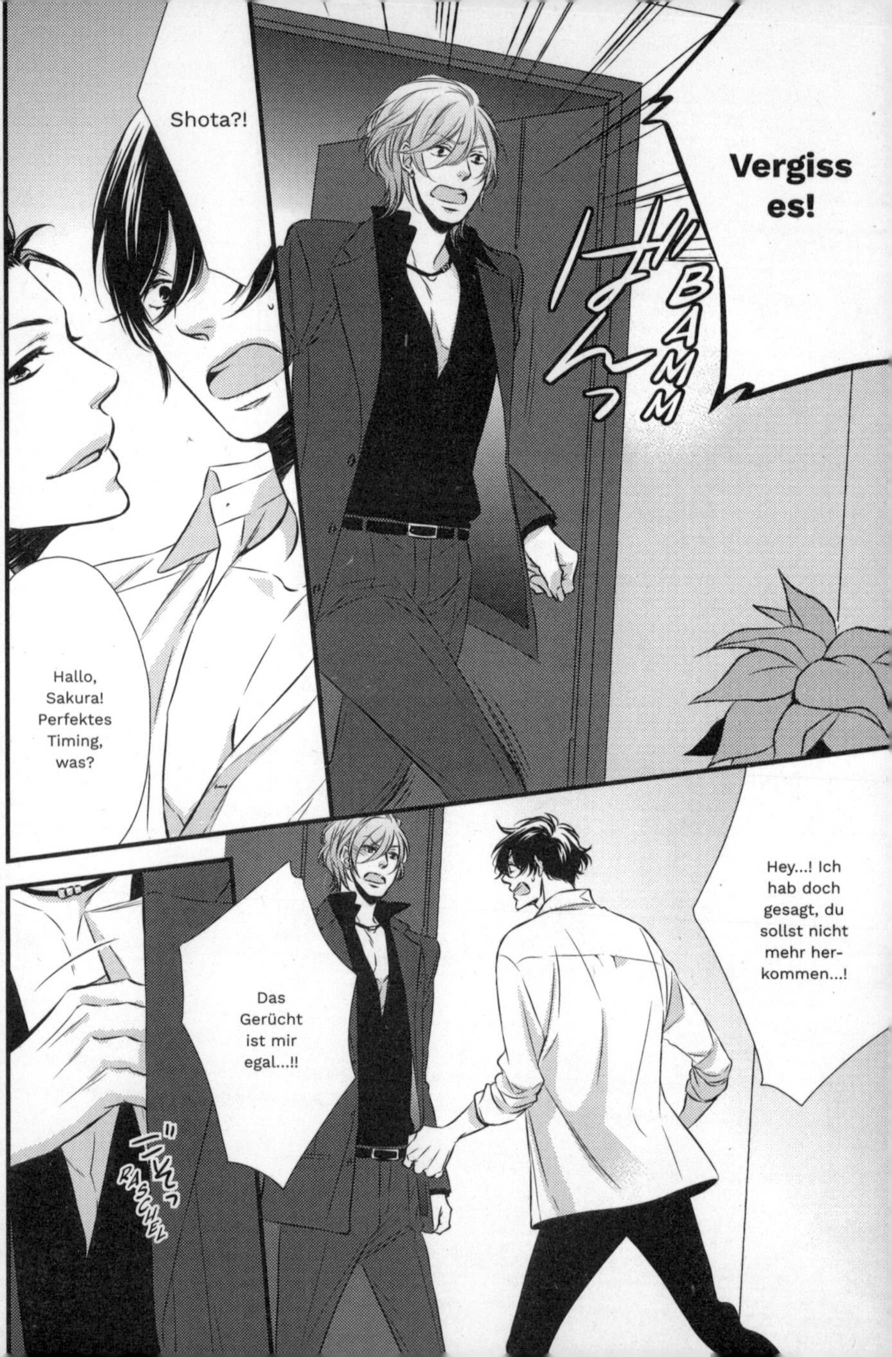
Vergiss es!
BAMM
Shota?!
Hallo, Sakura! Perfektes Timing, was?
Hey...! Ich hab doch gesagt, du sollst nicht mehr her-kommen...!
Das Gerücht ist mir egal...!!
RASCHEL

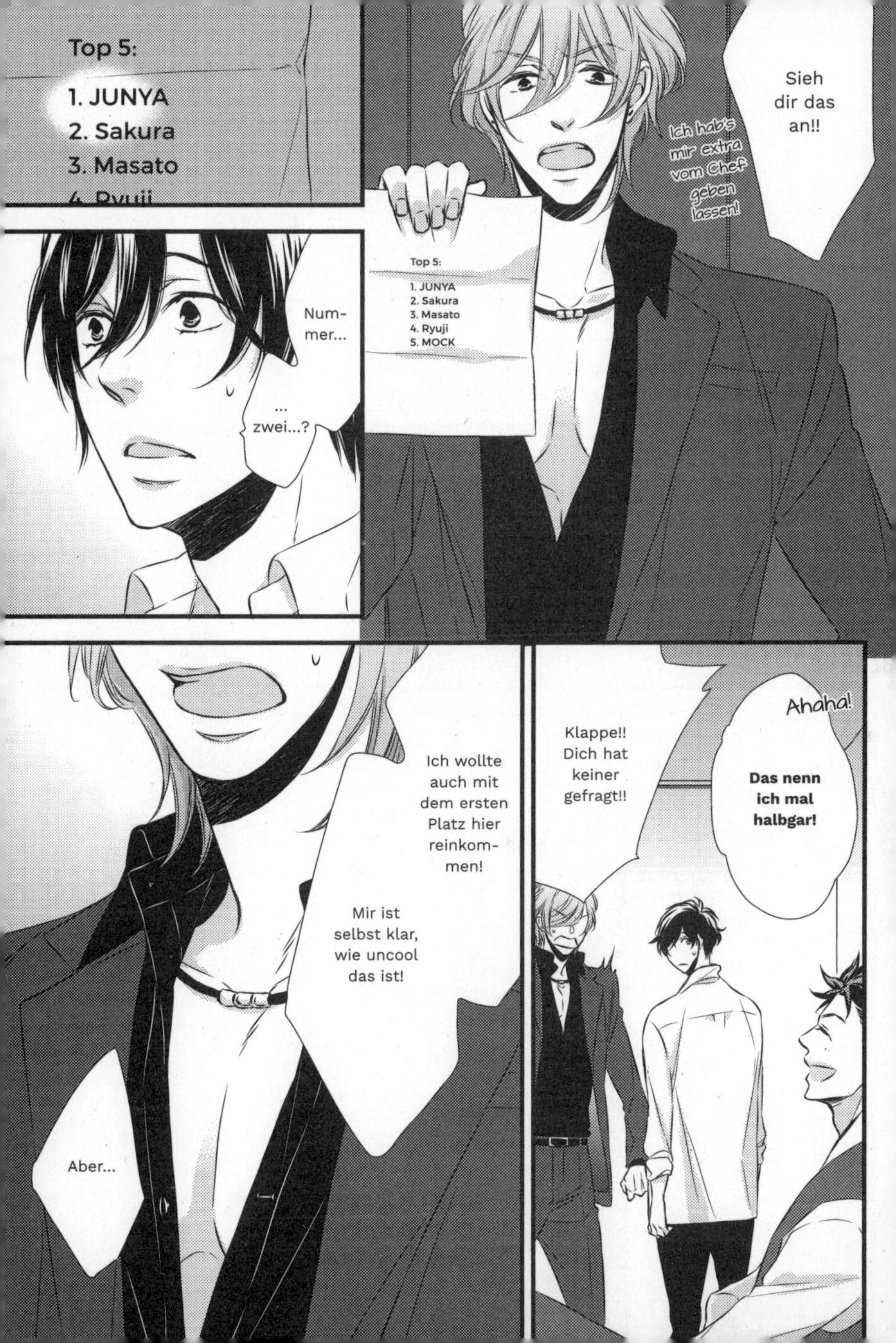
Sieh dir das an!!
Ich hab's mir extra vom Chef geben lassen!
Top 5:
1. JUNYA
2. Sakura
3. Masato
4. Ryuji
5. MOCK
Top 5:
1. JUNYA
2. Sakura
3. Masato
Num-mer...
... zwei...?
Ahaha!
Das nenn ich mal halbgar!
Klappe!! Dich hat keiner gefragt!!
Ich wollte auch mit dem ersten Platz hier reinkom-men!
Mir ist selbst klar, wie uncool das ist!
Aber...

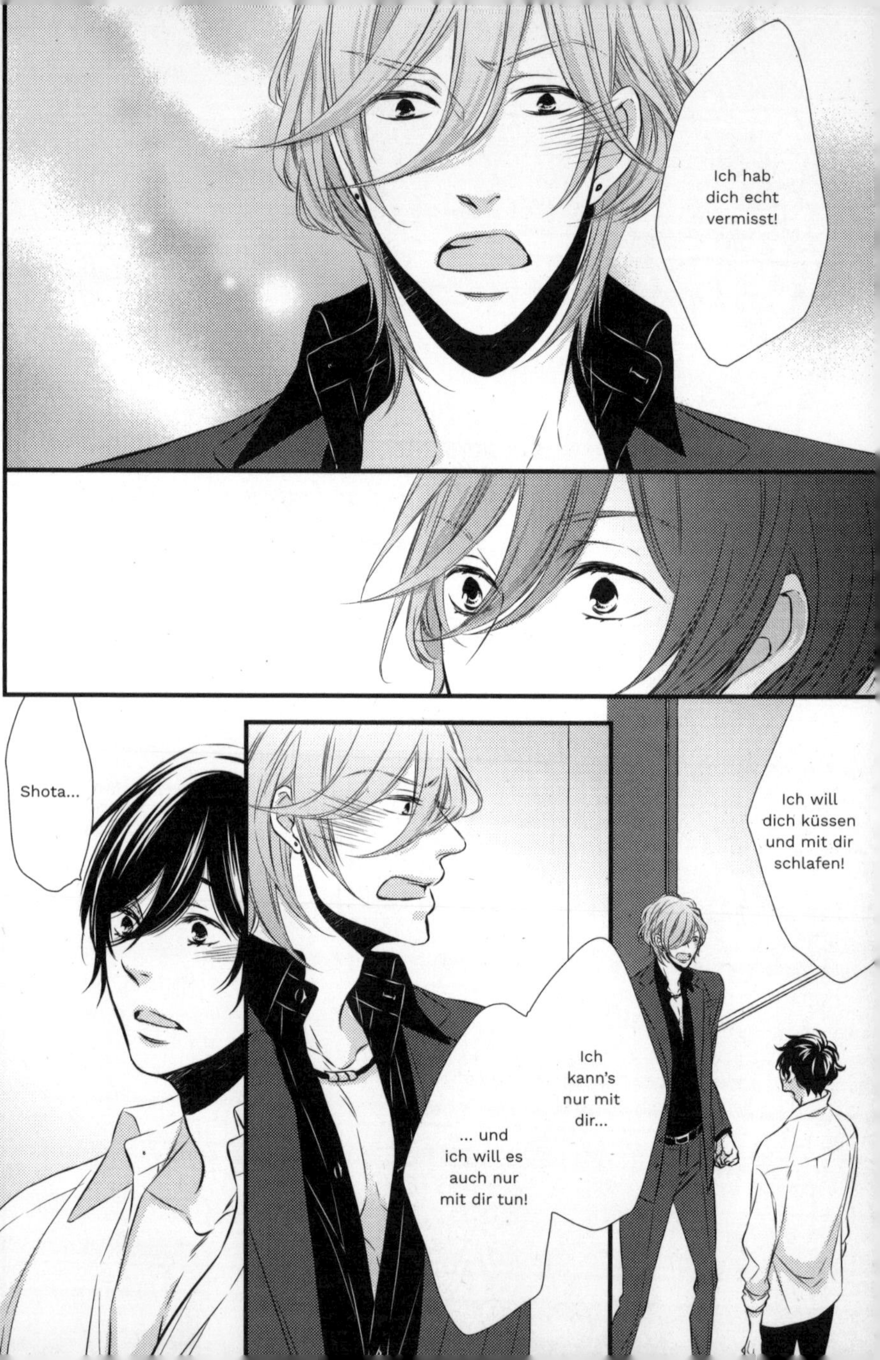
Ich hab dich echt vermisst!
Ich will dich küssen und mit dir schlafen!
Ich kann's nur mit dir...
... und ich will es auch nur mit dir tun!
Shota...

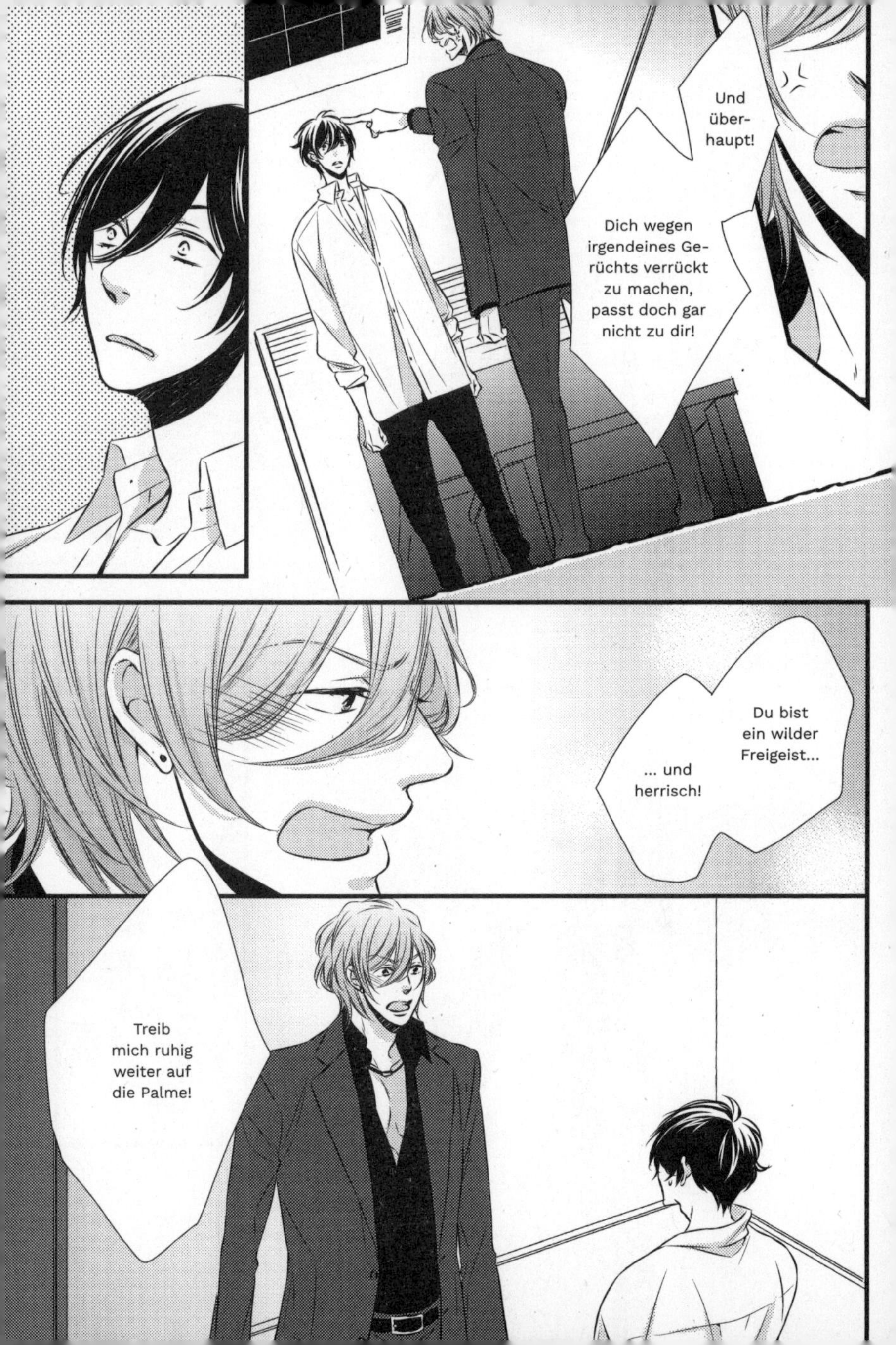
Und über-haupt!
Dich wegen irgendeines Ge-rüchts verrückt zu machen, passt doch gar nicht zu dir!
Du bist ein wilder Freigeist...
... und herrisch!
Treib mich ruhig weiter auf die Palme!

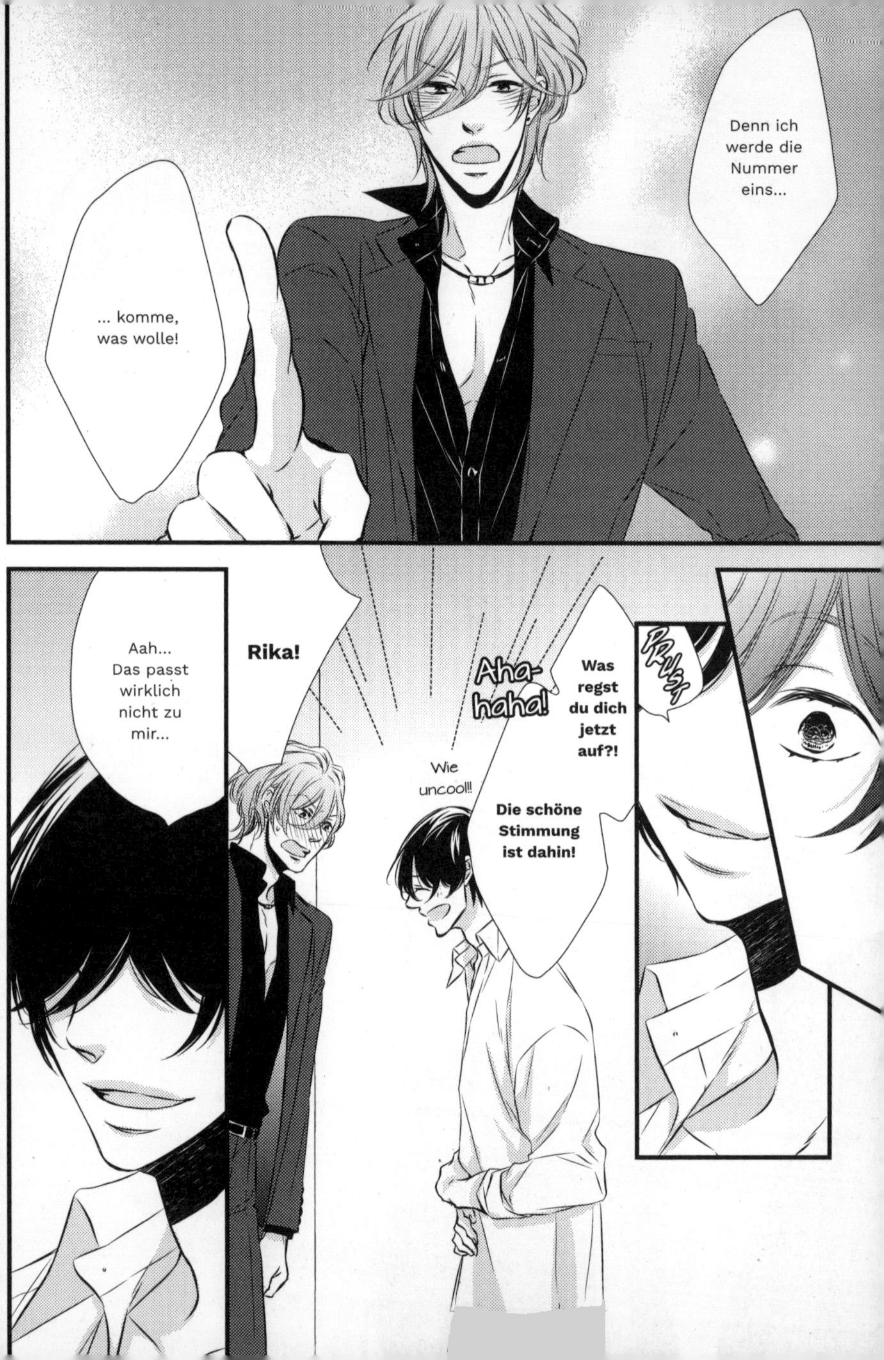
Denn ich werde die Nummer eins...
... komme, was wolle!
PRUST
Was regst du dich jetzt auf?!
Aha-haha!
Die schöne Stimmung ist dahin!
Wie uncool!!
Rika!
Aah... Das passt wirklich nicht zu mir...

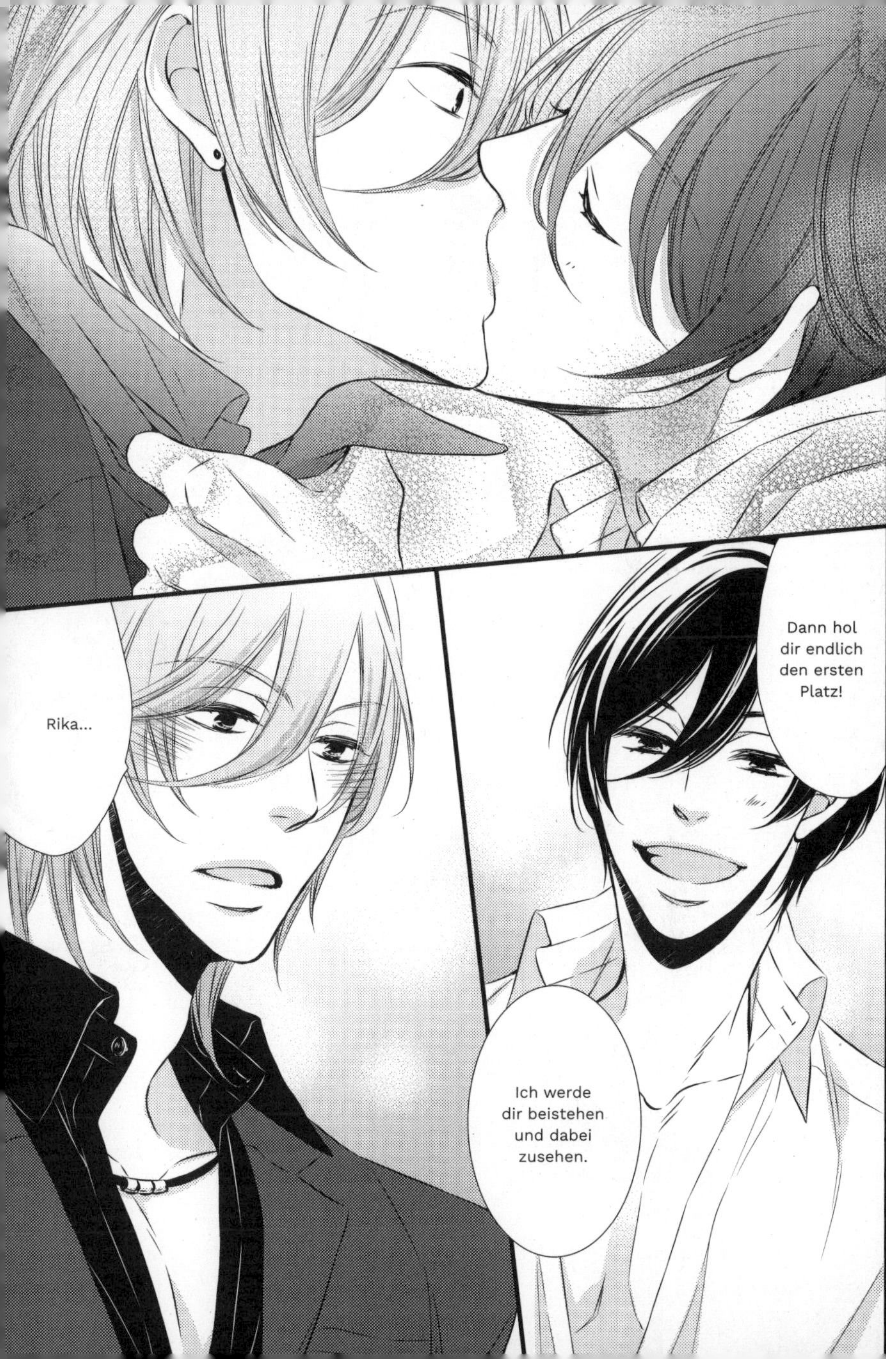
Dann hol dir endlich den ersten Platz!
Rika...
Ich werde dir beistehen und dabei zusehen.

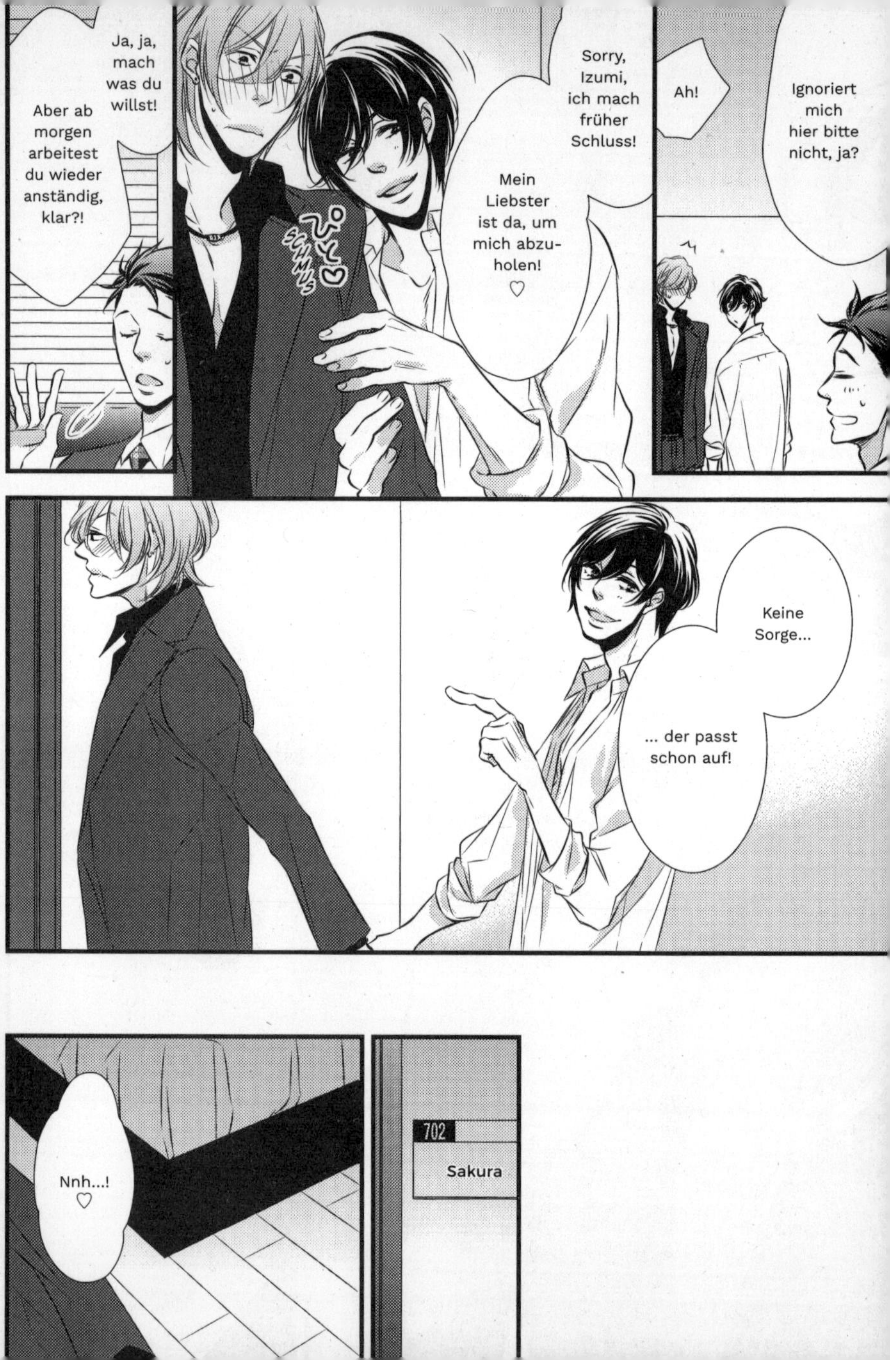
Ignoriert mich hier bitte nicht, ja?
Ah!
Sorry, Izumi, ich mach früher Schluss!
Mein Liebster ist da, um mich abzuholen! ♡
SCHMUS
Ja, ja, mach was du willst!
Aber ab morgen arbeitest du wieder anständig, klar?!
Keine Sorge...
... der passt schon auf!
702
Sakura
Nnh...! ♡

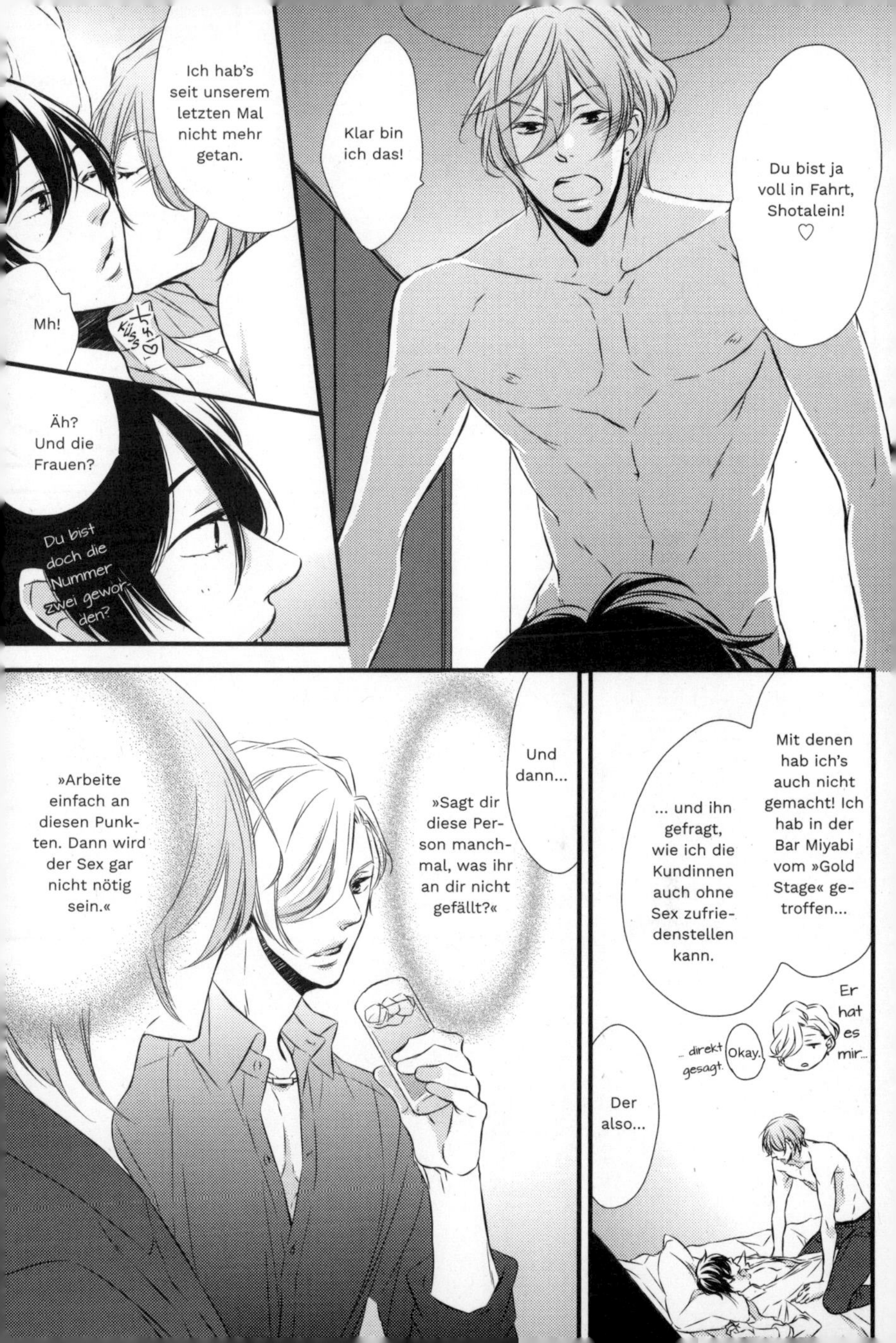
Du bist ja voll in Fahrt, Shotalein! ♡
Klar bin ich das!
Ich hab's seit unserem letzten Mal nicht mehr getan.
Mh!
Küss
Äh? Und die Frauen?
Du bist doch die Nummer zwei geworden?
Mit denen hab ich's auch nicht gemacht! Ich hab in der Bar Miyabi vom »Gold Stage« getroffen...
... und ihn gefragt, wie ich die Kundinnen auch ohne Sex zufriedenstellen kann.
Er hat es mir...
Okay.
... direkt gesagt.
Der also...
Und dann...
»Sagt dir diese Person manchmal, was ihr an dir nicht gefällt?«
»Arbeite einfach an diesen Punkten. Dann wird der Sex gar nicht nötig sein.«

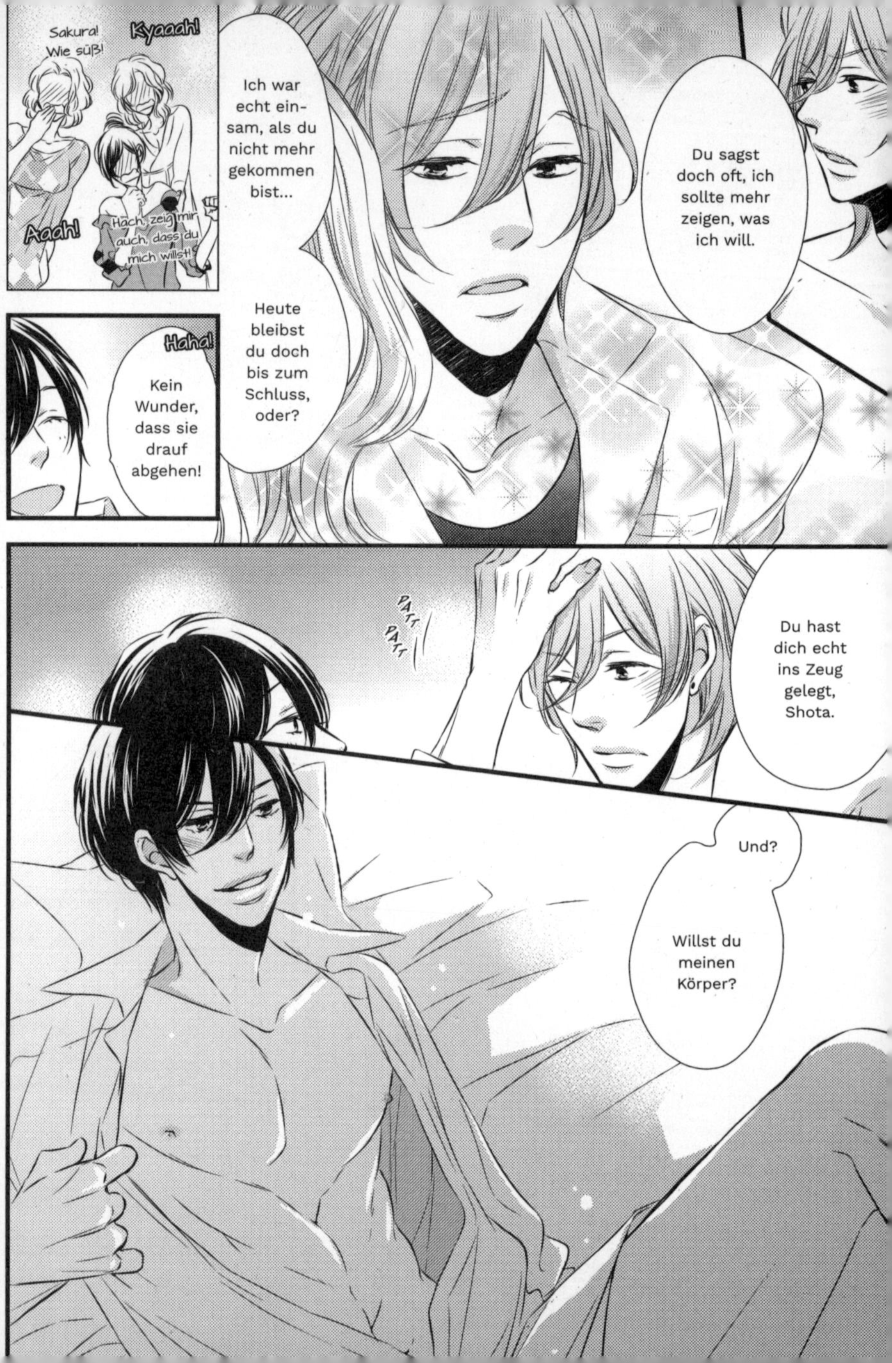
Du sagst doch oft, ich sollte mehr zeigen, was ich will.
Ich war echt einsam, als du nicht mehr gekommen bist...
Heute bleibst du doch bis zum Schluss, oder?
Sakura! Wie süß!
Kyaaah!
Hach, zeig mir auch, dass du mich willst!
Aaah!
Haha!
Kein Wunder, dass sie drauf abgehen!
PATT PATT
Du hast dich echt ins Zeug gelegt, Shota.
Und?
Willst du meinen Körper?

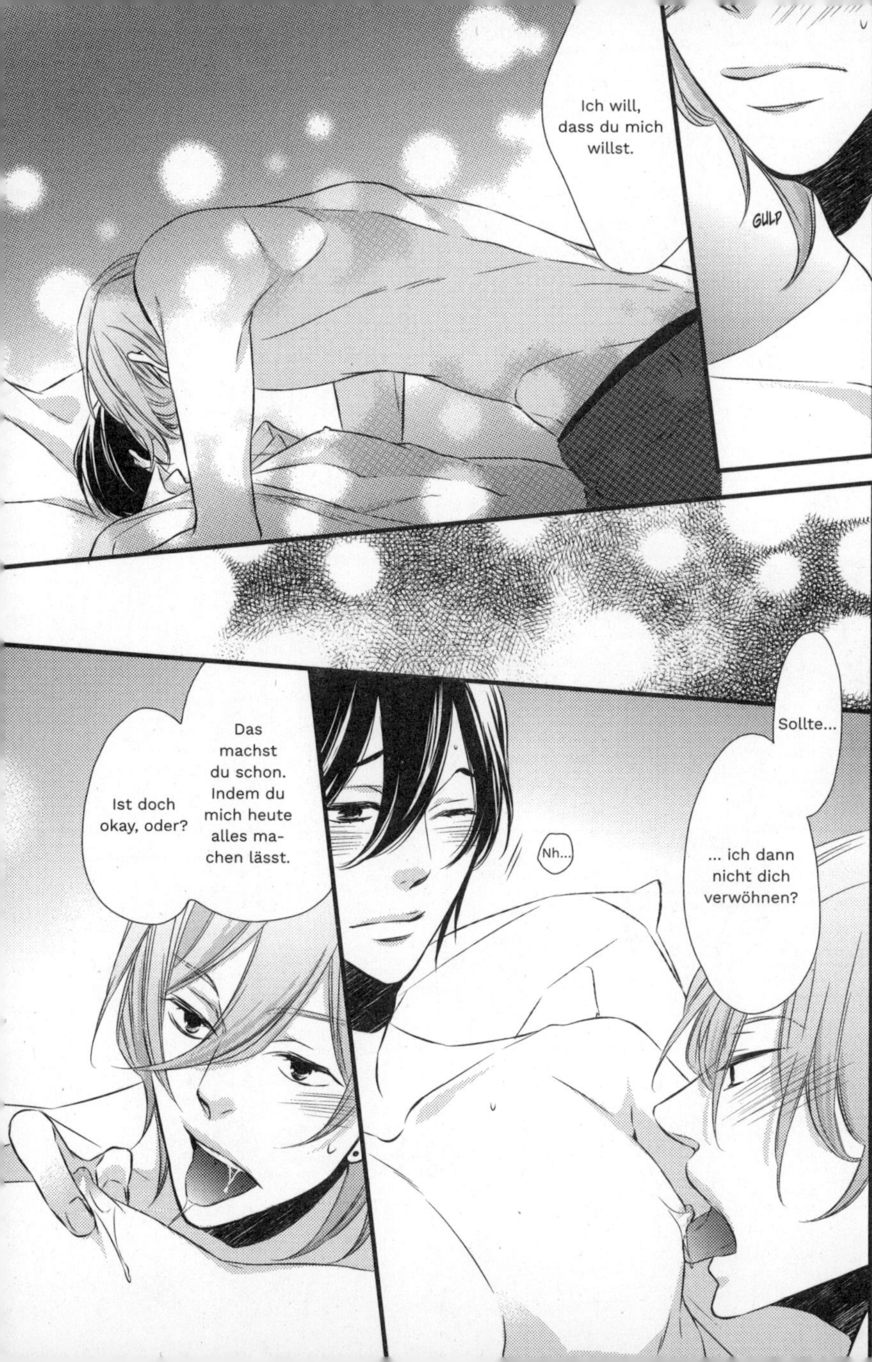
Ich will, dass du mich willst.
GULP
Sollte...
... ich dann nicht dich verwöhnen?
Nh...
Das machst du schon. Indem du mich heute alles machen lässt.
Ist doch okay, oder?

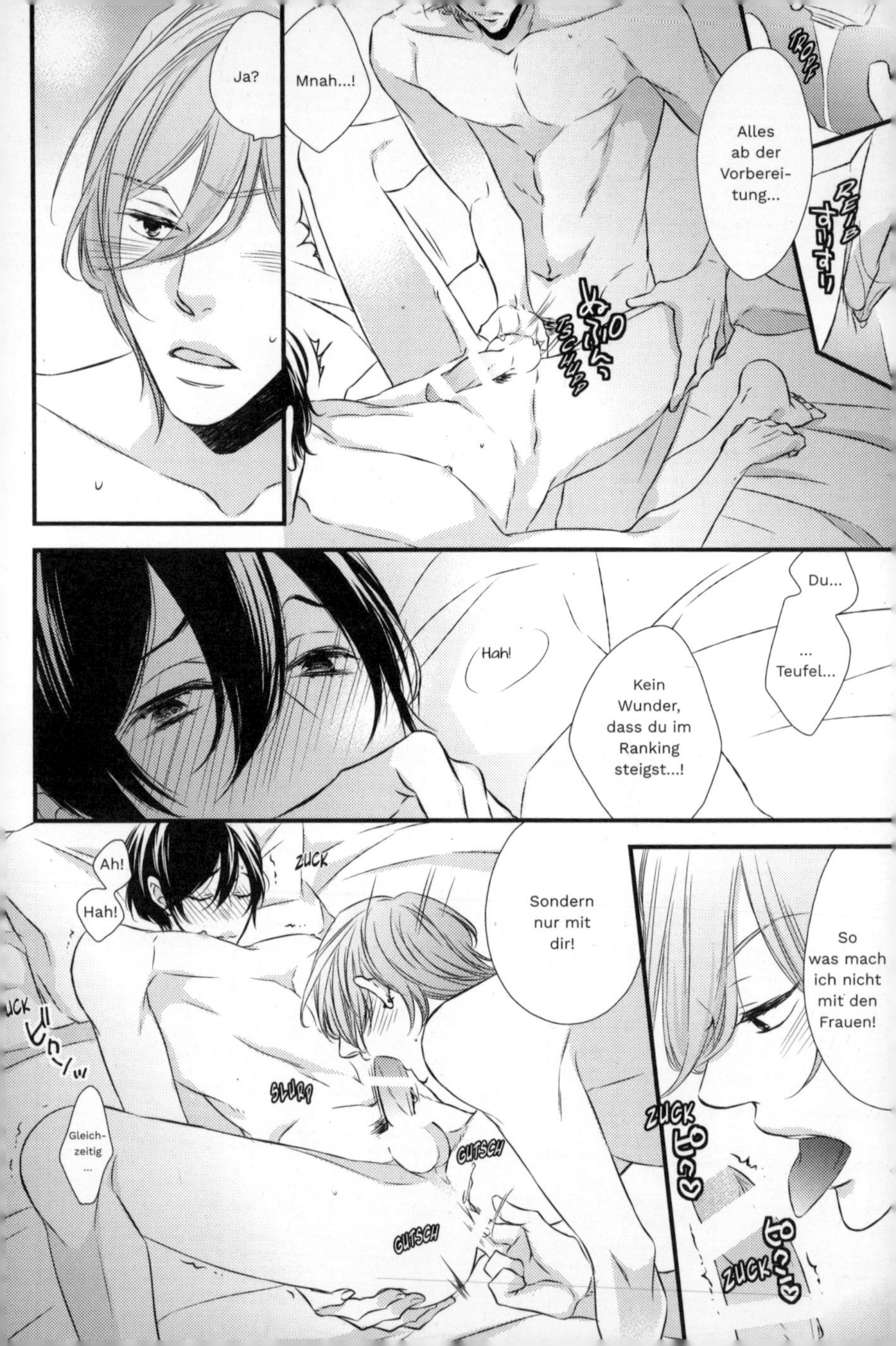
Alles ab der Vorberei-tung...
REIB
Mnah...!
Ja?
Du...
... Teufel...
Kein Wunder, dass du im Ranking steigst...!
Hah!
So was mach ich nicht mit den Frauen!
Sondern nur mit dir!
ZUCK
ZUCK
ZUCK
Ah!
Hah!
SLURP
GUTSCH
GUTSCH
Gleich-zeitig ...

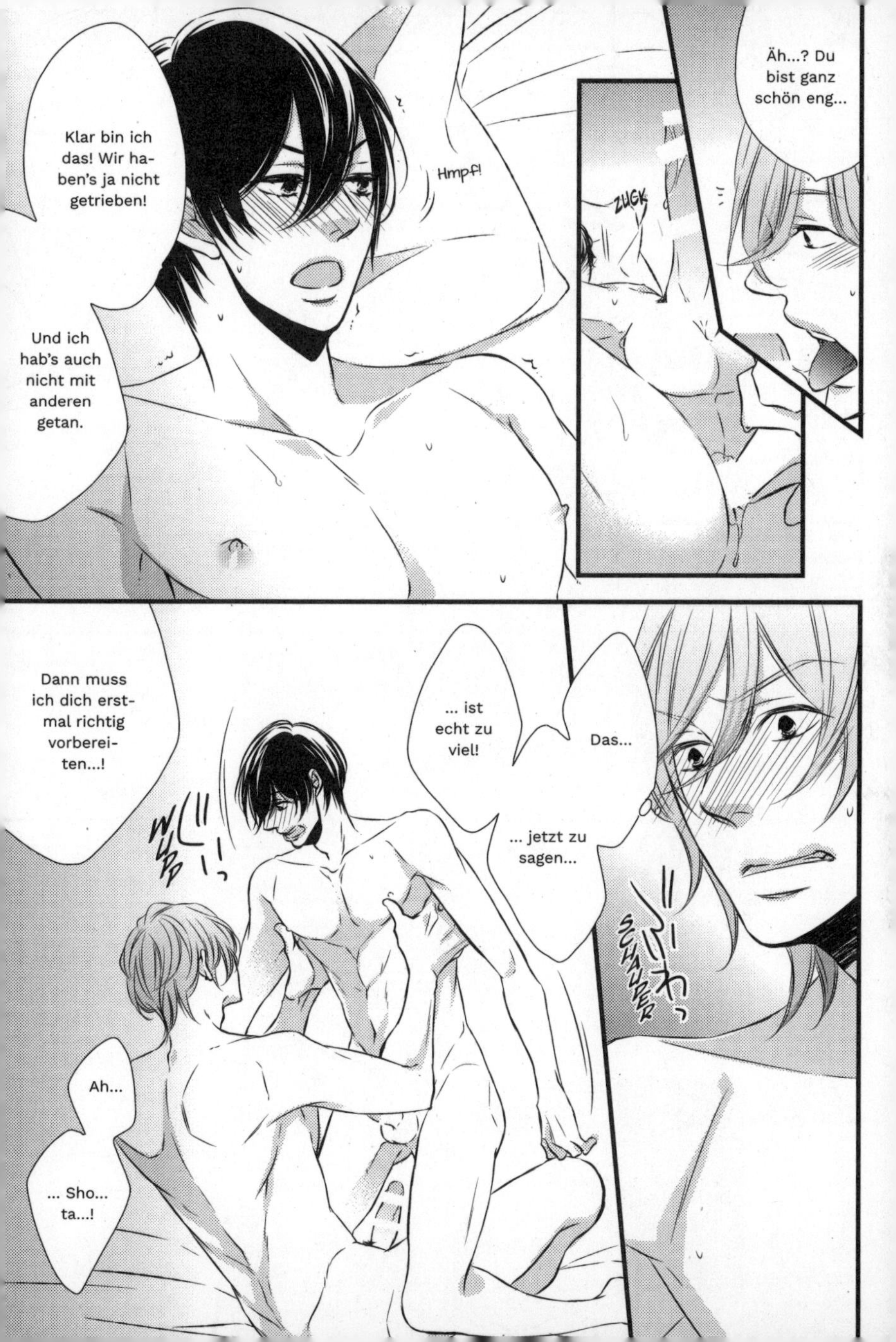
Äh...? Du bist ganz schön eng...
ZUCK
Hmpf!
Klar bin ich das! Wir haben's ja nicht getrieben!
Und ich hab's auch nicht mit anderen getan.
Das...
... jetzt zu sagen...
SCHAUDER
... ist echt zu viel!
Dann muss ich dich erstmal richtig vorbereiten...!
WUPP
Ah...
... Sho... ta...!

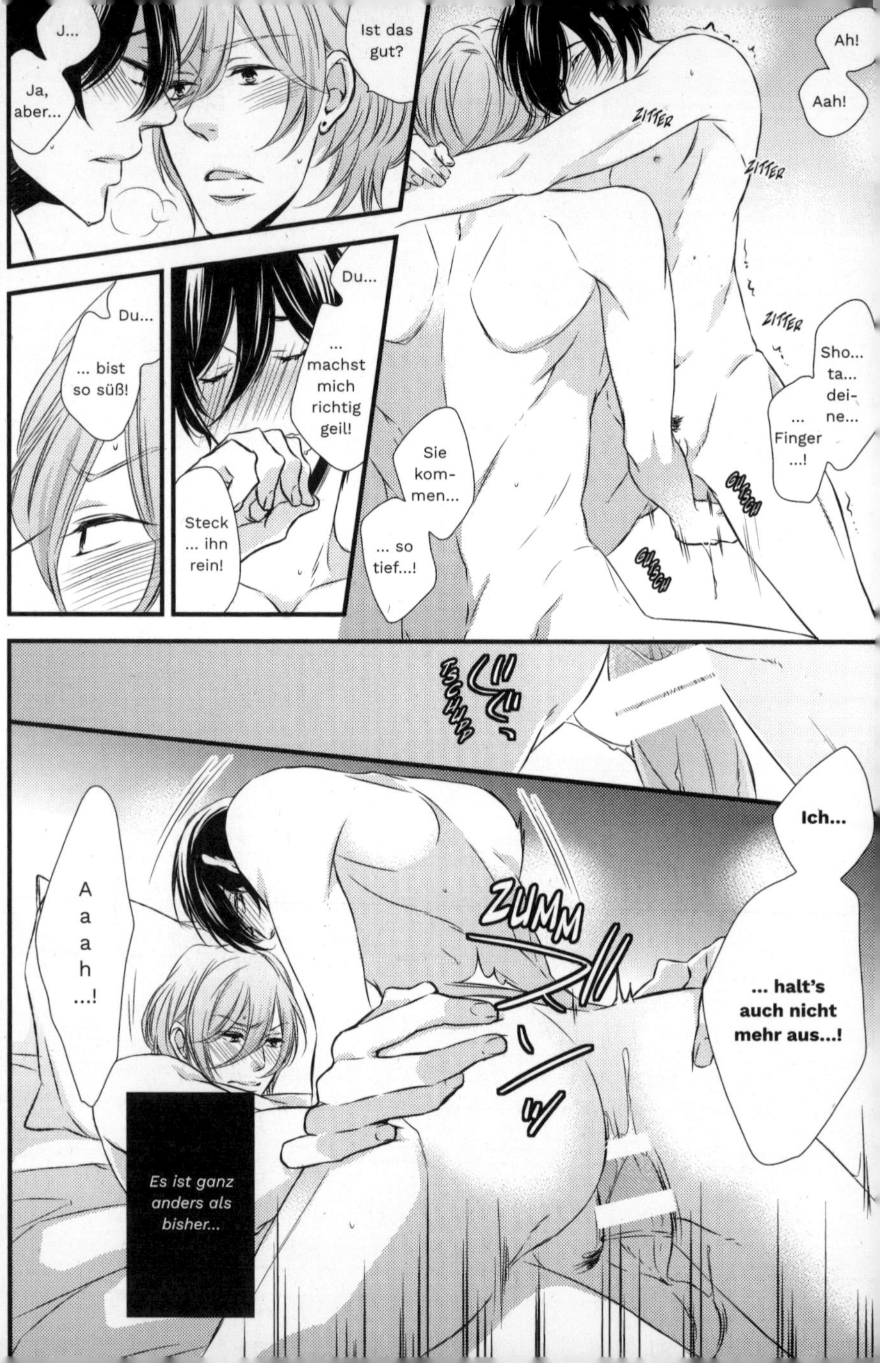
Ah!
Aah!
ZITTER
ZITTER
ZITTER
Sho... ta... dei-ne... ... Finger ...!
Sie kom-men...
... so tief...!
Ist das gut?
J...
Ja, aber...
Du...
... machst mich richtig geil!
Steck ... ihn rein!
Du...
... bist so süß!
Ich...
... halt's auch nicht mehr aus...!
ZUMM
A a a h ...!
Es ist ganz anders als bisher...

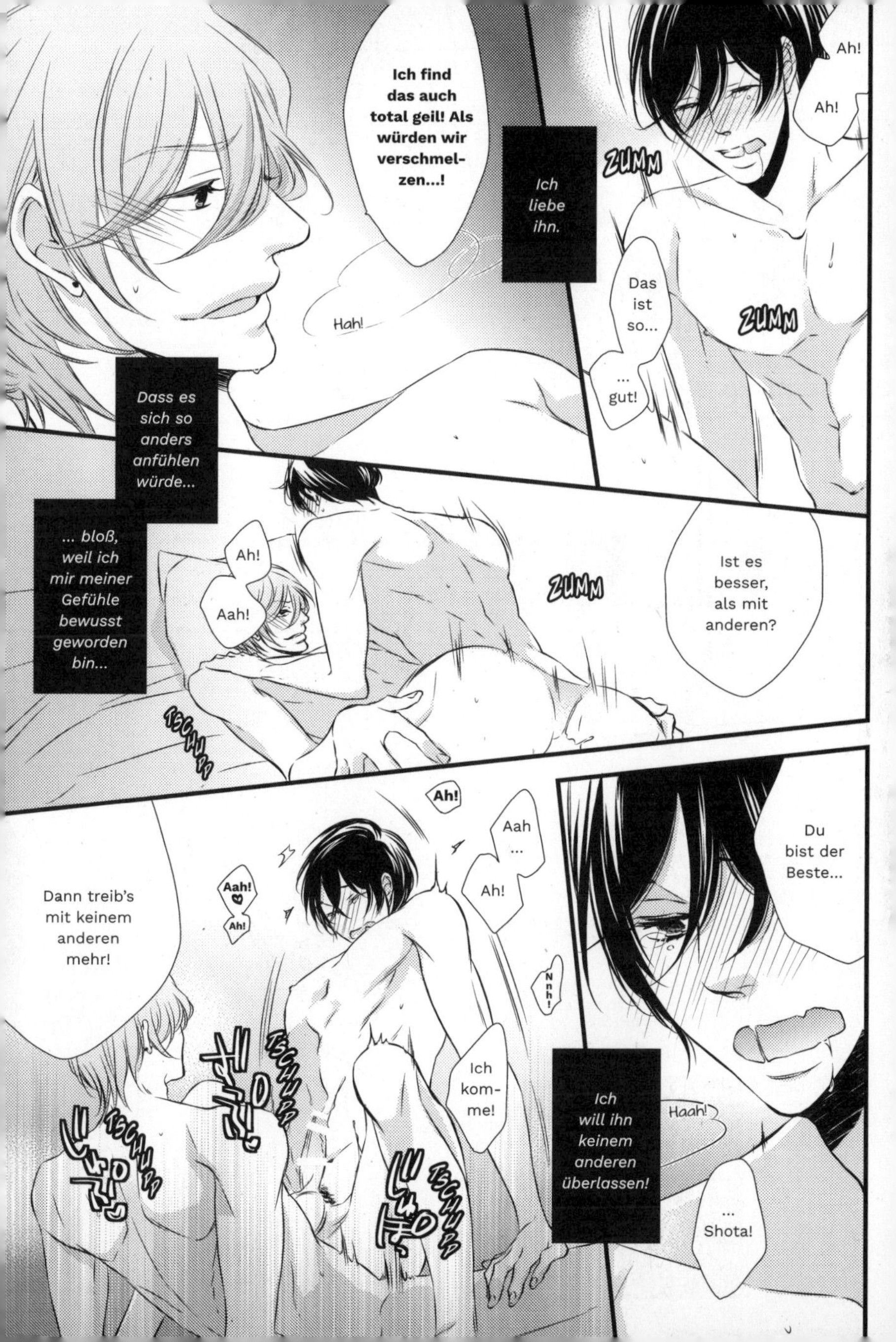
Ah!
Ah!
ZUMM
Ich liebe ihn.
Das ist so...
... gut!
ZUMM
Ich find das auch total geil! Als würden wir verschmel-zen...!
Hah!
Dass es sich so anders anfühlen würde...
Ist es besser, als mit anderen?
ZUMM
Ah!
Aah!
... bloß, weil ich mir meiner Gefühle bewusst geworden bin...
TSCHUPP
Du bist der Beste...
Haah!
Ich will ihn keinem anderen überlassen!
... Shota!
Ah!
Aah ...
Ah!
Aah! ♥
Ah!
Nnh!
Ich kom-me!
TSCHUPP
TSCHUPP
Dann treib's mit keinem anderen mehr!
TSCHUPP

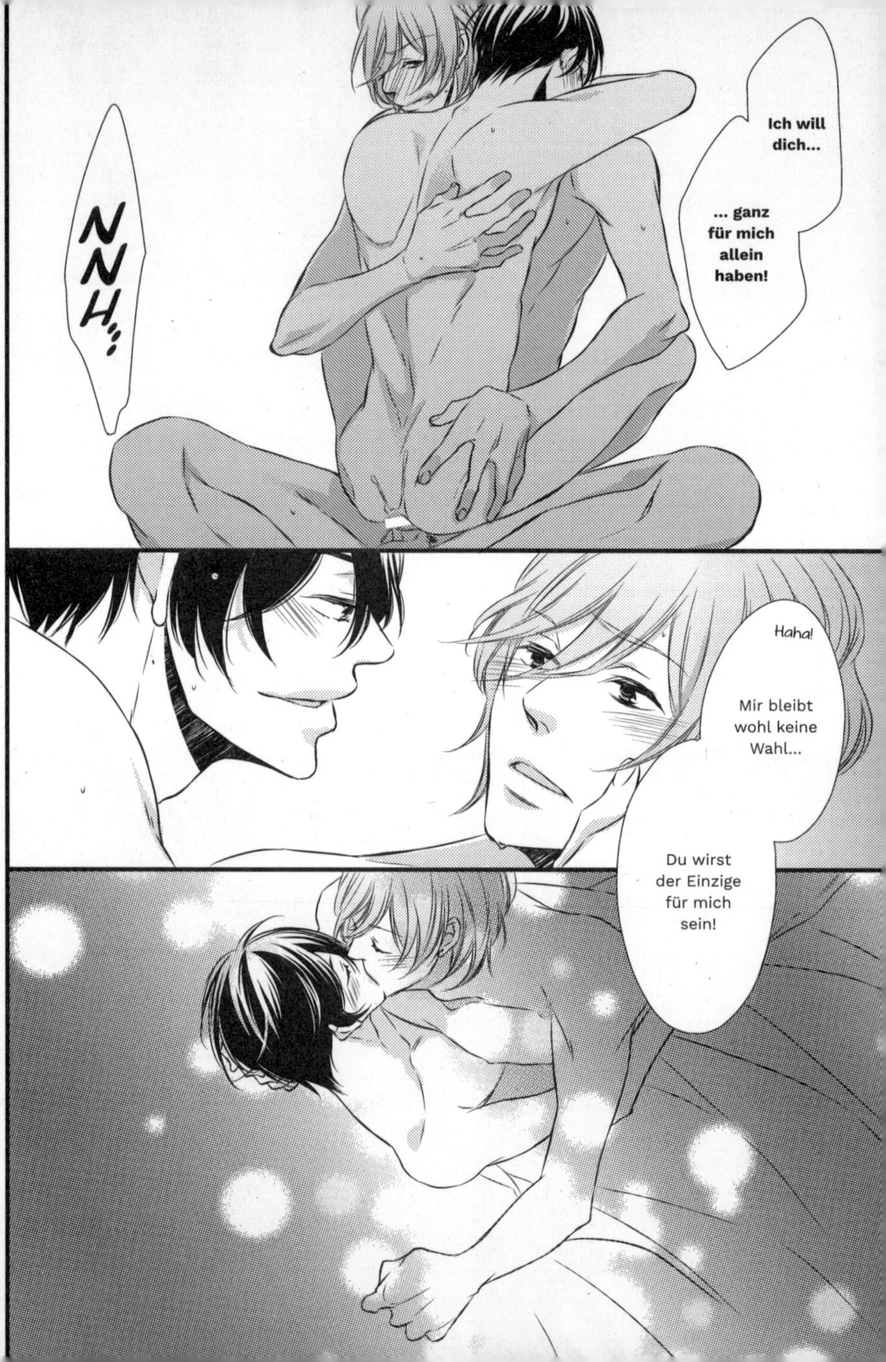
Ich will dich...
... ganz für mich allein haben!
NNH...!
Haha!
Mir bleibt wohl keine Wahl...
Du wirst der Einzige für mich sein!

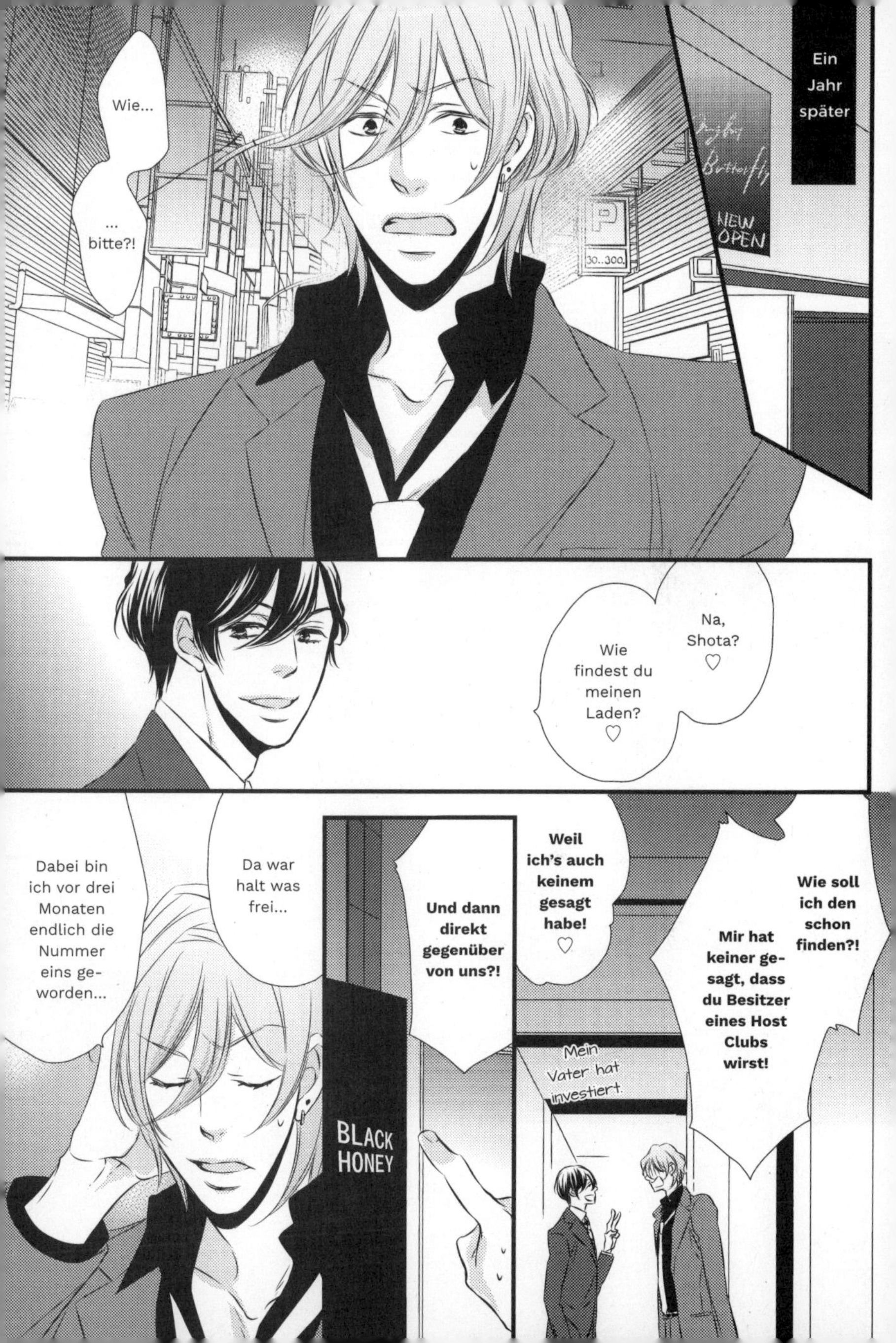
Ein Jahr später
NEW OPEN
Wie...
... bitte?!
Na, Shota? ♡
Wie findest du meinen Laden? ♡
Wie soll ich den schon finden?!
Mir hat keiner gesagt, dass du Besitzer eines Host Clubs wirst!
Weil ich's auch keinem gesagt habe! ♡
Mein Vater hat investiert.
Und dann direkt gegenüber von uns?!
BLACK HONEY
Da war halt was frei...
Dabei bin ich vor drei Monaten endlich die Nummer eins geworden...

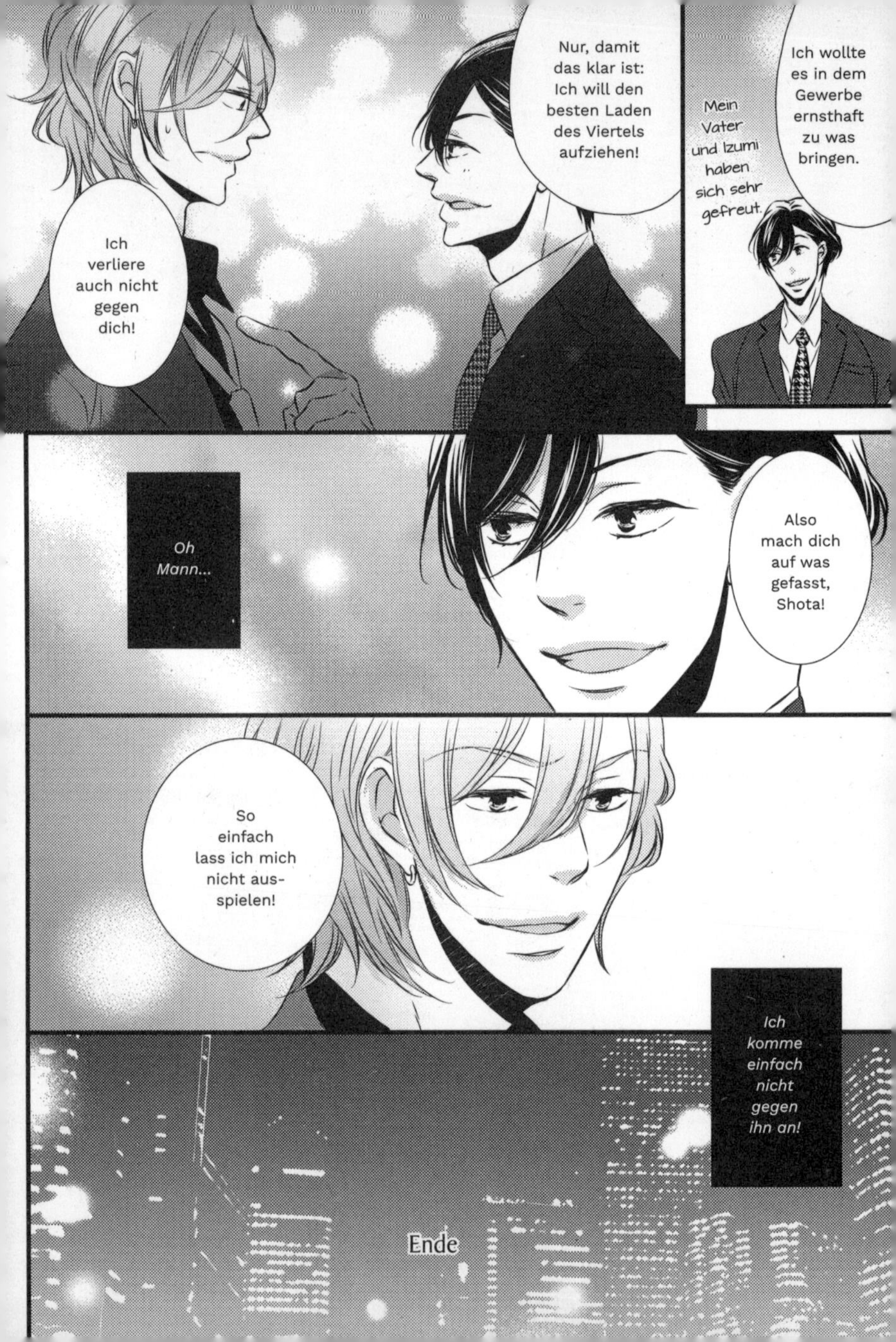
Ich wollte es in dem Gewerbe ernsthaft zu was bringen.
Mein Vater und Izumi haben sich sehr gefreut.
Nur, damit das klar ist: Ich will den besten Laden des Viertels aufziehen!
Ich verliere auch nicht gegen dich!
Also mach dich auf was gefasst, Shota!
Oh Mann...
So einfach lass ich mich nicht aus-spielen!
Ich komme einfach nicht gegen ihn an!
Ende

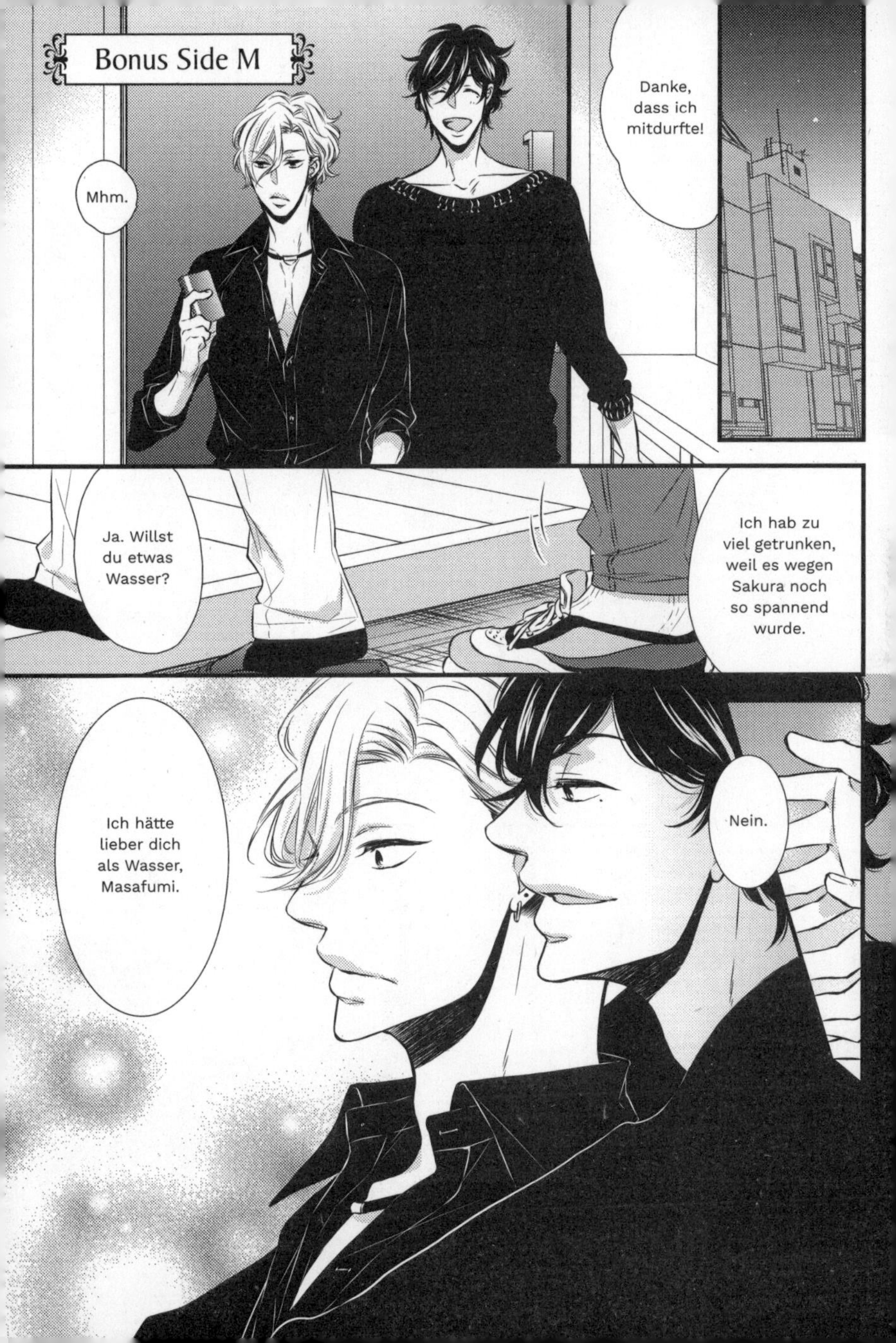
Bonus Side M
Danke, dass ich mitdurfte!
Mhm.
Ich hab zu viel getrunken, weil es wegen Sakura noch so spannend wurde.
Ja. Willst du etwas Wasser?
Nein.
Ich hätte lieber dich als Wasser, Masafumi.

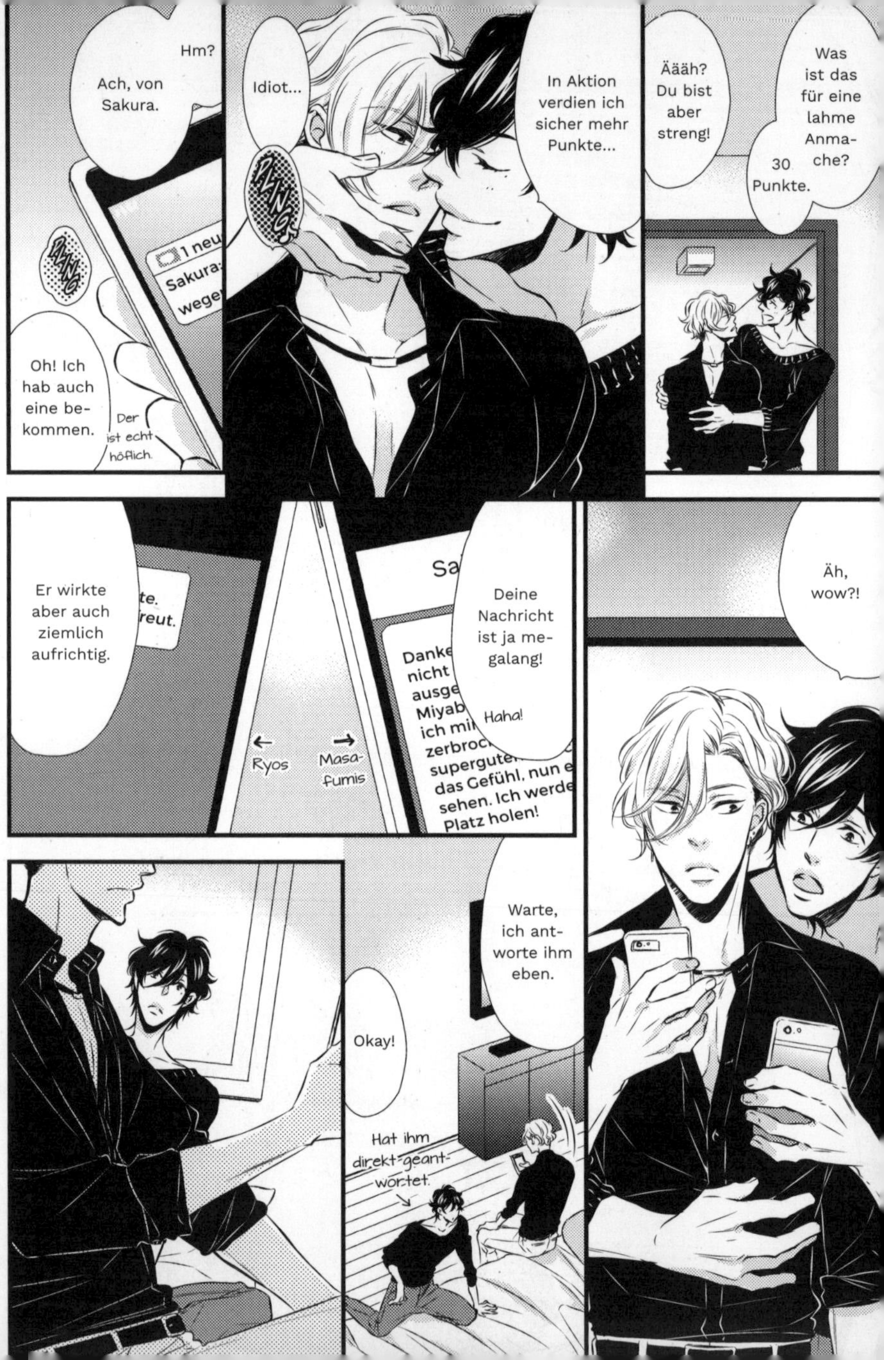
Was ist das für eine lahme Anmache?
30 Punkte.
Äääh? Du bist aber streng!
In Aktion verdien ich sicher mehr Punkte...
Idiot...
PANG
Hm?
Ach, von Sakura.
PANG
Oh! Ich hab auch eine bekommen.
Der ist echt höflich.
Äh, wow?!
Deine Nachricht ist ja megalang!
Haha!
← Ryos
→ Masafumis
Er wirkte aber auch ziemlich aufrichtig.
Warte, ich antworte ihm eben.
Okay!
Hat ihm direkt geantwortet.

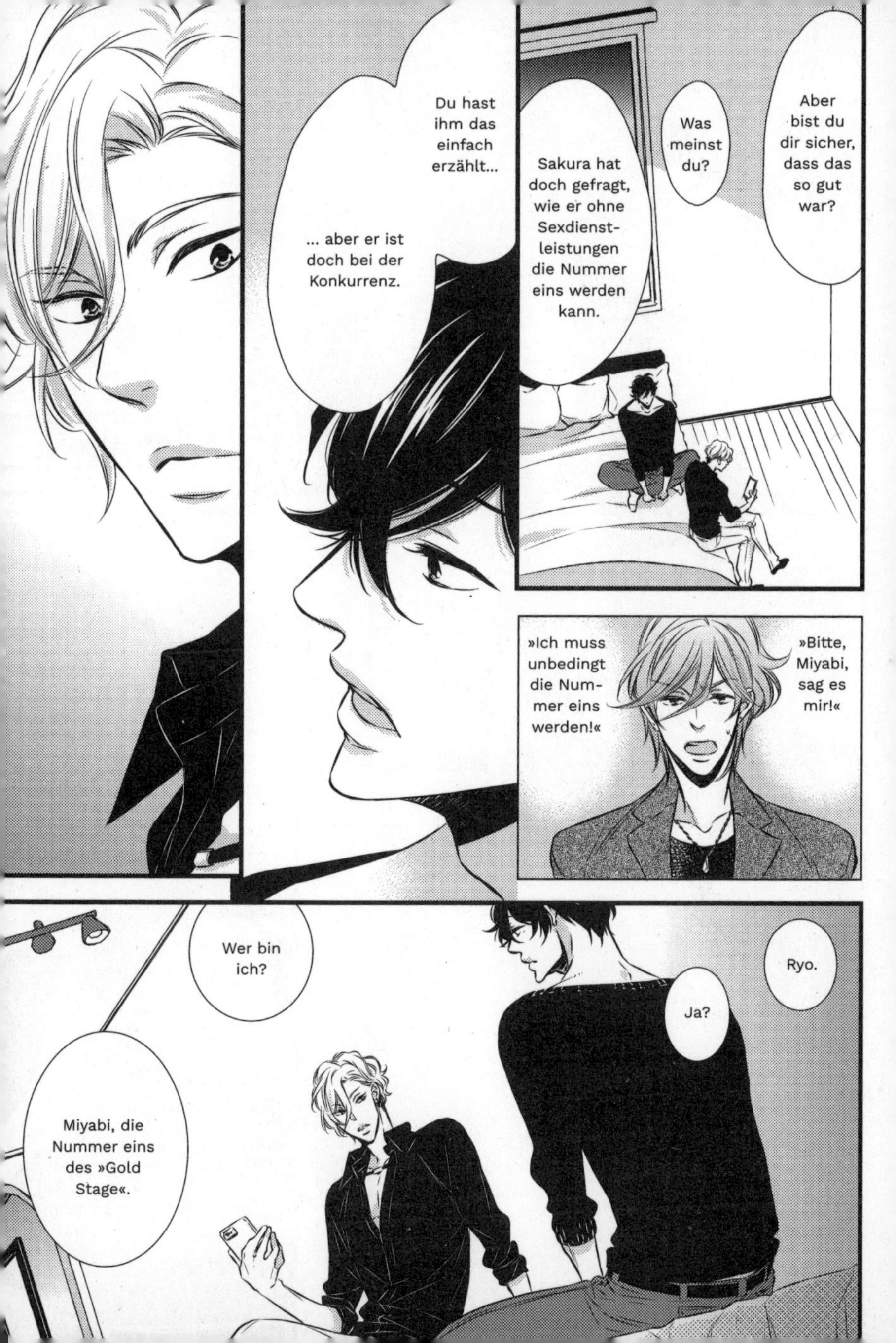
Aber bist du dir sicher, dass das so gut war?
Was meinst du?
Sakura hat doch gefragt, wie er ohne Sexdienst-leistungen die Nummer eins werden kann.
Du hast ihm das einfach erzählt...
... aber er ist doch bei der Konkurrenz.
»Bitte, Miyabi, sag es mir!«
»Ich muss unbedingt die Nummer eins werden!«
Ryo.
Ja?
Wer bin ich?
Miyabi, die Nummer eins des »Gold Stage«.

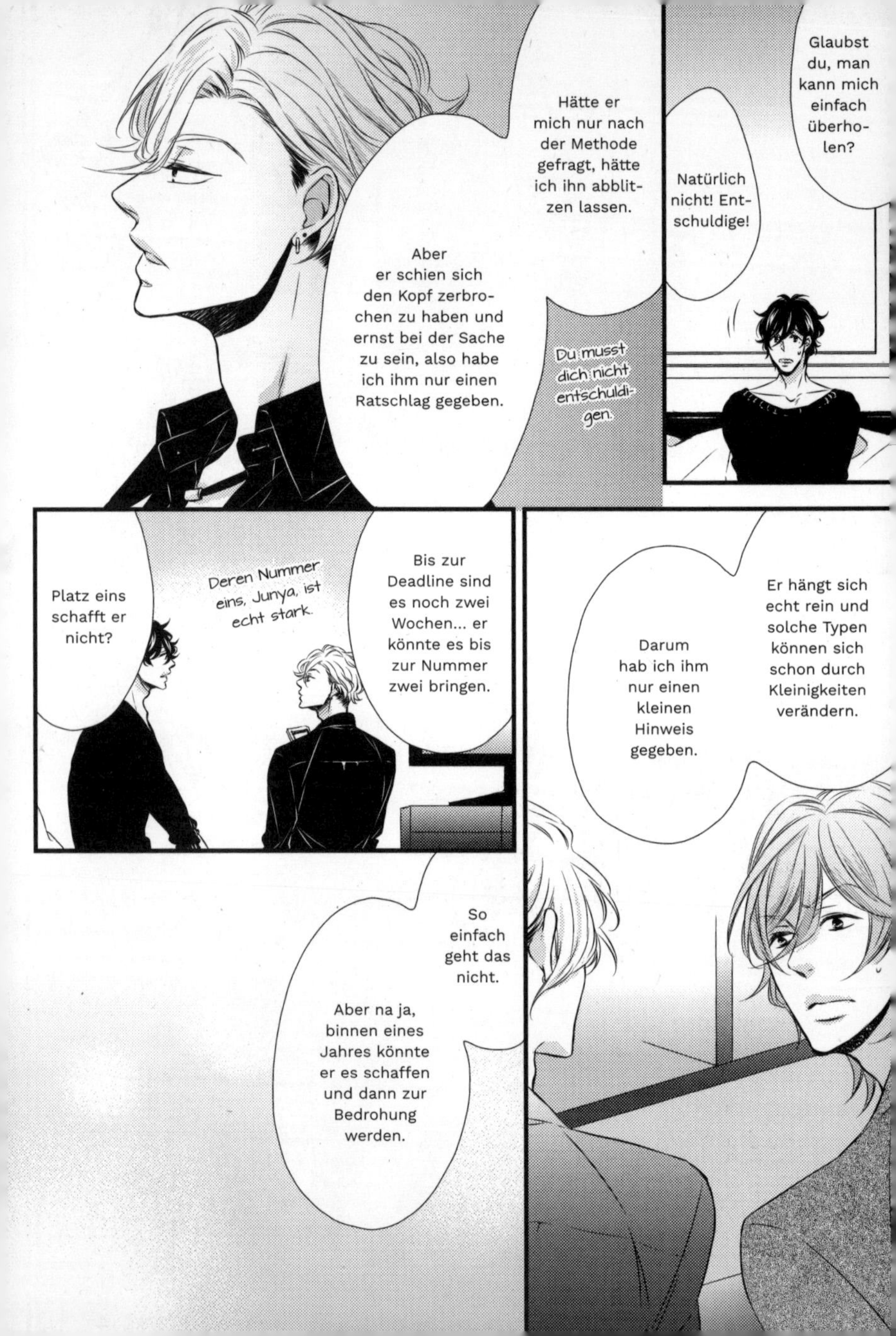

Glaubst du, man kann mich einfach überholen?
Natürlich nicht! Entschuldige!
Hätte er mich nur nach der Methode gefragt, hätte ich ihn abblitzen lassen.
Du musst dich nicht entschuldigen.
Aber er schien sich den Kopf zerbrochen zu haben und ernst bei der Sache zu sein, also habe ich ihm nur einen Ratschlag gegeben.
Er hängt sich echt rein und solche Typen können sich schon durch Kleinigkeiten verändern.
Darum hab ich ihm nur einen kleinen Hinweis gegeben.
Bis zur Deadline sind es noch zwei Wochen… er könnte es bis zur Nummer zwei bringen.
Platz eins schafft er nicht?
Deren Nummer eins, Junya, ist echt stark.
So einfach geht das nicht.
Aber na ja, binnen eines Jahres könnte er es schaffen und dann zur Bedrohung werden.

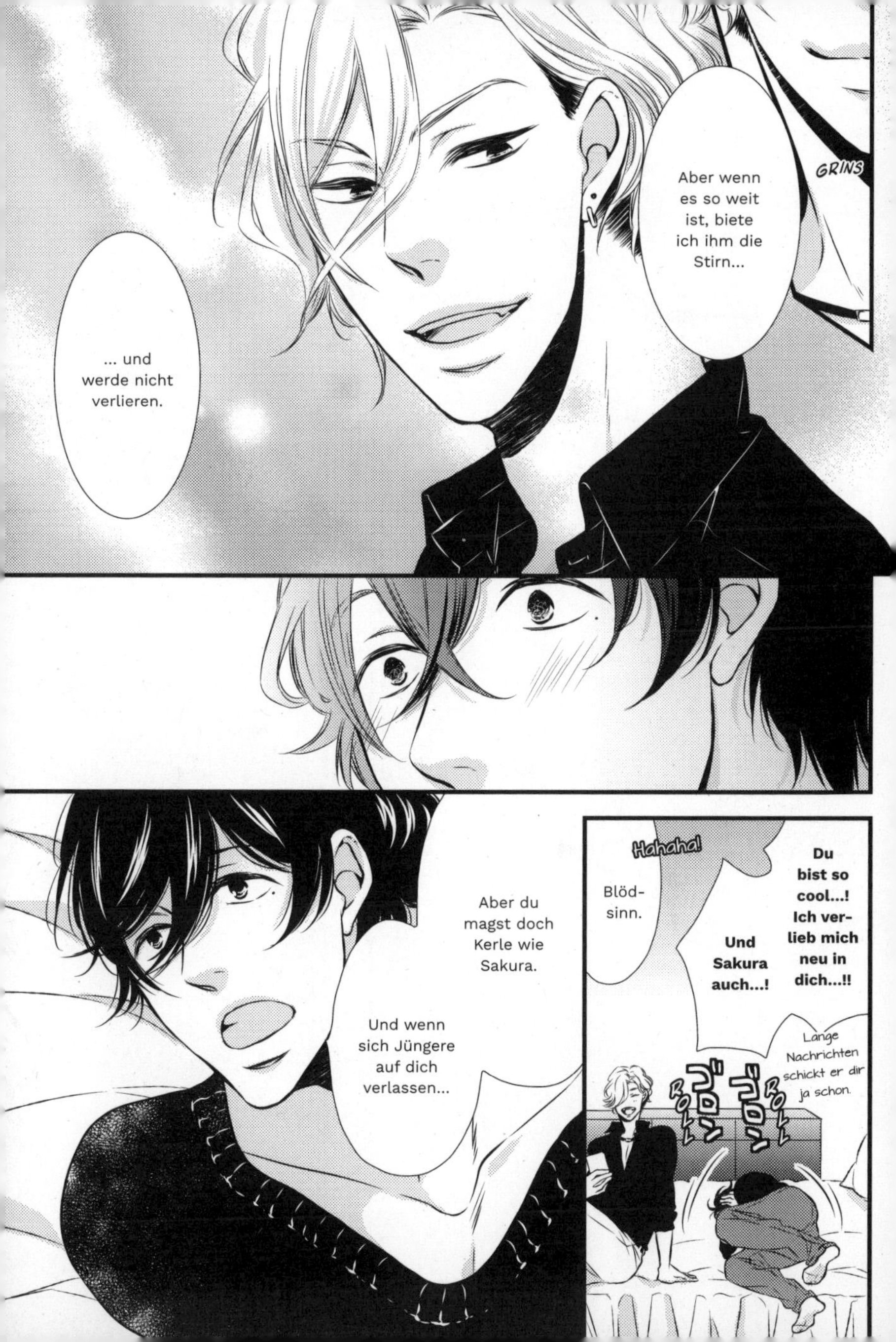
GRINS
Aber wenn es so weit ist, biete ich ihm die Stirn...
... und werde nicht verlieren.
Aber du magst doch Kerle wie Sakura.
Und wenn sich Jüngere auf dich verlassen...
Du bist so cool...! Ich ver-lieb mich neu in dich...!!
Und Sakura auch...!
Hahaha!
Blöd-sinn.
Lange Nachrichten schickt er dir ja schon.
ROLL
ROLL

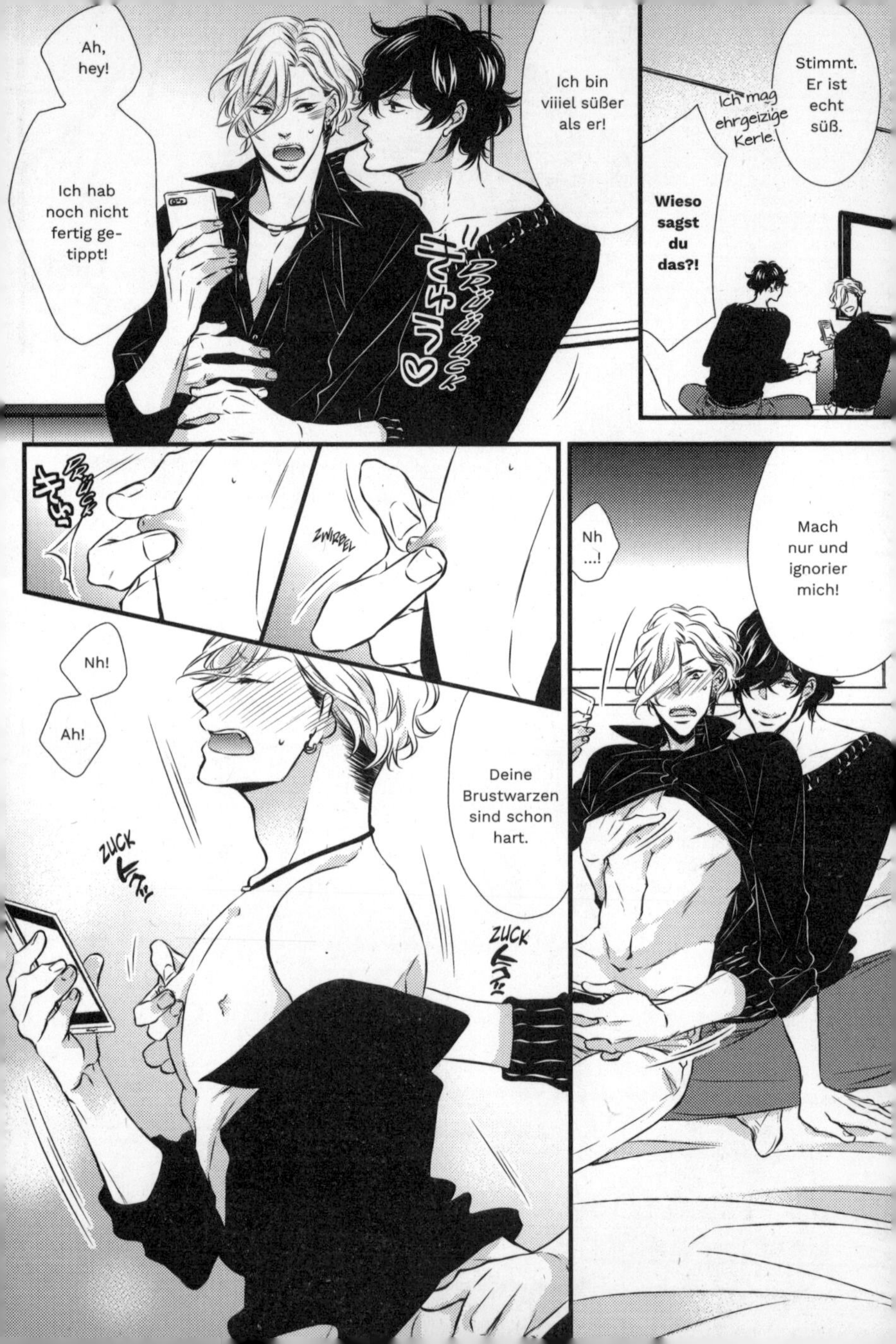

Stimmt. Er ist echt süß.
Ich mag ehrgeizige Kerle.
Wieso sagst du das?!
Ich bin viiiel süßer als er!
Ah, hey!
Ich hab noch nicht fertig ge-tippt!
Mach nur und ignorier mich!
Nh ...!
ZWIRBEL
Nh!
Ah!
Deine Brustwarzen sind schon hart.
ZUCK
ZUCK

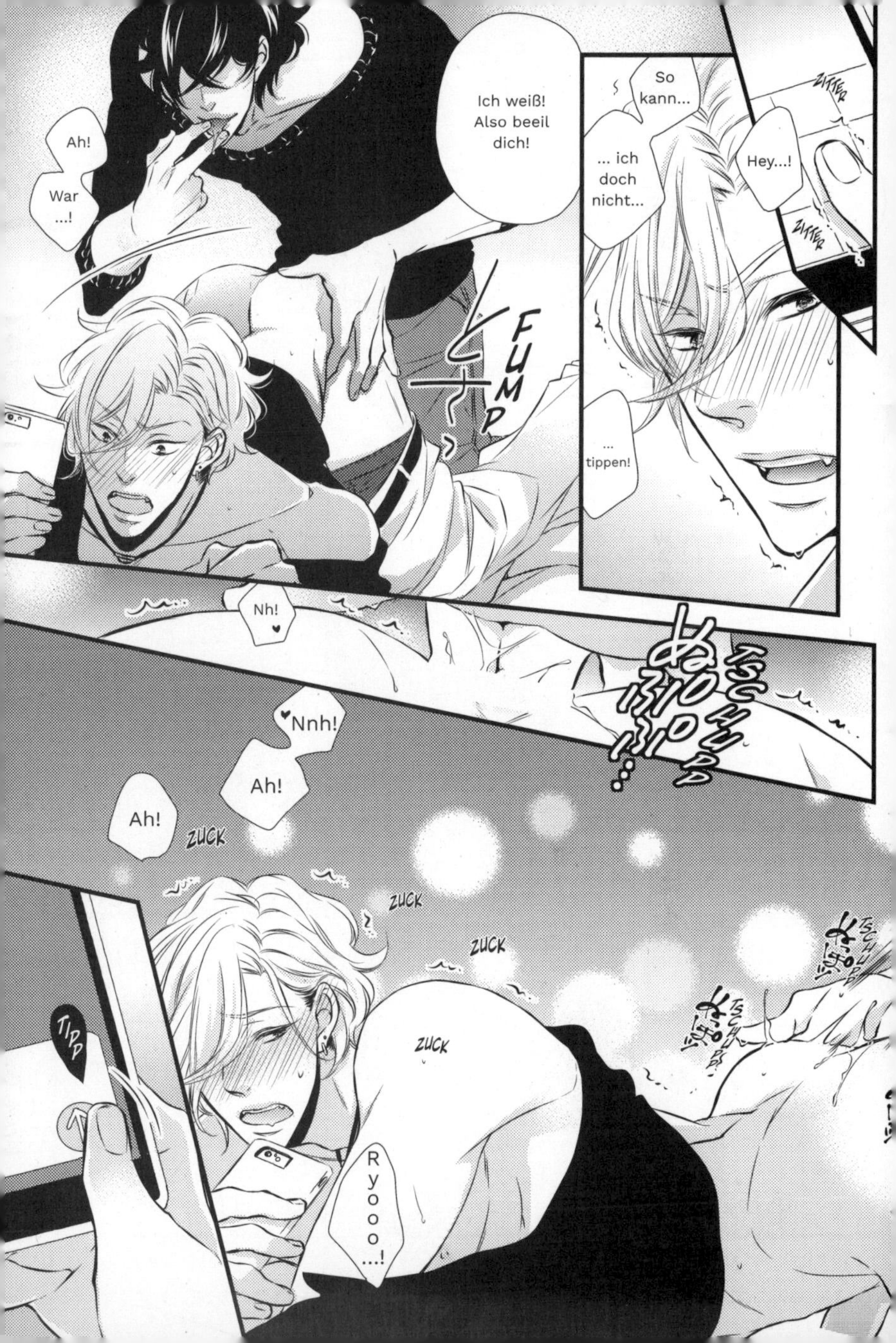
So kann...
... ich doch nicht...
Hey...!
ZITTER
ZITTER
... tippen!
Ich weiß! Also beeil dich!
Ah!
War ...!
FUMP
Nh!
TSCHUPP
Nnh!
Ah!
Ah!
ZUCK
ZUCK
ZUCK
TSCHUPP
TSCHUPP
ZUCK
TIPP
Ryooo ...!

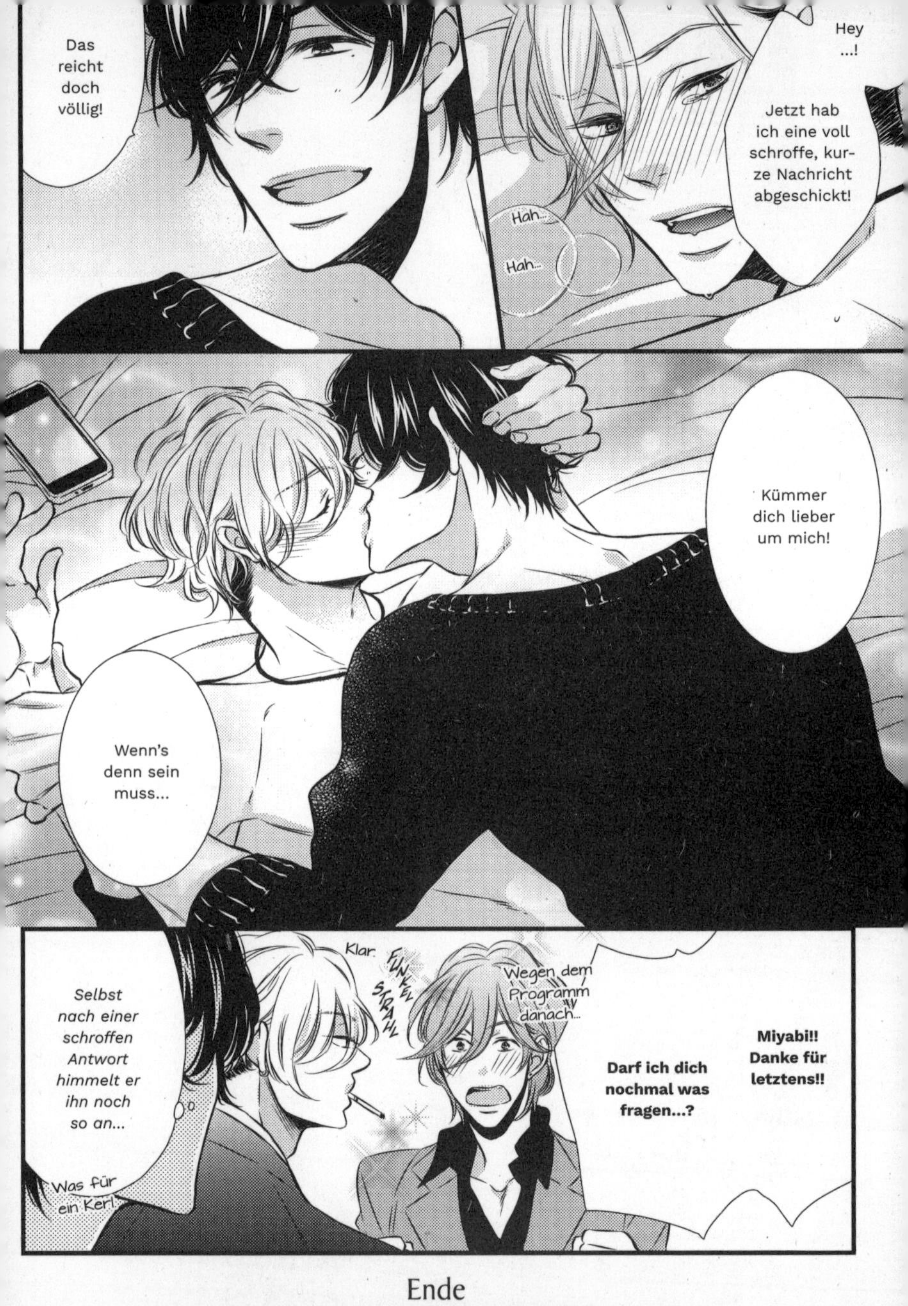
Hey ...!
Jetzt hab ich eine voll schroffe, kurze Nachricht abgeschickt!
Hah...
Hah...
Das reicht doch völlig!
Kümmer dich lieber um mich!
Wenn's denn sein muss...
Miyabi!! Danke für letztens!!
Darf ich dich nochmal was fragen...?
Wegen dem Programm danach...
Klar.
FUNKEL
STRAHL
Selbst nach einer schroffen Antwort himmelt er ihn noch so an...
Was für ein Kerl.

Ende

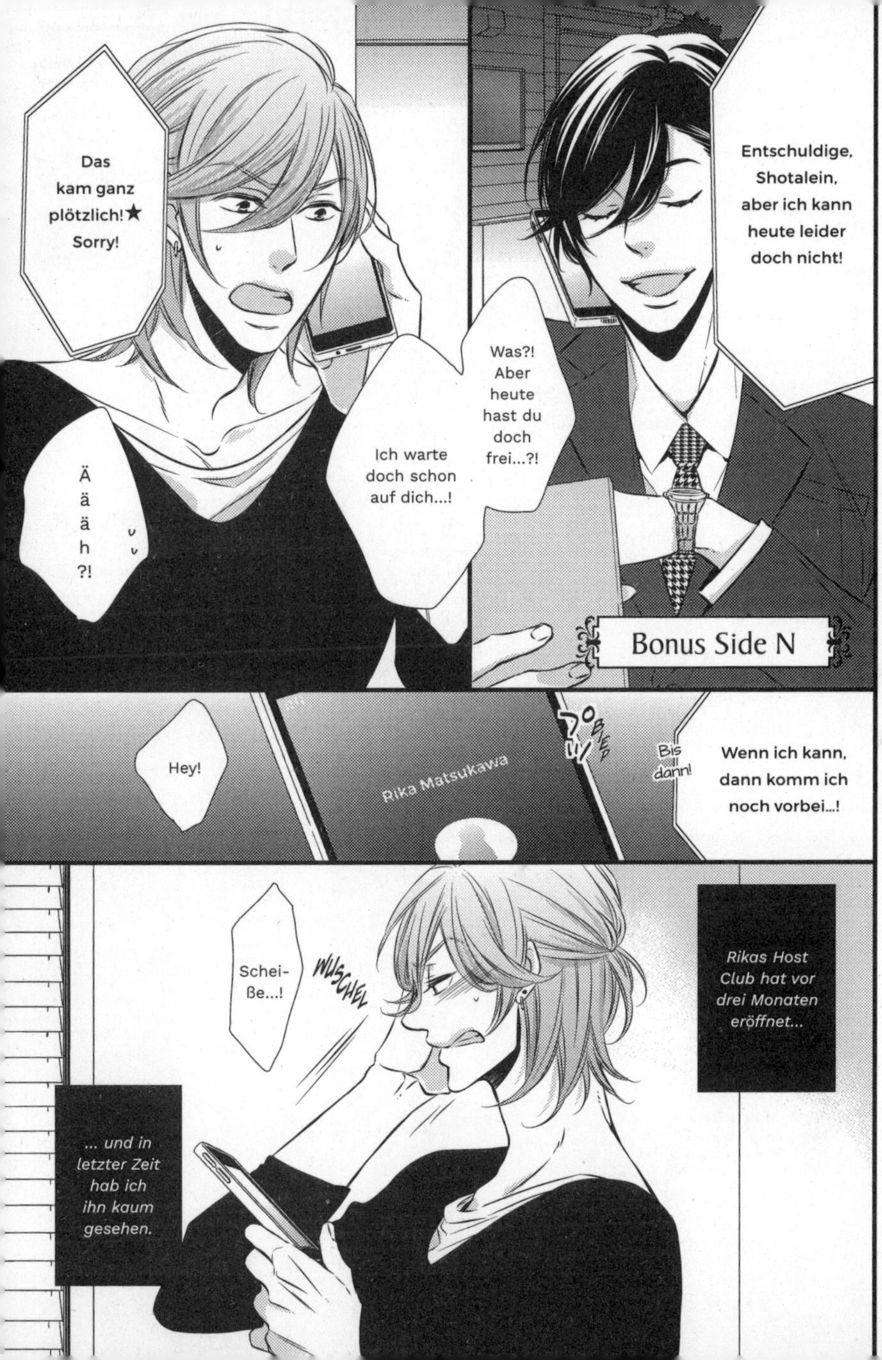
Entschuldige, Shotalein, aber ich kann heute leider doch nicht!
Was?! Aber heute hast du doch frei...?!
Ich warte doch schon auf dich...!
Das kam ganz plötzlich!★ Sorry!
Äääh?!
Bonus Side N
Wenn ich kann, dann komm ich noch vorbei...!
Bis dann!
Rika Matsukawa
Hey!
Rikas Host Club hat vor drei Monaten eröffnet...
Schei-ße...!
WUSCHEL
... und in letzter Zeit hab ich ihn kaum gesehen.

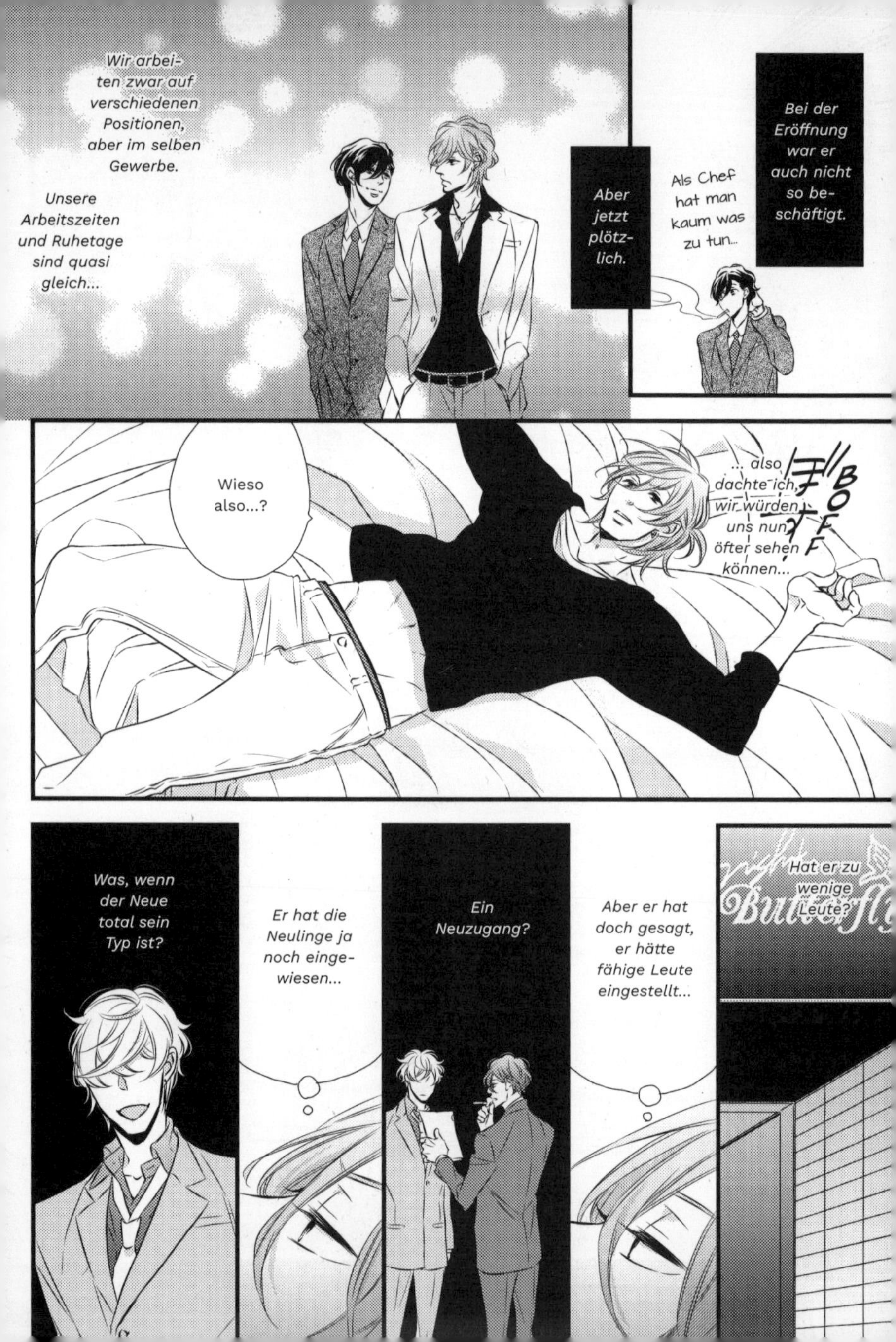

Bei der Eröffnung war er auch nicht so beschäftigt.
Als Chef hat man kaum was zu tun...
Aber jetzt plötzlich.
Wir arbeiten zwar auf verschiedenen Positionen, aber im selben Gewerbe.
Unsere Arbeitszeiten und Ruhetage sind quasi gleich...
... also dachte ich, wir würden uns nun öfter sehen können...
BOFF
Wieso also...?
Hat er zu wenige Leute?
Aber er hat doch gesagt, er hätte fähige Leute eingestellt...
Ein Neuzugang?
Er hat die Neulinge ja noch eingewiesen...
Was, wenn der Neue total sein Typ ist?

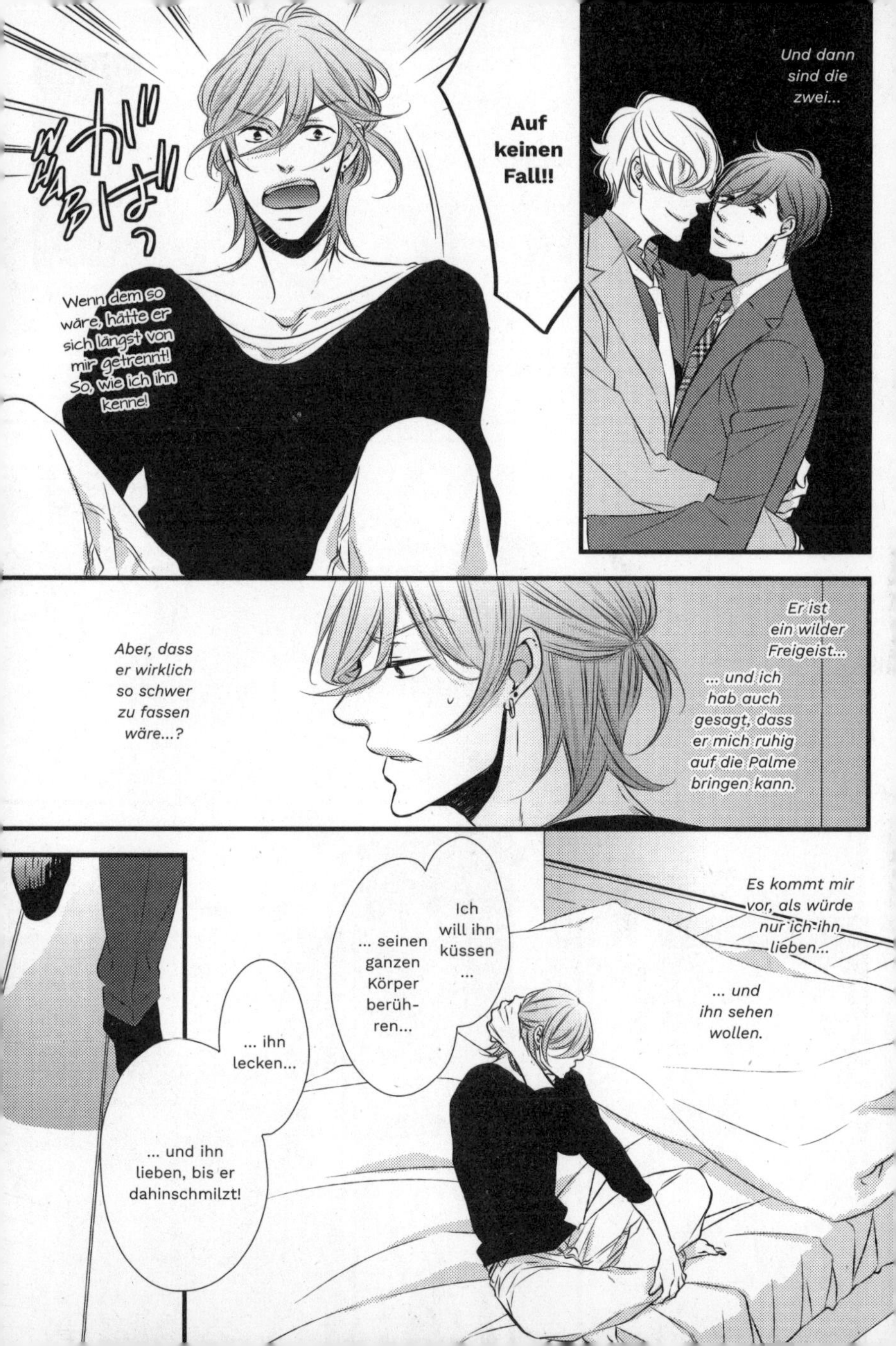
Und dann sind die zwei...
がばっ
WHAB
Auf keinen Fall!!
Wenn dem so wäre, hätte er sich längst von mir getrennt! So, wie ich ihn kenne!
Er ist ein wilder Freigeist...
... und ich hab auch gesagt, dass er mich ruhig auf die Palme bringen kann.
Aber, dass er wirklich so schwer zu fassen wäre...?
Es kommt mir vor, als würde nur ich ihn lieben...
... und ihn sehen wollen.
Ich will ihn küssen ...
... seinen ganzen Körper berühren...
... ihn lecken...
... und ihn lieben, bis er dahinschmilzt!

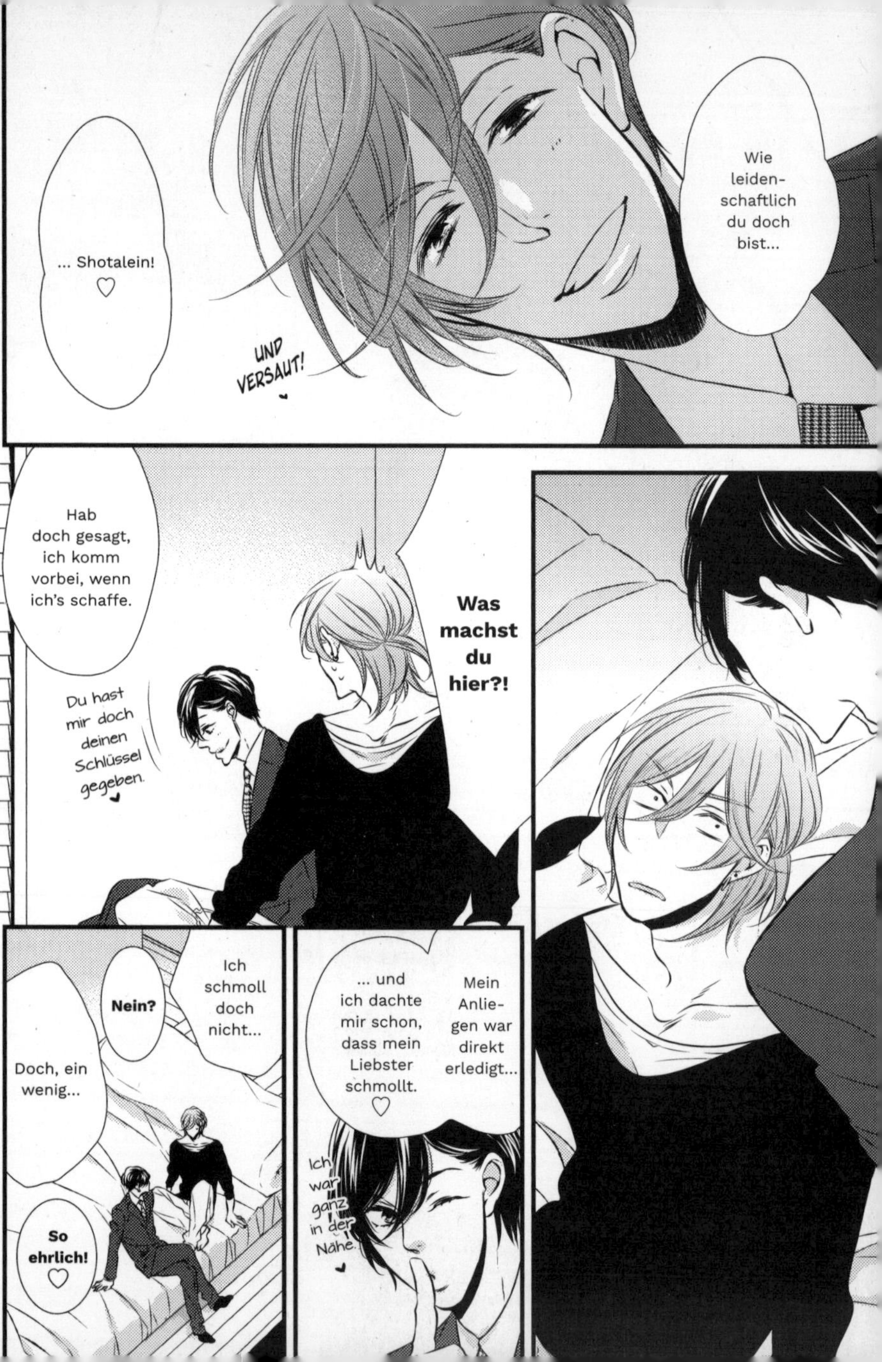
Wie leiden-schaftlich du doch bist...
UND VERSAUT!
... Shotalein! ♡
Was machst du hier?!
Hab doch gesagt, ich komm vorbei, wenn ich's schaffe.
Du hast mir doch deinen Schlüssel gegeben.
Mein Anlie-gen war direkt erledigt...
... und ich dachte mir schon, dass mein Liebster schmollt. ♡
Ich war ganz in der Nähe.
Ich schmoll doch nicht...
Nein?
Doch, ein wenig...
So ehrlich! ♡

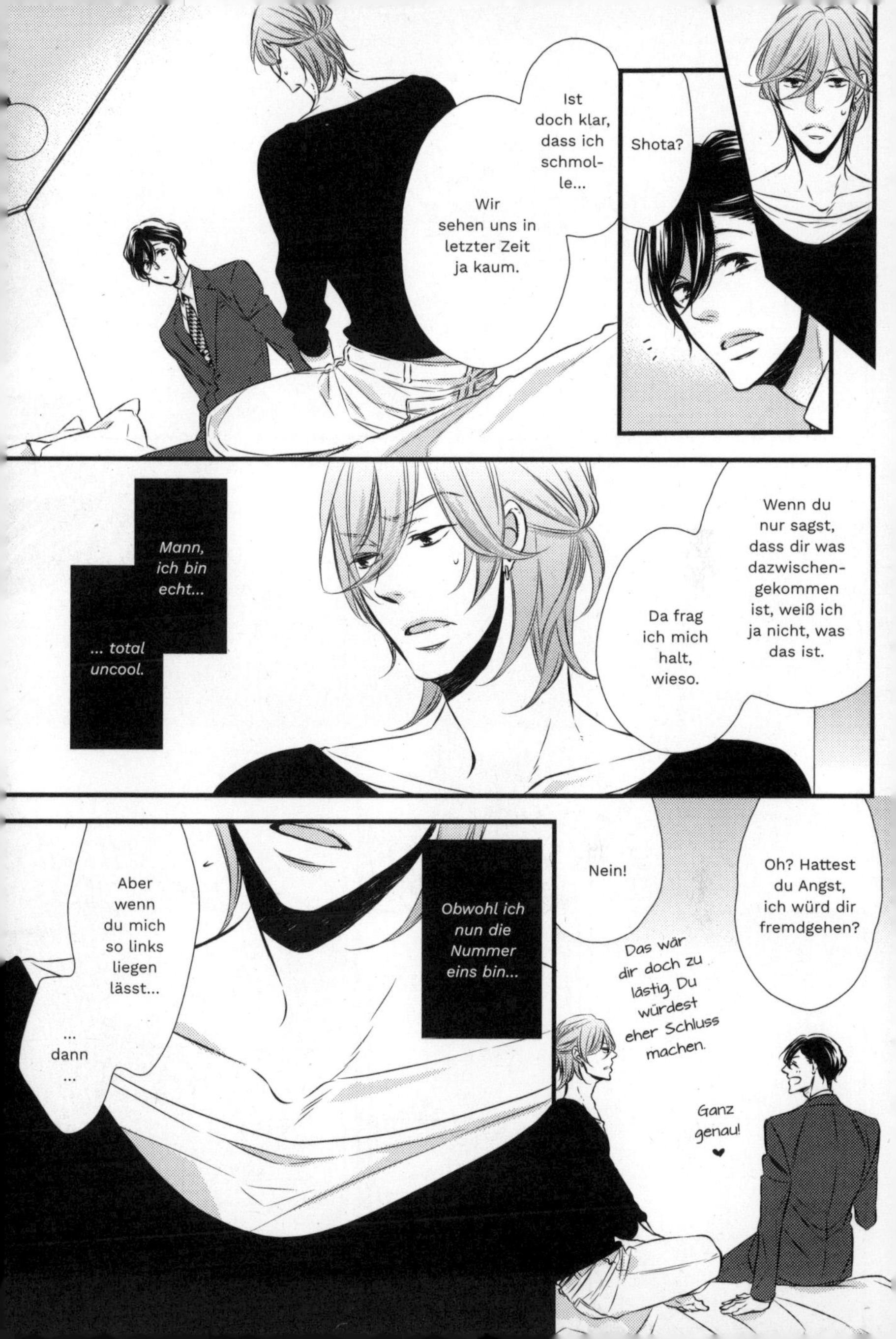
Shota?
Ist doch klar, dass ich schmolle...
Wir sehen uns in letzter Zeit ja kaum.
Wenn du nur sagst, dass dir was dazwischengekommen ist, weiß ich ja nicht, was das ist.
Da frag ich mich halt, wieso.
Mann, ich bin echt...
... total uncool.
Oh? Hattest du Angst, ich würd dir fremdgehen?
Nein!
Das wär dir doch zu lästig. Du würdest eher Schluss machen.
Ganz genau! ♥
Obwohl ich nun die Nummer eins bin...
Aber wenn du mich so links liegen lässt...
... dann ...

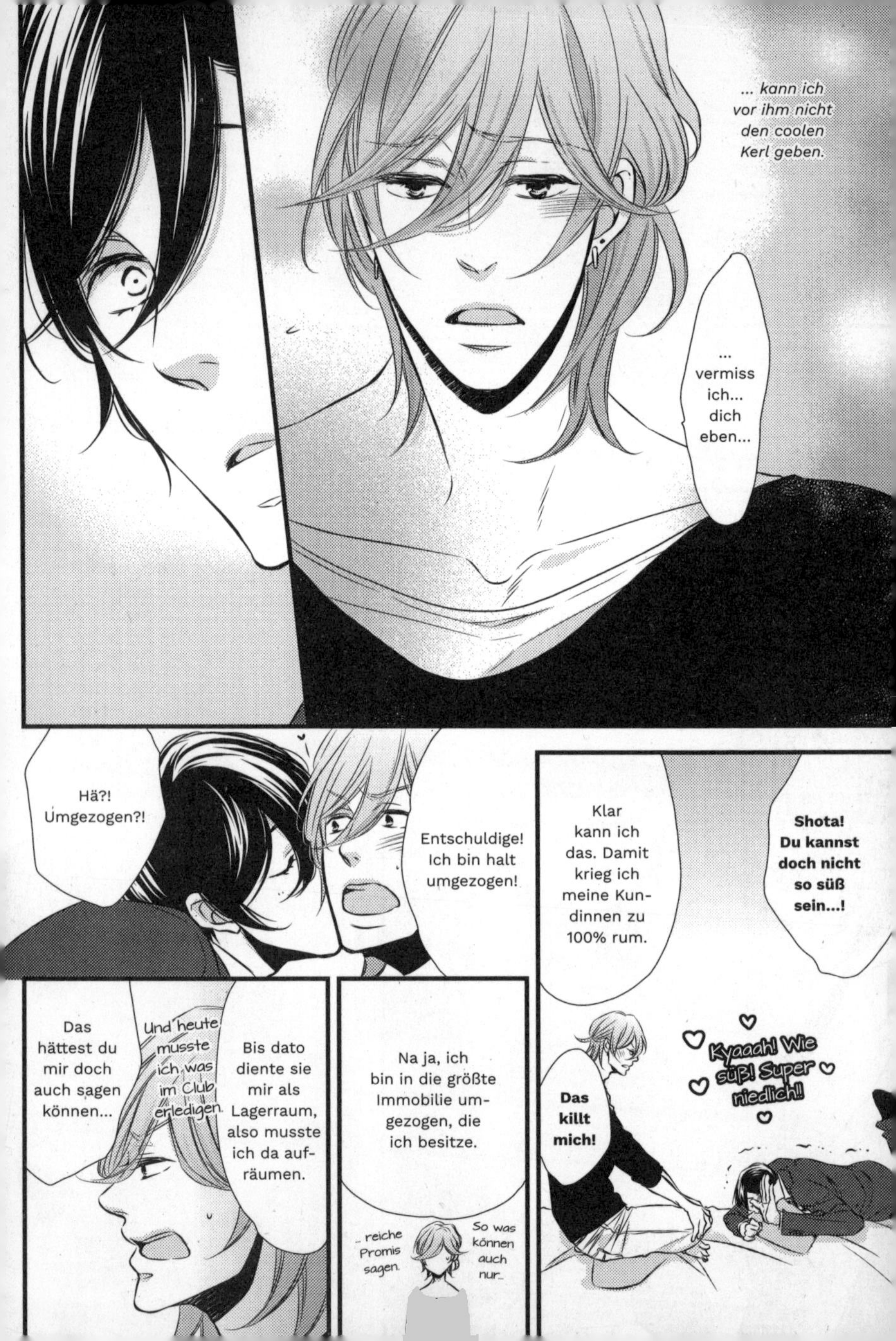
... kann ich vor ihm nicht den coolen Kerl geben.
... vermiss ich... dich eben...
Shota! Du kannst doch nicht so süß sein...!
Klar kann ich das. Damit krieg ich meine Kundinnen zu 100% rum.
Entschuldige! Ich bin halt umgezogen!
Hä?! Umgezogen?!
Kyaaah! Wie süß! Super niedlich!!
Das killt mich!
Na ja, ich bin in die größte Immobilie umgezogen, die ich besitze.
So was können auch nur...
... reiche Promis sagen.
Bis dato diente sie mir als Lagerraum, also musste ich da aufräumen.
Und heute musste ich was im Club erledigen.
Das hättest du mir doch auch sagen können...

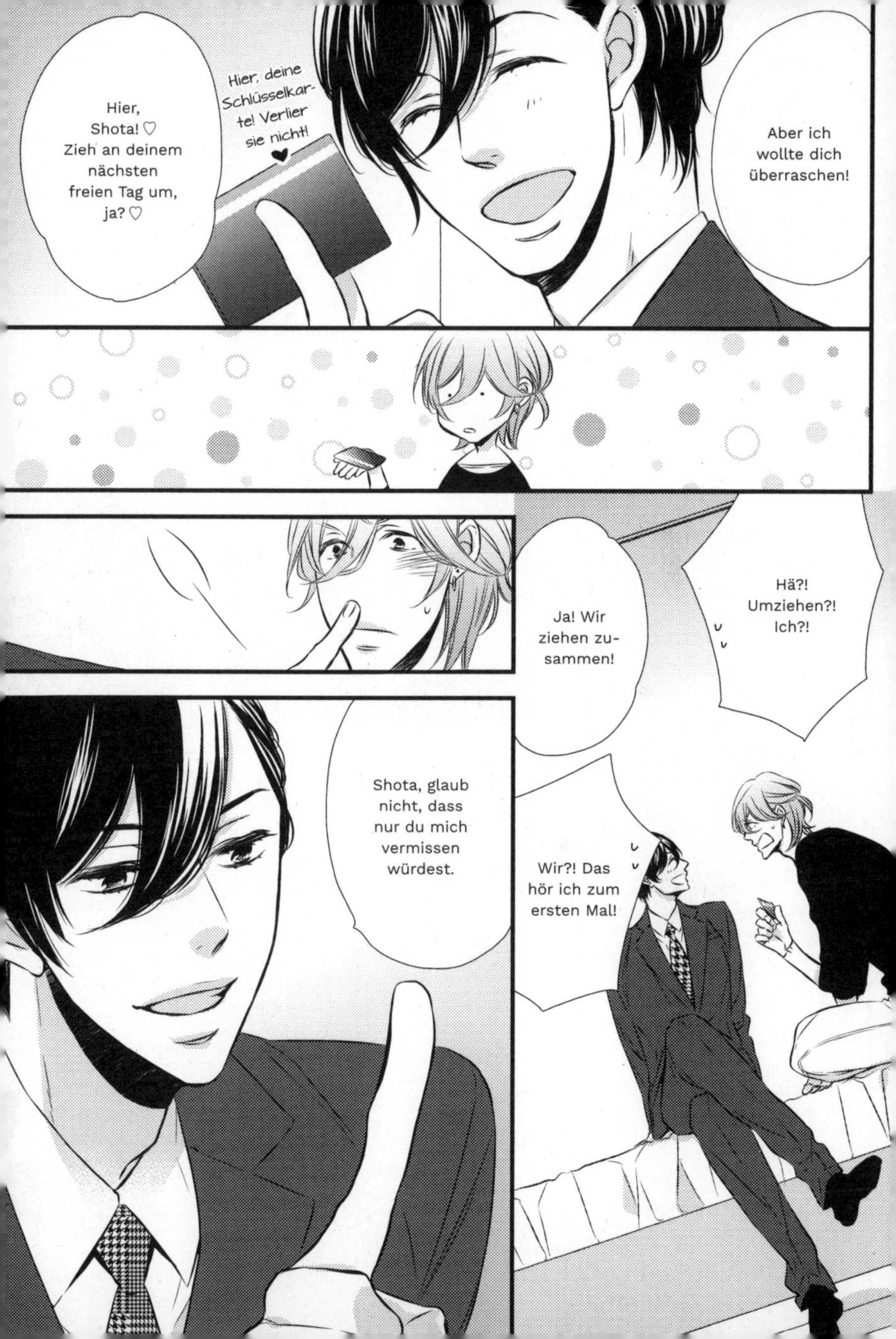
Aber ich wollte dich überraschen!
Hier, deine Schlüsselkarte! Verlier sie nicht!
Hier, Shota! ♡ Zieh an deinem nächsten freien Tag um, ja? ♡
Hä?! Umziehen?! Ich?!
Ja! Wir ziehen zusammen!
Wir?! Das hör ich zum ersten Mal!
Shota, glaub nicht, dass nur du mich vermissen würdest.

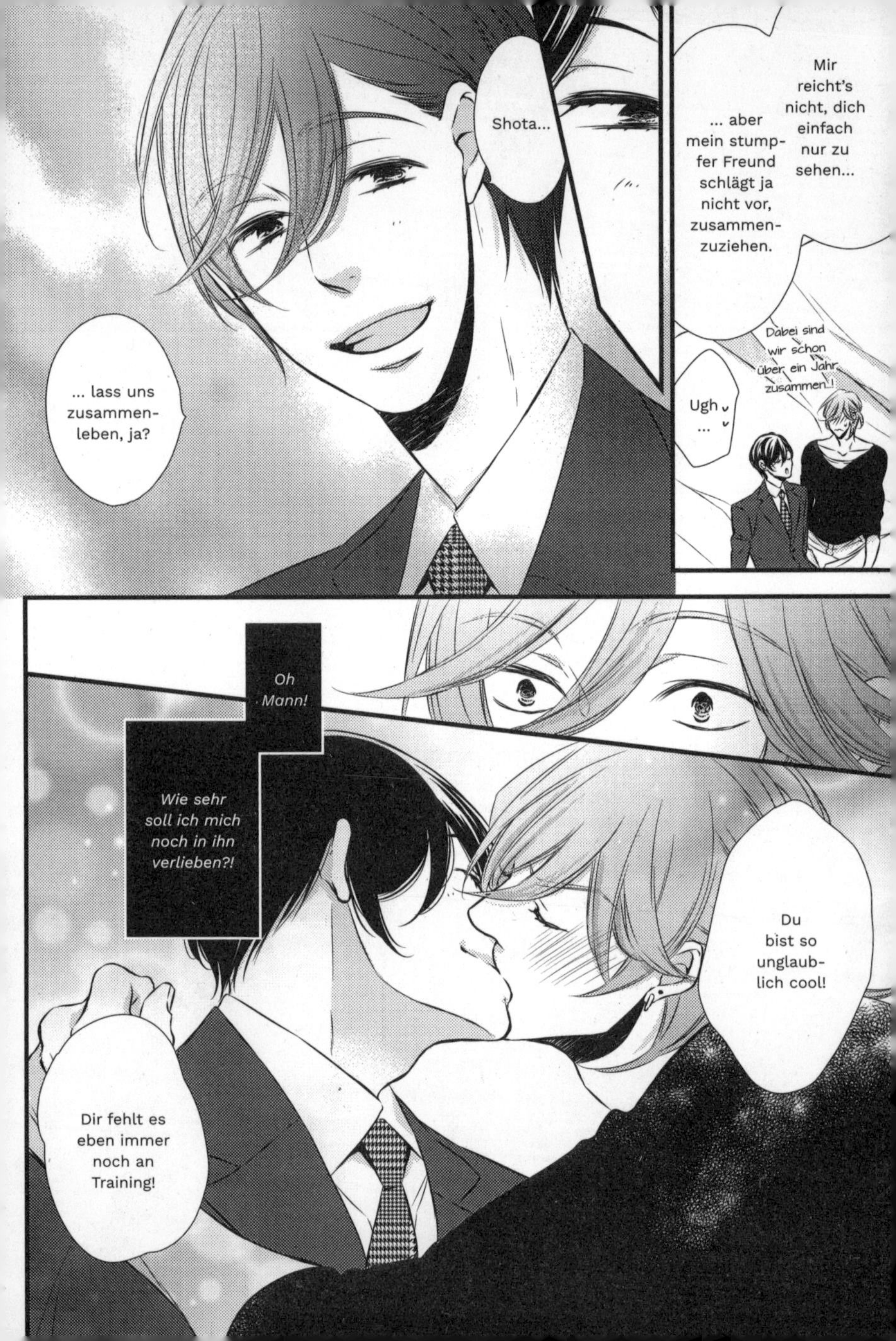
Mir reicht's nicht, dich einfach nur zu sehen...
... aber mein stumpfer Freund schlägt ja nicht vor, zusammenzuziehen.
Dabei sind wir schon über ein Jahr zusammen...!
Ugh ...
Shota...
... lass uns zusammenleben, ja?
Oh Mann!
Wie sehr soll ich mich noch in ihn verlieben?!
Du bist so unglaublich cool!
Dir fehlt es eben immer noch an Training!

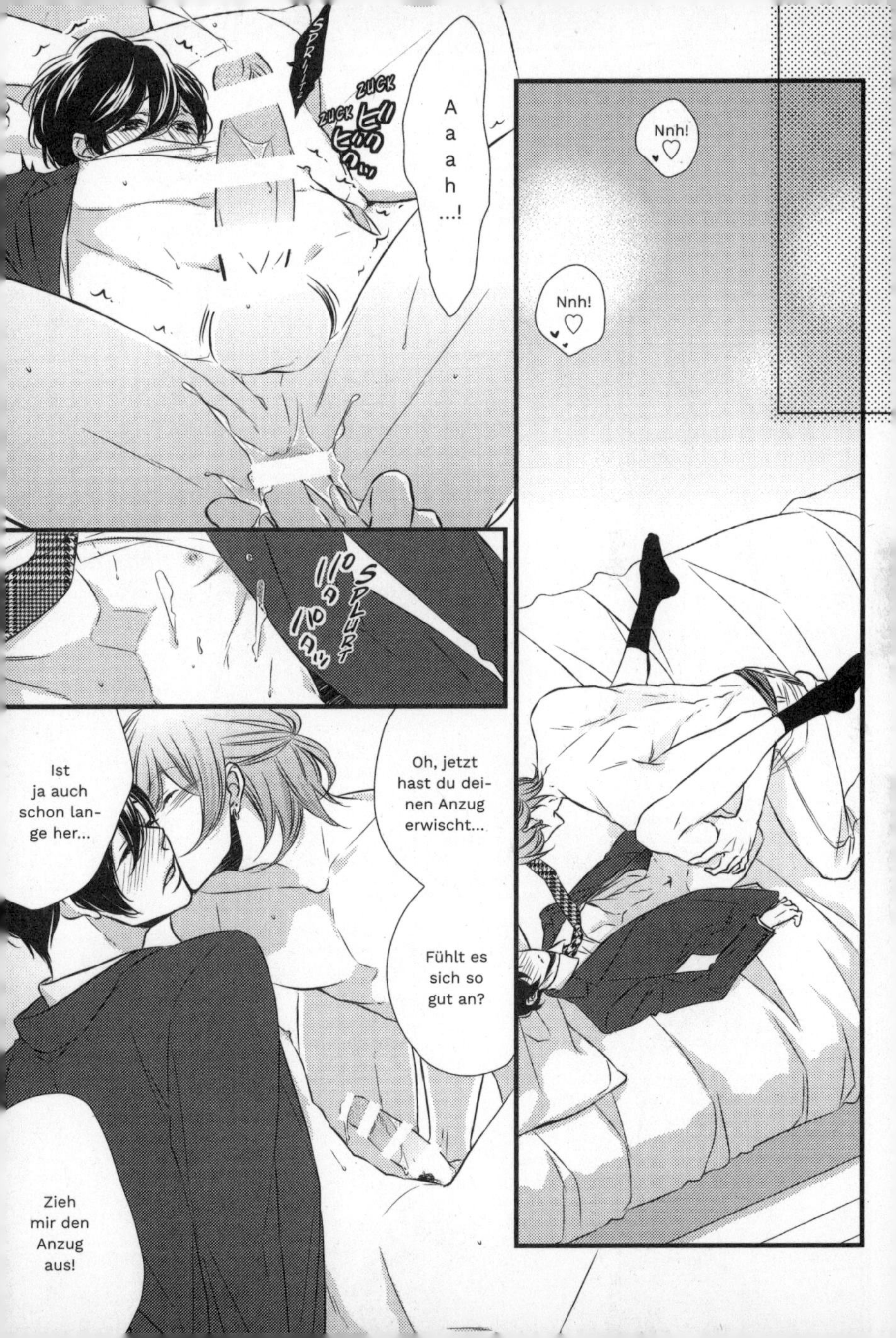
SPRIIITZ
ZUCK
ZUCK
Aaah ...!
SPLURT
Nnh! ♡
Nnh! ♡
Oh, jetzt hast du deinen Anzug erwischt...
Fühlt es sich so gut an?
Ist ja auch schon lange her...
Zieh mir den Anzug aus!

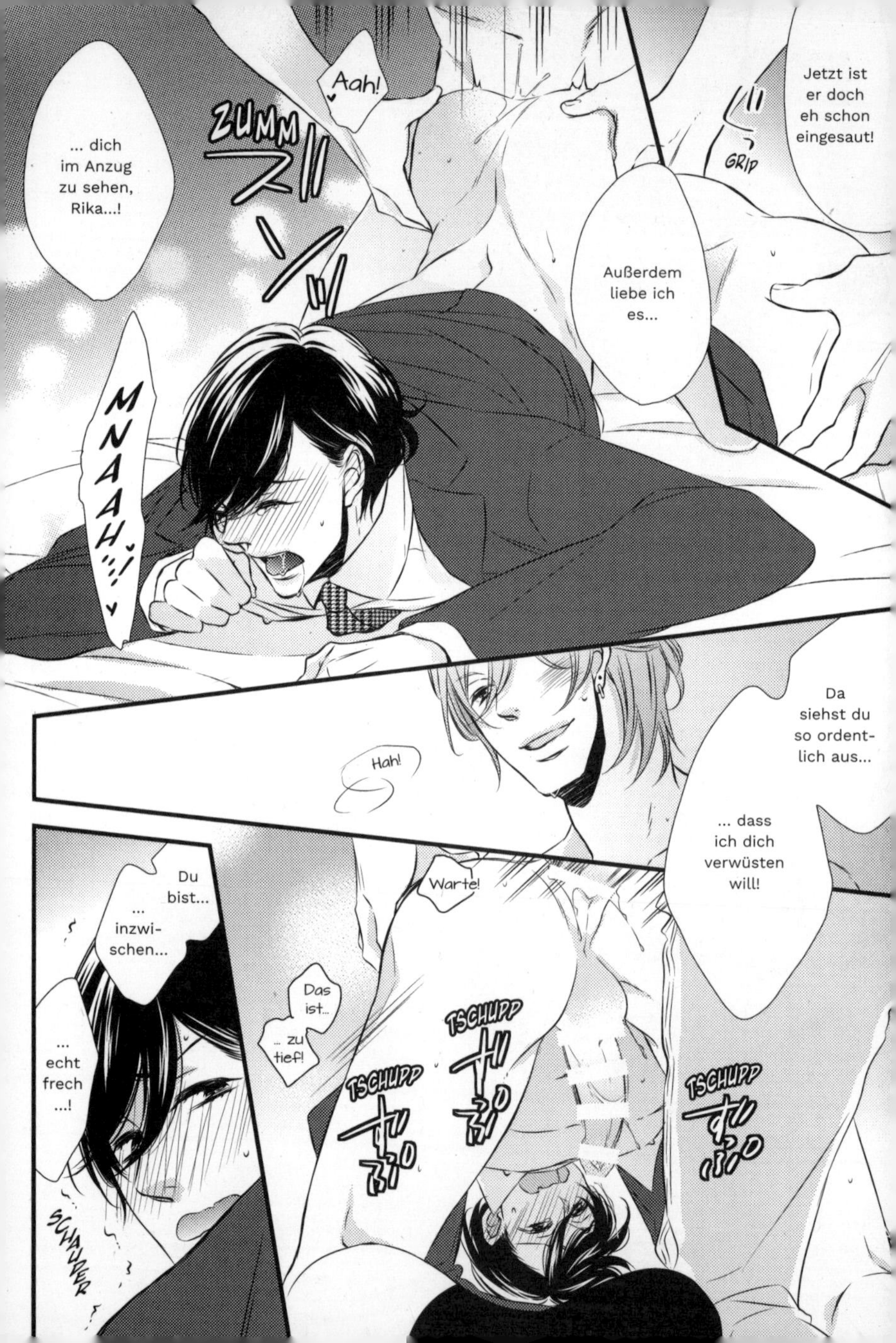
Jetzt ist er doch eh schon eingesaut!
GRIP
Außerdem liebe ich es...
Aah!
ZUMM
... dich im Anzug zu sehen, Rika...!
MNAAAH...!
Da siehst du so ordentlich aus...
Hah!
... dass ich dich verwüsten will!
Warte!
TSCHUPP
TSCHUPP
Das ist... ... zu tief!
TSCHUPP
Du bist... ... inzwischen...
... echt frech ...!
SCHAUDER

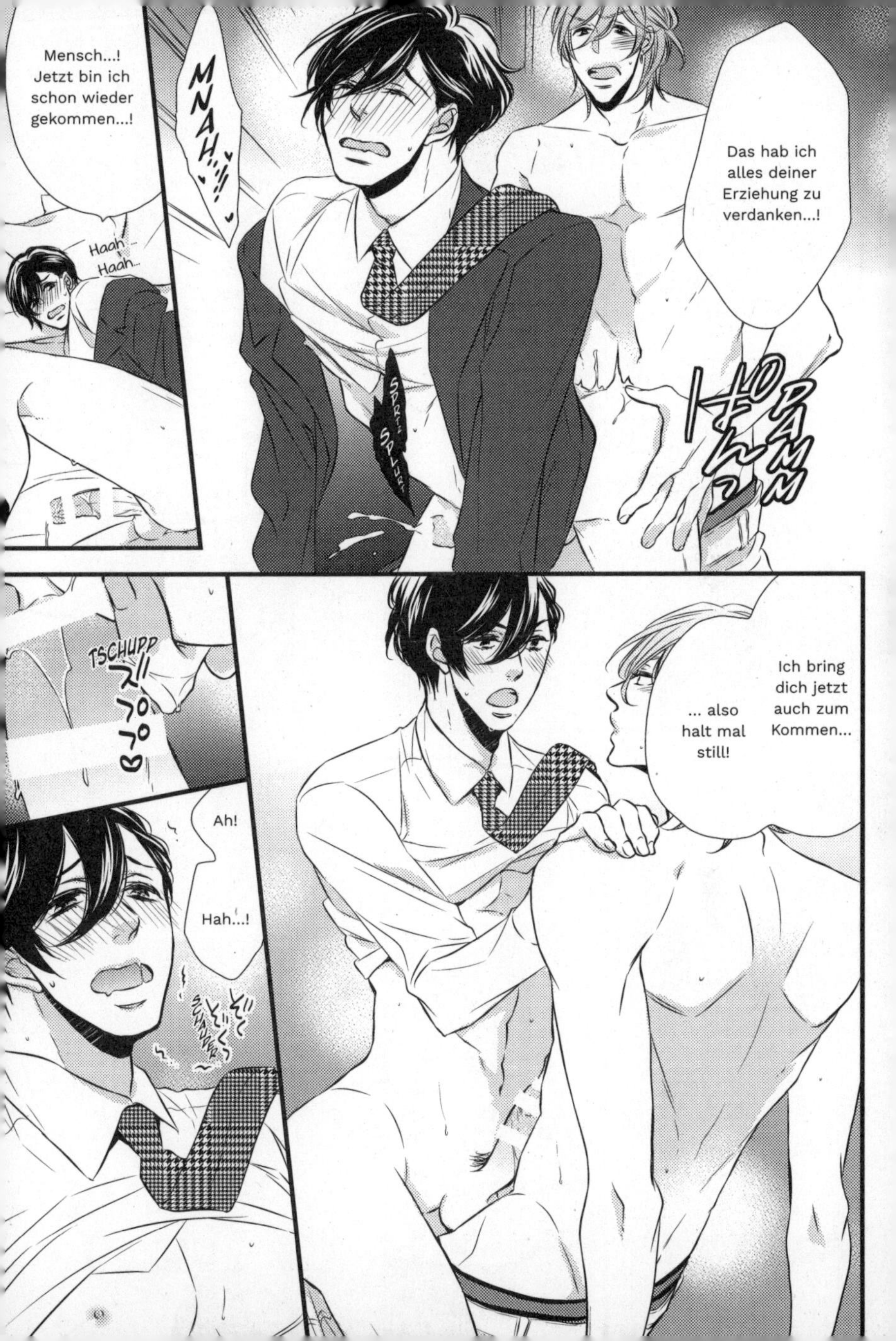
Das hab ich alles deiner Erziehung zu verdanken...!
PAMM
MNAH...!!
SPRTZ SPLURT
Mensch...! Jetzt bin ich schon wieder gekommen...!
Haah Haah..
Ich bring dich jetzt auch zum Kommen...
... also halt mal still!
TSCHUPP
Ah!
Hah...!
SCHAUDER

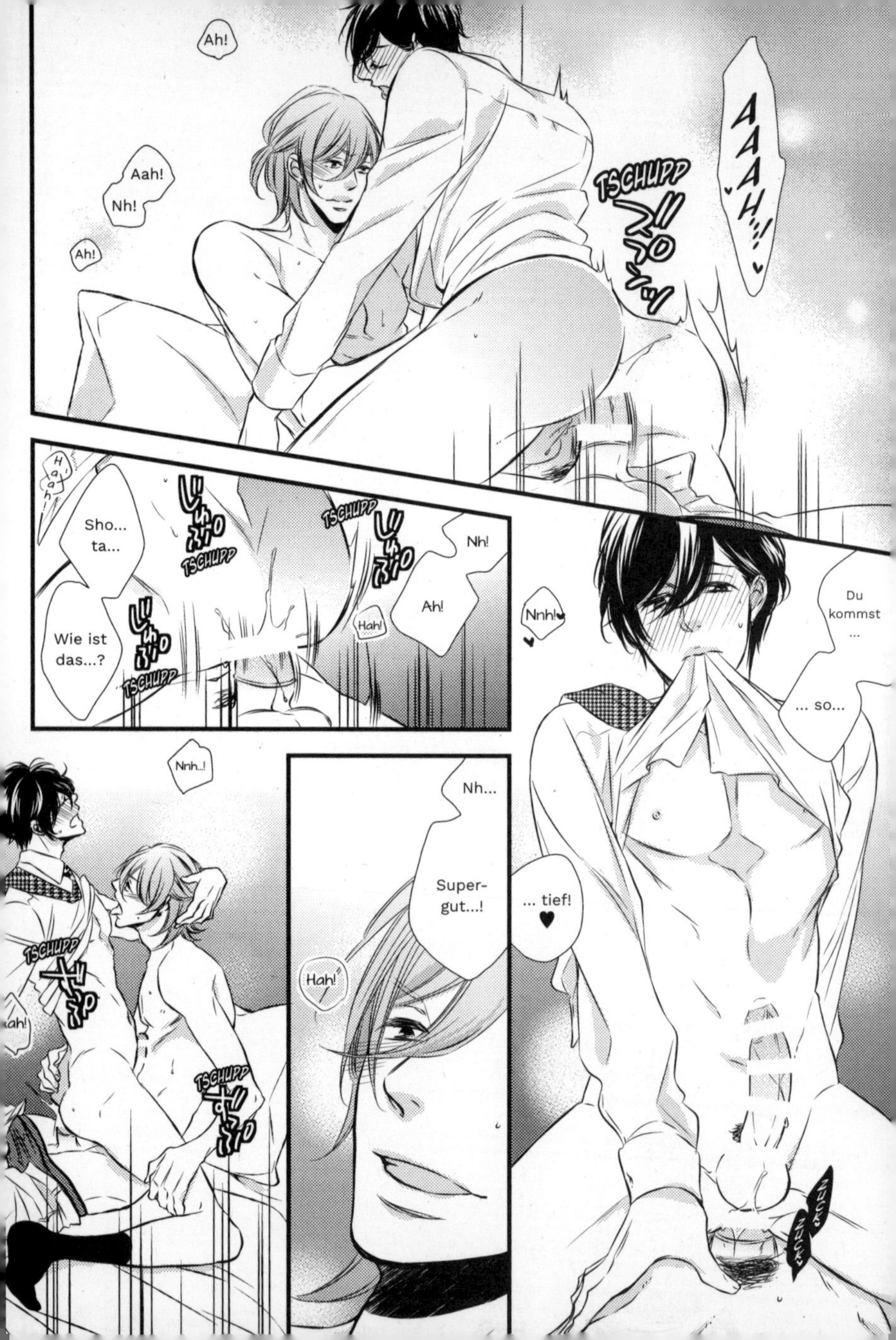
AAAAH...!!
TSCHUPP
Ah!
Aah!
Nh!
Ah!
Du kommst ...
... so...
Nnh!
... tief!
Nh!
Ah!
Hah!
TSCHUPP
TSCHUPP
Sho... ta...
Wie ist das...?
TSCHUPP
Nh...
Super-gut...!
Hah!
Nnh..!
TSCHUPP
TSCHUPP

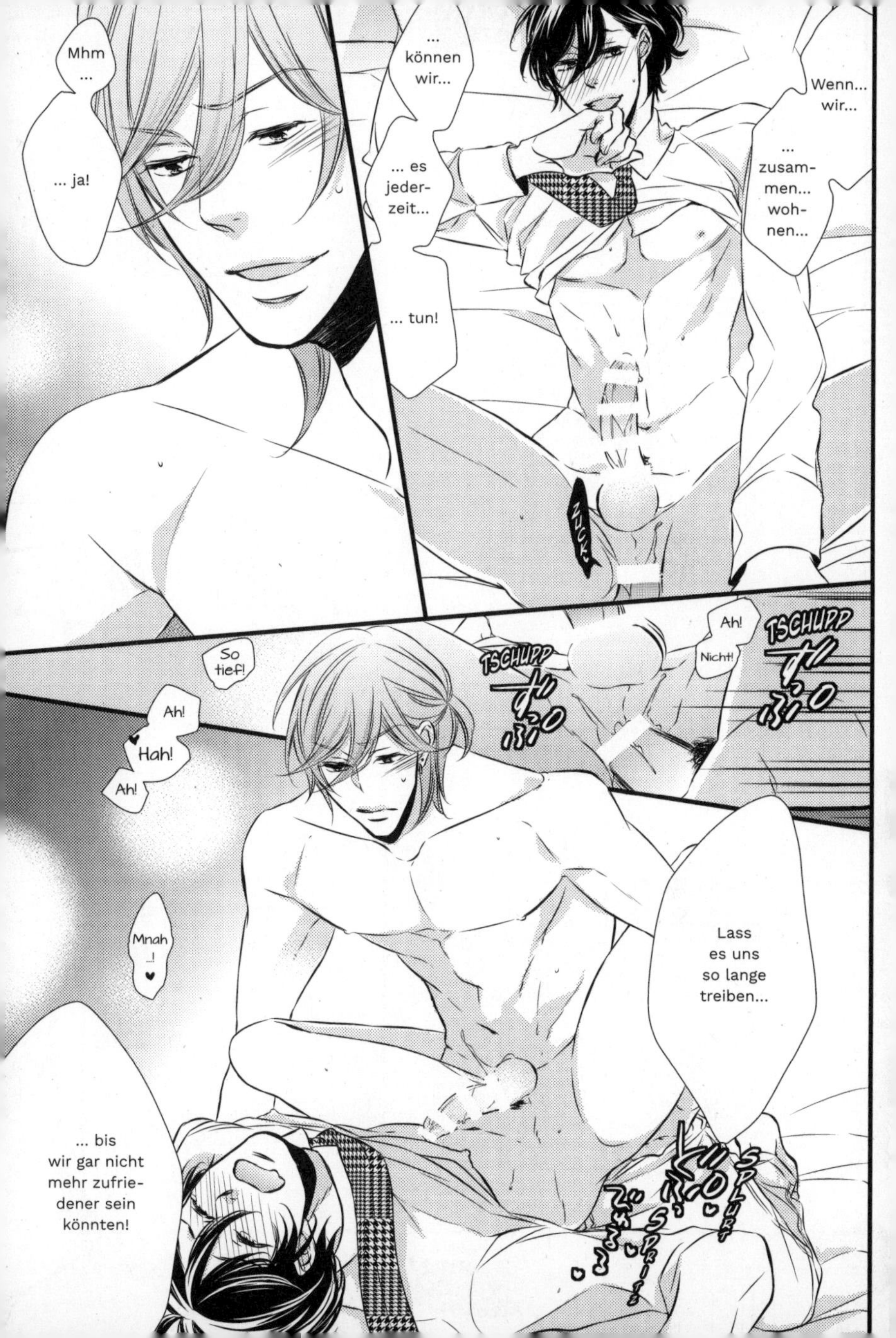
Wenn... wir...
... zusammen... wohnen...
... können wir...
... es jederzeit...
... tun!
ZUCK
Mhm ...
... ja!
Ah!
Nicht!
TSCHUPP
TSCHUPP
So tief!
Ah!
Hah!
Ah!
Lass es uns so lange treiben...
Mnah ...!
... bis wir gar nicht mehr zufriedener sein könnten!
SPLURT

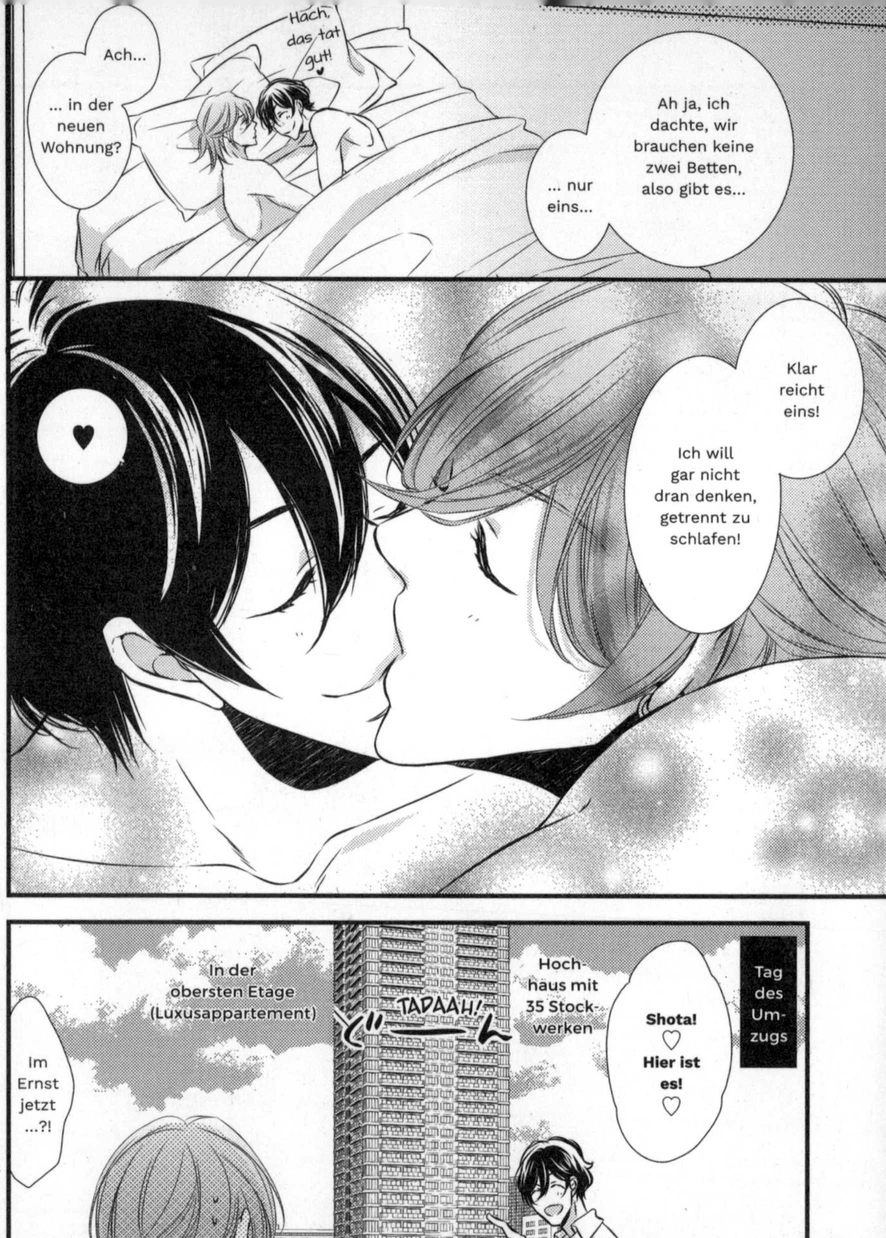
Ah ja, ich dachte, wir brauchen keine zwei Betten, also gibt es...
... nur eins...
Hach, das tat gut! ♥
Ach...
... in der neuen Wohnung?
Klar reicht eins!
Ich will gar nicht dran denken, getrennt zu schlafen!
♥
Tag des Umzugs
Shota! ♡ Hier ist es! ♡
Hochhaus mit 35 Stockwerken
TADAAH!
In der obersten Etage (Luxusappartement)
Im Ernst jetzt ...?!

Ende

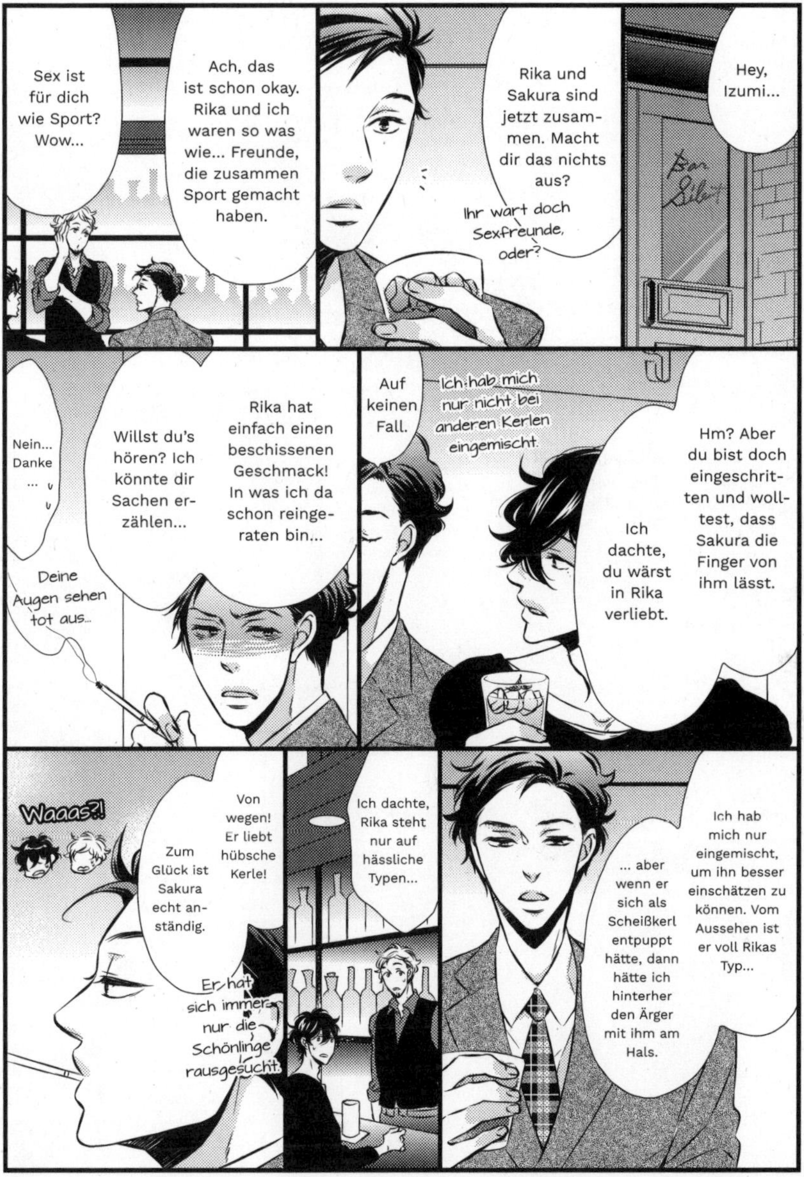
Hey, Izumi...
Rika und Sakura sind jetzt zusammen. Macht dir das nichts aus?
Ihr wart doch Sexfreunde, oder?
Ach, das ist schon okay. Rika und ich waren so was wie... Freunde, die zusammen Sport gemacht haben.
Sex ist für dich wie Sport? Wow...
Hm? Aber du bist doch eingeschritten und wolltest, dass Sakura die Finger von ihm lässt.
Ich dachte, du wärst in Rika verliebt.
Auf keinen Fall.
Ich hab mich nur nicht bei anderen Kerlen eingemischt.
Rika hat einfach einen beschissenen Geschmack! In was ich da schon reingeraten bin...
Willst du's hören? Ich könnte dir Sachen erzählen...
Nein... Danke ...
Deine Augen sehen tot aus...
Ich hab mich nur eingemischt, um ihn besser einschätzen zu können. Vom Aussehen ist er voll Rikas Typ...
... aber wenn er sich als Scheißkerl entpuppt hätte, dann hätte ich hinterher den Ärger mit ihm am Hals.
Ich dachte, Rika steht nur auf hässliche Typen...
Von wegen! Er liebt hübsche Kerle!
Zum Glück ist Sakura echt anständig.
Er hat sich immer nur die Schönlinge rausgesucht.
Waaas?!

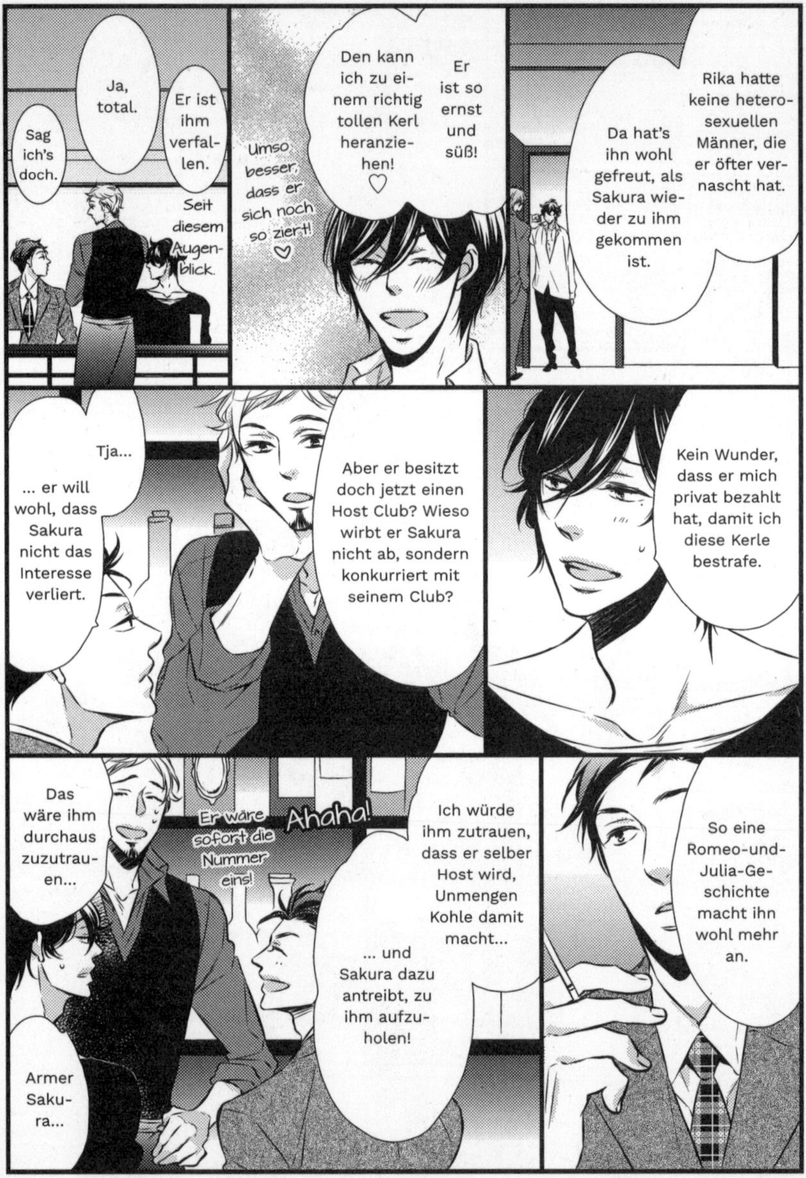

Vielen Dank fürs Lesen! ♡

BEI HAYABUSA

Daisy Jealousy *von Ogeretsu Tanaka*

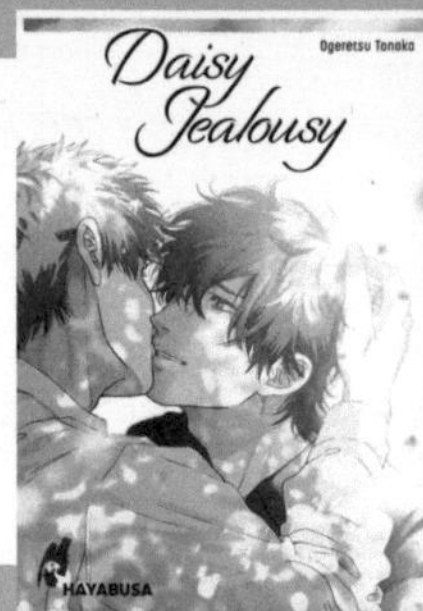

vorläufiges Cover

Misaki ist schon seit seiner Kindheit leidenschaftlicher Gamer und will als 3D-Artist seinem Traum näherkommen, bei der Firma Gold Games zu arbeiten. Sein größter Rivale im Studium ist der unnahbare Kaname, von dem Misaki total fasziniert ist. Als kurz vor Abgabe eines Projekts Kanames Daten gelöscht werden, bietet Misaki ihm seine Hilfe an… und merkt, dass hinter der arroganten Fassade noch viel mehr steckt.

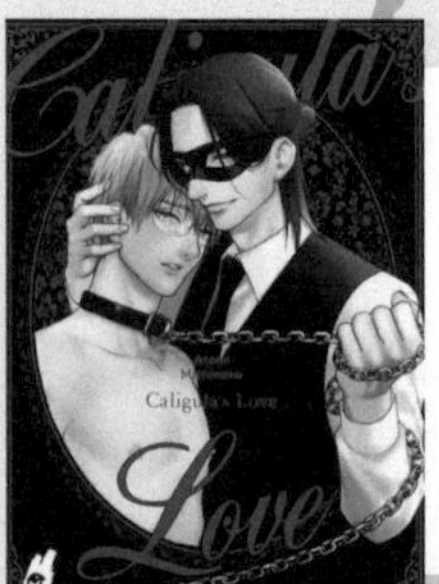

vorläufiges Cover

Caligula's Love *von Atami Michinoku*

Der Lehramtsreferent Naruse besucht leidenschaftlich gern den exklusiven SM-Club »Basement«. Das angesagte Etablissement sichert seinen Mitgliedern volle Anonymität zu, so dass der zukünftige Lehrer sein masochistisches Faible ungeniert ausleben kann – und zwar mithilfe seines dominanten Gegenparts Doyama, ein wahrer Virtuose lustvoller Schmerzen.

Sharing Life *von Sattsu Kida*

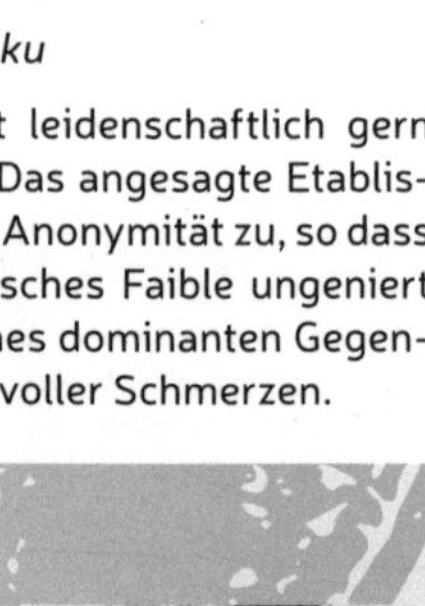

vorläufiges Cover

Eita ist ein gewissenhafter Geschäftsmann, der sein Leben voll im Griff hat. Bis eines Tages Daisuke, sein Freund aus Kindertagen, vor seiner Wohnungstür steht und ihm erklärt, dass er bei ihm einzieht. Der wilde Freigeist Daisuke wirbelt Eitas Leben ziemlich durcheinander…

www.hayabusa-manga.de

BOYS LOVE

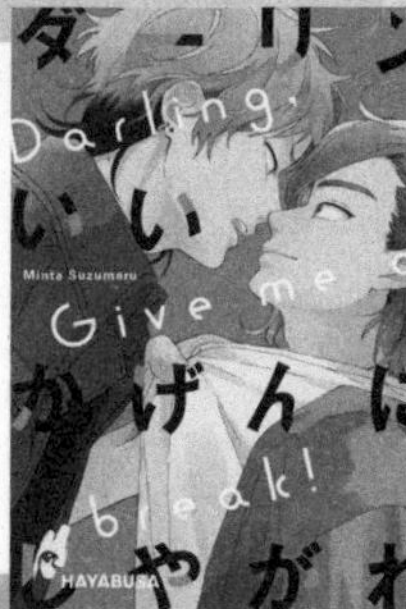

vorläufiges Cover

Darling, Give me a Break! *von Minta Suzumaru*

Der in Italien geborene Kokoro zieht in ein kleines Dorf in Japan und wird dank seiner liebevollen Art sofort von allen Dorfbewohnern ins Herz geschlossen. Da er aber absolut keine Ahnung vom Landleben hat, sucht er immer wieder die Hilfe des ruppig-impulsiven Haiji, der dem Tollpatsch keinen Wunsch abschlagen kann. Doch was wird Haiji sagen, wenn er herausfindet, weshalb Kokoro wirklich nach Japan gezogen ist...?

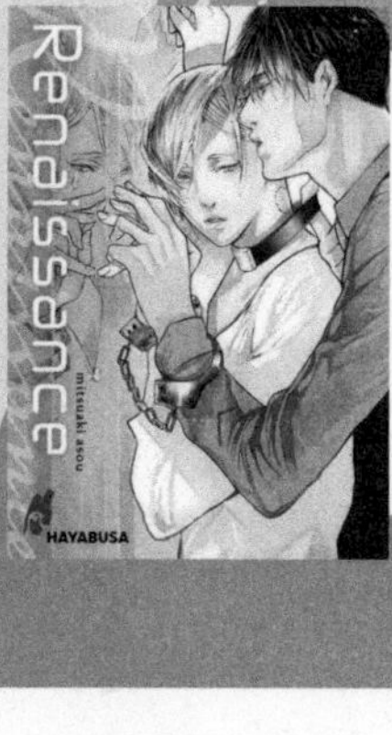

vorläufiges Cover

Renaissance *von Mitsuaki Asou*

Der Polizist Habaki und der Schriftseller En sind zusammen im Waisenhaus aufgewachsen. En kämpft mit anormaler Pheromonsekretion. Nicht nur sein Partner springt darauf an, sondern auch andere Alphas. Schlimmer noch: En ist immun gegen die üblichen Hitzeblocker.

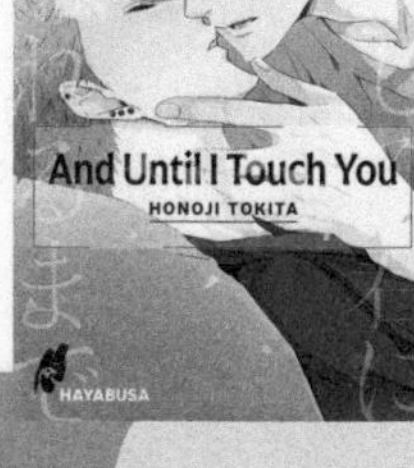

vorläufiges Cover

And Until I Touch you *von Honoji Tokita*

Shuhei ist schon seit seiner Kindheit in seinen Freund Kaoru, den ruppigen Sohn eines hochrangigen Yakuza, verliebt. Er versucht seine Gefühle zu verheimlichen, doch eines Abends wird Shuhei von Kaoru beim Masturbieren erwischt und es ist ziemlich deutlich, an wen er dabei gedacht hat...

hayabusa_manga HayabusaTweets

Boys Love

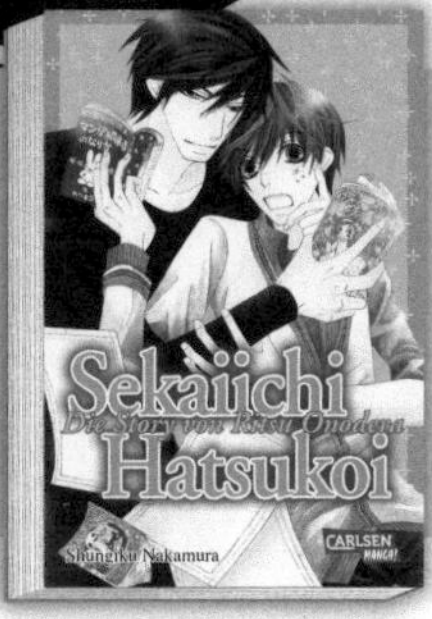

Sekaiichi Hatsukoi *von Shungiku Nakamura*

Ritsu Onodera, seines Zeichens junger und dynamischer Lektor für Belletristik, nimmt eine Stelle beim Marukawa Verlag an, bei dem auch der berühmte Autor Akihiko Usami (bekannt aus Junjo Romantica) seine Bücher veröffentlicht. Doch zu seinem Schrecken landet er nicht wie gewünscht im Belletristik-Lektorat, sondern im rein männlichen Redaktionsteam des Shojo-Mangabereichs...

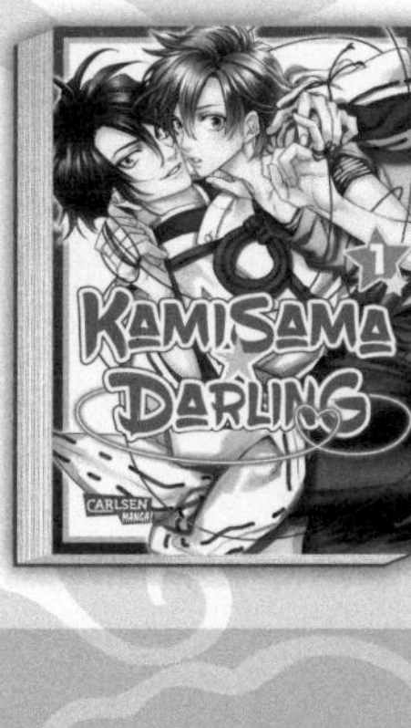

Kamisama Darling *von Kyoko Aiba*

Student Aoi hat eine göttliche Begegnung, die ihm mehr als Kopfschmerzen bereiten wird. Denn in Japan gibt es an quasi jeder Ecke einen Schrein zu besuchen, auch nachts, wenn man – alleine und deprimiert – durch die Straßen läuft. Und Aoi quälen so einige Dinge im Leben: Er wünscht sich, endlich mal Mr Popular und Held jeder Party zu sein... Nur doof, dass ihm tatsächlich ein Gott zuhört und einen Handel mit ihm abschließt – Aoi wird der beliebteste Mensch auf Erden, doch muss er der lebende Ehepartner der Shinto-Gottheit werden...?!

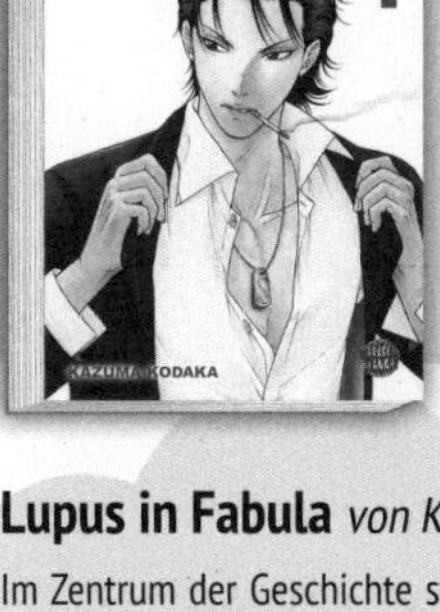

Border *von Kazuma Kodaka*

Yamato ist Privatdetektiv – der Beste, so munkelt man! Er erledigt seine Aufträge schnell, effizient und kreativ, wenn da manchmal nicht Polizeiinspektor Makita störend in seine Arbeit eingreifen würde! Immer näher kommt dieser dem gehetzten Yamato und droht dabei, seiner düsteren Vergangenheit auf die Spur zu kommen...

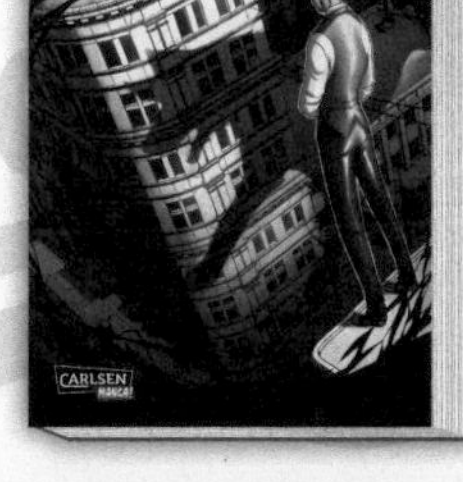

Lupus in Fabula *von Kamineo*

Im Zentrum der Geschichte steht der Agent J, der mit seiner Partnerin Ace die Grenzfälle des »Federal Bureau of Investigation« bearbeitet. Denn mitten unter uns leben übernatürliche Wesen, sogenannte »Metahominidae«, deren Lebensweisen manchmal im direkten Gegensatz zu denen gewöhnlicher Menschen und ihrer Gesetzgebung stehen. Zur Seite steht ihnen der geheimnisvolle Sky, der dem gut aussehenden J immer wieder Informationen zuspielt...

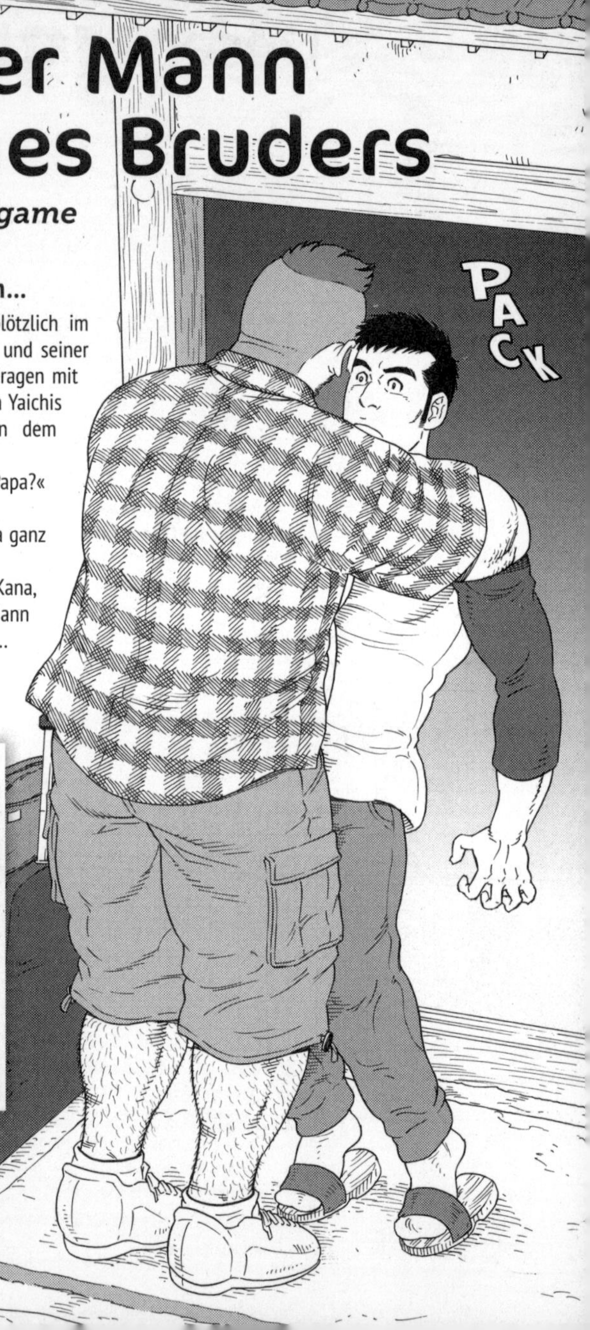
PACK

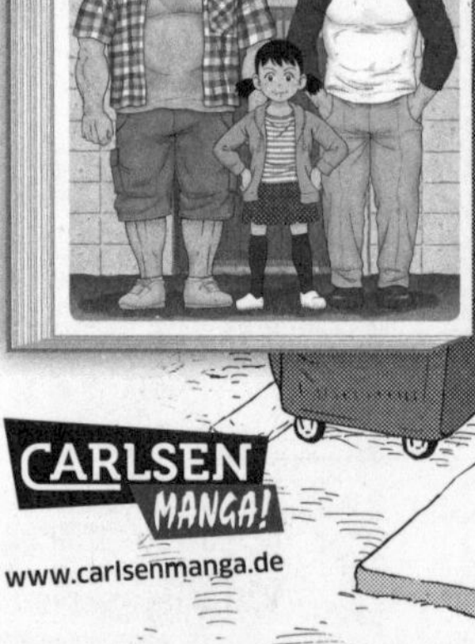
Gengoroh Tagame
Der Mann meines Bruders
Die Invasion des Fremden
1

SHAROH HANTEN

TEACH ME HOW TO KILL YOU

SERIENKILLER WILL GELERNT SEIN!

Rikos Eltern wurden ermordet, und sie hat geschworen, den Killer zu töten. Als sie herausfindet, dass ihr Lehrer ein Serienkiller ist (der andere Serienkiller tötet), lässt sie sich von ihm »ausbilden«. Doch bis Riko ihre langersehnte Rache bekommt, gilt es eine ganze Menge ausgebuffter Serienmörder aus dem Weg zu räumen, und dafür muss die zierliche Riko tief in eine bizarre Welt voller Gewalt eintauchen. Eine Welt, in der das ungleiche Killer-Pärchen eine sensible und überaus komplexe Beziehung zueinander aufbaut.

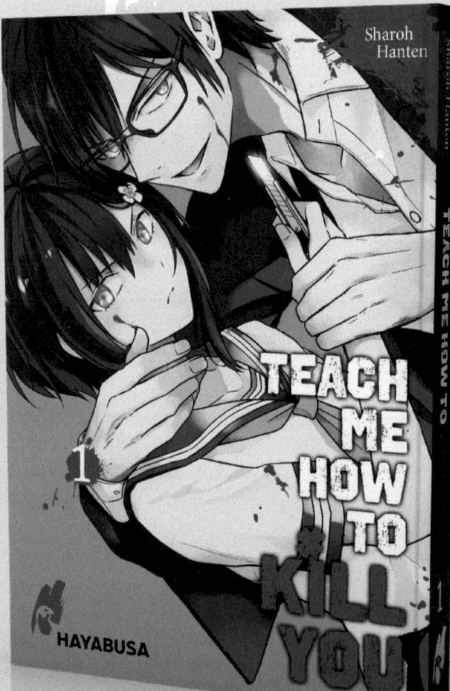

Thriller • ab 16 Jahren
Großtaschenbuch • schwarz-weiß/farbig
ca. 226 Seiten • 12,5 x 18 cm

HAYABUSA
www.hayabusa-manga.de

hayabusa_manga HayabusaTweets

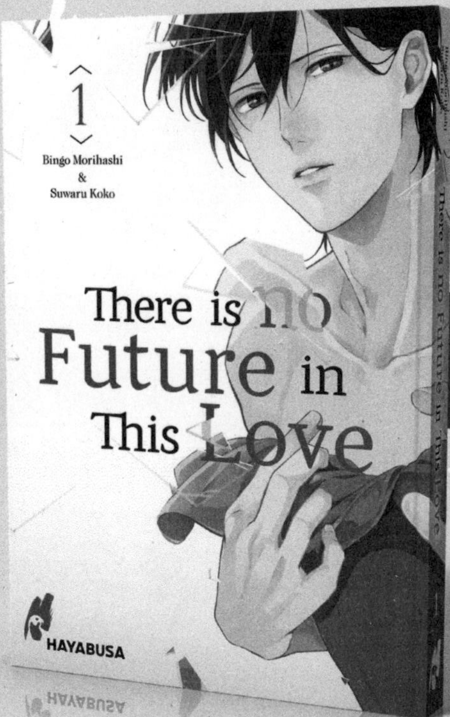
1
Bingo Morihashi
&
Suwaru Koko
There is no Future in This Love
HAYABUSA

HAYABUSA

Aus dem Japanischen von Kaja Chilarska
NIGHT OUT BABY SEX

First published in Japan in 2018 by KAIOHSHA PUBLISHING Co. Ltd.
German translation rights arranged with KAIOHSHA PUBLISHING Co. Ltd.
through Tuttle-Mori Agency, Inc, Tokyo
Textbearbeitung: Katharina Altreuther
Redaktion: Cordelia Suzuki
Herstellung: Maria Niemann

ISBN: 978-3-551-62067-5

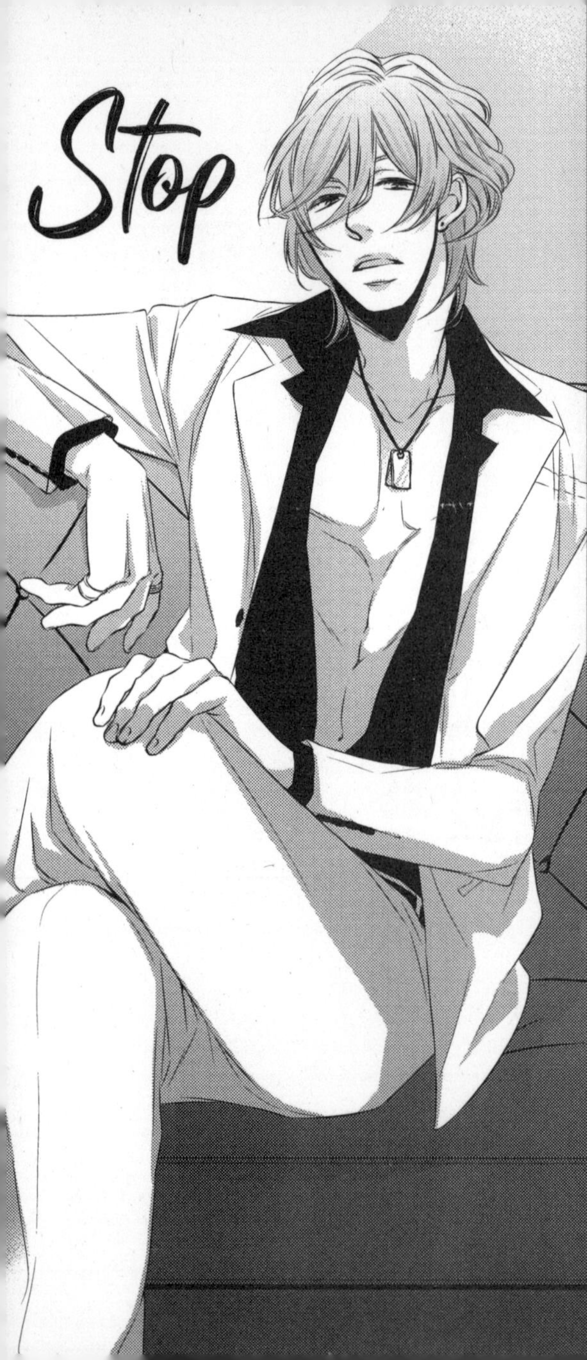

MIDNIGHT Clubbing Sex

ist eine japanische Serie, die originalgetreu von »hinten« nach »vorne« und von rechts nach links gelesen wird! Schlagt das Buch also »hinten« auf und blättert Seite für Seite nach »vorne« weiter!
Auch die Bilder und Sprechblasen werden von rechts oben nach links unten gelesen, wie es in der Grafik gezeigt wird! Wir wünschen gute Unterhaltung!

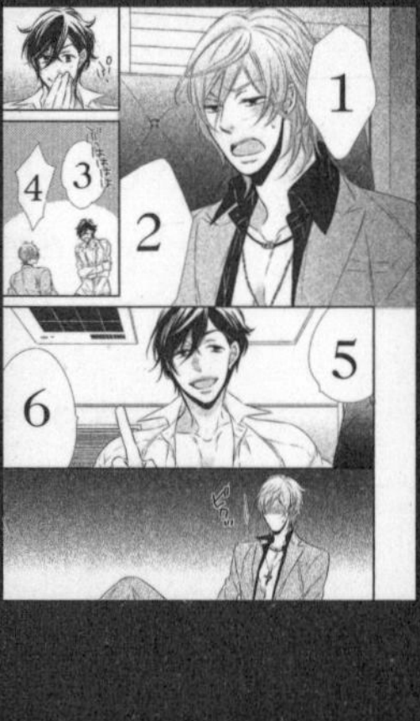